한반도
비핵·평화체제의 모색

곽태환 외 공저

매봉

한반도 비핵·평화체제의 모색

발행일 2023년 9월 28일
저 자 곽태환 외
발행인 남광규
발행처 도서출판 매봉
등 록 제6-479호
주 소 서울시 영등포구 국회대로 800
ISBN 978-89-92799-30-0 93340
정 가 20,000원

목 차

서문

남북관계의 정상화, 한반도 비핵·평화체제 구축, 그리고 한반도 통일문제를 포함한 한반도 문제를 어떻게 평화적으로 해결할 것인가에 대한 구체적인 학술 연구를 위해 2013년 출범한 한반도미래전략연구원이 금년 10주년을 맞이하게 되었습니다. 본 연구원이 지난 10년 동안 43회에 걸쳐 전문가 정책포럼을 개최하였고 우리 학계 최고 전문가 170명 이상이 발표자 혹은 토론자로 한반도문제 해법을 모색하기 위해 적극적으로 포럼에 참석하였습니다. 재정적으로나 조직적으로 열악한 환경에도 불구하고 한국글로벌피스 재단(Global Peace Foundation Korea)의 적극적인 지원으로 본 연구원이 전문가 정책포럼을 조용하게 효율적인 학술연구 활동을 진행해 왔습니다. 먼저 글로벌피스재단을 창립한 문현진 박사님께 감사를 드립니다. 문박사님은 지구촌 평화운동과 특히 한반도 통일운동에 지대한 관심을 갖고 계시며 최근 〈코리안드림〉이라는 책을 써 홍익인간정신을 근본으로 하는 통일한국의 미래비전을 제시한 바 있습니다.

본서에서는 한반도문제 해법 모색을 위한 이론적 틀(framework)로써 투 트랙 접근을 분석의 틀로 사용하고 있습니다. 트랙 1: 남북한 협력차원과 트랙 2: 국제적 협력 차원을 통해 한반도 문제 해법을 모색하려고 노력하였습니다. 첫째, 남북한 차원(Track I)에서 한반도 문제의 주체는 남과 북이며 한반도 문제 해법 모색을 위해 남과 북이 주도적 역할(leading role)이 바람직합니다. 남과 북이 이미 합의한 남북 간에 합의한 합의서와 약속을 성실히 준수하겠다는 의지와 결단이 필요합니다. 한반도 평화를 위한 남북화해·불가침·협력에 관한 합의문 (남북기본합의서)에 1991년에 서명하고 1992년 발효했으나 기본 합의서가 실천·이행이 안되고 있어 아쉽습니다. 남북기본합의서 제5조와 불가침조항(제9조-14조)이 이행되면 정전상태에서 평화상태로 전환될 것이고 남북한 간 군비통제 및 군사신뢰 구축이 실현될 수 있을 것입니다. 그리고 제1차 남북정상회담에서 공포한 6.15 공동선언 (2000)과 제2차 남북정상회담에 합의한 10.4 공동선언(2007), 그리고 판문점공동선언(2018)과 평양선언(2018)을 남과 북이 성실히 실천하고 이행했다면 한반도 문제의 해법이 가속화되었을 것입니다.

둘째, 한반도의 지정(경)학적 이유로 한반도 문제의 해법을 위해 한반도 문제 당사국들의 국제적 협조가 필요로 하는 국제문제입니다. 1953년 7월27일에 체결한 한국정전협정(Korean Armistice Agreement)은 북한, 중국, 미국(UN대표) 장성들이 서명한 다자간의 국제협정이었습니다. 향후 정전협정을 대체하는 가칭 "한반도 평화조약"(Korean Peninsula Peace Treaty)은 다자간 국제조약이 바람직하다고 주장한 바 있습니다. 한반도 평화조약이 이루어짐과 동시에 북일·북미 수교협상이 재개되고 북미·북일 관계의 정상화 조치들이 뒤따라야 할 것입니다. 한반도 평화체제 구축을 위해 1990년대 말 관련 당사자인 남·북·미·중 4자회담[1996-1999]을 개최하여 6차에 걸쳐 4자회담에서 북한은 주한미군 철수와 북미평화협정 두 안건 채택을 주장하여 4자회담은 의제 설정도 못하고 현재 교착상태에 빠져 있습니다. 그러나 향후 남·북·미·중 4자 평화회담이 재개되어 한반도평화조약을 논의하는 것이 바람직하다고 생각합니다.

마지막으로 10년 동안 전문가 정책포럼에 발표한 수준 높은 논문 43편 가운데 지면관계로 최근 3년 동안 발표한 논문을 선택하였습니다. 한반도미래전략연구원 창립 10주년을 맞이하여 단행본으로 출판하게 되어 대단히 기쁘게 생각합니다. 지난 10년 동안 본 연구원 이사장을 맡아 전문가 정책포럼을 기획·진행을 맡아 최선을 다해 자발적으로 본 연구원의 발전을 위해 헌신해 왔습니다. 본 연구원의 발전을 위해 헌신하신 많은 분들에게 진심으로 감사 말씀을 전하고 싶습니다. 특히 본 연구원을 창립하신 한국글로벌 피스재단의 유경의 전 회장님께 진심으로 감사드립니다. 그 후 본 연구원의 발전을 위해 현 서인택 회장님에게도 적극적으로 지원해 주신 것에 감사드립니다. 그 외 본 연구원 전문가 정책포럼의 자문위원님과 저를 열심히 도와주신 김백산 소장님, 라인길 회장님, 이두수 사무총장님과 연구원 실무팀에게도 이 기회를 빌려 진심으로 감사 말씀을 전합니다.

2023년 10월

한반도미래전략연구원 이사장 곽 태 환

● 집필자 소개

1. 곽태환

- 한국 외국어대 학사 (1961), 미국 Clark University 국제 관계학 석사(1963) 및 Claremont 대학원 대학교 국제 관계학 박사학위(1969). 미국 Eastern Kentucky 대학교 국제정치학 교수(1969-1999); 경남대 교수/극동문제연구소 소장(1995-1999); 통일연구원 원장(1999-2000), 민주평화통일 자문회의 상임위원 [정책외교 분과위원회 (2001-2005)]. (전) 통일부정책자문위원, (전) 전국대학교 통일문제연구소 협의회 회장, Global Peace Foundation(GPF)이 수여하는 글로벌 혁신적 학술 평화상수상(2012.12.1). 경남대학교 명예정치학 박사 수여(2019.6.4), 통일뉴스 특별공로상 수상(2021).

- 현재 한반도 미래전략연구원 이사장(전문가 정책포럼 기획주관), 경남대 초빙석좌교수, Eastern Kentucky대 명예교수, 제20평통자문회의 LA 협의회 상임고문, 제23기 통일교육위원 LA협의회 상임고문, 미주민주참여 포럼(KAPAC) 상임고문, 한반도 중립화 통일협의회 이사장(2010-2021)현재 명예이사장, 현 한국외국어 대학교 남가주 동문회 이사장(2022) 통일전략연구 협의회 (Los Angeles) 회장 등. 32권의 저서, 공저 및 편저자이며 500편 이상의 칼럼, 시론, 논평 등 학술논문을 남북한관계, 한반도 통일과 4强의 對한반도 정책에 관하여 출판하였음.

〈주요저서〉

- 『한반도평화, 비핵화 그리고 통일: 어떻게 이룰것인가?』(통일뉴스, 2019), 『국제정치 속의 한반도: 평화와 통일구상』 (1999). 공저: 『한반도평화체제의 모색』 (경남대 극동문제연구소, 1997), 『북한의 협상전략과 남북한관계』 (경남대 극동문제연구소, 1997)와 번역서로는 K. J. Holsti, *International Politics: A Framework for Analysis,* 4th ed. 國際政治學: 分析의 틀(博英社, 1990).

〈주요 영문책〉

- 편저/공동편저 (Editor & Co-editor): *One Korea: Visions of Korean Unification* (Routledge, 2017); *North Korea and Security Cooperation in Northeast Asia* (Ashgate, England, 2014); *Peace-Regime Building on the Korean Peninsula and Northeast Asian Security Cooperation* (Ashgate, England, 2010); *North Korea's Foreign Policy under Kim Jong Il: New Perspectives* (Ashgate, England, 2009); *North Korea's Second Nuclear Crisis and Northeast Asia Security* (Ashgate, England, 2007)등 통일뉴스, LA 중앙일보, 브레이크 뉴스(Break News) 칼럼리스트.

〈이메일〉

- thkwak38@hotmail.com

2. 김한권

〈학력〉

- 美)아메리칸 대학 국제관계대학원 (국제관계학박사), 美)코네티컷 주립대학 MPA (행정학 석사), 美)코네티컷 주립대학 정치학과 (정치학사)

〈경력〉

- 전) 中)清華대학교 공공관리학원 Post-Doc.
- 전)아산정책연구원 연구위원 겸 중국 연구 센터장
- 전)합동참모본부 정책자문위원
- 전)국방부 정책자문위원
- 전)한미연합사 정책자문위원
- 현)국립외교원 중국연구센터 책임교수
- 현)민주평화통일자문회의 상임위원

〈주요연구분야〉

- 국제정치 및 중국 정치와 외교정책

〈주요 저서 및 논문〉

- 『미중 전략적 경쟁(2020, 공저)』, 『뉴노멀 시대 미중관계와 한국의 대북·통일 전략(2019, 공저)』, 『현대 中國의 世界戰略 I: '일대일로'와 동아시아 갈등과 협력』(2019 , 공저), "불신 속의 협력: 북중관계의 현황과 전망", 『한국국가전략』(2019), "미·중 사이 북한의 외교와 중국의 대응" 주요국제문제분석, 국립외교원, (2018) ,『뉴노멀 시대 미중 전략 경쟁 관계와 한반도에의 함의(2017, 공저)』, "중국의 주변외교에서 본 '일대일로(一帶一路)'의 전략적 의미" 국립외교원 외교안보연구소 정책연구시리즈 (2016), "Evaluating China's Soft Power: Dimensions of Norms and Attraction", in Assessing China's

Power Ed by Jae Ho Chung (Palgrave Macmillan, 2015), 『차이나 콤플렉스(2014, 공저)』, "The Implications of the Chinese "String of Pearls" for the U.S. Return to Asia Policy: the U.S., China, and India in the Indian Ocean", 『Journal of Global Policy and Governance』(2013)

〈이메일〉

• hankwonkim@hotmail.com

3. 신종대

〈학력 및 경력〉

- 서강대학교 정치학 박사
- 북한대학원대학교 교수(2003-현재)
- 한국냉전학회 회장(2019-2021)
- 북한대학원대학교 부총장/총장대행(2015-2018)
- 국립외교원 한국외교협상사례 기획편집위원(2018-현재)
- 통일부 정책자문위원회 위원(2013-2015. 2023~현재)
- 국무총리실 산하 6.25전쟁납북진상규명및피해자명예회복위원회 위원(2013-2015)
- 미국 우드로우윌슨센터 방문학자(2008-2009)
- 동아시아연구원(EAI) 북한패널 위원((2005-2008)
- 경남대 극동문제연구소 기획실장(2005-2009)
- 경남대 극동문제연구소, 연구원, 책임연구원, 연구위원(1991-2002)

〈저서〉

- 『7.4남북공동성명과 남북대화: 한국의 대북협상과 외교적 대응』(2023)
- 『북미관계를 어떻게 볼 것인가』(2023)
- 『한국의 대외관계와 외교사: 현대편 2』(2019/공저)
- 『분단 70년의 남북관계』(2016/공저)
- 『분단 70년과 대한민국』(2016/공저)
- 『한반도정치론』(2014/공저)
- 『평화와 통일의 사건사』(2014/공저)
- *Routledge Handbook of Modern Korean History* (2016/co-author)
- *Cambridge History of the Nuclear Age* (forthcoming/co-author)
  외 다수

〈이메일〉

- Email: shinjd@kyungnam.ac.kr

4. 임을출

〈현직〉

- 경남대 극동문제연구소 특임정년교수(부교수)/북한센터장

〈학력〉

- 경남대 대학원 정치외교학과(정치학 박사) (2003.8)

〈경력〉

- 북한연구학회 부회장(2018- 현재)
- 청와대 국가안보실 자문위원(2018.7-2022.5)
- 남북정상회담 민간자문단 위원(2018-2019)
- 통일부 남북회담본부 정책자문위원(2018-2020)

〈주요저서와 논문〉

- 『김정은 시대의 자력갱생: 계승과 변화』(서울: 한울아카데미, 2021).
- 『북한 허위정보에 대한 다층적 분석과 이해』(서울: 경남대 극동문제연구소, 2020)
- 『글로벌 평화와 한반도 통일의 이해』(서울: 한신대학교 출판부, 2020)
- "Unstable Duet Between China and North Korea: International Politics of Tolerance and Autonomy," 『한중사회과학연구』, 제20권 제3호(통권 64호) 외 다수.

〈이메일〉

- peter@kyungnam.ac.kr

5. 왕선택

〈학력 사항〉

- 1981.2~1984.2: 청주 운호 고등학교 졸업
- 1984.2~1993.2: 서강 대학교 영어영문학과(정치외교학과 부전공) 학사
- 2006.8~2007.5: 조지 워싱턴 대학교 MIPP(국제정책실무) 석사
- 2008.2~2012.8: 북한 대학원 대학교 북한학 박사

〈직장 경력〉

- 1994.2~2020.8 YTN 방송 기자
- 1996.1: YTN 국내 정치 담당 기자
- 2002.5: YTN 통일외교 담당 기자
- 2006.6: YTN 통일외교 전문기자 지명
- 2013.6 ~ 2016.6: 워싱턴 특파원
- 2020.8 ~ 현재까지: YTN 퇴사 이후 여시재 정책위원역임/현 한평연구소 글로벌외교센터장

〈기타 경력〉

- 2008.1 ~ 2009.12: 한국기자협회 부회장
- 2018.1 ~ 2019.1: 언론인 친목, 연구 단체 관훈클럽 65대 집행부 임원(감사)
- 2018.10 ~ 현재까지: 민족화해협력 범국민 협의회 정책위원
- 2019.1 ~ 현재까지: 한국 세계지역학회 대외협력이사
- 2020.10 ~ 현재까지: 남북 국회회담 추진 자문위원

〈저서 및 강의 경력〉

- 2013.6: 저서 출간. 〈북핵 위기 20년 또는 60년〉
- 2014.5: 미국 조지워싱턴 대학교 〈한국사〉 수업 특강. 〈Stability of North Korean regime〉

- 2015.11: KEI(Korea Economy Institute) 주최 학술 논문 발표 행사. "Legitimacy and Stability of North Korea"
- 2016.2 ~2016.6: 美 워싱턴타임즈 재단 주최 재미 동포 대상 월례 특강.
- 2018.2: 저서(공저) 출간. 〈북한 뉴스 취재 가이드북〉
- 2018.4: 국립외교원 글로벌 리더십 과정 북핵 특강. 〈한반도 정세 격변과 분석틀 비교〉
- 2018.6: KF/CSIS 주최 "제3회 한미 전략 포럼" 토론회 참가
- 2019.5: 저서 출간. 〈핵담판〉
- 2019.6: KF/CSIS 주최 "제4회 한미 전략 포럼" 토론회 참가
- 2020.1: 저서(공저) 출간 〈북한특강 2020〉
- 2020.9: 국립외교원 7기 외교관 후보자 정규 과정 특강. 〈언론이 본 한국 외교〉
- 2020.11: 한국언론재단 특강. 〈2020년 미국 대선 평가와 동북아 정세 전망〉

〈수상 실적〉

- 2017.10: 제2회 돈 오버도퍼 기자상
- 2018.2: 제22회 삼성언론상 전문기자 부문

〈이메일〉

- stw@gwu.edu

6. 정욱식

〈현직〉

- 평화네트워크 대표/한겨레 평화연구소 소장
- 고려대학교 정치외교학과를 졸업하고 북한대학원대학교에서 군사안보 전공으로 석사 학위를 받았다. 2006~2007년에는 조지 워싱턴대학교 방문학자로 한미동맹과 북핵문제를 연구했다. 1999년에 평화네트워크(WWW.PEACEKOREA.ORG)를 설립해 핵 없는 세상과 평화를 연구하고 전파하는 평화운동가로 활동하고 있다. 평화와 군축의 필요성을 알려온 활동을 인정받아 2020년 제8회 리영희상을 수상했다. 2021년부터 한겨레 평화연구소 소장을 겸임하고 있다. 『핵과 인간』『MD본색』『사드의 모든 것』『한반도의 길, 왜 비핵지대인가?』『한반도 평화, 새로운 시작을 위한 조건』(2021), 『흥미진진 핵의 세계사』(2020), 『핵과 인간』 등이 있다.

〈이메일〉

- wooksik@gmail.com

7. 정재흥

〈학력〉

- 중국 북경대학교 졸업, 중국 사회과학원 정치학 박사.

〈경력〉

- 現) 경기도 국제 평화교류위원회 위원, 한양대 국제대학원 중국학과 겸임교수, 중국 산동대학 동북아학원 외국인 겸임교수, 중국 정법대학 외국인 객좌교수
- 前) 경남대 정치외교학과 조교수, 극동문제연구소 연구위원 등을 역임.

〈주요 연구분야〉

- 중국 안보(국방), 동북아 및 한반도 안보문제, 한중-북중관계 등.

〈최근 주요 저서〉

- 『시진핑 집권 2기의 이슈와 전망』(2019, 공저), 『새로운 동북아 질서와 한반도의 미래』 (2019, 공저), 『현대 중국외교의 네트워킹 전략연구』(2020, 공저), 『국가정체성과 한중일 관계』(2020, 공저), 『미중패권경쟁 시대 한국의 대외전략』(2021, 공저), 『2020 동아시아 안보전략 평가』(2021, 공저), 『미국 바이든 행정부 시대 미중 전략경쟁과 한국의 선택연구』(2021, 공저), 『공정한 국제질서와 한반도의 지속 가능한 평화』(2021, 공저) 등..

〈이메일〉

- jameschung@sejong.org / james55@daum.net

8. 제성훈

〈학력〉

- 한국외국어대학교 노어과 졸업
- 한국외국어대학교 일반대학원 정치외교학과 정치학석사
- 모스크바 국립대학교(Lomonosov Moscow State University) 철학부 정치학과 정치학박사

〈경력〉

- 前) 대외경제정책연구원(KIEP) 러시아-유라시아팀장
- 前) 대통령직속 북방경제협력위원회 전문위원
- 現) 한국외국어대학교 노어과 교수
- 現) 통일부 정책자문위원

〈주요 논문과 저서〉

〈논문〉

- "러시아의 '샤프 파워(sharp power)' 전략과 서방의 대응: RT와 스푸트니크 뉴스를 중심으로." [中蘇硏究] 45-4(2022, 공저)
- "러시아의 '중대 국면'과 푸틴 체제의 대응: 2020년 러시아 헌법개정의 배경과 의미." [국제지역연구] 25-4(2021, 공저)
- "2012년 이후 조지아의 대러 정책 변화 - 양상과 요인." [슬라브연구] 37-2(2021, 공저)
- "크림반도 병합 이후 러시아-몽골 관계의 변화." [슬라브학보] 36-1(2021)
- "크림반도 병합 이후 러시아의 군사안보전략: '국가안보전략'과 '군사독트린'을 중심으로." [평화학연구] 21-4(2020)
- "푸틴주의와 한반도 - 2000년 이후 러시아의 한반도 정책 변화." [슬라브학보] 35-1(2020)

〈저서〉

- [러시아의 우크라이나 침공과 엇갈리는 세계](2022, 공저)
- [평화·통일 공공외교 추진기반 조성을 위한 민간의 역할과 개선방안]

〈주요 학술활동〉

- 現) 한국국제정치학회 러시아·중앙아시아 연구분과위원회 위원장
- 現) 한국노어노문학회 대외협력이사
- 現) 한국유라시아학회 편집위원회 위원장
- 現) 한국정치학회 편집위원회 위원

〈이메일〉

- shjeh@hufs.ac.kr

9. 조성렬

- 서울공대 화학공학과를 졸업하고 성균관대학원에서 정치학 박사학위를 받았다. 일본의 도쿄대학과 게이오대학 및 중국외교학원에서 방문학자로 연구를 했으며 한국국제정치학회 부회장, 북한연구학회 회장을 맡았다. 청와대 국가안보실, 국방부, 통일부에서 정책자문위원(장)을 역임했다. 국가안보전략연구원에서 20여 년 동안 수석연구위원·자문연구위원으로 일했으며, 주오사카 총영사와 외교부 본부대사로 근무한 바 있다. 현재는 북한대학원대학교 초빙교수, 일본 간세이학원대학 한국학연구센터 객원연구원으로 있다. 2018년 통일부장관 표창, 2018년 국민훈장 모란장을 받았다.

- 연구실적으로 『김정은 시대 북한의 국가전략: DIME구상과 삼벌전략』(2021, 문화체육관광부 세종도서 선정), 『닉슨 행정부 시기 주한미군 감축협상』(2020), 『한반도 비핵화 리포트: 포괄적 안보-안보 교환론』(2019, 문화체육관광부 세종도서 선정), 『전략공간의 국제정치: 핵, 우주, 사이버 군비경쟁과 국가안보』(2016, 한국국제정치학회 학술상 저술상 수상), 『뉴 한반도 비전: 비핵 평화와 통일의 길』(2012), 『한반도 평화체제: 한반도 비핵화와 북한체제의 전망』(2007, 문화체육관광부 세종도서 선정), 『주한미군: 역사, 쟁점, 전망』(2인,2003, 문화체육관광부 우수사회과학도서 선정), 『정치대국 일본: 일본의 정계개편과 21세기 국가전략』(1994, 문화체육관광부 우수사회과학도서 선정) 등 단독저서, 다수의 공저와 학술논문이 있다.

〈이메일〉

- insscsr@naver.com

제 1 장

한미·북한 간 대화여건조성 방안

1장 한미·북한 간 대화여건조성 방안

곽태환

2023년 캠프 데이비드(Camp David)에서 한미일 3국 정상회의(8.18)가 개최되어 그 의미와 결과를 한국주미대사가 잘 전달 하였다. 캠프 데이비드 정신, 원칙, 3국 협의 공약(commitment to consult) 등 3개 문서를 채택한 것은 3국정상의 강력한 의지와 비전을 제시한 것이다. 한국정부는 조현동 주미대사를 통해 8월24일 워싱턴 특파원 간담회에서 “한미일 협력 메커니즘이 명실상부한 최고 수준의 소다자 협의체로 업그레이드됐다”고 밝혔다. 그는 한미일 3국 안보협력체는 인도태평양 지역별 소다자 안보협의체인 쿼드(Quad-미국·일본·호주·인도 안보협의체)나 오커스(AUKUS-미국·영국·호주 안보동맹)보다 더 강력하다고 평가하였다. 그는 또한, “한미일은 지역적으로 인도태평양을 아우르면서 안보, 경제, 첨단기술, 인적 교류까지 광범위한 분야를 구체적으로 다루는 동시에 정상, 장관급, 차관보급의 다층적 협의 메커니즘을 촘촘히 구성해 견고한 협력 플랫폼으로 진화했다”고 밝혔다.

필자는 윤석열 정부가 한미일 3국 안보협력체가 과연 장기적 관점에서 한반도 평화프로세스의 복원을 위해 바람직한 안보협력체 인지 재평가가 필요하다. 왜냐하면 장기적 국가이익차원에서 지속 가능한 한반도 평화와 통일을 위해 한미일 3국안보협력체가 과연 한국의 장기적 국익인지를 재평가해야 한다. 일각에서는 한미일 안보협력체가 동맹으로 진전 될까 우려한다. 한국의 지정(경)학적 숙명으로 인해 3국안보협의체가 한반도평화와 통일과정(process)에 있어 독(毒)이 될 수도 있을 것이다.

현시점에서 윤 정부는 무엇보다 국내정치적 안정을 위해 국민적 합의를 도출하는 것이 급선무이다. 한반도에서 남북미 3국 간 강대강(强對强) 맞대응 전략의 지속으로 인해 한반도 정세가 일촉즉발의 전쟁위기로 몰아가고 있어, 3국 간의 강대강 적대적 구조가 일부 어리석은 정책결정자들의 잘못된 판단과 첨단전략자산의 오작동으로 인해 우발적인 무력충돌로 이어질까 우려된다.

따라서 본 글의 기본목적은 최근 남북미 3국의 '무력시위'를 통한 상호적대적 관계를 간단히 분석해 보고 3국의 강대강 맞대응전략은 한반도에서 우발적인 무력충돌을 야기하여 궁극적으로 한반도에서 (핵)전쟁의 개연성이 높아지고 있어 염려된다. 따라서 한반도에서 전쟁을 예방하고 평화프로세스의 복원을 위한 창의적 구상이 필요한 현시점에서 먼저 남북·북미대화재개를 위한 대화 분위기 조성을 위한 필자의 정책건의를 시도하였다.

Ⅰ. 한미·북한 간 강대강 맞대응전략에서 평화전략으로 전환 해야

한미일 3국 정상회의(8.18)와 을지프리덤실드(UFS) 한미연합훈련(8.21-31)에 맞대응으로 조선인민군 총 참모부는 노동신문(8.31)을 통해 "8월 30일 미제는 핵전략폭격기 'B-1B' 편대를 조선동해와 서해상공에 끌어들여 '대한민국' 군사깡패들의 전투기들과 함께 조선민주주의인민공화국을 겨냥한 연합공격 편대군 훈련을 감행하였다"면서, 30일 밤 동해상으로 2발의 단거리 탄도미사일 발사가, 한미가 진행한 연합공중훈련에 대응하기 위한 '전술 핵 타격훈련'이었다고 밝혔다.

그리고 북한이 8월 24일 정찰위성 '만리경-1호'을 탑재한 신형 로켓 '천리마-1형'을 발사했다. 그러나 〈조선중앙통신〉은 "신형위성운반 로케트 천리마-1형의 1계단(단계)과 2계단은 모두 정상비행 했으나 3계단 비행 중 비상폭발 체계에 오류가 발생해 실패했다"고 발표하였다. 1차 발사 실패(5.31) 이후 85일 만에 2차 발사도 역시 실패했다. 2차례 연속 정찰위성을 궤도에 올리는데 실패한 것은 북한의 위성기술 문제를 적나라하게 드러났다. 또한 이번 실패로 김정은 위원장의 존엄과 체면에 큰 손상을 가져온 것으로 보인다.

한미·북한 간 강대강 맞대응 전략으로 한반도에서 한미·북한 간 적대적 상호관계가 지속되고 있다. 특히 한미·북한 간 강대강 맞대응은 행동과 반작용(action and reaction)의 적대적 상호작용(interaction) 관계를 지속하게 한다. 따라서 누가 먼저 행동(action)을 취했고 누가 반작용(reaction)을 했다는 기준이 불명확하여, 행동과 반작용에 대한 객관적 평가기준이 없어 유감이다. 하지만 필자는 아직도 한반도 비핵·평화체제 구축을 위한 기회가 올 것이라고 주장한다. 현시점에서 남북미 3국이 '강대강' 맞대응(hostile tit-for-tat strategy)을 우호적인 맞대응(friendly tit-for-tat) 평화전략(peace strategy)으로 전환하기 위해 먼저 북미/남북 간 대화부터 시작하는 것이 바람직하다고 주장한다.

현재 한반도에서 한미·북한 간 '공포의 핵 균형'을 이루고 있어 누구도 한반도에서 핵전쟁을 시작한다면 자멸 행위이며 모두가 공멸하기 때문에 한반도 에서 핵전쟁 억제력이 강력하게 작용하고 있다고 생각한다. 그러면 남북미 3국이 선택 해야 할 바람직한 정책대안은 무엇인가? 필자는 3국 간 대화와 협상 재개를 주장한다. 3자가 대화를 재개하여 한반도 비핵·평화체제구축 로드맵에 3자가 합의하고 이에 따라 상호양보와 타협 의지를 갖고 핵 없는 지속 가능한 한반도 평화의 제도화를 위한 실용적인 외교를 추진하는 것이 바람직하다.

일부 논객들이 윤 정부의 대북 강경·압박정책이 북한을 대화로 유인하는 방편이라고 주장하는 것은 오산이고 착각이다. 북한의 과거 언동을 평가해 보면 북한이 수용할 리가 만무하다. 그래서 이런 잘못된 정책은 궁극적으로 실패할 것이다. 따라서 한미 양국은 북한도 수용할 수 있는 한반도 비핵·평화 로드맵을 제안하여 핵 없는 한반도 평화의 제도화가 구현될 수 있도록 북한과 협상할 것을 촉구한다.

그러면 북한과 창의적인 대화·협상의 '유인 책'은 무엇인가? 필자는 '본질적인 문제'의 해법을 모색하기 위해 한미의 '대북 적대시 정책'의 일부분만이라도 철회를 심각히 고려하길 바란다. 대화 분위기 조성을 위해 남북미 3국이 6개월 동안 모든 군사행동 모라토리엄(유예) 하자는 정책제언 한 바 있다. 남북미 3자가 역지사지의 정신으로 상호양보와 타협 의지가 있다면 한반도 문제 해법이 보이기 시작할 것이다. 한반도에서 다시 전쟁이 발생한다면 한민족의 공멸을 가져오게 될 것이며 더욱이 북한과 소통이 되지 않는 상황에서는 급속히 핵전쟁으로 확대될 개연성이 높다. 따라서 민족상잔의 비극이 또다시 재발하지 않도록 한미일 3국은 위기관리에 주력해야 할 것이다.

최근 몇 개월 동안 한반도 주변에서 일어난 한미·북한 간 적대적 상호작용 관계를 간략히 정리한다. 먼저 북한의 적대적 언동부터 살펴보자. 북한의 배타경제구역(EEZ-Exclusive Economic Zone) 상공에 미국의 정찰비행을 문제 삼아 북한이 자기 영공을 침범했다고 주장하였다. 이에 대한 한미 당국은 북한의 주장을 불인정하고 통상적인 정찰비행을 했다고 밝혔다. 그러나 북한은 당 중앙위 김여정 부부장의 담화를 통해 북한의 공식입장은 한미 당국을 비하하는 막말과 함께 미 정찰기가 다시 북한의 배타경제구역에 들어오면 격추하겠다고 강력히 경고하였다.

향후 미 정찰기가 북한의 EEZ 상공에서 정찰활동을 계속할 것인지는 미 군사당국이 결정해야 할 중요한 사안이지만 북한의 경고를 무시하고 미 정찰활동을 하다가 북한이 미 정찰기를 격추하게 될 경우 우발적인 무력충돌이 발생하게 될 위험이 있기 때문에 미 군부의 현명한 판단을 기대한다.

북한의 핵미사일 위협에 대응하여 한미 간 조치로 서울에서 한미 핵 협의그룹(NCG)의 첫 회의에 맞춰 미 켄터키 전략핵잠수함(SSBN)이 7월 18일부산 작전기지에 입항한 것은 거의 40년 만에 이뤄진 것이다. 이에 반발해 강순남 북한 국방상은 〈조선중앙통신〉을 통해 발표한 담화(7.20)에서 "미 군부 측에 전략 핵잠수함을 포함한 전략자산 전개의 가시성 증대가 우리 국가 핵 무력 정책법령에 밝혀진 핵무기 사용조건에 해당될 수 있다는 데 대해 상기시킨다"고 밝혔다. 그러나 이런 경우에 김정은 위원장이 핵무기를 사용할 것으로 어느 누구도 믿지 않을 것이다. 왜냐하면 북한의 핵무기 사용은 한반도에서 핵전쟁으로 진전 될 것이고 김 위원장은 '김일성 민족'을 말살하고 북한정권의 '종말'을 가져오는 어리석고 현명하지 못한 정책결정을 하지 않을 것이기 때문이다.

이에 대해 한미 당국은 즉각 북한의 주장을 반박했다. 미 국방부 대변인(7.20)은 "한미동맹이 워싱턴선언과 핵 협의 그룹을 통해 한 조치들은 북한의 위험하고 긴장을 고조하는 행동에 대한 신중한 대응(prudent response)"이라고 밝혔다. 그리고 한국 국방부도 대변인(7.21)을 통해 "북한의 주장처럼 북한에 대한 핵무기 사용 모의나 핵 위협이 아니다"라면서 "한미동맹의 정당한 방어적 대응 조치"임을 밝혔다.

이러한 한미 당국의 군사행동이 북한지도부가 어떻게 인식하고 있는가에 대한 깊은 성찰과 분석이 필요하다. 요약하면 북한의 인식은 북한이 미 전략핵잠수함과 미 전략자산의 한반도 전개에 북한지도부의 피 포위 강박증(siege mentality)을 악화하고 그들이 군사적 위협을 느끼고 있음을 여실히 보여준 경우이다.

한미와 북한이 강대강 맞대응을 하여 한반도 위기를 고조시킨다면 우발적인 무력충돌이 일어날 개연성이 높아질 것이다. 북한은 잘 계산된 전략적 평가에 따라 지속적으로 탄도 미사일을 발사해 무력시위를 하고 있다. 2023년 7월 12일 고체연료 추진 대륙간탄도미사일(ICBM) '화성-18형'을 발사한 데 이어, 18일 켄터키함이 부산에 입항하였고 다음 날인 19일 새벽에 부산까지 거리(550㎞) 를 상정해 단거리 탄도미사일 2발을 발사했다. 이러한 북한의 '무력시위'(한미입장에서 군사도발)는 한반도 평화프로세스에 아무런 도움이 되지 않고 오히려 한반도에서 전쟁의 조건을 조성하는 행위임이 틀림없다. 따라서 남북미 3국은 한미·북한 간 대화 분위기 조성을 위해 한반도주변에서 군사훈련이나'무력시위'을 자제하고 한반도평화체제구축에 함께 노력해 줄 것을 촉구한다.

북한의 전승절 70주년을 계기로 북중러 3국 간 안보연대가 공고화되어 '한미일 대 북중러' 적대적 대결구조가 점점 선명해지고 있어 남북 간 소통이 점점 멀어져 가고 있는 현실이 안타깝다. 윤석열 정부 출범 이후 북한은 2023년 4월 군통신 선을 포함한 남북 직통 선을 단절했다. 따라서 남북 간 우연한 무력충돌이 발생할 때 북한과 소통할 수 있는 길이 없어 남북 직통선의 복구가 시급하다.

Ⅱ. 북한이 핵무기 사용 할 것인가?

북한이 핵무기 사용의 법제화를 통해 조건부 핵 사용 정책을 결정했다. 과연 북한정권의 '종말' 혹은 자멸과 한민족의 공멸을 뻔히 알면서 감히 김정은 위원장이 전술 핵 사용을 하겠는가? 이 질문에 대해 북한지도부는 현실적으로 차가운 머리로 검토해야 할 것이다. 김정은 국무위원장은 최고인민회의 제14기 7차 회의(2022.9.8) 시정연설을 통해 북한체제(DPRK)의 보장을 위해 "우리는 더 이상 핵무기를 놓고 협상할 수 없다"고 밝혔다. 그는 미국의 궁극적인 목표가 북한의 핵무기를 제거함으로써 북한 체제를 붕괴시키는 것이라고 인식했다. 따라서 그는 핵무기가 북한체제를 보장한다고 굳게 믿는다고 밝혔다. 또 그는 현 상황에서 절대 먼저 핵무기를 포기하지 않을 것이라는 입장을 처음 밝혔다. 그는 핵무기 사용을 시사하는 언급도 있어 한반도에서 전술핵무기 사용의 개연성이 높아지고 있어 대단히 유감이다.

먼저 북한이 핵 사용에 대한 5대 전제조건을 바르게 이해하는 것이 필요하다. 일부 논객이나 언론 미디어에서 북한의 핵 사용과 관련하여 사실과 다른 잘못된 해석이나 과장된 표현으로 국민들을 오도하는 것같이 보여 북한의 핵무기 사용 5대 조건을 이해하기 위해 북한의 입장을 객관적으로 평가하고자 한다.

북한 최고인민회의 14기 7차 회의에서 최고인민회의 법령 '조선민주주의 인민공화국 핵 무력 정책에 대하여'(이하 '핵 무력 정책 법')을 채택했다. 이 법령은 북한이 핵 사용 5대 조건을 규정한 법으로 3조 1항에 의하면 '김정은 국무위원장의 유일적 지휘에 복종한다'라고 명시하였고 3조 2항은 '국무위원장은 핵무기와 관련한 모든 결정권을 가진다'라고 규정해, 핵무기 관련 모든 핵 사용 결정권은 오직 김정은 국무위원장에게만 부여하고 있다.

그러면서 구체적으로 제6조는 핵무기 사용 5대 조건을 아래와 같이 제시했다.

1. 북한에 대한 핵무기 또는 기타 대량살육무기 공격이 감행됐거나 임박했다고 판단되는 경우다.
2. 국가지도부나 국가 핵 무력 지휘기구에 대한 적대세력의 핵 및 비핵공격이

감행됐거나 임박 했다고 판단되는 경우다.

3. 국가의 중요 전략적 대상들에 대한 치명적인 군사적 공격이 감행됐거나 임박했다고 판단되는 경우다.
4. 유사시 전쟁의 확대와 장기화를 막고 전쟁의 주도권을 장악하기 위한 작전상 필요가 불가피하게 제기되는 경우다.
5. 기타 국가의 존립과 인민의 생명안전에 파국적인 위기를 초래하는 사태가 발생해 핵무기로 대응할 수밖에 없는 불가피한 상황이 조성되는 경우다.

여기서 6조에 명시한 '임박했다고 판단되는 경우', '작전상 필요가 불가피하게 제기되는 경우'와 '핵무기로 대응할 수밖에 없는 불가피한 상황이 조성되는 경우'을 북한지도부의 자의적 해석에 따라 실제 한미 당국의 대북 선제타격이 실행되지 않았어도 북한이 '임박했다고 판단하면' 언제든지 핵 사용을 할 수 있다는 것을 의미한다. 따라서 북한이 '핵 사용을 위한 5대 조건을 조성하지 말 것'을 간접적으로 한미 양 정부에 '경고'하고 있다고 판단된다.

더욱이 제2항은 김정은 국무위원장 등 북한 지휘부에 대해 한국의 특전사 특임여단(일명 참수작전부대) 등이 제거작전 움직임을 보이기만 해도 핵 사용을 할 수 있다고 명시한 것이다. 그리고 북한은 유사시 한미가 북한 지휘부에 대한 '참수 작전'을 하지 말 것을 강력하게 경고한 것으로 보인다.

이 법령은 또 국가 핵 무력에 대한 지휘통제체계가 적대세력의 공격으로 위험에 처하는 경우 사전에 결정된 작전 방안에 따라 도발원점과 지휘부를 비롯한 적대 세력을 괴멸시키기 위한 핵 타격이 자동적으로 즉시에 단행된다고 밝혀 유사시 한미 합동 군이 비핵공격을 하더라도 핵무기 사용을 할 수 있도록 작전계획을 수립해뒀음을 시사한 것으로 보인다.

또한 5조 2항에는 '비핵국가'라도 '다른 핵무기 보유국과 야합하여 조선민주주의인민공화국을 반대하는 침략이나 공격행위에 가담'하는 경우, 핵무기 사용 가능성을 밝혔다. 따라서 이 법령은 핵 보유 국가 중 가장 공세적이고 포괄적인 핵 사용 전략으로 평가된다. 따라서 북한체제생존의 보장을 위해 조건부 핵 사용을 천명한 것으로 한미의 선제공격을 경고한 것으로 보인다.

Ⅲ. 한미 '워싱턴 선언'과 한반도의 핵 균형유지

한미정상회담(2023.4.26)의 핵심이슈는 한미동맹 70주년을 맞이하여 한미 간 확장억제와 관련하여 워싱턴 선언(Washington Declaration)을 발표하였다. 핵심내용은 한미 간 '핵 협의 그룹'(NCG-Nuclear Consultative Group)의 신설과 전략 핵잠수함(SSBN), 최첨단 전략자산의 한반도 정기적 전개 그리고 미국의 핵무기 사용 관련 정보공유 확대에 대한 합의를 이룬 것은 큰 성과로 평가할 수 있다.

한반도 '확장억제'의 개념은 북한이 미국의 동맹국인 한국에 핵 공격을 감행할 경우, 미국의 억제력을 미 본토 수준으로 확장해 한국에 제공한다는 개념이다. 워싱턴 선언으로 미국이 안정되고 신뢰성 있는 핵전쟁 억제력을 한국에 제공하게 되어 실질적으로 한국이 핵무기를 보유하지 않아도 한반도에서 핵 공포의 균형을 이루게 된 것으로 평가된다. 환언한다면 만약 북한이 선제 핵 공격을 감행해올 경우 미국이 핵무기를 사용하겠다는 실질적 보장을 의미한다.

현재 한미·북한 간에는 핵 억제력(nuclear deterrence)이 유지되고 있다고 평가된다. 따라서 북한이 한미 양국을 공격하려면 상호 파멸을 각오하지 않으면 안 된다. 이것이 핵 공포의 균형(nuclear balance of terror)이다. 이러한 균형은 상호 확증파괴(mutual assured destruction. MAD)라고도 하는데, 북한이 핵 공격을 감행할 경우, 북한의 공격 미사일 등이 도달하기 전에 또는 도달한 후 한미의 제2 타격 핵 보복 능력을 이용해 북한을 전멸시키는 전략을 의미한다.

이번 워싱턴 선언을 통해 미국이 한국을 위해 강력한 확장억제(extended deterrence)를 문서로 만든 것이다. 그리고 바이든 대통령이 한미정상회담 후 공동기자회견에서 북한의 핵 공격 시 "정권 종말을 초래하게 될 것"이라고 언급하였다. 따라서 북한이 핵무기 사용을 해서 전쟁을 시작하는 것 자체가 자살행위이며 결국은 북한체제의 종말을 의미하게 될 것이다.

'워싱턴 선언'은 한국의 단독 핵무장론을 무마시키고 한국의 안보를 제도적으로 보장한 것으로 평가할 수 있다. 따라서 이제 한반도에서 핵 균형이 이뤄져서 핵 균형이 깨어지지 않는 한 북한의 핵 선제공격이 억제되어 한반도에서 핵전쟁의 개연성이 낮아졌다고 평가할 수 있을 것이다.

현시점에서 한반도에서 기획된 전쟁(war by plan)은 자살행위이고 공멸이기 때문에 그런 핵전쟁은 상상할 수도 없다고 생각한다. 그러나 우발적 무력충돌(accidental military clashes)의 개연성이 높아지고 있다. 역사적 사례는 세계 제1차 대전의 발발 원인도 사라예보에서 총알 한발로 인한 우발적으로 시작된 전쟁이었음을 감안하면 한반도에서 이런 전쟁이 현실화 될까 염려된다.

한미와 북한이 핵 선제 사용은 공멸로 이어진다는 현실을 고려할 때 핵 보유국 들은 전술 핵무기 사용 거론도 금지되어야 마땅하다. 만약 한미 양국이 대북 강경 압박정책을 지속적으로 추진할 경우, 북한을 코너에 몰아가면 이판사판 식으로 북한이 선제 전술핵무기를 사용할 개연성이 높아지게 될 것으로 보인다. 이 경우 결과는 핵전쟁으로 진전되어 인류의 재앙이며 물론 북한정권의 종말일 것이 명확하다.

그럼에도 불구하고 과연 한반도에서 선제타격(pre-emptive strike)이 현실적으로 개연성이 있을까? 현시점에서 한미동맹은 어느 때보다 공고화 되고 있어 바이든 미 행정부는 대한민국(ROK)을 미국의 핵심이익(core interest)으로 간주한다고 선언했다. 따라서 미국의 대북 선제타격은 한국정부의 승인 없이 실행되지 않을 것으로 보인다. 그러나 아무리 공고한 한미동맹관계라 하더라도 미국과 한국의 국익이 큰 차이가 있음을 간과해서는 안 된다. 따라서 만약 미국이 한국정부의 승인 없이 일방적/독자적으로 대북 선제타격을 실행할 수도 있을까? 이에 대한 해답을 한국정부는 미국으로부터 확인해 둘 필요가 있다고 생각한다.

한반도에서 핵전쟁은 승리자도 없고 패배자도 없고 모두가 패배자임을 현실적으로 인식하고 한반도에서 핵전쟁을 유발하는 일체 군사적 행동을 자제해야 마땅하다. 따라서 필자는 한반도에서 전쟁 예방이 최고의 가치이고 핵심이익이기 때문에 남북미 3국이 추구하는 공동의 목표가 되어야 한다고 주장한다.

윤석열 정부는 '한반도의 완전한 비핵화'가 아닌 '북한의 비핵화'라는 목표를 설정하고 있다. 그러나 이런 북한의 비핵화 목표 달성은 현실적으로 불가능한 목표라고 필자를 포함하여 대부분 전문가의 견해이다. 왜냐하면, 이명박/박근혜 전 정부가 추진했던 대북 강경·압박정책에서 배운 교훈을 반면교사로 삼아야 할 것이다. 10년 간 두 보수 정권 시대에 북한이 핵실험과 탄도미사일 발사로 유엔 안보리 제재가 이어져 이런 적대적 작용과 반작용의 악순환 구조로 인해 북한은 핵 무력 강화에 주력했다.

2019년 2월 하노이 북미정상회담의 결렬 이후 한미·북한 간 적대적 강대강 맞대응의 구조로 인해 북한지도부의 피 포위 강박 증(siege mentality)을 악화 시켜 북한은 핵 무력을 강화하게 되어 '한반도의 비핵화' 목표 달성에 실패하게 되었고 결과적으로 북한은 9번째 누구도 인정하지 않은 사실상 핵 보유국이 되었다. 이러한 정책실패를 반복해서는 안 될 것이다.

Ⅳ. 한미·북한 간 먼저 대화여건조성의 필요성

조 바이든 미 행정부는 반복적으로 "조건 없는" 북한과의 대화를 원하고 있다. 미국은 제3자를 통해서도, 직접적으로도, 구두로도, 서면으로도 대화 메시지를 보냈고 현재까지 북한은 아무 답이 없으며 대화에 관심이 있다는 징후도 보이지 않고 있다. 그러면 북한이 왜 미국의 제안에 묵묵부답으로 일관하고 있을까? 미국은 일관성 있게 북한에 '조건 없는 대화'에 나오라고만 반복하고 있다. 그래서 북한의 묵묵부답인 이유는 북한이 요구하는 '본질적인 문제 해결'을 위한 새로운 셈법을 제시하지 않았기 때문이라고 생각한다. 따라서 바이든 행정부가 북한이 요구하는 본질적인 문제 해법에 대한 '새로운 셈법'을 제안한다면 북한이 미국의 제안을 안 받아들일 이유가 없을 것이다.

윤석열 정부의 출범(2022.5.10) 이후 남북관계를 객관적으로 평가해 보는 것은 한반도의 미래를 위해 필요하다. 윤 정부는 문재인 전 정부의 대북평화 정책을 북한의 선의에만 기댄 '가짜 평화'라 강하게 비판하면서 '힘에 의한 군사안보'

을 적극적으로 추진하여 큰 성과를 거두었다. 그러나 한편, 남북관계는 꽁꽁 얼어붙어 대화여건이 극도로 악화하여 일촉즉발의 전쟁위기 상황으로 몰아가고 있어 윤 정부의 목표인 "힘에의 한 평화"실현이 불투명하다.

윤석열 정부는 대북 강경·압박정책을 추진하고 있다. 윤 대통령이 2022년 8.15 광복절 기념사에서 '담대한 구상'을 북한에 제안했다. 핵심내용은 한마디로 북한이 비핵화 협상에 진지하게 임하면 초기 단계부터 경제지원을 마련하고, 포괄적 비핵화 합의 도출 후 단계적 비핵화 조치에 상응해 각종 경제협력사업을 확대한다는 것이 골자이다. 여기엔 북한체제 안정을 위한 군사적 정치적 조치도 병행한다고 강조했다. 그리고 남·북·미·중 4국이 '한반도의 완전한 비핵화' 에 합의했지만 윤 정부는 '북한의 비핵화'을 제안하였다. 윤 정부의 '담대한 구상'을 북한이 성실히 수용한다면 아주 좋은 구상이라고 판단한다. 그러나 북한은 김여정 당 부부장의 담화를 통해 '담대한 구상' 제안에 대해 "어리석음의 극치"라고 비하하면서 핵 무력 강화에만 올인 하고 있다.

한편, 북한은 '무력시위'을 지속하고 있다. 북한은 2022년에 8번 대륙간탄도미사일(ICBM) 발사를 포함하여 총 70여 발 탄도미사일을 발사하였고, 11월에는 분단 후 처음으로 동해 북방한계선(NLL) 이남에 탄도미사일을 쏴 일촉즉발의 전쟁위기 상황으로 몰아갔다. 2023년 들어서도 고체연료 추진 ICBM을 첫 시험발사와 정찰위성 발사 실패(5.31) 등 유엔 안보리 결의를 위반하면서 도발을 계속하고 있다. 향후 한미가 정책전환이 없는 한 북한은 자신의 논리에 따라 9.19 남북군사합의(2018)를 포함한 남북 간 합의문을 무시하고 유엔안보리 결의를 위반하면서 북한체제의 보장을 위해 핵 무력을 강화하고 무력시위 혹은 군사적 도발을 계속할 것으로 보인다.

한편, 한미 양 정부는 2023년 3월에는 '자유의 방패'(FS-Freedom Shield) 연합훈련을 역대 최장인 11일 연속으로 진행하였으며. 2018년에 중단된 대규모 야외 실 기동훈련인 '독수리 훈련(FE)'을 사실상 복원하였다. 따라서 대규모 한미연합훈련 및 육해공군 전략자산 전개를 통한 미국의 확장억제 실행력 강화로 인해 북한의 피 포위 강박증(siege mentality)을 더욱 자극하여 북한도 핵 무력에 더욱더 올인 하는 태도를 보여 한미·북한 간 '강대강' 맞대응 전략을 지속될 것이다.

앞에서 지적한 바와 같이 한미 '워싱턴 선언'(4.26)을 통해 미국의 안정되고 신빙성 있는 '확장 억제력'을 재확인하였고 윤 정부의 출범 첫해에18조 원의 거금을 들여 미국으로부터 최근 전략자산을 구매하였다. 이 비용은 문재인 정부의 5년 동안 쓴 신무기 비용인 2조5000억 원의 7배 이상으로 알려졌다. 따라서 앞에서 지적한 데로 한미가 '워싱턴 선언' 이후 한반도에서 실질적으로 '핵 공포의 균형'을 이뤄 한반도의 핵 억제력 균형을 유지하게 되었다. 한미·북한 간 핵 균형을 이뤘기 때문에 지금부터는 지속 가능한 한반도 평화 체제구축을 위해 북한과 대화여건을 조성하여 북미/남북 간 대화를 재개하여 우발적인 무력충돌을 예방하고 중장기적으로 한반도 비핵·평화체제 구축을 위해 외교협상을 재개해야 할 적절한 시기가 도래하게 된 것으로 판단된다.

한반도에서 남북미 3국이 강대강 맞대응 전략을 지속한다면 윤 정부는 미·일과 더욱 밀착하게 될 것이고 한반도 문제 해결에 핵심역할을 할 수 있는 중국과 러시아의 협조가 필요한데 오히려 북·중·러 3국 간 연대의 기회가 주어지기 때문에 향후 윤 정부는 중국과 러시아 관리가 핵심과제로 부상하게 된다. 한·미·일 대 북·중·러 간 신 냉전 구도로 진전되면 동북아의 새로운 적대적 구도가 한반도 문제 해결에 부정적 영향을 미치게 될 것으로 보여 심히 우려된다. 이러한 위기상황에서 우발적인 무력충돌이 산불처럼 한반도에서 핵전쟁으로 번질 수도 있음을 잊어서는 안 된다. 따라서 한미·북한 간 대화와 소통이 이뤄져 우발적인 무력충돌을 미리 예방하고 한반도에서 남북미 3국간 정상적인 소통과 대화를 통해 한반도 위기관리가 철저하게 이뤄지길 기대한다.

V. 미·중·남·북 4자 간 가칭 '한반도 평화조약' 체결이 궁극적인 해법

지난 70년 동안 유지되어온 정전협정체제가 한반도의 평화체제로 전환하는데 미·중·남·북 4자간의 국제적 협력이 필수적이다. 그래서 윤 정부는 미·중 간 전략경쟁 시대에 장기적 국가 핵심이익 증진을 위해 미국 일변도 편향정책보다 대한민국이 해양세력과 대륙세력의 교차점에 있는 지정학적-지경학적 운명을 고려하여 균형된 실용외교를 추진하는 것이 바람직하다고 필자는 주장해 왔다.

70년 동안 지속한 불안정한 정전체제를 한반도 평화체제로 전환하여야 한다. 그러면 어떻게 해야 하나? 북한이 주장하는 북미 간 평화협정보다 국제법상 더 강력하고 구속력 있는 미·중·남·북 4국 정상이 서명하는 다자간 평화조약인 가칭 '한반도 평화조약'(a Korean Peninsula Peace Treaty)을 체결하고 유엔 안보리 추인을 걸쳐 국제조약으로 유엔사무처에 등록해야 할 것이다. 국제적 차원에서 한반도 평화조약은 보장되어야 한다. 이런 국제평화조약은 김정은 위원장이 제안한 '조건부 조선반도의 비핵화' 조건을 충족시킬 수 있다고 믿기 때문에 이러한 정책적 제안을 재검토하길 바란다.

한반도의 평화는 동북아의 안정과 평화의 초석이며 나아가 글로벌 평화구축에 필수적이다. 한반도 평화 프로세스의 관련국인 미국과 중국은 한반도 문제를 해결하기 위해 지속해서 협력하고, 국제사회의 책임 있는 일원으로서 북한이 정상적인 국가로 거듭날 수 있도록 상호협력 해야 한다.

VI. 필자의 정책제언: 먼저 한미·북한간 대화여건조성부터

한반도위기상황에서 필자는 현시점에서 남북미 3국이 해야 할 일을 생각해 보고자 한다. 남북미3국의 강대강 맞대응 전략의 마지막 종착점은 어디일까? 대북 강경·압박정책이나 북한이 맞서 대남·대미 강경정책으로 한반도 문제를 풀 수 있을까? 이런 질문을 3국 최고지도자에게 묻는다.

남북미3국이 추구하는 강대강 맞대응 전략이 우발적인 무력충돌로 인해 한반도에서 (핵)전쟁으로 몰아가고 있다면 3국이 다른 대안을 모색해야 할 것이다. 필자의 대안은 3국 간 대화 여건을 조성해서 한반도에서 전쟁위기를 관리하고 해소하는 방안을 모색하는 길이 최상의 대안이라고 주장한다.

그러면 현시점에서 남북미 3국이 해야 할 일은 무엇인가? 현재 남북미 3국이 추진하고 있는 강대강 맞대응 전략을 즉각 자제하거나 중단하여 한반도에서 "공포의 핵 균형"이 깨어질 수도 있는 3국의 무력시위를 포함하여 군사적 도발행위를 모두가 자제하고, 대화 분위기 조성에 올인 해야 할 것이다.

현재 한반도에서 한미·북한 간 핵 균형을 이루고 있으니 우발적인 무력충돌을 예방하기 위해 다른 대안을 모색해야 할 것이다. 먼저 남북·북미 간 대화 재개가 급선무이다. 대화 없이 실용적인 외교협상이 이뤄질 수 없다. 윤 정부의 '담대한 구상'은 한반도의 비핵화, 번영 그리고 평화실현을 위해 좋은 구상이지만 남북 간 대화 없이 윤 정부의 '힘에 의한 평화' 구현은 어디까지나 구호일 뿐 현실적인 정책이 될 수 없을 것이다. 따라서 지속 가능한 '한반도 평화'의 제도화를 위해 남북미 3국이 보다 현실적으로 무엇을 해야 할 것인지를 연구해야 할 것이다.

필자가 지속적으로 일관성 있게 주장한 바와 같이 북한과의 대화 분위기 조성을 위해 북한이 주장하는 한미의 대북 적대시 정책을 초기에 일부분 해소하는 방향으로 정책전환을 모색하기 위해 먼저 대화여건을 조성하는 것이 바람직하다고 생각되어 아래 5대정책을 제언하고자 한다.

첫째, 대화 분위기 조성을 위해 남북미 3국이 대화 의지를 굳게 가지고 함께 노력해야 한다. 따라서 남북미 3국 정상이6개월 동안 상호비방, 상대방에 대한 적대감 표현자제와 특히 무력시위 혹은 군사적 도발을 유예(모라토리엄)한다면 대화 분위기 조성에 큰 도움이 될 것이다.

둘째, 남북미 3국이 대화와 외교협상을 통해 한반도 문제 해법을 모색하고자 하는 의지가 있다고 생각한다. 따라서 미국 바이든 대통령, 대한민국(ROK) 윤석열 대통령과 조선민주주의인민공화국 (DPRK)김정은 국무위원장이 대화 분위기 조성을 위해 담대한 결단을 해야 할 때이다. 한미가 북한에게 대화에 나오라고만 하지 말고 구체적으로 강단 있는 북미·남북 간 창의적인 대화 제안을 하여 상호 적대적 감정을 해소하고 남북·북미 간 대화 재개의 장으로 나올 수 있도록 강단과 지도력(leadership)을 보여주길 기대한다.

셋째, 김정은 국무위원장이 '조선(한)반도의 완전한 비핵화' 합의는 반드시 지켜야 한다. 김 위원장이 제안한 조선(한)반도의 비핵화를 위해 두 개 전제조건인

(1)대북 적대시 정책 포기, (2)북한체제의 보장이 충족되면 핵을 가질 필요가 없다고 약속했다. 따라서 앞에서 지적 한데로 향후 남·북·미·중 4국 정상이 가칭 '한반도 평화조약' 체결을 통해 북한체제보장을 하면 북한이 핵을 포기할 것으로 기대되며, 따라서 4국 정상들이 담대한 결정을 통해 한번 시도할 필요성이 제기된다. 이러한 노력 없이 남북미 3자 간 강대강 맞대응전략이 지속하여 우발적인 무력충돌로 진전된다면 핵전쟁의 개연성이 높아질 것이기 때문에 그에 대한 하나의 대안은 건설적인 남북/북미대화 재개를 통해 해법을 모색하는 것이 바람직하다.

넷째, 남북미 3자가 각국의 '핵심이익'(core interest)을 존중해야 할 것이다. 현실적으로 북한의 핵심이익은 북한체제보장이다. 따라서 앞에서 지적한 데로 북한지도부는 북한의 체제보장 없이는 핵을 포기하지 않겠다는 입장이다. 따라서 남·북·미·중 4자 간 '한반도 평화조약 체결'을 통해 북한체제의 국제적 보장장치와 한반도의 비핵화를 맞교환이 바람직하다고 생각한다.

다섯째, 윤 정부가 '힘에 의한 군사안보'를 통해 전쟁 억제력을 이룬 것은 큰 성과였다고 앞에서 지적하였다. 따라서 군사안보와 함께 경제안보도 국민의 행복한 삶과 안정과 번영을 위해 필요하다. 윤 정부의 강대강 맞대응 전략은 궁극적으로 경제안보에도 위협이 될 수도 있을 것이다. 따라서 군사안보와 함께 경제안보를 증진하기 위해 구제적인 한반도 평화전략을 동시에 추진하는 것이 바람직하다고 생각한다.

마지막으로 한반도에서 (핵)전쟁이 절대로 일어나서는 안 될 것이다. 한반도에서 (핵)전쟁을 예방하는 것이 최고의 가치이며 핵심이익이 되어야 할 것이다. 따라서 한미·북한 간 대화와 소통이 이뤄져 우발적인 무력충돌을 미리 예방하고 한반도에서 남북미 3국간 정상적인 소통과 대화기 이뤄지기 위해 상기 5대 정책 제언을 진지하게 고려해 주길 바란다.

제2장

윤석열 정부의 통일·대북정책과 남북관계 개선 전망

2장 윤석열 정부의 통일·대북정책과 남북관계 개선 전망

신종대

Ⅰ. 머리말

이 글은 북한의 핵능력이 전례 없이 고도화되고 남북관계가 경색에 빠진 현 상황에서 남북관계 개선의 돌파구 마련이 가능한가, 또한 남북관계 개선방안은 무엇인가를 논의하기 위해 윤석열 정부의 통일·대북정책 및 북한 비핵화를 위한 해법으로 제시하고 있는 '담대한 구상'을 간략히 검토한다. 이러한 논의를 바탕으로 현재 남북관계를 풀고 북한의 비핵화를 이룰 왕도나 묘안이 사실상 없는 상황임을 일정 정도 인정할 필요가 있다고 지적한다.

따라서 '담대한 구상'이 가까운 장래에 실효성을 가지기 어려운 비핵화 해법이라는 점을 수용하고, 북핵에 대한 억제와 북한에 대한 관여를 결합하는 방안이 보다 현실적이라고 주장한다. 그리고 북한의 비핵화와 남북관계의 획기적 진전을 기대하기 어려운 조건에서도 할 수 있거나, 해야 할 중요한 일이 있다고 본다. 따라서 북한의 비핵화와 남북관계의 진전을 지향하되 할 수 있거나 해야 할 일에 집중하여 일정한 성과를 내는 것도 현 정부의 유의미한 성과가 될 수 있음을 강조하고자 한다.

남북관계의 진전을 가져왔던 역대 정부의 대북정책 추진에 있어서 최대강령적 접근과 대북 관여(engagement)와 국내 관여 비대칭은 지속가능한 대북정책을 정립하기 위해 반성을 요하는 대목이다. 해당 정부 또는 대통령 임기 내에 남북관계의 획기적 진전을 꾀하고 업적을 남겨, 이를 정치자원화하여 정치적 경쟁에서 우위를 차지하려는 시도, 특히 야당과의 공동 승리가 아니라 정부·여당의 완전 승리 도모가 남남갈등과 정부 교체 후 반작용과 결국 남북관계의 역진을 가져왔음을 상기할 필요가 있다. 이를 반면 교사삼아 남북관계 발전과 한반도 비핵·평화프로세스의 진전을 지향하되 설령 비핵화 부진과 남북대화 소강 국면에서도 대북정책 관련 정치적·사회적 합의 도출 등 중장기적인 남북관계 발전을 위한 펀드멘탈을 다질 수 있음을 제시하고자 한다.

Ⅱ. 윤석열 정부 통일·대북정책

1. 비전, 추진원칙, 중점 추진과제

윤석열 정부 통일·대북정책의 비전과 목표는 비핵·평화·번영의 한반도 구상이다.[1] 즉 평화와 번영이라는 목표와 함께 비핵화라는 목표를 우선적으로 병기함으로써 북한 비핵화가 한반도 및 지역의 평화와 번영을 이룩함에 있어서 필수적 사안이라는 점을 강조하고 있다. 이는 윤석열 정부의 통일·대북정책의 중점 추진과제에서도 우선적으로 비핵화와 남북 신뢰구축의 선순환이 제시되고 있는 점에서도 볼 수 있다. 윤석열 정부의 통일·대북정책의 3대 추진 원칙으로 제시되고 있는 1) 일체의 무력도발 불용, 2) 호혜적 남북관계 발전, 3) 평화적 통일기반 구축은 든든한 안보를 기반으로 하는 대북 억지력 증강과 이에 기반한 외교적 운신의 폭을 확대함으로써 향후 남북관계 발전과 통일기반 구축을 지향함을 보여준다.

윤석열 정부는 위와 같은 비전과 추진원칙 하에 1) 비핵화와 남북 신뢰구축의 선순환, 2) 상호존중에 기반한 남북관계 정상화, 3) 북한 주민의 인권증진과 분단 고통 해소, 4) 개방과 소통을 통한 민족동질성 회복, 5) 국민·국제사회와 함께하는 통일 준비 등의 5대 중점 추진과제를 제시하고 있다.

이렇게 보면 윤석열 정부의 통일·대북정책의 3대 원칙도 김대중 정부의 3대 추진원칙(무력도발 불용, 흡수통일 배제, 교류협력 추진)과 기조 면에서 큰 차이

---

1) 통일부, 『비핵·평화·번영의 한반도: 윤석열 정부 통일·대북정책』 (서울: 통일부, 2022); 통일연구원, 『윤석열 정부의 통일·대북정책: 국정과제 추진 방향』 (서울: 통일연구원, 2023), pp.19-25.

가 없음을 알 수 있다.

2. 윤석열 정부의 북한 비핵화 접근: '담대한 구상'

'담대한 구상'[2)]은 윤석열 정부가 제시했던 3가지 목표('북한핵문제의 근원적 해결', '원칙있고 실용적인 남북관계 추진', '국민과 국제사회가 함께하는 평화통일의 토대 마련') 가운데 하나였던 '북한핵문제의 근원적 해결'과 관련한 해법이라고 할 수 있다. 2022년 7월 22일 권영세 통일부장관은 '비핵·평화·번영의 한반도'를 구현하기 위한 5대 중점 추진과제 가운데 하나로서 '담대한 계획을 중심으로 북한의 완전한 비핵화와 남북 신뢰구축의 선순환을 추진하고, 북한의 실질적 비핵화 조치에 상응하여 단계별로 제공할 수 있는 대북 경제협력 및 안전보장 방안을 마련한다'는 통일부의 북한 비핵화 전략 관련 남북관계 과제를 대통령에게 보고했다.

'담대한 구상'은 '북한의 완전한 비핵화를 통해 지속가능한 평화·번영의 통일 기반 구축'을 전략 목표로 설정하고, '비핵화 전 과정에 대해 포괄적으로 합의한 후, 합의 사항을 단계적이고 동시적으로 이행한다'는 실행 방안을 담고 있다. 윤석열 정부는 '담대한 구상'의 제1단계에 해당하는 비핵화 협상 복원 과제를 풀어내기 위하여 강력한 한미동맹을 중심으로 북한의 핵위협을 억제(*Deterrence*)하고, 제재와 압박을 통해 핵개발을 단념(*Dissuasion*)시키며, 외교·대화를 통해 비핵화를 추진하는(*Diplomacy*) 총체적 접근을 통해 군사, 경제, 외교 영역에서 가용한 정책 수단을 종합적으로 사용하는 '3D 해법'을 제시했다.

북한이 비핵화 협상에 복귀하면 제2단계로 북한의 민생 개선을 위해 제재대상인 북한 광물자원의 수출을 일정 한도 내에서 허용하고, 동 대금을 활용하여 식량, 비료, 의약품 등 인도적 물품을 구입하고, 보건·의료, 식수·위생, 산림, 농업 등 민생협력 사업 시험 추진 후 비핵화 단계에 상응하여 사업 확대를 도모하는 '북한 민생개선 시범사업'을 제시하고 있다.

---

2) 이에 대해서는 통일연구원, 위의 책, pp.41-50 참조.

북한 민생 개선 초기 조치를 통해 비핵화 정의와 목표, 단계별 비핵화 조치와 분야별 상응조치의 로드맵을 담은 포괄적 합의를 도출하면, 3단계에 해당하는 북한의 비핵화 진전에 상응하여 경제적, 정치적, 군사적 조치를 동시적·단계적으로 추진하는 이행 방안을 제시했다. 통일부의 설명대로 '담대한 구상'은 '비핵·개방3000'에 비해 북한이 비핵화에 대한 확고한 의지를 보인다면, 초기단계에서부터 과감하고 선제적인 조치를 통해 비핵화 협상을 추동시켜 나간다는 보다 유연하고 실용적인 구상이라고 할 수 있다. 또한 '담대한 구상'은 '비핵·개방3000'과는 달리 북한 비핵화 진전에 상응하여 경제지원은 물론이고, 정치, 군사 분야 조치까지 포괄하는 입체적이고 실효성을 고려한 계획이라고 할 수 있을 것이다.

그러나 북한은 윤석열 정부의 '담대한 구상'에 대해 '비핵·개방3000'의 복사판으로 비난, 평가절하했다. 북한은 '비핵화조치를 취한다면' 이라는 If/Then 식의 접근 자체가 오류이며, 국가정체성의 요체인 핵과 경협을 교환해 보겠다는 '안보-경제 교환' 발상 자체가 어불성설이라고 규정하고 있다. 김정은 정권이 '담대한 구상'을 '비핵·개방3000'의 아류로 받아들이고 있으며, 핵무장을 자신들의 국가정체성의 요체로 인식하고 있는 상황에서 '경제-안보 교환' 접근은 실효성 있는 비핵화 방식이 되기 어렵다고 할 수 있다.

또한 '3D 해법'이 제시하고 있는 북한을 비핵화로 추동시킬만한 실효성 있는 정책 수단을 한국이 보유하고 있지 못한 것이 현실이다. 특히 '사실상'의 핵보유국 북한을 상대로 제재와 압박을 통해 핵개발을 단념시킬만한 마땅한 강제적인 경제 및 군사 수단을 결여하고 있는 상태에서 '북한 핵문제의 근원적 해결'은 수사를 넘어 실질적 정책목표로 기능하기는 어렵다. 일견 북한은 '사실상의' 핵무장을 기정사실화하려는 현상유지 국가일 수 있는 반면, 남한은 북한의 핵보유를 비핵화하려는 현상변경 국가라고 할 수도 있다. 그런데 비핵국이 핵무장국을 대상으로 현상 변경하려는 정책이 얼마나 실효적이고, 또 합리적인지 바야흐로 자문할 시점에 온 지도 모른다. 이렇게 본다면, 한국 정부가 북한의 비핵화 언급을 피하기도 어렵지만, 실효성이 낮은 목표를 계속 제시하는 것도 곤혹스러운 상황이다. 사실상 보수, 진보 가릴 것 없이 역대 모든 정부가 예외 없이 실현이 어렵거나 불가능한 대북정책 목표를 제시해 왔고, '경제-안보 교환' 방식을 추진해 왔지만 성공하지 못했으며, 북한의 핵능력은 더욱 고도화되어 왔다. '접근을 통한 변화'(김대중 정부), '북핵문제의 우선적 해결'(노무현 정부), 비핵·개방3000'(이명박 정부), '북핵불용의 확고한 원칙'(박근혜 정부), '북핵문제의 해결'(문재인 정부), '담대한 구상을 통해 북핵문제의 실효적 해결 추진'(윤석열 정부)이 그 예이다.

북한이 헌법에 '핵보유국'을 명시했고, 북한의 핵능력이 날이 갈수록 고도화되어온 점에 비추어 볼 때, 최근 정부로 올수록 더욱더 실현 불가능한 정책목표를 제시하고 있다고도 볼 수 있다. 윤석열 정부가 역대 정부가 밟아온 경로에서 예외, 즉 '담대한 구상'이 실효성 있는 해법이 될 것이라는 기대와 주장은 근거가 없거나 불명하다. 더욱이 비핵화를 명분이 아니라 실질적이고 구체적인 정책목표로 설정하고 있다면 애초부터 실현가능성이 지극히 낮거나 무망하다. 뿐만 아니라, 제시한 정책목표에 기반하여 북핵문제를 실효적으로 해결하려 할 경우 오히려 남북관계 악화와 한반도 긴장이 고조될 것이다.

물론 북한의 비핵화 가능성이 낮다는 것이 비핵화를 추구하는 대북정책이 무용하다거나 북한의 비핵화 노력이 도로일 뿐 주장의 근거가 될 수는 없을 것이다. 그리고 한국이 먼저 협상을 통한 핵 폐기 노력을 포기할 필요는 없을 것이다. 다만, 한국이 제재와 압박을 통해 실제로 북한의 핵개발을 단념시킬 수 있다고 믿고, 이를 구체적인 정책목표로 추진할 때 초래될 수 있는 역작용 또는 실효성을 따져 볼 필요가 있다는 것이다. 물론 비핵화를 명분으로는 제기하지만 실제로는 북한과의 대화와 협력에 방점을 두는 수준이라면 다른 얘기가 될 것이다. 사실 한국이 북한의 비핵화를 끌어낼만한 실효성 있는 정책수단 보유 여부는 차치하고 정작 북핵에 대응할 수 있느냐가 더 문제이다. 핵무기는 핵무기로만 억제될 수 있다는 것이 국제사회의 정설이다. 북한의 핵위협에 대처하기 위한 한국의 군사적 대응옵션들, 예컨대 핵무장[3], 전술핵 재배치, 확정억제 강화, 재래식 전

3) 한 때 핵무장을 지지하는 국내 여론이 76.6%에 달한 적도 있었지만(『중앙일보』, 2023년 1월 31일), '워싱턴

력 강화 등은 당장은 제한적이거나 실현가능성이 높지 않고, 만족스럽지 않음은 주지하는 바이다. 다만 2023년 4월 한미 정상 간 '워싱턴 선언'에 따라 출범한 핵협의그룹(NCG) 출범으로 확장억제의 실행력이 제고되고, 한국의 3축체제의 역량을 감안할 때 북한의 전쟁도발과 핵 사용 억제는 가능하다고 볼 수 있다.

현재로서는 북한의 핵위협에 대처할 수 있는 현실성 있는 ① 억제력의 제고와 대응방안 내실화와 더불어 ② 남북대화와 외교협상을 통해 ③ 북한의 핵능력 증가를 제어하고 위협을 관리하는 것이 바람직한 방안이 될 것이다. 그래서 남북 간의 대화가 필요하고 커뮤니케이션할 수 있는 채널 유지가 필요하다. 한국 정부로서는 북한과 대화를 모색하여 '담대한 구상'이 대북 강경책이 아니라 북한과의 실질적 협력에 방점이 찍혀 있는 구상임을 좀 더 강조해서 설명하고, 북한과의 대화 재개를 위해 미국을 어느 정도 움직일 수 있다는 것을 보여주어야 할 것이다. 다만 일단 북한과 대화가 재개된다고 하더라도 대화의 주체는 북미가 될 가능성이 크다. 남북관계 진전이 정점에 이르렀던 2018년 9월 19일 평양에서 개최된 남북정상회담에서 비핵화문제에 대한 해법을 남북이 공동선언에 담은 직후에도 김정은은 남한 배제의 의중을 드러내었다.[4] 물론 한국이 참여하는 3자회담의 포맷을 만드는 것이 바람직하지만 그것이 여의치 않다면 우선은 북미 간 대화가 진행되도록 돕고, 차츰 참여하는 방식도 배제할 필요는 없을 것이다. 윤석열 정부의 인식을 대변한다고 볼 수 있는 박진 외교부 장관의 2023년 신년 업무보고에서의 발언처럼, '북한의 선의에 의존하는 대북정책이 실패했다'고 해서 '북한의 악의에 집중하는 대북정책이 성공한다'는 보장이 없다. 억제력을 갖춘 관여와 평화 추구가 대북정책의 지침이 되어야 할 것이다.

선언' 이후 확장억제 실효성 제고와 더불어 핵개발 시도 시 초래될 수 있는 경제제재, 한미동맹 파기, 그리고 북한과 중국을 자극하여 안보위협이 오히려 단기적으로 심화될 수 있는 가능성을 곁들여 설명한 설문 조사결과, 핵보유 필요성을 지지하는 여론은 다시 하락 추세로 돌아섰다(통일연구원, 『KINU 통일의식조사 2023: 한국의 핵개발에 대한 여론』(서울: 통일연구원, 2023. 6).

4) 김정은은 9.19공동성명 직후인 2018년 9월 21일자 트럼프에게 보낸 서한에서 트럼프와의 2차회담을 촉구하면서 "향후 문재인 대통령이 아니라 각하와 직접 한반도 비핵화 문제를 논의하길 희망하며, 지금 문 대통령이 우리의 문제에 대해 표출하고 있는 과도한 관심은 불필요하다고 생각한다"며 속내를 드러냈다. "트럼프-김정은 러브레터," 『한미저널』, 통권 10호(2022.09), pp.105-106.

Ⅲ. 남북관계 개선방안은 있는가?

당초 이 글의 초고로 필자에게 주어졌던 발표문의 제목이 "남북관계 개선 방안"이었지만, 현재 남북관계를 풀고 북한의 '완전한 비핵화'를 이룰 왕도나 묘안이 없다는 것이 필자의 판단이다. 특히 북한의 비핵화가 실현될 가능성이 거의 없으며, 이 상태를 받아들이는 편이 실효성 없는 정책목표를 남발하고 추구하는 무의미한 시도보다 차라리 유익할 수 있다. 요컨대 현재로서 한국이 할 수 있는 일은 '담대한 구상'이 가까운 장래에 실효성을 가지기 어려운 비핵화 접근이라는 점도 염두에 두면서 북핵에 대한 억제(deterrence)와 북한에 대한 관여(engagement)를 결합하는 방안뿐일 것이다.

따라서 한미는 대북 억제력을 강화하는 동시에 남북 간 군사적 대치가 과도한 군비경쟁과 군사충돌로 비화하지 않도록 군사적 긴장완화와 위기관리를 위해 북한과 정치·군사대화를 추진할 필요가 있다. 고도의 군사적 대치 국면에서의 오산·사고로 인한 의도하지 않는 충돌이나 사소한 군사적 충돌이 확전될 가능성을 경계해야 한다. 이를 위해 상호위협 감축, 군비경쟁 완화, 남북관계 개선, 북미관계 정상화 등을 목표로 하는 회담 개최를 모색해야 할 것이다. 북한과의 비핵화 협상 재개도 도모해야 하며, 과도기적으로 핵사용 위험에 대한 관리조치로서 남북미 간의 군사회담 개최도 고려하여 한반도의 군사적 긴장완화와 핵 리스크 감소 조치를 적극적으로 취해 나가야 할 것이다. 북핵을 해결하기 위해서라기보다는 핵을 가진 북한을 관리하고, 나아가 중장기적으로 북한의 자발적 '비핵선경'으로 유도하기 위해서라도 북한과의 대화와 협력이 필요하다.

향후 미국과 북한이 대화를 통한 위험감소 필요성 및 가능성을 기대하고 전술적 국면 전환을 시도할 경우 남북 간의 (일시적) 대화 가능성도 전망해 볼 수 있을 것이다. 이러한 경우 대북 제재조치를 위반하지 않으면서도 북한의 호응 가능성이 상대적으로 높은 분야, 예컨대 식량문제 해결을 위한 농업협력, 방역문제 해결을 위한 보건협력, 자연재해 해결을 위한 기상협력 등을 검토할 수 있을 것이다.[5] 물론 위에서 예시한 협력사업들은 북한이 비본질적인 사안으로 간주하고 있어서 북한의 수용가능성이 높지 않는 것도 사실이다. 그러나 북한과의 대화국면에 대비하여 북한이 호응할 수 있는 협력사업에 대한 다각적인 연구와 검토가 필요하다. 다만 이러한 접근이 대화국면 도래에 대비한 다소 소극적인 접근이라면, 한국이 대화 분위기 조성을 위해 선제적으로 취할 수 있는 보다 적극적이고 창의적인 대안의 마련과 제시도 고민해야 할 것이다.

이와 관련 한 원로학자는 한반도 평화프로세스의 복원을 위해 한미 양 정부가 남북관계와 북미관계의 개선을 위해 먼저 대화 분위기 조성에 나서야 한다고 강조한다. 즉 북한과 대화 국면을 만들기 위해서는 먼저 한미 연합군사훈련의 일시 중단이나 축소, 그리고 일부 대북 제재의 완화가 필요하다고 강조한다. 이러한 정책 전환은 북한과 강 대 강 맞대응 전략에서 우호적·협력적 전략으로 전환하겠다는 의지를 북한에 전달하고 행동으로 보여주는 것이라고 충고한다.[6] 이와 같은 주장은 기본적으로 북한의 완전한 비핵화 노력을 포기하지 말고 지속적으로 추진해 나가야 한다는 것이다. 문제는 2022년 김정은 위원장의 최고인민회의 시정 연설에서 보듯 북한이 핵을 국가정체성의 요체로 인식하고 있는 상황에서 안보-경제 교환은 물론이고 안보-안보 교환도 불가할 것이라는 평가도 가능하다. 국체가 교환 불가라면 미국과 국제사회가 북한의 안보를 보장한다고 하더라도 북한이 핵을 포기할 가능성 역시 매우 낮거나 난망하기 때문이다. 또한 미 정부와 워싱턴 내 주류의 입장은 여전히 북한의 완전한 비핵화를 목표로 하고 있지만, 북한이 사실상 핵포기 불가 입장을 견지한다면, 중장기적으로 미국도 결국 북한의 핵보유를 사실상 인정하는 상황이 도래할 가능성도 완전히 배제하기 어렵다고 할 것이다. 그러나 사태를 이와 같이 전망한다고 하더라도 한반도 비핵·평화 프로세스 복원을 위한 한미와 국제사회의 대화 노력의 필요성과 타당성은 훼손되지 않을 것이다. 핵 문제 '해결'을 위해서 뿐만 아니라 핵 문제 '관리'

---

5) 통일연구원, 앞의 책, pp.113-114, 134 참조.

6) 곽태환, "남북/북미 간 대화 재개를 위한 분위기 조성에 올인해야,"『통일뉴스』, 2023년 2월 13일; 곽태환, "한반도 비핵·평화체제 구축 5단계 로드맵 구상: 재조명,"『통일뉴스』, 2023년 3월 24일. 물론 이와 같은 주장에 대해 한미연합훈련은 동맹이 지속되는 한 변함이 없을 것인 바, 이를 중단, 축소, 철폐하려는 북한의 시도를 수용할 수 없다는 점을 분명히 해야 하며, 장기적으로 남북관계 정립에 도움될 것이기 때문에 이를 북한과의 대화 재개와 연동해서는 안된다는 주장도 만만치 않다.

를 위해서도 북한과 대화의 복원과 지속은 중요하기 때문이다.

한편 이제 진영사고나 논리를 벗어나 보수와 진보가 공감대를 가지고 북핵문제와 북미관계, 남북관계를 제대로 바라보려는 노력을 기울이며 합리적이고 실사구시적인 해법을 진지하게 모색해야 할 때이다. 북한 핵에 대하여 확장억제력 등 군사적 대비를 철저히 강화하는 일이 북핵 문제의 외교적, 평화적 해법을 모색하는 것과 상충되지 않으며, 오히려 이를 촉진하는 방도 내지 첩경이 될 수 있다는 인식과 전략의 전환이 필요한 시기이다. '안보 만능' 대 '평화 만능' 양분구도에서 벗어나 한반도 평화라는 공동의 목표를 위해 안보 추구나 평화 추구가 다 유용하고 상충하지 않는다는 접근이 필요하다. 사실 북핵과 남북관계에 대한 한국 사회 내의 현실주의적 접근이나 자유주의적 접근 또는 보수나 진보 모두 '압박이냐 관여냐'하는 단순 이분구도에서 벗어나 오히려 미국의 현실주의적 군축학파의 인식과 접근으로부터 가려 배워야 할지도 모른다.[7] 즉 이제 북핵에 대한 CVID나 레짐체인지 같은 탈냉전기 공세적 자유주의에 기반한 해법은 중단기적으로 모두 불가능하며, 북한이 계속 핵을 가질 것이라는 전제하에 핵을 가진 북한과 타협하며, 상황을 관리해 나가는 정책을 펴야 한다는 데 보수와 진보가 인식을 같이할 필요가 있을 것이다.

Ⅳ. 무엇을 할 것인가?

비핵화와 남북관계의 획기적 진전을 기대하기 어려운 조건에서 우리는 무엇을 할 수 있고, 또 해야 할 것인가? 이와 관련하여 앞서 거론한 북핵에 대한 억제력 확보는 물론이고, 다음과 같은 세 가지 사안을 언급할 수 있을 것 같다. 첫째, 민족공동체통일방안을 네이밍을 포함하여 시대 변화(동북아지역협력과 남북통합의 연계, 해외로부터의 이주민 증가, MZ세대의 지향 등)에 맞도록 발전적으로 계승하고 보완할 필요가 있을 것이다. 통일부 차원에서 2024년 확정 목표로 민족공동체통일방안 업그레이드 준비 중인 것으로 알려져 있다.[8] 다만 이 과정에

7) 차태서, "다극체제하 북핵 문제의 미래," 「Global NK 논평」 (2022. 12. 19), pp.4-5.

서도 반드시 새겨둘 것은 1989년 한민족공동체통일방안이 광범위한 여야 논의와 합의를 거쳐 만들어졌다는 점을 새삼 상기할 필요가 있다. 보수-진보가 극심한 분열을 보이는 통일정책에서 양측이 하나의 방안에 합의를 이루고 공유하는, 즉 통일정책에 대한 초당적 합의를 이루는, 지금보면 마치 기적 같은 일이었다. 1989년 9월 노태우 대통령이 동 방안을 국회에서 발표했을 때 여야 의원들로부터 기립 박수를 받았다. 오랫동안 야당과 협의하여 나온 결과물이었기 때문이다. 그 때문에 보수, 진보를 떠나 역대 정부가 지금까지 이 통일방안을 계승하고 있는 것이다. 당시 여소야대 상황에서 정부·여당은 야당과 적극적인 소통을 통해 이 통일방안을 만들었던 것이다. 차제에 통일방안 업그레이드 시 정치권의 토의·합의 형성과 함께 현재 시민사회에서 진행되고 있는 사회적 대화 간의 동조화를 기할 필요가 있다.

둘째, 남북관계를 어떻게 규정하고 설정할 것인가 인 바, 남북기본합의서에서 채택된 '잠정특수관계'가 지난 30년 동안 남북관계를 발전시키는데 과연 어떠한 기여를 해왔고, 오히려 저해한 점은 없는지 찬찬히 살펴보고, 적실성 있고 바람직한 대안은 무엇인지 모색할 필요가 있을 것이다. 2020년 6월 북한의 개성 남북공동연락사무소 폭파 이후 남북관계를 계속 민족공조나 특수관계로 규정할 수 없는 사실상 두 개의 주권국가로 가고 있고, 또 그렇게 보아야 하는 것 아니냐는 문제 제기가 있을 수 있다. 더욱이 2022년 8월 18일 북한의 김여정 부부장이 "제발 좀 의식하지 말며 살았으면 하는 것이 간절한 소원이다" 라고 주장하며 남북이 별개의 국가임을 강조하는 듯했다. 또한 김정은 위원장도 2023년 8월 27일 해군사령부를 방문한 자리에서 '대한민국'을 언급하며 남북을 두 개의 국가로 규정하려는 발언을 이어가고 있다. 이렇게 볼 때 우리가 남북관계를 양국체제론[9]처럼 '대한민국과 조선민주주의인민공화국 두 나라가 주권국가로서 서로 인정하여 공식 수교하고 평화롭게 공존, 교류, 협력하는 1민족, 2국가의 평화공존체제'로 규정할 것인가? 아니면 양국체제로 규정하지는 않는다고 하더라도 기존

8) 「2023년 통일부 정책자문위원회 전체회의, 2023년도 주요 업무 보고」(2023.2.22).
9) 이에 대해서는 김상준, 『코리아 양국체제』 (서울: 아카넷, 2019) 참조.

잠정특수관계에 대한 비판적 성찰이 필요하다. 예컨대 기존의 잠정특수관계가 대신 '통일을 지향하지만 잠정적으로는 국가 대 국가 관계'인 '잠정일반관계'가 더 나은 대안이 될 수 있는가에 대해서도 논의가 필요한 시점이다.

셋째, 지난 문재인 정부에서 '남북기본협정'과 '통일국민협약' 채택 논의가 있었는데, 특히 남북관계나 통일문제에 대한 국민협약의 중요성은 아무리 강조해도 지나치지 않을 것이다. 특히 이 사안은 중요하지 않을 수 없는데, 남북관계 설정 및 대북정책 방향에 대한 초당적 합의와 사회적 기반 구축은 나머지 두 가지 사안과도 긴밀한 연관을 갖기 때문이다. 문재인 정부가 통일국민협약-남북기본협정-한반도평화협정을 체결하여 제도적으로 뒷받침되는 지속가능한 남북관계를 정립하겠다고 밝힌 것은 옳고 바람직한 방향설정이라고 하겠다. 다만 불완전 주권국가인 분단국가에서 남북교류협력이 활발하고, 점진적 변화 속에 궁극적으로 통합 또는 통일이 이루어진다고 해도, 그 과정은 남북간 치열한 국가정체성 경쟁 내지 주권게임으로 점철되지 않는다는 보장이 사실상 없다. 분단국가에는 평화의 시기에도 여전히 생존과 흡수통일의 관성이 작동한다고 보는 것이 더 타당할 수 있다.[10] 그렇게 볼 때, 남북기본협정, 평화협정 체결 후에도 남북 간 주권경쟁은 지속된다고 볼 수 있으며, 이 점에서 국민협약이 더 급선무요, 더 중요한 우선 사안이라고 할 수 있다.

물론 남북관계의 제도화 내지 법제화는 국제, 남북, 그리고 국내 수준에서 동시에 이루어지는 것이 바람직할 것이나, 현재로서는 한반도 평화협정과 남북기본협정의 체결[11]이 당장 현실화되기 어려운 상황임을 감안할 때 순차적 접근을 고려할 필요가 있다. 그리하여 우선 국내 수준에서 남북관계 및 대북정책을 여야의 공동지배영역으로 만들도록 노력하는 것이 중요하다. 이와 같은 국내 수준에서의 합의 노력과 과정, 그리고 결과는 추후 다시 논의될 수 있는 남북기본협정의 내용과 형식에 대한 국민적 합의를 모으는 과정이기도 할 것이다. 나아가 추후 북한과의 남북기본협정 체결 여건을 조성하고 이를 촉진하는 데에도 긍정적

---

10) 전재성 편, 『동아시아 지역질서 이론: 불완전 주권과 지역갈등』 (서울: 사회평론아카데미, 2018) 참조.
11) 이에 대해서는 도경옥·임예준·안준형, 『남북기본협정 체결방향과 과제』 (서울: 통일연구원, 2020) 참조.

역할을 미칠 것으로 본다.

2018년 4.27판문점선언 비준 문제가 국회 내에서 이슈가 되었으나, 당시 제1 야당은 판문점선언을 '깜짝 이벤트'로 폄하했고, 집권 여당과 대통령은 국회 비준 여부가 정쟁거리가 되어서는 안된다고 '계몽'했으나 결국 제1 야당의 협조를 얻어내지는 못했다. 주지하듯 서독은 민족문제에 대한 정당 간의 합의 영역을 만드는데, 성공했고, 그 결과 동방정책도 지속되고 성공할 수 있었다. 따라서 남북기본협정의 핵심 내용과 형식을 국민협약에 담아 국내적 합의 도모는 물론, 남북기본협정 체결 환경을 미리 가늠해 보고, 남북기본협정을 위한 기반 조성을 기할 필요가 있을 것이다.

그리고 남북관계와 대북정책에 대한 공유영역 합의와 컨센서스 도출은 비단 정치사회 영역에 국한되지 않고, 보수적 시민사회와 진보적 시민사회 간에도 필요할 것인 바, 상호 인정과 상호 경청 자세로 서로 대화를 지속해 나갈 수 있는 공청회 등 시민토론의 장이 마련되고, 시민사회의 목소리가 당연히 국민협약 제정에 피드-백되어야 할 것이다. 요컨대 남북관계 설정 및 대북정책 방향에 대한 초당적 합의와 사회적 기반 구축이 급선무라고 하겠다.

이 점에서 2023년도 통일부 업무보고에서 1) 민주평통 등 관계기관과의 협조를 통한 '사회적 통일대화' 등을 통해 각계 의견 적극 반영, 2) 초당적 협력을 통한 통일정책 추진, 3) 민관협력 플랫폼 구축의 일환으로 '통일미래기획위원회'를 신설하여 정책개발 및 공감대 확산의 중심 역할을 수행하겠다고 표방[12]한 것은 고무적이다.

다만, 현재 윤석열 정부에서도 '사회적 통일대화'를 진행하고 있는데, 문재인 정부에서 진행한 '사회적 대화'와 무엇이 어떻게 다른가에 대한 충분한 설명이 있어야 할 것으로 보인다. 왜냐하면 문재인 정부에서도 사회적 대화를 추진하여 '평화·통일 비전사회적대화전국시민회의(통일비전시민회의)'는 7대 종단, 범시민사회단체연합, 시민사회단체연대회의 등 보수, 중도, 진보로 구성된 독립적 사

12) 「최근 한반도 정세 및 윤석열 정부의 통일·대북정책」(통일부, 2023.2.22). 이에 대한 보다 자세한 내용은 『2023 통일백서』(통일부, 2023), pp.208-219 참조.

회적 대화를 추진하는 독립기구로서 통일국민협약 마련을 위한 숙의와 토론을 진행해 왔다. 그 결과 합의안 초안을 정부, 국회, 비정부기구, 국민에게 드리는 권고문 형식으로 만들었고, 문재인 정부는 이 대화 결과를 토대로 각 분야 전문가, 활동가, 종교계, 2030세대 등이 참여하는 공론화를 진행하고, 여야 의원이 참여하는 토론회 추진 등 국회와 협력하겠다고 통일부가 밝힌 바 있다.

그러나 통일국민협약을 정당정치를 대체하려는 시도로 간주한 일부 야당의원들의 비협조 내지 사실상의 보이콧으로 통일국민협약은 국회에서 제대로 된 대접을 받지 못했고 결국 무시의 대상이 되었다. 물론 소극적이거나 반대한 의원들도 통일국민협약 마련의 명분과 대의를 정면으로 부정할 수는 없었지만 정치권을 내심 시민사회가 주도하는 사회협약 방식에 부정적이었다. 이는 무엇보다 1989년 한민족공동체통일방안 마련 당시와 같은 정부·여당의 야당과의 적극적인 소통 노력과 협의 부족이 가져온 결과라고 할 수 있을 것이다. 그렇다면 윤석열 정부가 진행하고 있는 사회적 통일대화는 이를 얼마만큼 반면교사로 삼고 있는지 돌아볼 필요가 있을 것이다. 그리고 문재인 정부에서 진행한 사회적 대화 결과로 나온 합의한 초안이 있음에도 불구하고 사회적 통일대화를 진행하는 이유와 전자와 후자가 어떠한 관련 또는 차이가 있는지 우선 설득력 있게 설명되어야 할 것이다. 그리고 문재인 정부의 경우에서 보듯이 야당을 포함한 정치권의 동조가 부족한 사회적 대화는 똑 같은 전철을 밟을 공산이 크다고 하겠다. 말하자면 '정치적 대화'와 절연된 '사회적 대화'는 소기한 목적을 달성하기 어려울지 모른다.

V. 맺음말

윤석열 정부는 북한의 비핵화 협상 복귀를 위해 이른바 '3D(deterrence, dissuasion, diplomacy) 전략'을 추진하겠다고 밝혔다. 그런데 2023년 1월 27일 통일부 업무보고 등에서는 'dialogue' 라고 언급하고 있어 'diplomacy'와 'dialogue'를 동일한 차원에서 다루고 있다.[13] 이 점에서 윤석열 정부의 비핵화 전략은 '3D'가 아닌 '4D'로 볼 수 있을 것 같다. 그러나 외교든 대화든 북한이 별다른 관심을 보이지 않는 상황에서는 우선 한국이 북한과의 대화를 위한 유관국과의 외교적 노력으로 북한과의 대화 계기를 만들어가는 것이 중요할 것이다.

그런데 어쩌면 통일·대북정책에서 제일 중요하다고 볼 수 있는 '국내 대(domestic dialogue)'에 대한 고려나 전략은 '3D전략'이든 '4D전략'이든 정작 포함되어 있지 않다. 외교와 남북간 대화가 부진한 상황에서도 국내 대화는 가능하고 또 필요한데도 이에 대한 진지한 인식과 고민이 별로 없는 것처럼 보인다. 물론 '3D'가 윤석열 정부의 북한 비핵화 접근 방식을 담고 있는 것이고, 또 사회적 통일대화를 진행하고 있는 점을 염두에 둘 때, 이와 같은 지적은 온당하지 않을 수 있다. 그러나 '3D'든 '4D'든 그 D에 국내의 정치적·사회적 대화가 녹아들어가 있거나 명시됨을 보다 분명히 할 필요가 있을 것이다. 그래야만 윤석열 정부의 임기 중 설혹 북한의 비핵화에 별반 성과가 없더라도, 남북관계 설정 및 대북정책 방향에 대해 국내적 수준에서 초당적 합의와 사회적 합의를 어느 정도 구축할 수 있다면, 그것 만으로도 윤석열 정부의 대북정책이 평가 받을 수 있을 것이다. 남북관계 발전과 한반도 평화를 위해 3D, 4D전략을 적절하게 구사해 나가고 성과가 있도록 노력해야 할 것이다. 그러나 설령 비핵화의 부진과 남북대화의 소강 국면에서도 남북관계 설정 및 대북정책 방향에 대하여 공통분모를 도출하여 정치적, 사회적 합의를 모으고, 이에 대해 교육, 연구, 홍보하는 유용한 기회로 삼을 수 있을 것이다.

그리고 이것이 궁극적으로 '담대한 구상'과 3D, 4D를 안정적이고 효과적으로 구사는 기반이자 동력이 될 것이다. 물론 국내합의 도출 자체보다는 남북관계 진전 자체가 더 중요하다는 입장이 있을 수 있다. 특정 시점에서의 북한 및 북한과의 협력에 대해 부정적 여론도 남북관계 진전에 따라 큰 영향을 받는 것이기 때문에 특정 시점의 여론을 고정적으로 판단할 필요는 없다는 지적도 일리가 있다. 즉 여론이 대북정책의 독립변수가 아니라 여론이 남북관계의 종속변수라는 점이

---

13) 「2023년 주요업무 추진계획」(통일부, 2023.1.27).

라는 것이다. 그러나 그러한 논리를 따르더라도 '짧은 화해, 긴 대립'의 패턴을 보이는 남북관계에서 결국 남북관계 악화는 여론의 악화로 귀결될 수 밖에 없다.

따라서 기본적으로 대북정책에 대한 여야 간의 합의는 물론 국민적 합의가 필요하다. 그리하여 대북정책이 기본원칙과 방향이 중장기적인 국가전략 수준으로 정립될 필요가 있다. 그리고 일각에서는 현재와 같은 양당체제는 이변이 없는 한 상당기간 지속될 것이고, 그에 따라 현재와 같은 양당체제에서 대북정책을 둘러싼 정쟁의 지속으로 합의도출이 난망할 것이라는 분석도 만만치 않다. 그러나 대북정책을 추진하는 정부와 여당이 그 성과의 크기와 관계없이 대북정책의 합의 기반 도출을 위한 정치사회나 시민사회 수준에서 얼마나 진지하고 성실하게 노력하고 또 절차를 밟느냐의 여부는 정치적, 사회적으로 중요한 의미와 영향을 끼칠 수 밖에 없다.

분단국가인 한국에서 매우 유용한 정치자원인 민족문제에 대한 합의와 성과의 공유가 쉽지는 않겠지만, 바로 그 때문에 그것 없이는 어떠한 대북정책도 순항하기 어려운 바, 대북정책 추진에 있어서 정부·여당의 신중하고 원숙한 정치역량이 요구된다. 업적의 독점보다는 공유를 통해서만이 대북정책의 정쟁화를 막고 대북정책의 안정적, 효율적 추진을 기대할 수 있다. 그리고 이러한 공유와 합의 기반의 확충을 통해 대북정책을 안정화, 제도화시키는 자체가 해당 정부의 업적이자 유력한 정치자원이 될 수 있다. 역대 정부들이 남북관계 개선 노력에 비해 정작 그 기반이 되는 국내 지지 기반 조성을 상대적으로 소홀히 해 왔음을 부인하기 어렵다. 남남대화나 남남협력 없는 남북협력은 가능할 수는 있어도 지속 가능하지 않다. 요컨대 남북관계나 대북정책의 핵심은 '밖'이 아니라 '안'이고 궁극적으로는 정치의 문제이다. '안'과 '정치'가 모든 것은 아니지만, 그것 없이는 어떤 것도 하기 어렵다고 할 수 있다.

제3장

북한의 대외정세 인식과 대남, 대미 대응전략의 변화

3장 북한의 대외정세 인식과 대남, 대미 대응전략의 변화

임을출

Ⅰ. 서론

이 글은 김정은 국무위원장(이하 위원장)의 대외 정세인식을 토대로 대미, 대남 대응전략의 변화를 파악하는데 목적이 있다. 김 위원장의 대외 관계 인식은 노동당 중앙위원회 제8기 제5차 전원회의(6.8-10), 최고인민회의를 비롯한 다양한 정치, 국가 행사에서 행한 연설문 등을 통해 유추가 가능하다. 이와 함께 〈노동신문〉, 〈우리민족끼리〉 등 북한 매체 분석을 통해 대외 정세인식을 탐색하고자 한다. 북한은 지도자의 대외정세에 대한 인식에 기초해 대외 정책을 수립하는 경우가 일반적이다. 김정은 위원장은 2021년 9월 29일 최고인민회의 연설에서 '변화된 국제정세'에 대한 자신의 인식을 보여줬다. 당시 그는 "미국의 일방적이며 불공정한 편가르기식 대외정책으로 국제관계 구도가 '신냉전' 구도로 변화되면서 한층 복잡다단해졌다"고 말했다. 이는 당시 기준으론 조 바이든 미 행정부 출범 이후 심화된 미중 패권경쟁에 따른 새로운 동북아시아 정세 양상을 염두에 둔 것으로 해석됐다. 그리고 국제정세에 대한 '새로운' 인식은 2022년 4월 25일 진행된 조선인민혁명군 창건 90주년 기념 열병식 연설에서도 드러났다. "세계 군사력의 발전 추세와 현 시기 급속하게 변화되는 전쟁 양상은 우리 군대를 군사 기술적으로 더 빠르게 현대화할 것을 요구하고 있다"는 것이다. 우크라이나 전쟁이 북한의 정세 판단과 대외 정책 수립에 상당한 영향을 미치고 있음을 시사한 발언이다. 이같은 인식은 대미, 대남 대응전략에 그대로 투영되어 핵무력의 최대한 급속도 강화발전 조치로 나타나고 있다. 북·중·러 3각 밀착 강화의 근거로도 활용되고 있다.

이 글에서는 북한의 대외정세인식의 변화를 김정은 위원장의 정세인식, 대미, 대남인식을 중심으로 살펴보고, 이에 기초한 대미, 대남 대응전략을 설명한다. 그리고 마지막 장에서는 우리의 대응방향을 모색하기 위해 윤석열 정부의 대북정책 기조를 담대한 구상을 중심으로 검토한 뒤 향후 과제를 제시하고자 한다.

Ⅱ. 북한의 대외 정세인식 변화

1. 김정은의 정세인식

1) 신냉전과 진영 간 대결 인식

김정은 위원장은 2021년 9월 29일 최고인민회의 연설에서 '변화된 국제정세'에 대한 자신의 인식을 보여줬다.[1] 당시 그는 미국의 일방적이며 불공정한 편가르기식 대외정책으로 국제관계 구도가 '신냉전' 구도로 변화되면서 한층 복잡해졌다는 것을 강조했는데, 그가 주목한 것은 역시 조 바이든 미 행정부 출범 이후에 더 심화된 미중간 갈등과 이것이 동북아와 한반도에 미친 영향을 나름대로 해석한 발언이었다. 북한은 중국과 전략적 유대관계를 강화해 나가면서도 미중 패권전쟁의 격화에 따른 신냉전 환경이 한반도 불안정성을 가속화시키는 외부요인으로 판단하고 있다. 한반도 주변국가들의 군비증강으로 군사적 긴장은 날로 고조되고 있고, 이에 따라 지역의 군사적 균형이 파괴되고 있는 것에 대해 촉각을 곤두세우고 있는 것이다. 군사력 균형의 파괴 자체가 지역 평화의 불안정 요인으로 인식하고, 이에 대응하기 위해서는 자위적 국방력 강화가 불가피하다고 판단한다. 즉 자신들의 군사력이 약하면 공격의 대상이 될 것이며, 이는 연쇄적인 분쟁을 촉발시키면서 지역 평화가 파괴될 수 있다는 논리이다. 특히 미중 패권경쟁의 산물인 대만사태를 주목하고 있다. 대만주변에 집결되고 있는 미국과 추종세력들의 무력도 어느 때든지 자신들을 겨냥한 군사작전에 투입될 것으

1) 서재준, "[평양 인사이트]김정은 정세인식 변화는 남한과 우크라이나 때문," 『뉴스1』, 2022.4.28.

로 인식하고 있다. 이는 북한이 남북관계와 별개로 지속적으로 군사기술의 현대화를 비롯한 자위력 국방력을 강화할 수밖에 없는 핵심 배경으로 자리잡고 있다.

지난해 최고인민회의 연설 이후 약 7개월이 경과한 뒤 김 위원장은 국제정세에 대한 '새로운' 인식을 드러냈다. 2022년 4월 25일 진행된 조선인민혁명군 창건 90주년 기념 열병식 연설에서다. 군복(원수복)까지 입고 열병식에 참석한 그는 연설에서 "세계 군사력의 발전 추세와 현 시기 급속하게 변화되는 전쟁 양상은 우리 군대를 군사 기술적으로 더 빠르게 현대화할 것을 요구하고 있다"는 진단을 내놨다. 김 총비서의 이번 열병식 연설은 이어진 '핵무력 사명의 결행' 언급 때문에 군사력의 '현대화(강화)' 방침 에 초점을 맞추었다. 열병식 연설 중 외교적 관점에서 주목할 발언은 '세계 군사력의 발전 추세와 급속하게 변화되는 전쟁 양상'이었다. 이는 2022년 2월 이후 국제정세에 변화를 가져온 '우크라이나 전쟁'를 염두에 둔 진단이었다. 우크라이나 전쟁이 김정은 위원장의 정세 판단과 새로운 대외전략 수립에 상당한 영향을 주었을 것으로 판단된다. 북한은 우크라이나 전쟁의 원인 제공자로 미국을 지목하면서 북·중·러 3각 밀착의 강화 계기로 활용하고 있다. 또 러시아의 빠른 승리가 예상됐던 우크라이나 전쟁이 장기화하는 상황을 주목하고 있다. 미국을 비롯한 서방국가들이 우크라이나를 군사적으로 지원하고 있는 것이 전쟁의 장기화 이유 중 하나란 점도 주의깊게 관찰해 왔다. 이런 상황은 김 위원장에게 두 가지 생각을 갖게 만들 수 있다. 하나는 '강력한 군사력과 의지'가 필요하고, 그리고 동시에 동맹이 필요하다는 인식이다. 그러나 이는 자신들의 '밀착' 상대인 러시아가 아니라 우크라이나의 입장에 이입된 판단일 수 있다는 점에서 역설적인 측면도 있다. 북한 입장을 '해설'하는 재일본조선인총연합회(총련) 기관지 〈조선신보〉는 4.25 열병식을 소개하면서 "대국들의 대립 격화로 유라시아의 한복판에서 무력 충돌이 일어나고 국제적 안보환경이 복잡하게 요동치는 격변기에 조선(북한)의 불가항력을 과시했다"고 언급하였다. 이 보도 역시 우크라이나 전쟁으로 급변하는 국제정세 아래에서 불가항력으로서 핵무력을 증강시키는 것만이 최선이라는 북한의 인식을 재확인시켜주었다.

김정은 위원장은 2021년 10월 사상 처음으로 개최한 국방발전전람회에서 "일단 강해져야 한다"고 말했다. 이 언급은 2022년 3월 자칭 화성-17형 ICBM 시험발사 때도 반복됐다. 북한이 강해지기 위해 선택한 건 핵무력 강화다. 김정은 위원장은 열병식 연설에서 "격변하는 정치군사 정세와 앞으로의 온갖 위기에 대비해 우리가 억척같이 걸어온 자위적이며 현대적인 무력건설의 길로 더 빨리, 더 줄기차게 나갈 것"이라며 "특히 우리 국가가 보유한 핵무력을 최대의 급속한 속도로 더욱 강화 발전시키기 위한 조치들을 계속 취해나갈 것"이라고 선언했다. 앞서 천명한 '제국주의'와의 장기적 대결을 준비하겠다는 입장을 여기에 더하면, 북한은 '신냉전' 구도 속에서 불가항력을 키우는 길 외에는 사실상 다른 선택의 여지가 없게되는 셈이다.

김정은 위원장은 2022년 7월 27일 정전협정체결 69주년 기념연설에서 새삼 6.25전쟁의 국제적 성격을 강조했다. 미 제국주의에 맞서 싸워 승리한 조국해방전쟁이라는 확고한 관점 속에서도 이번에는 상대적으로 전쟁의 국제적 성격도 부각시킨 것이다. 김 위원장은 "지난 조국해방전쟁은 우리 공화국에 있어서 영토와 인민을 사수하기 위한 생사존망의 조국방위전이였으며 제2차 세계대전 이후 민주주의 진영과 제국주의 진영으로 대립된 두 극간의 처음으로 되는 격렬한 대결전"이라고 말했다."미제가 저들의 군대만이 아닌 방대한 추종국가 군대를 조선전쟁에 투입하였다는 그 사실 자체가 조선 전쟁의 치열성과 국제적 성격을 보여"준다고 강조했다. 김 위원장은 당시 "창건된 지 2년밖에 되지 않은 신생국가의 청소한 군대가 지구상의 제일 포악한 미 제국주의 침략군대와 그 추종무리들을 상대로 싸운다는 것은 너무도 중과부적이었다"고 부연했다. 북한이 중국의 참전과 소련의 지원 등 6.25전쟁의 국제적 성격을 과거에 부인했던 것은 아니지만, 올해는 이례적으로 '진영 간의 대결전'이라는 점을 보다 부각시킨 것이다. 나아가 김정은 위원장은 2022년 9월 8일 개최한 최고인민회의 제14기 제7차 회의 시정연설에서"침략과 략탈을 본성으로, 생존수단으로 삼고있는 제국주의가 존재하는 한 전쟁의 근원은 종식될 수 없으며 력사발전에서 자주와 평화를 지향하는 사회주의와 제국주의 간의 대립과 투쟁은 불가피한 것"이라고 강조했다.[2)]

나아가 북한은 미국이 동맹과 진행하는 연합군사훈련이 결코 북한만 겨냥한 것이 아니라고 밝히고 있다. 북한 외무성 산하 군축 및 평화연구소 최진 부소장은 AP통신 영상 계열사인 APTN 평양대리사무소 기자들과 한 인터뷰에서 "미국 주도의 합동군사연습들이 앞으로 동북아시아와 아시아태평양의 안전 구도에 어떤 파국적 후과를 미치겠는가를 시사하는 대목"이라며 "미국이야말로 동북아시아는 물론 아시아태평양 전 지역의 평화와 안정을 파괴하는 암적 존재"라고 강변했다.[3] 이는 갈수록 치열해지는 미중 간 패권경쟁과 러시아가 우크라이나를 침공을 진영대결로 인식하고 있으며, 북미 관계도 진영대결의 연장선상에서 바라보고 있으며 향후 상당 기간 이런 구도가 유지되는 것이 불가피하다는 점을 잘 인식하고 있음을 보여준다.

이런 인식은 김성 유엔 주재 북한 대사의 제77차 유엔총회 연설(9.26)에서도 재확인할 수 있다. "오늘 세계가 직면한 엄중한 위기와 도전들은 한두 가지가 아니지만 보다 근본적인 위협은 국제평화와 안전의 근간을 허물면서 패권주의적인 일극세계를 부지해보려는 미국과 그 추종세력들의 강권과 전횡"이라고 주장했다. 미국이 주장하는 규칙에 기초한 국제질서란 바로 일방주의적이고 패권주의적인 미국식 가치관이 관통된 미국 중심 세계질서이며, 인류 공동 이익과 국제법 위에 미국이 이익을 올려놓고 다른 나라들은 이에 복종할 것을 요구하는 제국주의적인 세력구도라고 평가한다. 지금 미국은 세계를 민주주의 국가와 권위주의 국가로 갈라놓고, 다른 나라들의 양자택일과 진영대결을 강요하고 있으며, 냉전시대의 유물인 쌍무 및 다무적 군사동맹체계를 확대하여 세계패권을 유지해보려고 기도하고 있다는 것이 북한측 인식이다.[4]

2) 대미 인식

김정은 위원장의 대미 인식을 좌우하는 중요한 현안은 한미군사훈련과 제재와

---

2) "조선민주주의인민공화국 최고인민회의 제14기 제7차 회의에서 하신 경애하는 김정은동지의 시정연설," 『조선중앙통신』, 2022.9.9.
3) "북 8월 한미훈련, 핵선제타격연습 명백…안보불안 직면할 것," 『연합뉴스』, 2022.7.22.
4) "김성 유엔 주재 북한 대사, 제77차 유엔총회 연설 전문," 『통일뉴스』, 2022.9.27.

관련된 문제이다. 한마디로 미국측이 한미군사훈련 중단을 약속했지만 계속 이를 어기고 있고, 지속적으로 제재를 부과하고 있다는 불만이다. 미국에 대한 뿌리 깊은 불신을 보여주는 대목들이다. 이런 불신으로 인해 미국이 어떤 말과 제안을 해도 북한은 신뢰하지 않는다. 바이든 행정부가 '전제 조건 없는 대화'와 '외교적 관여' 등을 강조하고 있지만 이는 진정성이 없다고 본다.

2022년 1월 19일 당 중앙위원회 제8기 제6차 정치국회의에서는 미국이 자신들의 정당한 국가주권행사를 부당하게 걸고들면서 무분별하게 책동하고 있는 문제에 대해 집중논의하였다. 이 자리에서 북한은 "미국은 두 차례의 북미수뇌회담 이후 최근 연간 그들이 직접 중지를 공약한 합동군사연습을 수백차례나 벌렸으며 각종 전략무기시험들을 진행하는 한편 첨단군사공격수단들을 남조선에 반입하고 핵전략무기들을 조선반도 주변지역에 들이밀면서 우리 국가의 안전을 엄중히 위협하였다"고 결론내렸다. 또한 "우리 국가를 악랄하게 중상모독하면서 무려 20여차의 단독제재조치를 취하는 망동을 자행하였으며 특히 현 미행정부는 우리의 자위권을 거세하기 위한 책동에 집요하게 매달리고 있다"며 "제반 사실은 미 제국주의라는 적대적 실체가 존재하는 한 대조선 적대시정책은 앞으로도 계속될 것이라는 것을 다시금 명백히 실증해주고 있다"고 밝혔다. 당중앙위원회 정치국은 싱가포르 조미수뇌회담 이후 우리가 조선반도 정세완화의 대국면을 유지하기 위하여 기울인 성의있는 노력에도 불구하고 미국의 적대시정책과 군사적 위협이 더이상 묵과할 수 없는 위험계선에 이르렀다고 평가하였다.[5] 김정은 위원장의 이같은 대미 인식은 7월 27일 전승 69돌 기념행사에서의 다음과 같은 연설내용을 통해서도 잘 드러난다.[6] "우리 민족의 현대사에 가장 엄중한 위해를 끼친 미국은 오늘도 우리 공화국에 대한 위험한 적대행위를 그치지 않고 있습니다." "미제가 우리 국가에 대한 국제적인 인식과 여론을 조종하여 《악마화》해보려고 집념하고 있는 것은 세계평화의 교란자로서의 저들의 침략적정체를 가리우고 불법무도한 적대시정책을 정당화하기 위한 상투적인 수에 지나지 않습니

---

5) "조선로동당 중앙위원회 제8기 제6차 정치국회의 진행," 『조선신보』, 2022.1.20.
6) "위대한 전승 69돐 기념행사에서 하신 경애하는 김정은 동지의 연설", 『노동신문』, 2022.7.27.

다.” 북한의 대외선전 매체의 후속 보도를 통해서도 미국에 대한 부정적인 인식이 적나라하게 드러난다. “미제는 지난 세기 50년대에 대조선침략야망을 추구하면서 우리 공화국을 반대하는 핵전쟁계획을 추진한 흉악한 범죄자이다. 전후에도 우리 공화국을 대상으로 한 미제의 핵전쟁도발책동은 어느 하루 한시도 중단된 적이 없으며 세기를 이어 오늘까지 지속되여오고 있다.”[7] 오늘날 김정은 정권에게도 “미국은 우리 민족의 자주권과 생존권, 발전권을 심각히 침해하면서 침략적인 대조선적대시정책에 따라 조선반도의 대결과 긴장을 격화시키는 주되는 평화파괴세력”이고, “해방직후부터 지금까지 남조선을 우리 공화국과 대륙침략을 위한 군사적 발판으로, 전초기지로 삼고 북침전쟁도발소동을 악랄하게 일삼아온” 세력으로 남아 있다.[8]

김정은 위원장의 미국에 대한 인식과 관련해 가장 주목할 발언은 2022년 9월 8일 최고인민회의 제14기 제7차 회의에서 시정연설을 통해서 나왔다. 그는 “지금 미국은 우리의 핵과 자위력강화가 세계평화와 지역의 안전에 중대한 위협으로 된다는 얼토당토않은 궤변으로 국제무대에서 우리 공화국정권을 《악마화》해놓기 위한 여론퍼뜨리기에 집착하면서 우리를 심리적으로, 물리적으로 제압하기 위해 추종세력들까지 총발동한 사상 최악의 제재봉쇄와 정치군사적 공세에 집요하게 매달리고 있습니다.”라고 말했다. 이는 이전에도 강조한 표현들이다. 주목할 대목은 김 위원장은 이 시정연설에서 미국의 정권붕괴음모설까지 제기한 점이다. 즉, “미국이 노리는 목적은 우리의 핵 그 자체를 제거해버리자는 데도 있지만 궁극적으로는 핵을 내려놓게 하고 자위권 행사력까지 포기 또는 렬세하게 만들어 우리 정권을 어느 때든 붕괴시켜버리자는 것”으로 규정했다.[9] 그리고 “미국은 사상최대의 제재봉쇄로써 우리에게 간고한 환경을 조성하고 진맥이 나게 하며 우리로 하여금 국가의 안정적 발전환경에 대한 불확신성과 위협을 느끼게 함으로써 우리가 핵을 선택한 대가에 대하여 생각해보게 하고 당과 정부에

7) “지난 세기 50년대에 핵전쟁계획을 추진한 흉악한 범죄자,” 『통일의 메아리방송』, 2022.7.24.
8) “론설, 조선반도정세긴장의 악순환의 근원은 무엇인가,” 『우리민족끼리』, 2022.9.12.
9) “조선민주주의인민공화국 최고인민회의 제14기 제7차회의에서 하신 경애하는 김정은 동지의 시정연설,” 『조선중앙통신』, 2022.9.9.

대한 인민들의 불만을 유발, 야기시켜 우리 스스로 핵을 내려놓지 않으면 안되게 만들어보자고 기도하고 있습니다"라고 부연설명했다. 미국이 김정은 정권 붕괴를 겨냥하고 있다는 김 위원장의 발언은 미국에 대해 품고 있는 뿌리 깊은 불신을 잘 보여주고 있다.

3) 대남 인식

북한은 한반도 정세긴장의 악순환의 근원으로 "미국의 대조선 적대시정책에 편승하는 남조선괴뢰들의 반민족적인 외세추종행위와 변함없는 동족대결정책, 상시적인 군사적 도발"이라고 규정하고 있다. "남조선괴뢰들이 침략적인 외세와 결탁하고 외세가 바라는 대로 반공화국 압살책동의 앞장에 나선 것은 조선반도의 정세긴장을 초래하는 중요한 원인"이라는 것이다.[10] 올해 5월에 집권한 윤석열 정부에 대한 북한의 인식은 매우 부정적이다. 한마디로 "윤석열 역적패당의 《대북정책》은 그 악랄성과 무분별함에 있어서 력대 선임자들을 훨씬 릉가하고 있다"는 주장이다.[11] 윤석열 정부의 대북정책은 곧 명백한 동족대결정책인 동시에 공공연한 북침전쟁정책으로 규정한다. 그러면서 구체적인 사례들로서 주적론 부활, 선제타격론, 북한인권재단 설치추진, 을지 프리덤 실드와 같은 대규모 병력을 실제 동원한 한미합동군사훈련 재개 등을 언급하고 있다. 이들 정책에는 "악랄한 반공화국 적대의식과 무모한 체제통일야망이 독뱀처럼 꿈틀거리고 있다"고 비난하고 있다. 북한은 특히 주적론을 공개적인 동족대결론으로 인식한다. 이는 "동족 사이의 화해와 협력을 부정하고 오직 힘에 의한 대결로 케케묵은 《흡수통일》야욕을 기어코 실현해보겠다는 것"이라는 주장이다.[12] 한동안 수면 아래로 들어갔던 흡수통일 우려가 다시 부상한 것이다. 북한은 특히 선제타격 주장에 대해서도 매우 민감한 반응을 보였다. "윤석열《정권》이 떠들어대는 《대북선제타격》망발은 핵전쟁도발의 변이된 수식어이며 핵화약고 우에 불뭉치를 던지는 것

10) "론설, 조선반도정세긴장의 악순환의 근원은 무엇인가," 『우리민족끼리』, 2022.9.12.
11) 위 신문.
12) "통일신보 론평, 윤석열《정권》이 추구하는 대북정책의 진상을 밝힌다." 『우리민족끼리』, 2022.7.12.

도 서슴지 않겠다는 공개적인 선전포고"라고 규정했다. "윤석열 정권이 끌어들이는 미국의 핵전략자산들의 전개는 자신들로 하여금 핵무력고도화 결심을 더욱 굳히게 해줄 뿐"이라고도 했고, "북한 비핵화를 떠들면 떠들수록, 미국의 핵무기들이 반입되면 될수록 남조선은 외세의 치렬한 각축전장으로, 2중 3중의 핵과녁으로 전락되기 마련"이라고 강변했다.13) 이런 인식의 연장선상에서 북한은 "우리 국가와 군대를 《주적》으로 삼은 이상 윤석열《정권》은 더는 평화성취의 대화상대도, 민족단합의 일방도 아닌 철저히 섬멸해야 할 원쑤"로 자리매김된다.14)

김정은 위원장의 대남 인식은 7월 27일 정전협정체결 69주년 기념행사에서 행한 연설에서 보다 직접적으로 드러났다. "올 해에 집권한 남조선의 보수정권은 역대 그 어느 보수정권도 능가하는 극악무도한 동족대결 정책과 사대매국 행위에 매달려 조선반도의 정세를 전쟁 접경에로 끌어가고 있습니다.15) 역대 보수정권 중에서도 '최악'이라며 한반도 정세를 '전쟁 접경' 수준으로 끌고 나가고 있다는 것이 김 위원장의 생각이다. 과거 대남 비난에 친동생인 김여정 부부장을 내세우고 자신은 가급적 나서지 않았던 김 위원장이 윤석열 정부에 대해서는 아주 강한 비난과 위협의 발언을 쏟아낸 것이다. 김정은 북한 국무위원장이 윤석열 정부의 '힘에 의한 평화' '선제타격' 등 대북 원칙론에 대해 "위험한 시도는 즉시 강력한 힘으로 응징될 것이며 윤석열 정권과 그의 군대는 전멸될 것"이라고 위협했다. 김 위원장이 윤 대통령의 실명을 언급하며 대남 관련 입장을 내놓은 것은 새 정부 출범 이후 이 때가 처음이었다. 이 연설은 지난 6월 노동당 중앙위원회 제8기 5차 전원회의 확대회의에서 밝힌 대남 '대적 투쟁'과 대미 '강대강 정면승부'라는 원칙적 기조에서 한걸음 더 나아간 곳으로 평가된다.

첨단무기개발과 관련해서도 경계심을 지속적으로 표출하고 있다. 우리가 도입하고 개발하고 있는 무기들을 모두 나열하면서 거센 비난을 쏟아내고 있다. 예를 들면 한국형 3축타격체계구축에 필요한 무기체계개발과 인공지능 기반의 무인무기체계개발, 방위산업의 첨단전략사업 전환, 독자적인 대북정찰감시체계구축

13) 위 신문.
14) 위 신문.
15) "윤석열 정부 지지율 하락 우회적으로 꼬집은 北 김정은," 『노컷뉴스』, 2022.7.29.

에 필요한 첨단무기개발과 중고도요격미사일인 패이트리어트의 성능개조, 장거리지상대공중미사일의 조기개발추구, 스텔스전투기'F-35A' 20대의 추가도입 등을 거론하며 이는 자신들의 "국방력의 강세에 당황한 나머지 군사적 열세를 만회해보려는 어리석은 놀음이며 북침전쟁장비 증강책동에 더욱 박차를 가하는 호전적 망동 외 다른 아무것도 아니다"라고 평가절하했다.[16] 북한은 남측 정세의 일거수일투족을 살피면서 나름대로 평가를 하고, 이에 기반에 주도권을 놓치지 않으려는 치밀한 대응전략을 구상하고 있는 것으로 보여진다.

Ⅲ. 대남, 대미 대응전략

1. 대미 대응 전략: 강대강 전면승부 투쟁원칙

김정은 위원장은 2022년 6월 8일부터 10일까지 진행된 당 중앙위원회 제8기 제5차 전원회의의 결론에서 "국가방위력 강화에 계속 큰 힘을 넣을 것"을 강조하고, 대외정책의 기조로서 "강 대 강, 정면승부의 투쟁원칙"을 재천명했다. "자위권은 곧 국권수호 문제이며 우리의 국권을 수호하는 데서는 한 치도 양보하지 않을 우리 당의 강 대 강, 정면승부의 투쟁 원칙을 재천명하시고 공화국 무력과 국방연구부문이 강행 추진해야 할 전투적 과업들을 제시했다"고 노동신문(6.11)은 전했다. 김 위원장은 "오늘 우리 국가의 안전 환경은 매우 심각하며 주변정세는 더욱 극단하게 격화될 수 있는 위험성을 띠고 있다"고 진단했다.[17] 그러면서 "이 같은 정세는 우리로 하여금 국방력 강화를 위한 목표점령을 더욱 앞당길 것을 재촉하고 있다"고 밝혔다.

하지만 국권수호를 위한 '정면승부'라는 표현은 기존의 강 대 강 원칙, 정면돌파 원칙보다 한 발 더 나간 입장 표명이라는 점에서 주목된다. 결국 필요하면 싸워서라도 승부를 내겠다는 강경입장을 정면승부로 표현한 것으로 해석할 수

16) "경거망동으로 차례질것은 쓰디쓴 파멸뿐," 『려명』, 2022.7.26.
17) 임을출, "당 중앙위 제8기 제5차 전원회의와 남북관계 전망", 한국군사문제연구원 발간 『월간 KIMA』, Vol.55, Sep.2022, pp.55-60.

있다. 북한 선전매체들은 한미의 각종 합동 군사훈련을 거론하며 "지역 정세를 의도적으로 긴장시키는 평화 파괴 행위"라고 비난해왔다. 선전매체 '우리민족끼리'(6.18)는 미국의 핵 항모인 로널드레이건호와 에이브러햄 링컨호가 한반도 수역에서 항해하고, 스텔스전투기 F-35B를 탑재한 미 해군 상륙 강습함 '트리폴리호'가 일본 가나가와현 미군 기지에 기항한 사실을 거론했다. 그러면서 적대세력들의 강경에는 초강경으로 맞서는 것이 우리 군대의 기질이며 "배짱"이라며 "그 어떤 세력이든 우리 공화국과의 군사적 대결을 기도한다면 반드시 소멸될 것"이라고 위협했다. 실제 북한은 미국 원자력 추진 로널드 레이건 항공모함을 포함한 한-미 해군훈련, 한미일 대잠전 훈련 등이 진행되는 기간중에도 9월 25일 단거리 탄도미사일 1발을 평안북도 태천군 일대에서, 28일 단거리 탄도미사일 2발을 평양 순안 일대에서, 29일에는 단거리 탄도미사일 2발을 평안남도 순천 일대에서 각각 동해상으로 발사하였다. 미 항모가 한국에 왔을 때 북한이 탄도미사일을 쏜 것은 이번이 처음이다. 정면승부의 원칙을 말이 아닌 행동으로 보여주고 있는 것이다. 결국 이 같은 연속적인 군사적 도발은 김정은 위원장의 현지지도 아래 치밀하게 기획된 것으로 드러났다. 노동신문은 10월 10일 "나라의 전쟁억제력과 핵반격능력을 검증판정하며 적들에게 엄중한 경고를 보내기 위한 조선인민군 전술핵운용부대들의 군사훈련이 9월 25일부터 10월 9일까지 기간에 진행되였다"고 밝혔다. 그러면서 훈련결과에 대해 "7차례에 걸쳐 진행된 전술핵운용부대들의 발사훈련을 통하여 목적하는 시간에, 목적하는 장소에서, 목적하는 대상들을 목적하는만큼 타격소멸할수 있게 완전한 준비태세에 있는 우리 국가 핵전투무력의 현실성과 전투적효과성, 실전능력이 남김없이 발휘되였다."고 평가했다. [18] 김정은 위원장은 "적들에게 우리의 핵대응태세, 핵공격능력을 알리는 분명한 경고, 명백한 과시로 된다"고 강조했다. 나아가 그는 "적들이 군사적위협을 가해오는속에서도 여전히 계속 대화와 협상을 운운하고있지만 우리는 적들과 대화할 내용도 없고 또 그럴 필요성도 느끼지 않는다"고 기존 입장을 고수하는 발언을 했다.

18) "경애하는 김정은동지께서 조선인민군 전술핵운용부대들의 군사훈련을 지도하시였다." 『노동신문』, 2022.10.10.

'강대강 전면승부' 투쟁원칙은 2022년 9월 8일 최고인민회의 제14기 제7차 회의에서 채택한 국가핵무력정책의 법제화로 구체화되었다. 핵무력정책을 법제화해놓음으로써 핵보유국으로서의 국가의 지위가 불가역적인 것으로 되었다고 강조한다. 물론 핵정책의 변화 가능성도 열어 놓았다. "만약 우리의 핵정책이 바뀌자면 세상이 변해야 하고 한반도의 정치군사적 환경이 변해야 한다"는 것이다. 이는 앞서 설명한 진영대결을 특징으로 하는 신냉전의 완화를 의미하는 것으로 보인다. 하지만 핵무력정책의 법제화는 비핵화는 절대로 하지 않겠다는 의지를 행동으로 보여준 것으로 해석된다. "절대로 먼저 핵포기란, 비핵화란 없으며 그를 위한 그 어떤 협상도,그 공정에서 서로 맞바꿀 흥정물도 없습니다." "핵은 우리의 국위이고 국체이며 공화국의 절대적 힘이고 조선인민의 크나큰 자랑입니다." "지구상에 핵무기가 존재하고 제국주의가 남아있으며 미국과 그 추종무리들의 반공화국책동이 끝장나지 않 는한 우리의 핵무력 강화로정은 끝나지 않을 것입니다." "공화국 핵무력은 곧 조국과 인민의 운명이고 영원한 존엄이라는 것이 우리의 확고부동한 립장입니다."[19] 북한은 핵무력정책의 법제화 자체가 협상에 의한 비핵화를 불가능하게끔 만들어놓은 것이 가장 중요한 의의를 갖는다고 스스로 밝히고 있다.

2. 대남 대응 전략: 대적투쟁 원칙

북한은 대남 대적관계를 더욱 공고화하면서 대남 대적 정신의 고취에 집중하고 있다. 주민들을 대상으로 대남 적대감을 고조시키면서 대적 정신 무장을 강조하고 있다. 신뢰와 화해에 기초한 남북관계는 당분간 재개되기 힘들다는 판단 아래 자위적 국방력 강화에 주력하고 있다. 이를 통해 윤석열 정부를 최대한 압박할 수 있는 안보위기를 전략적으로 조성하고 있다. 김 위원장은 대남 대응과 관련해, 7.27 전승절 기념연설에서 "가장 위험한 도마우에 올라선 대통령, 가장 큰 위험 앞에 로출된 《정권》이라는 손가락질을 피하려면 보다 숙고하고 입보다 머

19) "조선민주주의인민공화국 최고인민회의 제14기 제7차회의에서 하신 경애하는 김정은동지의 시정연설," 『조선중앙통신』, 2022.9.9.

리를 더 굴려야 하며 때없이 우리를 걸고들지 말고 더 좋기는 아예 우리와 상대하지 않는 것이 상책일 것" 이라고 밝힌 바 있다. 핵전쟁억제력의 지속적인 강화를 통한 대남관계의 주도권을 유지하려는 의도도 보여준다. 인도지원 등 부차적인 문제가 아니라 남북 및 북미 정상 사이의 합의 이행 등 근본적 문제가 해결되지 않는 한 대화 호응을 하지 않겠다는 입장을 견지하고 있다. 지금 한반도 평화를 치명적으로 위협하는 것은 오래된 북미 적대적 관계에 원인이 있는 것인데, 이 문제 해결 없는 남북관계는 명확한 한계가 있고, 더구나 실익도 기대하기 어렵다는 입장이다.

2022년 6월 8일부터 10일까지 진행된 당 중앙위원회 제8기 제5차 전원회의에서 이뤄진 토론과 결론 내용은 향후 남북관계의 전망에 대한 중요한 단초를 제공해주고 있다. 김정은 위원장은 전원회의에서 '대적투쟁'이라는 함축적인 표현을 사용해 남북관계에 대한 입장을 밝혔다. 사실 여기서 언급한 '적'은 자신들을 향해 적대시 정책을 취하고 있는 모든 상대방이라 할 수 있다. 북한은 '대적투쟁'의 대상을 직접 명시하지는 않았지만, 그간 북한이 이 표현을 써왔던 관례에 비춰보면 남한을 겨냥한 것으로 봐야할 것이다. 북한이 남측을 염두에 두고 '대적투쟁'을 거론한 건 지난 2020년 6월 이후 정확히 2년 만이다. 당시 김여정 당 부부장은 남측 일부 단체의 대북전단 살포에 반발해 "대남사업을 철저히 대적사업으로 전환해야 한다"고 으름장을 놓은 뒤 남북 통신연락선을 차단하고 개성 남북공동연락사무소를 폭파하며 한반도 긴장이 최고조에 달했다. 이후 북한은 2020년 12월 4일 최고인민회의 상임위원회에서 이른바 반동사상문화배격법을 채택한다. 이는 대남 대적관계를 아예 법제화하는 조치로 해석된다. 노동신문은 이 법에 대해"반사회주의사상문화의 류입, 류포행위를 철저히 막고 우리의 사상, 우리의 정신, 우리의 문화를 굳건히 수호함으로써 사상진지, 혁명진지, 계급진지를 더욱 강화하는 데서 모든 기관, 기업소, 단체와 공민들이 반드시 지켜야 할 준칙들을 규제하였다"고 해설하였다.[20] 반동사상문화배격법 설명자료에 따르면, 북한은 '남조선의 영화나 녹화물, 편집물, 도서, 노래 그림 사진 등을 직

---

20) "조선민주주의인민공화국 최고인민회의 상임위원회 제14기 제12차 전원회의 진행," 『노동신문』, 2020.12.5.

접 보고 듣거나 유입, 유포한 자는 5년~15년 이하의 노동교화형에 처한다'(제27조)며 '정상에 따라 무기 노동교화형 또는 사형에 처한다'고 규정했다. 이 법은 △남조선(한국) 및 미국, 일본 등 적국의 문화 콘텐츠와 북한을 반대하는 내용이 담긴 외국문화 콘텐츠의 시청, 보관, 유입, 유포 등의 행위, △음란물이나 미신관련 자료의 시청, 보관, 제작, 유입, 유포 등의 행위, △음란물이나 미신 관련 자료의 시청, 보관, 제작, 유입, 유포 행위, △등록되지 않은 TV, 라디오, 컴퓨터와 같은 전자기기의 사용, △열람이 금지된 북한 영화, 녹화편집물, 도서를 시청하거나 보관하는 행위, △남조선식의 말하기와 글쓰기, 남조선 창법으로 노래하기 등에 대한 형사적 처벌과 행정적 처벌을 구체적으로 명시하고 있다.[21] 결국 이 법은 북한 당국이 한류 등 모든 외부 문화, 종교, 자본주의적 생활방식 등 북한 당국의 규범에 맞지 않는 행동, 사실상 김정은 권력 유지에 방해가 되는 요소를 뿌리뽑기 위해 제정한 법이라 할 수 있다.

그러나 김정은 위원장은 2021년 10월 국방발전전람회에서 "우리의 주적은 전쟁 그 자체이지 남조선이나 미국, 특정한 그 어느 국가나 세력이 아니다"라면서 사실상 대적사업이 철회된 것 같은 느낌을 시사하기도 했다. 북한은 당시 김정은 위원장의 언급 이후로 다소 완화된 대남 입장을 밝혔다. 2021년 12월 말에 개최한 4차 전원회의(12.27-31) 결론에서는 "다사다변한 국제정치정세와 주변환경에 대처하여 북남관계와 대외사업부문에서 견지하여야 할 원칙적 문제들과 일련의 전술적 방향들을 제시하였다"고 밝혔다. 당시 문재인 정부 때만해도 '북남관계'라는 일반적인 표현을 사용한 것이다.

하지만 올해 남한의 정권 교체 이후 다시 기류가 변했다. 김여정 부부장은 올해 4월 담화를 통해 "원수님이 이미 우리 주적은 전쟁 그 자체이며 남조선이 아님을 명백히 밝혔다"라고 말했다. 하지만 "남조선(남한)이 우리(북한)와 군사적 대결을 선택하는 상황이 온다면 부득이 우리 핵전투무력은 자기의 임무를 수행해야 할 것"이라며 남한을 향한 핵무기 사용 가능성도 언급했다. 그는 당시 "엄

21) 한명섭, "북한의 '반동사상문화배격법'과 북한 주민의 정보접근권 증진 방안", 『북한인권전략포럼』 3월 월례회, 2021.3.26.

중히 경고한다"라며 "우리는 남조선에 대한 많은 것을 재고할 것"이라고 말하며 대남사업의 기조 변화 가능성을 시사했다. 이후 북한은 윤석열 정부의 출범 이후 대북 정책 기조를 살피며 대남사업의 기조 변화를 최종적으로 결정한 것으로 보인다. 김여정 담화 약 두 달만에 다시 남한을 '적'으로 삼겠다는 방침으로 기조 변화를 택한 것이다. 여기에는 윤석열 정부가 출범하면서 "북한군과 북한정권은 우리의 적"이라는 주적 개념이 다시 등장하는 것과도 관련이 있는 것으로 추정된다. 윤석열 정부는 5월 발표한 110대 국정과제에서 "북한 정권과 북한군이 우리의 적임을 분명히 인식할 수 있도록 국방백서에 명기하는 방안을 검토한다"라고 밝힌 바 있다. 박정환 육군참모총장도 전날 공개발언을 통해 "우리의 적, 북한은 핵·미사일 고도화를 통해 한반도뿐만 아니라 세계평화를 위협하고 있다"고 비판했다. 이후 군 장병을 위한 정신교육 교재에 북한군과 정권이 '적'으로 명시됐다. 이처럼 김정은이 북한 내부에서 규정했던 대남 대적투쟁을 다시 꺼내든 것은 남북 간 대결국면이 불가피함을 시사한다.

대남 대적 인식은 북한내 오미크론 변이 유입의 원인으로 남측 탈북단체들이 날려보낸 전단지를 지적한 데서도 다시금 확인된다. 김여정 부부장은 전국비상방역총화회의(8.11) 토론에서 "이번 방역투쟁은 단순한 악성비루스와의 싸움이 아니였다"면서 "그것은 적들과의 실제적인 전쟁"이었다고 밝혔다. 그러면서 "우리가 이번에 겪은 국난은 명백히 세계적인 보건위기를 기화로 우리 국가를 압살하려는 적들의 반공화국대결광증이 초래한 것"이라고 결론지었다.[22] 그러면서 "우리는 반드시 강력한 대응을 해야 합니다. 이미 여러가지 대응 방안들이 검토되고 있지만 대응도 아주 강력한 보복성 대응을 가해야 합니다."면서 "만약 적들이 우리 공화국에 비루스가 류입될 수 있는 위험한 짓거리를 계속 행하는 경우 우리는 비루스는 물론 남조선 당국 것들도 박멸해버리는 것으로 대답할 것"이라고 경고했다. 남한을 같은 동족으로 간주해서는 안 되고, 대남 대적 의식을 확고히 견지해야 한다고 촉구하기도 했다. "우리도 이제는 대적,대남의식을 달리 가

22) "당 중앙위원회 부부장 김여정 동지의 토론, "방역대전에서의 고귀한 성과에 기초하여 우리 혁명의 정치사상진지를 굳게 다지기 위한 선전선동공세를 더욱 진공적으로 벌려나가겠다." 『노동신문』, 2022.8.11.

져야 할 때입니다. 동족보다 동맹을 먼저 쳐다보는 것들, 동족대결에 환장이 된 저 남쪽의 혐오스러운 것들을 동족이라고 시대착오적인 생각을 가진다면 그보다 더 무서운 자멸행위는 없습니다." 이런 대적 대남인식이 9월 25일부터 10월 9일까지 실시한 전술핵운용부대 군사훈련에서 7차례 12발의 미사일을 발사하고 10월 13일 밤부터 14일 새벽까지 유례없는 육·해·공 연쇄 도발을 감행한 배경으로 분석된다. 북한은 13일 오후 10시 반부터 14일 오전 3시 7분까지 277분 동안 군용기 위협비행, 2차례 동·서해 포병사격, 북한판 이스칸데르(KN-23) 추정 SRBM 1발 발사 등 3종의 도발을 감행했다. 이어 14일 오후 5시부터는 120분 동안 동해와 서해에서 총 390여 발의 포병사격을 또 실시했다. 유사시 핵무기를 탑재할 수 있는 탄도미사일과 재래식 무기를 섞어 남한을 겨냥한 대규모 무력시위를 벌인 건 전례를 찾기 힘든 일이다.[23]

이 대목에서 북한이 대미, 대남 '대적관계'담론을 설정한 배경을 살펴볼 필요가 있다. 우선 북한은 대북제재와 코로나19 장기화 상황에서 경제난 등에 따른 사회적 혼란, 내부적 동요를 최소화하기 위해 적의 위협을 최대한 부각할 필요성을 느낀 듯하다. 비사회주의, 반사회주의와의 투쟁으로서 대남 대적투쟁을 전개, 인민의 일탈을 억제하고 지배 권력의 정당성과 리더십 강화, 체제결속을 위해 적 담론이 필요한 것으로 유추할 수 있다. 또한 한미의 연합군사훈련, 전략자산의 한반도 배치 등 대북 적대시정책들을 부각해 이들 두 나라에 대한 북한 주민들의 주적 인식을 강화시키려는 측면도 있다. 국가의 존망이 걸린 안보이슈를 활용해 경제난, 민생악화 등에 대한 외인론, 즉 미국책임론을 부각시키려는 의도도 엿보인다. 나아가 미국과 한국의 북한비핵화 담론도 결국 북한 체제를 붕괴시키려는 시도로 간주한다. 외부, 즉 적대 국가의 위협을 강조함으로써 코로나19 봉쇄정책, 자위적 국방력 강화, 자력갱생 등 대내외 정책기조의 정당성을 강화시키고 있기도 하다. 실제 김정은 위원장은 9월 8일에 개최된 최고인민회의에서 이 같은 분석을 뒷받침하는 시정연설을 한 바 있다. 우선 김 위원장은 "미국이 노리는 목적은 우리의 핵 그 자체를 제거해버리자는데도 있지만 궁극적으로는 핵을

---

23) "北, 한밤 전투기 띄우고 미사일-포사격… 핵실험 앞 몰아치기 도발," 『동아일보』, 2022.10.15.

내려놓게 하고 자위권 행사력까지 포기 또는 렬세하게 만들어 우리 정권을 어느 때든 붕괴시켜버리자는 것"으로 규정한다. 그리고 "적들의 책동으로 긴장격화된 정세는 오히려 우리에게 군사력을 더 빨리 비약시킬 수 있는 훌륭한 조건과 환경 그리고 더 중요하게는 자위력 강화의 정당성과 그 우선적 강화의 불가피한 명분을 제공해주는것으로 되었다"고 밝혔다. 그래서 북한의 "국방성과 국방공업은 조성된 국면을 군력 강화의 더없는 좋은 기회로 삼을 것"이라고 주장이다. 24)

북한은 실제 9월 25일부터 10월 9일까지 진행된 인민군 전술핵운용부대들의 실전훈련을통해 대미, 대남 핵대응테세와 핵공격능력을 과시했다. 지난 보름 동안 7차례에 걸쳐 탄도미사일 발사를 통해 "목적하는 시간에, 목적하는 장소에서, 목적하는 대상들을, 목적하는 만큼" 타격할 수 있는 역량, 즉 발사시간과 장소, 발사 종류를 다양하게 하는 방식으로 실전능력을 과시했다. 또한 내륙 각지에 "저수지 수중발사장"을 건설해 미사일(SLBM) 발사 플랫폼으로 쓰겠다는 의지와 능력도 보여주었다. 북한에는 중대형 저수지가 2000여개에 이르는 것으로 알려져 있다. 북한측 논리에 따르면 핵전투태세와 능력 강화는 결국 한미 확장억제 전략, 한미일 군사훈련의 부산물이 된다.

Ⅳ. 윤석열 정부의 대북정책 기조와 향후 과제

1. 윤석열 정부의 대북정책 기조: 담대한 구상25)

북한이 핵실험 재개 준비를 하고, 미·중 대결이 심화되는 되는 등 안보와 경제의 딜레마 속에서 윤석열 정부가 출발했다. 윤석열 대통령은 5월 10일 취임사에서 '담대한 계획'을 처음으로 표명하였다. 당시 윤 대통령은 "북한이 핵개발을 중단하고 실질적인 비핵화로 전환한다면 국제사회와 협력해 북한 경제와 북한 주민의 삶의 질을 획기적으로 개선할 수 있는 담대한 계획을 준비한다"고 언급

24) "조선민주주의인민공화국 최고인민회의 제14기 제7차회의에서 하신 경애하는 김정은동지의 시정연설," 『조선중앙통신』, 2022.9.9.

25) 임을출, "담대한 구상의 실효성 확보방안," 통일부 주최, 『2022 한반도국제평화포럼』, 2022.8.30., pp.196-201.

하였다. 이어 5월 21일 윤 대통령 취임 후 첫 방한한 조 바이든 미국 대통령과의 첫 한미정상회담 공동성명에서 '담대한 계획'에 대한 공감대를 확인하였다고 밝혔다. 윤 대통령은 '비핵·번영의 한반도'를 목표로 하는 담대한 계획을 통해 남북관계를 정상화한다는 구상을 설명했고, 바이든 미 대통령은 남북협력에 대한 지지를 표명하였다.

권영세 통일부 장관은 7월 21일 윤 대통령에게 2022년 통일부 주요업무 추진계획을 보고하면서 담대한 구상을 가장 중점적으로 추진하겠다는 입장을 밝혔다. "이 방안이 본격 실현되면 북한이 안보 우려를 해소하고 경제난을 극복해서 핵을 더 이상 개발할 필요를 느끼지 못하게 되는 수준까지 이를 수 있도록 담대한 내용을 구상하고 있다"고까지 언급하기도 했다. 통일부는 담대한 구상을 중심으로 북의 완전한 비핵화와 남북신뢰구축의 선순환을 추진하겠다고 밝혔다. 그러면서 담대한 계획은 북한의 실질적 비핵화 조치 상응해 단계별로 제공할 수 있는 대북경제협력과 안전보장 방안(북미관계정상화, 평화협정체결, 군비통제 등)을 마련하는 데 중점을 두고 있다고 설명했다. 또한 북한 비핵화 실질적 진전과 맞물려 남북 공동번영 위한 협력방안으로서 남북공동경제발전 계획을 수립하고 이행할 것이라고도 밝혔다. 통일부는 담대한 계획의 주요 특징으로 다음과 같은 내용을 제시하였다. 이 내용은 이명박 정부 때의 '비핵·개방·3000'과의 차별성을 강조하는 내용이기도 하다. 즉, 비핵화에 대한 상응조치로서 경제지원 뿐 아니라 북한의 안보 우려까지 고려하고 있고, 선(先) 비핵화 또는 빅딜식 해결이 아닌 비핵화와 상응조치의 단계적·동시적 이행을 강조하면서 북한 비핵화라는 목표는 유지하면서 인도적 차원의 협력은 비핵화와 무관하게 추진하겠다는 것이다.

박진 외교부 장관은 8월 5일 캄보디아 프놈펜에서 열린 아세안지역안보포럼(ARF) 외교장관회의에서도 '담대한 계획'을 소개하고 그에 대한 각국의 지지를 요청하였다. 이어 윤석열 대통령은 8.15 경축사에서 다시 한번 담대한 구상을 강조하였다. 북한이 핵 개발을 중단하고, 실질적인 비핵화로 전환한다면 그 단계에 맞춰 북한의 경제와 민생을 획기적으로 개선할 수 있다면서 '담대한 구상'을 아래와 같이 제안하였다. 여기서 기존의 '담대한 계획'에서 담대한 구상으로 명칭이 변경된다. 윤 대통령은 담대한 구상으로서 △북한에 대한 대규모 식량 공급 프로그램, △발전과 송배전 인프라 지원, △국제 교역을 위한 항만과 공항의 현대화 프로젝트, △농업 생산성 제고를 위한 기술 지원 프로그램, △병원과 의료 인프라의 현대화 지원, △국제투자 및 금융 지원 프로그램의 실시를 약속하였다.

이어 권영세 통일부장관은 '담대한 구상'을 통해 남북대화 뿐만 아니라 북미 대화 재개, 나아가 남북미 대화로 발전시켜 나가겠다고 밝혔다. 권 장관은 8월 30일 서울 밀레니엄 힐튼 서울에서 개최된 '2022 한반도국제평화포럼' 개회사에서 "'담대한 구상'을 위한 대화와 실천은 한반도와 동북아, 나아가 세계 평화의 발판이 될 것"이라며, "윤석열 정부는 공고한 한미동맹을 바탕으로 남북 대화 뿐만 아니라, 미북 대화의 재개도 이루어지도록 지원해 나갈 것이며, 이를 남북미 대화로 발전시켜 비핵화를 이룰 실질적 소통 공간을 마련할 것"이라고 설명했다. 나아가 "지금과 같이 미·중·러의 전략경쟁이 심화되는 정세에서 북한의 비핵화 과정을 통해 미·중·러의 협력관계를 창출하는 것은 세계 평화와 인류 공영의 관점에서도 매우 좋은 기회의 창을 제공해 줄 것"이라고 기대를 표시했다. 그러면서 "북한이 지금의 태도만 바꾼다면 미국, 중국 등과 협력하여 국제사회의 전폭적 지원을 이끌어 낼 것"이라며, "북한이 우리의 제안을 진지하게 검토해서 건설적인 자세로 대화에 나서기를 진심으로 바란다"고 부연했다.

북한 비핵화 목표를 달성하기 위한 디딤돌인 '담대한 구상'에 대해서는 "북한의 비핵화 진전에 맞추어 경제·정치·군사적인 상응조치를 제공하는 계획을 담고 있다"며, "이 과정에서 한반도의 군사적 긴장을 완화하고 평화를 정착시키며, 남북의 경제적 번영을 실천적으로 모색하는 제안"이라고 다소 진전된 설명을 했다. "북한이 진정성을 가지고 비핵화 협상에 나올 경우 초기 협상 과정에서부터 과감한 경제지원 조치를 적극 강구한다"고 하면서 "북한이 제기하는 소위 '체제안전' 문제 등도 한미 간 협조를 바탕으로 북한과 협의해 나갈 것"이라고도 했다. 이어 경제지원에 대해서는 북의 지하자원과 대규모 민생 물품 교환 프로그램과 보건의료·식수·위생·산림분야 민생사업을 포함하고 북이 원하는 어떤 의제도

진지하게 협의할 수 있는 열린 제안이라고 거듭 강조했다. 또 이같은 제안이야말로 "역대 어느 정권보다 실현 가능성이 높고 또한 가장 강력한 실천의지가 뒷받침된 것"이라며, "윤석열 정부는 과거 어느 정부보다도 유연하고 적극적인 자세로 남북관계에 접근하되, 국민적 공감대와 국제사회의 동의를 확보하여 실천 역량을 극대화해 나갈 계획"이라고 역설했다.

2. 향후 과제

담대한 구상에 대한 북한의 거친 비난과 반발을 하는 상황은 김정은 국무위원장이 7월 27일 전승절 기념식에서 윤 대통령 실명을 거론하며 대남 적대시 기조를 천명하고, 김 위원장 동생인 김 부부장이 8월 10일 전국비상방역총화회의에서 대북전단에 대한 보복을 시사한 '강 대 강' 대결 국면의 연장선상으로 풀이된다. 권영세 통일부 장관은 8월 19일 국회 외교통일위원회 전체회의에서 "북한의 이러한 태도는 충분히 예상 가능한 범위 내에 있었다"며 "인내심을 갖고 계속 북한을 설득하고 필요하면 압박도 해 대화로 유도할 생각"이라고 말했다.

통일부는 윤석열 정부의 대북정책인 '담대한 구상' 전반에 대한 내용을 조만간 공개할 계획이다. 현재까지 불투명한 정치군사적 측면 상응 조치 관련 윤곽도 여기서 드러날 것으로 보인다. 이주태 통일부 통일정책실장은 8월 30일 열린 '2022 한반도 국제평화 포럼'에서 "지금 윤석열 정부의 통일·대북정책에 관한 설명 자료를 만들고 있다"며 "9월 중엔 발간을 목표로 열심히 작업 중"이라고 밝혔다. 이어 "담대한 구상도 있고 통일·대북정책을 다 망라해 윤석열 정부가 무엇을 어떻게 하고자 하는가 종합적인 해설 자료를 내려 한다"며 "숨겨진 분야, 정치군사적 조치에 대해서도 자료로 만들어 설명드릴 것"이라고 했다.

현단계에서 대담한 구상의 실효성을 확보하기 위해서는 북한의 호응을 이끌어 내는 것이 가장 중요해 보인다. 북한의 실질적인 비핵화 조치 이후가 아닌 이전 초기 준비단계에서의 북한측의 관심과 신뢰를 어떻게 견인하느냐가 중요한 것이다. 특히 북한 당국이 비핵화를 선언하고, 단계적으로 추진하더라도 체제 안전을 보장받을 수 있다는 확신을 갖도록 만드는 것이 관건이다. 실질적인 대담한 구상이 되기 위해서는 발상의 대전환이 필요하다. 북한이 신뢰 수준이 낮은 초기 단계에서 비핵화 회담에 응하거나, '선 비핵화, 후 보상' 접근법을 수용하리라는 가정 자체가 비현실적이다. 또한 북한이 진정성을 갖고 비핵화 협상에 나오도록 하기 위해서는 제재압박을 유지하는 것이 최선이라는 전제 또한 비현실적이다. 이런 맥락에서 보면 북한이 진정성을 갖고 비핵화 협상에 나올 경우를 상정해 초기 협상 과정에서부터 경제지원 조치를 적극 강구하는 것은 한발 뒤늦은 조치로 볼 수 있다. 협상 재개 이전 단계에서 유엔 대북제재 결의안의 부분적인 완화, 유예, 면제 등 대북 선제조치를 말이 아닌 행동과 실천으로 보여줄 수 있어야 북한측의 입장에서 담대한 제안으로 평가받을 수 있을 것으로 판단된다. 물론 정부의 담대한 구상이 북한의 비핵화 조치에 대한 상응 조치가 아니라 비핵화 협상과 동시에 가동된다는 것은 윤 정부가 대선 기간 등에 밝힌 '선(先)비핵화' 기조와 비교할 때 상당히 전향적인 입장 변화로 평가된다. 하지만 지금은 비핵화 협상을 재개하는 것 자체가 고난도 목표이고, 북한이 보여주고 있는 한국과 미국에 대한 높은 불신 수준, 강경 대외정책 기조 등을 고려하면 기대하기 힘든 현실 등을 고려하면 이전보다 더욱 담대한 접근이 필요해 보인다. 즉, 2018-2019년 북미간 비핵화 협상 시기보다 북한을 설득하기 훨씬 어려워진 상황을 고려하면 담대한 수준을 넘어 발상의 전환을 보여주는 창의성을 갖춰야 북한의 관심을 끌 수 있을 것이다. 이런 관점에서 보면 북한이 지속적으로 요구해온 대화의 전제조건들인 대북 적대시 정책의 재검토, 즉 이중기준 철회, 한미연합군사훈련의 조건부 중단, 미국 전략자산의 한반도 배치 등을 협상카드로 활용하는 방안을 큰 틀에서 진지하게 고민해야 한다. 그리고 담대한 구상의 진정성을 보여줄 수 있는 노력도 꾸준히 이뤄져야 한다.

윤석열 정부의 대북 정책목표와 비전, 주요 정책들은 담대한 계획의 진정성을 의심하게 만드는 요소들이 다수 포함되어 있다. 윤석열 정부의 통일·대북정책의 목표와 비전은 헌법 4조의 구현, 즉 '자유민주적 기본질서에 입각한 평화통일'을 추진하여 비핵·평화·번영의 한반도를 일구어 나가는 것으로 설정되어 있다. 윤석열 대통령은 통일부 업무보고를 받을 때 "헌법 4조에 명시된 자유민주적 기본 질서에 입각한 통일이라는 것은 남과 북의 모든 국민이 주축이 되는 통일 과정을 의미한다" 고 언급한 바 있다. 이를 위해 북한인권재단의 출범의 조속한 추진을 당부하고 있고, 실제 이 방향으로 나아가고 있다. 8.15 경축사에서도 자유와 인권을 재강조하였다. 자유, 민주주의, 인권의 가치는 가장 소중하고, 반드시 관철시켜야 하는 가치이지만 북한을 일단 대화와 협상의 장으로 견인하는 전략적 사고라는 관점에서 볼 때 보다 신중한 접근이 필요해 보인다. 북한은 자유와 인권의 강조를 흡수통일의 시각에서 바라보고 있기 때문이다. 우리 정부의 체제안전 보장 약속과 자유, 인권 공세는 북한측 입장에서는 양립하기 어려운 것으로 인식한다. 따라서 이 문제와 관련해 북한의 신뢰를 얻기 위한 별도의 설득 논리 개발과 정교한 접근법이 필요하다. 자유와 인권은 양보할 수 없는 절대적 가치이지만, 자유와 인권을 공개적으로 앞세우지 않으면서 북한 내부에서 실질적으로 자유와 인권 가치를 구현하는 방안을 강구할 필요가 있는 것이다.

김정은 위원장의 시정연설과 핵무력정책의 법제화 , 2021년 제8차 당대회에서 채택된 강력한 자력갱생 기조 및 대외원조 거부 기조가 유지되고 있는 상황을 고려하면 담대한 구상은 향후 상당 기간 외면받을 가능성이 크다. 그렇지만 공식적인 반발과 비난에도 불구하고 내부적으로는 담대한 구상 관련 동향을 관찰하면서 대북 정책 전환 여부를 계속 지켜볼 것으로 판단된다. 북한이 가까운 미래에 담대한 구상을 수용할 수 있도록 여건과 환경을 조성하기 위한 노력을 꾸준히, 일관성 있게 기울이는 것이 최선으로 보인다.

참고문헌

1. 국내 문헌

가. 논문·보고서

임을출, "당 중앙위 제8기 제5차 전원회의와 남북관계 전망", 한국군사문제연구원 발간 『월간 KIMA』, Vol.55, Sep.2022.

______, "담대한 구상의 실효성 확보방안," 통일부 주최, 『2022 한반도국제평화포럼』, 2022.8.30.

한명섭, "북한의 '반동사상문화배격법'과 북한 주민의 정보접근권 증진 방안", 『북한인권전략포럼』 3월 월례회, 2021.3.26.

나. 언론기사

"[평양 인사이트]김정은 정세인식 변화는 남한과 우크라이나 때문," 『뉴스1』, 2022.4.28.

"북 8월 한미훈련, 핵선제타격연습 명백…안보불안 직면할 것," 『연합뉴스』, 2022.7.22.

"윤석열 정부 지지율 하락 우회적으로 꼬집은 北 김정은," 『노컷뉴스』, 2022.7.29.

"김성 유엔 주재 북한 대사, 제77차 유엔총회 연설 전문," 『통일뉴스』, 2022.9.27.

"北, 한밤 전투기 띄우고 미사일-포사격… 핵실험 앞 몰아치기 도발," 『동아일보』, 2022.10.15.

2. 북한 문헌

가. 북한 언론기사

"조선민주주의인민공화국 최고인민회의 상임위원회 제14기 제12차 전원회의 진행," 『노동신문』, 2020.12.5.

"조선로동당 중앙위원회 제8기 제6차 정치국회의 진행," 『조선신보』, 2022.1.20.

"통일신보 론평, 윤석열《정권》이 추구하는 대북정책의 진상을 밝힌다." 『우리민족끼리』, 2022.7.12.

"지난 세기 50년대에 핵전쟁계획을 추진한 흉악한 범죄자," 『통일의 메아리방송』, 2022.7.24.

"경거망동으로 차례질것은 쓰디쓴 파멸뿐," 『려명』, 2022.7.26.
"위대한 전승 69돐 기념행사에서 하신 경애하는 김정은 동지의 연설", 『노동신문』, 2022.7.27.
"당 중앙위원회 부부장 김여정 동지의 토론, "방역대전에서의 고귀한 성과에 기초하여 우리 혁명의 정치사상진지를 굳게 다지기 위한 선전선동공세를 더욱 진공적으로 벌려나가겠다." 『노동신문』, 2022.8.11.
"조선민주주의인민공화국 최고인민회의 제14기 제7차 회의에서 하신 경애하는 김정은" 동지의 시정연설," 『조선중앙통신』, 2022.9.9.
"론설, 조선반도정세긴장의 악순환의 근원은 무엇인가," 『우리민족끼리』, 2022.9.12.
"경애하는 김정은동지께서 조선인민군 전술핵운용부대들의 군사훈련을 지도하시였다." 『노동신문』, 2022.10.10.

제4장

북·미 핵 협상 국면 전환 요인 분석
- 한국 정부 역할을 중심으로 -

4장 북·미 핵 협상 국면 전환 요인 분석 - 한국 정부 역할을 중심으로 -

왕선택

Ⅰ. 서론

1. 문제 제기

2021년 1월 미국에서 조 바이든 행정부가 새로 출범했지만, 북한과 미국의 핵 협상 전망은 여전히 한반도 정세에서 핵심적인 연구 주제다. 북-미 핵 협상을 전망하기 위해 양측 외교 전략을 비교, 검토하는 것은 일반적인 방식이다. 북한과 미국의 국내 정치 상황에 주목한 분석도 북-미 협상을 전망하는데 필요하다. 그러나 북핵 문제에는 북한과 미국의 외교 전략이나 국내 정치 상황만으로 해석하기 어려운 제3의 요소가 존재한다. 북-미 핵 협상에서 실질적인 변수 역할을 하는 한국 정부가 그것이다.

북한은 기본적으로 북핵 문제가 미국과 담판 지어야 할 사안이라고 주장하지만, 실질적으로 북한을 위협하는 세력은 남한이기 때문에, 대남 정책에 유리한 방향으로 협상해야 한다는 제약을 안고 있다. 미국은 북핵 문제 해결이 중요하지만, 한미 동맹을 유지하는 것이 중대한 국가 이익이기 때문에 한미 동맹을 훼손하면서까지 북한과 합의할 수 없다. 북한과 미국 모두 협상 과정에서 유연성을 발휘할 수 있는 요소에서 한국 정부 판단이나 협조는 실질적인 변수로 작용하고 있다. 그런데도 북-미 핵 협상을 분석하면서 한국의 변수 요인에 대한 분석을 찾아보기 어렵다. 북-미 간 핵 협상이라는 외형적 특성 때문에 실질적 요소인 한국 존재가 가려져 있기 때문이다. 이 논문에서는 북-미 핵 협상에서 한국 정부가 어떤 역할을 했는지, 그리고 변수 비중은 어느 정도였는지에 초점을 맞춰 분석을 시도한다. 이를 위해 과거 북한과 미국의 핵 협상 사례를 9개 국면으로 나눠서 한국 정부 역할과 관련한 공통점과 차이점을 중심으로 특성을 찾아내 한국 정부의 정책 과제 도출에 기여하고자 한다.

2. 북-미 핵 협상 시기 구분과 9개의 국면

북한과 미국의 핵 협상은 협상의 형태나 북핵 문제 전개 특성 등을 고려하면 크게 5개 시기로 구분하는 것이 합리적이다. 제1기는 1993년 3월, 제1차 북핵 위기 발발에서 1998년 8월 북한의 대포동 미사일 발사 시점까지다. 제1차 북핵 위기에 대응하기 위해 북한과 미국이 양자 협상을 벌여 기본 합의문을 채택하고, 그에 기반해 북핵 문제가 관리되는 시기였다. 제2기는 대포동 미사일 발사 시점에서 2002년 10월 제2차 북핵 위기가 발발한 시점까지다. 북한이 대포동 미사일을 발사했지만, 극적인 반전이 이뤄져서 페리 프로세스가 채택되고 북-미 관계가 개선되는 양상을 보인 시점이다. 제3기는 제2차 북핵 위기 발발 이후부터 2009년 1월 오바마 행정부 출범까지다. 제2차 북핵 위기에 대응하기 위해 출범한 6자회담이 작동한 시기라는 특성이 있다. 제4기는 2009년 1월부터 2017년 1월까지 오바마 행정부 시기, 이른바 '전략적 인내' 시기다. 제5기는 2017년 1월부터 2021년 1월까지로 트럼프 행정부 시기다.

북-미 핵 협상 제1기와 제2기에는 각각 하나의 국면이 전개된 것으로 볼 수 있다. 그러나 6자회담이 진행됐던 제3기는 6자회담 전기와 중기, 후기가 각각 다른 맥락 속에서 전개됐다. 오바마 행정부 시기에도 2012년 이른바 윤달 합의를 둘러싸고 전개된 상황과 2014년 북한에 억류된 미국인 석방 문제를 둘러싸고 물밑 접촉이 전개된 상황은 독립적인 국면으로 분류하는 것이 좋을 것이다. 트럼프 행정부 시기는 싱가포르 정상회담을 둘러싼 맥락과 하노이 정상회담을 둘러싼 맥락을 구분하는 것이 좋을 것이다. 본고는 1993년 이후 전개된 북한과 미국의 핵 협상에서 9개의 국면을 회고하면서 한국 정부가 어떤 역할을 했는지, 변수로서 얼마나 중요했는지에 초점을 맞춰 분석을 진행하기로 한다.

〈표 1〉 북-미 핵 협상 시기 및 국면 구분

시기구분	국면구분	기간	주요 내용
제1기 제1차 북핵 위기	국면1 제네바 협상	1993년 3월~ 1994년 10월	북-미, 제1차 북핵 위기 해소하기 위해 공식 양자 협상 진행. 1994년 기본 합의문 채택
제2기 페리 프로세스	국면2 페리 프로세스	1998년 8월~ 2000년 10월	북-미, 대포동 미사일 발사 등과 관련한 위기 해소 위해 협상 진행. 1999년 9월 페리 프로세스, 2000년 10월 공동 코뮈니케 채택
제3기 제2차 북핵 위기	국면3 6자회담 초기	2002년 10월~ 2004년 12월	북-미, 제2차 북핵 위기 해소 위한 6자회담 참가. 세 차례 공식 협상 진행했지만, 합의 도출 실패
	국면4 6자회담 중기	2005년 1월~ 2005년 9월	미국 정부, 적극적 협상 의지 보이면서 북핵 문제 해결 방안 담은 9.19 공동 성명 채택
	국면5 6자회담 후기	2005년 9월 ~ 2008년 12월	북, 제1차 핵실험 감행 북-미, 전격 협상 개시. 이후 비핵화 이행 계획에 두 차례 합의. 검증 문제로 6자회담 와해
제4기 전략적 인내	국면6 윤달 합의	2009년 4월~ 2012년 4월	오바마 정부, 북한과 협상 추진. 2012년 2월, 윤달 합의 채택. 북한의 로켓 발사로 파기.
	국면7 인질 협상	2014년 5월~ 2015년 2월	오바마 정부, 미국인 억류자 문제로 북한과 협상 모색. 소니 해킹 문제로 협상 불발.
제5기 트럼프 정부 최대 압박과 관여	국면8 싱가포르 회담	2017년 1월~ 2018년 6월	트럼프 행정부, 최대 압박과 관여 정책 전개하면서 한반도 긴장 고조. 문재인 정부와 협력하면서 북한과 정상회담 개최
	국면9 하노이 회담	2018년 7월~ 2019년 10월	트럼프 대통령, 제2차 북-미 정상회담 참가했지만, 일괄타결 고수하면서 합의 도출 실패. 판문점 깜짝 회동에도 합의 도출 실패.

Ⅱ. 북-미 핵 협상 국면 별 한국 정부 역할

1. 국면1: 제네바 협상 (1993년 3월 - 1994년 10월)

1) 제1차 북핵 위기, 북-미 양자 협상으로 '핵동결' 합의

1993년 3월 8일, 북한은 북한 전역에 준전시상태를 선포한데 이어 4일 뒤인

12일, NPT 탈퇴 의사를 담은 서한을 유엔 안전보장이사회에 제출했다.[1)] 제1차 북핵 위기가 시작된 순간이다. 당시 빌 클린턴 대통령은 약 두 달 전에 취임한 만큼 단호하고 강경한 대응을 선호했다. 그러나 미국 정부는 북한의 NPT 탈퇴가 확정되는 것이 비확산 문제와 관련한 국제 질서 유지에 불리하다고 보고 한국 정부에 대해 북한과의 대화를 통한 문제 해소를 제안했다. 그러나 당시 김영삼 대통령 역시 취임한 지 한 달도 되지 않은 시점이어서 강력한 압박을 선호하면서 북한과 대화를 거부했다. 이에 따라 미국은 결국 북한과 직접 협상에 나서기로 결정했다.

1993년 5월 17일, 북한과 미국은 뉴욕에서 예비 접촉을 벌인데 이어 6월 2일, 뉴욕에서 제1단계 고위급 회담을 개최했다. 북한과 미국의 핵 협상이 처음 시작된 순간이다. 북-미 협상은 7월 14일 제네바에서 제2단계 고위급 회담으로 이어졌고, 12월 29일 뉴욕에서 열린 실무 접촉에서 주요 쟁점에 대한 합의가 이뤄졌다. 그러나 북-미 합의는 1994년 3월 19일 '서울 불바다' 발언으로 파기되면서 한반도에 군사적 긴장이 고조됐고, 5월에는 전쟁 발발 위기감이 심각한 수준으로 확산했다. 6월 15일, 지미 카터 전 미국 대통령이 평양을 방문한 것을 계기로 북-미 협상이 반전 양상을 보였다. 북-미 양측은 7월과 8월, 10월에 제3단계 고위급 회담을 잇따라 열고 북핵 동결과 보상 방안에 대해 합의하고 기본합의문을 채택했다.[2)]

2) 한국 정부, 북핵 문제에서 제3자 위치로 후퇴

1993년 3월부터 1994년 10월까지 진행된 북-미 핵 협상 국면은 북한과 미국의 양자 협상 구도로 이뤄졌다. 이 시점 이전까지 북핵 문제는 남과 북의 협상 대상이었기 때문에 미국은 북핵 문제에 직접적으로 관여하지는 않았다. 1991년 12월 남과 북이 고위급 회담에서 체결한 남과 북의 '한반도 비핵화 공동 선언'이

---

1) 『로동신문』, 1993년 3월 9일.
2) 조엘 위트, 다니엘 폰먼, 로버트 갈루치 공저, 김태현 옮김, 『북핵 위기의 전말』 (서울: 모음북스, 2005), pp. 397~399.

한반도 핵 문제와 관련한 근거 규정이었기 때문이다. 그러나 1993년 3월 제1차 북핵 위기가 발생하자 당시 한국의 김영삼 대통령은 '핵을 가진 자와는 악수할 수 없다'는 입장을 견지하면서 북한과의 협상을 거부했다.[3] 그러나 북한은 김영삼 대통령 요구를 무시했고, 북핵 위기는 급속도로 악화했다. 당시 미국은 북한의 NPT 탈퇴에 대해 민감하게 우려하는 반응을 보였다. 결국 미국이 직접 북한과 협상에 나서면서 북핵 문제가 북한과 미국의 협상 사안으로 변경됐다. 1993년 당시 미국은 1968년 출범한 NPT 체제를 임시적 체제에서 영구적인 체제로 변경하는 외교적 노력을 기울이고 있었다. 북한의 NPT 탈퇴가 공식화하면 미국의 외교 노력에 심각한 걸림돌이 될 수 있었기 때문에 적극적으로 개입하는 태도를 보였다.

한국 정부가 제3자 위치로 이동한 만큼 한국 정부 역할은 제한적이었다. 특히 한국 정부는 북한과 미국의 협상 내용을 파악하기 어려웠다. 북한과의 관계 악화로 원활한 대화 창구를 갖지 못했고, 미국과도 북한과의 대화 문제로 불화가 있었기 때문이다. 다만 한반도 정세의 특수성, 즉 남-북 대치 구도와 한-미 동맹, 북-미 대치 구도가 복잡하게 얽혀 있다는 특징에 따라 한국은 북-미 협상에 다양한 방식으로 영향을 미쳤다. 한국은 미국에 대해 북한과 합의가 이뤄질 경우 합의문에 남-북 대화가 선행돼야 한다는 조항을 포함시킬 것을 요구했다. 결국 미국 정부 협상 대표단은 1993년 12월 북한과의 협상에서 잠정 합의를 이뤄내면서 북한에 대해 남한과 대화를 먼저 해야만 미국과 대화할 수 있다는 조건을 관철시켰다. 1994년 3월 19일 남-북 특사 교환을 위한 판문점 예비 접촉이 열린 것이 바로 북한과 미국의 합의에 따른 것으로, 한국이 북-미 협상에서 어떻게 연결돼 있는지 보여주는 사례다.

김영삼 정부는 한국 정부가 북-미 간 합의를 파기할 수 있다는 점도 과시했다. 판문점 접촉에서 북한 협상 대표가 '서울 불바다' 발언을 제기한 것을 공개적으로 문제 삼는 방식으로 북한과 미국의 1993년 12월 합의를 무효화시킨 것이다. 미국도 북한과의 합의를 지킬 수 없는 분위기가 조성되면서 북-미 핵 협상에서

3) "개헌-정계개편 없다/김대통령「100일 회견」," 『경향신문』, 1993.6.4.

한국이 변수가 된다는 점을 인식했다. 김영삼 대통령은 1994년 5월 미국 정부가 북한에 대한 정밀 타격을 포함한 군사 행동을 검토하는 움직임을 보이자 이번에는 미국 정부에 대해 공습 반대를 표명했다. 김 전 대통령은 미국이 자신의 주장을 수용한 결과 공습 가능성 제외로 연결됐다는 평가를 스스로 제기했다.[4] 그러나, 김 전 대통령 판단이 얼마나 정확한지는 명확하지 않다. 일반적으로는 미국 정부가 공습을 검토했지만, 비현실적이라는 결론을 내렸고, 카터 전 대통령이 북한을 방문해 중요한 쟁점에서 공감대가 확인된 것이 공습 가능성 제외 결정 배경으로 알려져 있다.

2. 국면2: 페리 프로세스 (1998년 8월 - 2000년 10월)

1) 대포동 미사일 발사로 위기 발생, 외교 노력으로 반전

1998년 8월, 미국의 빌 클린턴 행정부는 북한에 대해 온건 정책을 펴고 있었다. 그러나 8월 17일, 북한이 평안북도 금창리에 거대한 지하 핵 시설을 운영 중이라는 보도가 나온 이후 온건 정책에 대한 우려와 비난 여론이 제기됐다.[5] 2주일 뒤인 8월 31일에는 북한이 우주 발사체라고 주장하는 대포동 미사일을 발사했다. 공화당 중심으로 대북 정책을 강경책으로 전환해야 한다는 목소리가 급격하게 커졌다. 일본에서는 일종의 집단적 패닉 현상이 발생했다. 북한이 발사한 대포동 미사일이 일본 영토 상공을 지나 태평양에 떨어졌기 때문이다.[6]

빌 클린턴 대통령은 결국 11월 대북 정책을 재검토한다는 입장을 밝히고 대북 정책 조정관으로 원칙주의자로 알려진 윌리엄 페리 전 국방부 장관을 임명했다. 페리 조정관은 활동 초기에 북한에 대한 강경한 입장을 밝히기도 했다. 그러나 한국 정부와 협의를 거친 이후 한반도 정세의 특수성을 고려하는 차원에서 외교 협상을 통한 문제 해결을 우선적으로 적용한다는 접근법을 채택했다. 1999년 5월 25일 북한을 방문해 북한 강석주 제1부상과 협상하는 등 북한 입장도 직접

4) "김영삼 전 대통령 단독회견," 『중앙일보』, 1997.7.13.
5) *The New York Times*, August 17, 1998.
6) "북, 미사일 시험발사/일본 반응은," 『한겨레신문』, 1998.9.2.

확인했다. 북한과 미국의 협상은 1999년 6월 5일 서해상에서 남-북 해군 간에 발생한 제1차 연평 해전으로 위기를 맞기도 했다. 그러나 페리 조정관은 9월 15일, 단호한 대응 조치를 준비하지만, 외교 협상을 우선적으로 적용한다는 내용의 대북 정책 권고안, 즉 페리 프로세스를 작성해 미 의회에 보고했다.

페리 프로세스 채택 이후 북한과 미국의 대화는 더욱 활성화하는 양상을 보였다. 2000년 10월 9일, 조명록 북한 총정치국장이 미국을 방문해 빌 클린턴 대통령을 예방하고 북-미 공동 코뮈니케를 채택했다. 이어서 매들린 올브라이트 미 국무장관이 10월 23일 평양을 방문해 김정일 국방위원장과 회담하면서 북-미 관계는 정점의 시기를 경험했다.[7)]

그러나 북-미 관계 발전은 2000년 11월 미국 대통령 선거 결과 공화당 후보인 조지 W. 부시 전 텍사스 주지사가 승리하면서 갑자기 단절 상황을 맞게 됐다. 한국 정부는 새로 출범한 부시 행정부가 한국 정부와 마찬가지로 대북 포용 정책을 승계하기를 기대했지만, 성과를 거두지 못했다. 2002년 10월 제2차 북핵 위기가 발생하면서 페리 프로세스 국면은 종료됐다.[8)]

2) 한국, 체계적인 외교 전략으로 '전화위복' 성공

북한의 대포동 미사일 발사 이후 전개된 페리 프로세스 국면에서 한국 정부는 정교하면서도 역동적인 외교력을 발휘했고, 미국의 대북 정책을 온건 노선으로 유지 또는 강화하면서 한반도 평화 체제 구축과 관련해 진전을 이룩하는데 결정적인 영향력을 미쳤다. 이 시기 한국 외교의 중요한 특징은 다섯 가지로 분석할 수 있다. 첫째 독자적인 외교 전략을 갖고 있었다. 둘째 미국 정부와 긴밀한 정책 공조 체제를 유지했다. 셋째 남북 간 대화 채널을 유지했다. 넷째 중국의 지원과 협력을 확보했다. 다섯째 일본과 협력 관계를 구축하는데 성공했다.

김대중 정부는 1998년 2월 출범 이후 대북 포용 정책을 체계적이고, 일관성 있게 추진했다. 체계적인 외교 전략이 있었기 때문에 북한이 1998년 8월 대포

---

7) Albright, Madeleine, *Madam Secretary* (New York: Miramax, 2003), pp. 455~472.
8) 윌리엄 제퍼슨 클린턴 지음, 정영목-이순희 옮김, 『빌 클린턴의 마이 라이프』 (경기도: 물푸레, 2004), p. 1,332.

동 미사일을 발사하면서 위기 국면이 조성됐지만, 위기를 기회로 전환하기 위한 행보를 즉각 내디딜 수 있었다. 1998년 11월 23일 미국 정부 대북 정책 조정관으로 임명된 윌리엄 페리 전 장관이 12월 9일 서울을 방문하자 김대중 대통령은 그를 청와대로 초청했다. 김 대통령은 페리 조정관에게 한반도 특수성과 자신의 대북 포용 정책을 설명하면서 균형잡힌 정책 검토를 권고했다. 페리 조정관은 이후 한국 정부 관계자들과 여러 차례 협의 절차를 거치면서 한국 정부 대북 포용 정책 요소를 대폭 반영한 대북 정책 권고안을 마련했다.[9)]

페리 조정관이 활발하게 움직인 1999년에 한국 정부가 북한과의 대화 채널을 유지한 것은 쉽지 않은 과제였다. 1999년 6월 5일 서해에서 제1차 연평 해전이 벌어졌고, 9월 2일에는 북한이 서해 북방한계선, NLL이 무효라고 주장하면서 자신들이 임의로 설정한 해상 경계선을 주장하는 등 남북 충돌을 유발할 수 있는 대형 악재들이 이어졌다. 이에 대해 김대중 대통령은 정경 분리 원칙을 내세워서 군사적 차원에서는 단호하게 대응하되, 대화와 협상, 그리고 경제적-사회적 교류는 일관성있게 유지하는 태도를 보였다.[10)] 만약 남북 간 소통 채널이 단절됐다면 북미 협상틀 역시 단절됐을 것으로 추정할 수 있다.

김대중 대통령은 중국과도 긴밀한 소통을 유지하고 발전시키기 위해 노력했다. 김대중 대통령은 1998년 11월 11일 중국을 국빈 방문해 장쩌민 주석과 정상회담을 갖고 양국 관계를 동반자 관계로 격상했다.[11)] 한국과 중국은 한반도 정세와 관련해 긴밀한 소통을 이어갔고, 1999년 말 남-북-중 3자 정상회담 가능성이 거론되기도 했다.

김대중 대통령은 일본과의 관계도 긍정적으로 관리하는데 성공했다. 김 대통령은 1998년 10월 7일, 일본을 방문해, 오부치 게이조 일본 총리와 회담했다. 두 정상은 양국 관계를 미래 지향적 동반자 관계로 발전시키기로 하고 '새로운 한일 파트너십을 위한 공동선언'을 채택하고 43개 항으로 구성된 '행동계획'도

---

9) 임동원, 『피스메이커』 (서울: 중앙북스, 2008), pp. 394~447.
10) 『피스메이커』, pp. 448~462.
11) 이성일, "중국의 한반도 정책과 한중 전략적 협력 동반자 관계의 의미," 『사회과학연구』 49(1), (2010.6.), pp.195~196.

채택했다.[12] 한일 관계 개선은 한-미-일 3국 정책 공조로 이어지면서 한국 정부 외교 노력에 긍정적 자산으로 작용했다.

김대중 정부의 햇볕 정책은 중대한 위기 국면을 슬기롭게 극복하고 새로운 기회를 창출했다는 점에서 모범적인 외교 성공 사례라고 할 수 있다. 그러나 햇볕 정책은 미국의 정권 교체로 일거에 위기를 맞았다. 새로 출범한 부시 행정부가 대북 포용 정책에 반대했기 때문이다. 한국 정부는 부시 행정부를 상대로 대북 포용 정책에 대한 협력과 지지를 요청했지만, 네오콘 성향의 참모들은 공공연하게 부정적인 태도를 보였다. 존 볼턴 미 국무차관은 2001년 5월 초 차관으로 취임하면서 기본 합의문은 "전체적으로 구조 자체에 결함이 있고 합의문에 깔려있는 전체적인 개념도 결함이 있다"면서 "기본적으로 폐기되는 것이 필요하다"고 말했다.[13] 부시 행정부는 빌 클린턴 전 대통령의 민주당 행정부에 대해 혐오감을 갖고 있었기 때문에, 클린턴 전 대통령과 친밀하게 협력했던 김대중 정부에 대해서도 불만이 확장됐다는 점도 상황 악화 원인으로 지목할 수 있다

3. 국면3: 제2차 북핵 위기와 6자회담 전기 (2002년 10월 - 2004년 12월)

1) 네오콘 세력 발호...북핵 문제, 위기 국면으로 회귀

2002년 10월 3일부터 5일까지 미국의 제임스 켈리 미 국무부 동아태 차관보 일행이 평양을 방문했다. 조지 W. 부시 행정부가 출범한 이후 1년 10개월 만에 최초로 열린 고위급 회담이어서 북한에서는 회담 성과를 기대하는 움직임도 보였다. 그러나 이 회담에서 미국이 북한에 대해 고농축 우라늄 핵무기 개발 프로그램 문제를 제기했고, 북한이 프로그램 보유를 인정한 것으로 알려지면서 제2차 북핵 위기가 발생했다. 미국 정부는 미국 시간으로 2002년 10월 16일 발표에서 북한이 10월 4일 평양에서 열린 회담에서 우라늄 농축을 활용한 핵 무기 프로그램 운영을 시인(acknowledge)했다고 설명했다. 그러나 북한은 그런 사

12) 조세영, "김대중-오부치 공동선언의 탄생 과정과 그 의의," 『EAI 이슈브리핑』 (2018.9.), p.6.
13) Chinoy, Mike, *Meltdown,* (New York: ST. MARTIN'S GRIFFIN, 2009), pp. 60~61.

실이 없다고 반박했다. 이와 관련해 미국 국방정보국 조셉 디트라니 북한 담당관은 2007년 2월 27일, 미 상원 군사위원회 청문회에 출석해 "북한이 생산 규모의 프로그램에 필요한 요소를 수집하고 있었다는 정보 판단은 높은 신뢰 수준이었고 지금도 그 프로그램이 존재한다는 것에 대해 자신하고 있습니다. 지금의 신뢰 수준은 중간 수준입니다."라고 말했다. 한편 크리스토퍼 힐 미 국무부 동아태 차관보는 2007년 2월 22일 브루킹스 연구소 주최 토론회에 참석해 "북한이 농축 프로그램에 필요한 기술을 획득한 것은 맞는데, 상당한 수준의 생산 기술을 확보했는지는 명확하지 않다"고 말했다.[14] 미국은 북한이 기본 합의문을 위반했다면서 중유 공급을 중단하고 경수로 건설 공사도 중단했다. 북한은 영변 핵시설을 재가동하는 조치로 맞대응했다.

북한과 미국은 2003년 4월 23일 중국이 베이징에서 주재한 3자 회동에 참석해 협상을 벌였지만, 문제 해소 방안을 마련하지 못했다. 8월 27일 중국 베이징에서 제1차 6자회담이 열렸으나 역시 북핵 문제 해결과 관련한 합의안을 채택하지 못했다. 2004년 2월 25일, 베이징에서 제2차 6자회담이 열렸고, 6월 23일 제3차 6자회담이 열렸지만, 성과가 나오지 않았다. 북핵 문제가 교착 국면에서 돌파구를 마련하지 못하는 상황에서 2004년 11월 2일 실시된 미국 대통령 선거에서 부시 대통령이 민주당 대통령 후보인 존 케리 상원의원을 누르고 재선에 성공했다. 미국에서 정권이 교체된 것은 아니지만, 장관급 주요 참모들이 대부분 교체되면서 외교 정책 기조도 역시 변화했다. 2004년 11월 선거에서 승리한 조지 W. 부시 대통령은 2005년 1월 부시 행정부 2기 국무장관으로 콘돌리자 라이스 백악관 국가안보보좌관을 지명했다. 1기 장관은 콜린 파월이었다. 파월 장관은 부시 행정부 내부 네오콘 세력의 견제를 받아서 임기 내내 무기력한 모습을 보여줬다. 라이스 신임 장관은 부시 대통령의 신임을 바탕으로 자신이 선호하는 정책을 전개하는 특징을 보여줬다. 대북 정책에서도 협상을 통한 문제 해결을 추진했다.

---

14) Nikitin, Mary Beth, "North Korea's Nuclear Weapon's" *Congressional Research Service*, April 3, 2013. pp. 9~10.

2) 한국, 네오콘 세력에 밀려 촉진자 역할 한계

제2차 북핵 위기 발발과 6자회담 초기, 미국은 북한을 상대로 강경한 정책을 구사했다. 북한도 더욱 강경하게 맞대응하면서 상황은 급속도로 악화했다. 중국이 중재자 역할을 담당하면서 북핵 문제에서 중국 역할이 부각되는 흐름이 나타났다. 6자회담에서는 일본이 납치자 문제 해결의 통로로 활용하면서 북핵 문제 해결이라는 본질적 과제가 후순위로 밀리는 현상도 발생했다.

한국 정부는 정권 교체 상황으로 제2차 북핵 위기 발발 초기에 효과적인 대응을 하지 못했다. 김대중 정부가 적극적으로 대응하려고 했지만, 북한과 미국 모두 임기를 며칠 남겨놓지 않은 김대중 정부의 협의 요청에 부응하지 않으면서 성과를 내지 못했다. 2003년 2월 노무현 정부가 출범했지만, 민감한 외교 현안에 대응할 수 있는 역량이 체계적으로 갖춰져 있지 않은 상태에서 북핵 문제가 악화일로를 걸었다.

이 시기 한국 외교 특징을 보면, 외부 환경이 극도로 불리하게 작동했고, 국내 정치 차원에서도 혼란한 상황이 두드러졌다. 노무현 정부는 김대중 정부의 햇볕 정책을 계승했지만, 정부 출범 초기부터 대북 송금 특검을 실시하는 등 남북 관계나 대북 정책에서 상호주의 원칙이나 투명한 대북 정책 진행을 부분적으로 적용하는 태도를 보였다. 이는 김대중 대통령이 추진하던 대북 포용정책의 기조와 다른 것으로 노무현 정부 초기 대북 정책의 유연성을 스스로 제약하는 결과로 이어졌다.[15]

노무현 정부가 대북 송금 특검을 실시하자 북한에서는 남북 관계 개선에 대한 노무현 정부의 정책 의지에 대해 의구심을 표명하면서 대화와 협상에 소극적인 태도를 보였다. 6자회담 체제가 가동되고 있었지만, 북한과 대화가 원만하게 이뤄지지 않는 조건에서 한국 정부 역할은 제한적일 수밖에 없었다.[16]

---

15) 북한의 대남 기구인 조국평화통일위원회는 2003년 3월 4일 서기국 보도를 내고 남한 야당의 대북송금 특검법안 통과를 비난하고, 특검제 강행은 남북관계를 동결상태에 몰아넣게 될 것이라고 주장했다. 조평통은 "남조선의 한나라당은 북남 대결을 꾀하던 나머지 정상적인 경제거래 문제까지 범죄시하면서 특별검사제 법안을 통과시켰다"고 비난했다. "北송금 특검법 공포 - 盧대통령, 거부권 행사않고 원안대로 수용," 『경향신문』, 2003.3.15.

16) 『조선중앙방송』 2003.3.5.

노무현 정부는 미국 정부와의 정책 협의에서도 어려움을 겪었다. 부시 행정부 대북 정책은 네오콘으로 알려진 강경파 참모들이 장악하고 있었기 때문이다. 이들은 노무현 정부가 대화와 협상을 통해 북핵 문제를 풀어야 한다고 주장하는 것에 대해 친북 좌경으로 간주하는 경향도 있었기 때문에 한미 정책 공조는 미미한 수준으로 내려앉았다. 제임스 켈리 국무부 동아태 차관보는 북한과의 협상에 참석할 수는 있지만, 사전에 승인된 문장 외에는 발언할 수 없다는 지침을 받고 있어서 북한과 미국은 사실상 대화가 단절된 상태였다. 6자회담 초기 상황은 미국과의 신뢰를 유지하지 못하는 조건에서 한국 정부가 북핵 문제나 한반도 평화 체제 구축에서 성과를 거둘 수 없다는 교훈을 보여준 사례로 기록됐다.

4. 국면4: 6자회담 중기 (2005년 1월 - 2005년 9월)

1) 부시 행정부 2기, 북핵 문제 해결 의지 표출...9.19 성명 채택

북핵 6자회담은 2004년 6월, 제3차 회담이 성과 없이 종료된 이후 사실상 중단 상황을 맞았다. 2004년 말 미국에서 대통령 선거가 진행되면서 북한도 미국도 회담 재개 의지를 보이지 않았다. 2005년 6월 14일, 정동영 통일부 장관이 평양을 방문해 김정일 국방위원장과 회담하고 대북 전력 공급 방안을 제안하면서 변화의 단초가 생겼다. 6월 30일, 북한과 미국의 실무 대표들이 접촉을 갖고 대화 의지를 확인했다. 7월 9일에는 크리스토퍼 힐 미 국무부 동아태 담당 차관보가 베이징에서 북한 외무성 김계관 외무성 부상과 접촉하고 6자회담 재개에 합의했다. 7월 26일, 베이징에서 제4차 6자회담이 열렸다. 회담은 휴회했다가 9월 13일 속개돼서 제4차 6자회담 제2단계 회담 일정이 진행됐다. 9월 19일, 6자회담 참가국들은 북핵 문제 해결 방안을 담은 '9.19 공동 성명'을 채택하고 회의 일정을 마무리 지었다.

그러나 9.19 성명은 합의문 채택과 거의 동시에 사실상 사문화 하는 사태를 맞았다. 공동 성명 채택 직전인 9월 15일 미국 재무부가 마카오에 위치한 방코델타아시아(BDA)를 북한과의 불법적 금융 거래 의혹을 이유로 관찰 대상 목록에 올리면서 해당 은행 계좌가 동결되자 북한이 반발한 것이다. 북한은 방코델타 아시아 은행에 동결된 자금 약 2천5백만 달러를 돌려줄 것을 요구하면서 북핵 관련 대화에 응하지 않았다. 북한은 결국 2006년 10월 9일 제1차 핵실험을 일으키면서 파국을 조성했다. 북핵 문제 해결을 위한 포괄적인 로드맵인 9.19 공동 성명도 사실상 무효가 되면서 6자회담 중기 국면이 종료됐다.

2) 한국 정부, 북-미 협상 촉진자 역할 성공적 수행

2005년 9월 19일, 북핵 6자회담에서 공동 성명이 채택된 것은 북핵 외교사에서 가장 긍정적인 장면 가운데 하나였다고 평가할 수 있다. 좋은 결과가 나온 이유로는 세 가지를 들 수 있다. 첫째 한국 정부가 효과적인 외교를 전개했다. 둘째, 미국의 협상 의지가 강했다. 셋째, 북한도 북핵 협상 성공에 대한 의욕을 보였다.

9.19 합의가 이뤄진 과정을 돌이켜보면 2005년 6월 14일, 정동영 통일부 장관이 평양을 방문한 상황이 변곡점이었음을 알 수 있다. 남과 북은 2003년 2월 노무현 정부 출범 이후 이 시점까지 약 2년 4개월 동안 의미 있는 대화를 하지 못했다. 6자회담에서 어느 정도의 협력은 있었지만, 형식적인 수준에 머물렀을 뿐이었다. 그것은 노무현 대통령이 정부 출범 초기에 대북 송금 특검을 실시한 것과 관련해, 북한이 노무현 정부의 남북 관계 개선 의지에 대해 의구심을 품은 것이 원인이었다고 할 수 있다. 2004년 7월에는 노무현 정부가 김일성 주석 10주기 관련 조문단의 북한 방문을 허용하지 않은 것에 대해 북한이 악감정을 품은 것도 추가적인 원인이 됐다. 이런 상황에서 정동영 통일부 장관은 2005년 6월, 6.15 선언 5주년 행사를 위해 평양 방문에 성공하고 김정일 국방위원장을 만나 관계 개선의 물꼬를 텄다.

정동영 장관의 북한 방문이 중요한 변곡점이었지만, 그보다도 약 3개월 앞서 북핵 문제 교착이 해소되는 예비 움직임이 있었다. 2005년 3월 4일, 콘돌리자 라이스 미 국무장관이 북핵 문제 당국자인 국무부 동아태 담당 차관보에 크리스토퍼 힐 주한미국대사를 지목한 것이다. 힐 대사는 주한 미국 대사에 취임한

지 8개월밖에 되지 않았기 때문에 파격적인 인사였다. 라이스 장관이 파격적인 인사를 부시 대통령에게 건의한 것은 힐 대사가 당시 국무부 내에서 외교 협상의 귀재로 알려져 있었기 때문이다.17)

라이스 장관이 북핵 문제 해결에 대한 강한 의지를 갖고 있음을 알 수 있는 대목이다. 3월 19일 서울을 방문한 라이스 장관은 북한을 '주권국가(sovereign state)'라고 부르면서 당시 북한이 원하는 메시지를 발신했다. 5월 31일에는 부시 대통령이 평소 김정일 북한 국방위원장을 '폭군'이라고 비하하던 태도와 달리 'Mr. Kim'이라고 호칭해서 대북 정책 변화 기류를 노출했다. 미국은 남한이 북한에 전기를 공급한다는 구상에도 찬성한다고 공개적으로 말했다. 미국 움직임은 라이스 장관이 전임 장관들과는 달리 북핵 문제가 풀릴 가능성이 있다고 보고 부시 행정부 차원 또는 라이스 장관 개인 차원에서 외교적 성과로 삼기 위해 의도적으로 문제 해결에 나선 경우로 해석할 수 있다.

한국과 미국에서 북핵 문제 해결을 위한 6자회담 재개와 성과를 위해 외교적 노력을 전개하는 과정에서 북한도 호응하는 모양새가 나타났다. 정동영 장관의 평양 방문은 북한이 유연성을 발휘한 사례다. 2004년 7월 김일성 주석 10주기 조문 사절 파동에서 조문단 방북 금지를 결정한 책임자가 정동영 장관이었기 때문에 북한은 정 장관의 북한 방문을 절대 허용하지 않겠다고 밝힌 바 있었다.18) 북한이 정동영 장관에게 굴욕적인 조건을 감수할 것을 요구했지만, 결국 방북을 허용한 것은 미국과의 협상 재개와 관련해 유리한 환경을 만들어보겠다는 의도가 있었던 것으로 보인다. 부시 대통령이 몇 차례에 걸쳐 김정일 국방위원장을 '폭군' 등으로 모멸적으로 호칭한 것에 대해 북한은 담화나 논평을 통해 '불망나니' 등의 표현으로 대응했지만, 대화 거부 등으로 과민 대응하지는 않았다.

---

17) 크리스토퍼 힐 대사는 1995년 보스니아 평화 문제를 다룬 데이턴 평화 협상에서 미국 대표단 차석으로 참가해 협상 성공에 크게 기여했다는 평가를 받았다. 미국 대표단장이었던 리처드 홀부르크 전 유엔 주재 미국 대사는 데이턴 협상에 대한 자신의 저서에서 힐 대사가 매우 냉철한 동시에 매우 열정적인 사람이라면서 최상급 협상 기술을 갖고 있다고 극찬했다. "Longtime Statesman Puts Best Face Forward for U.S." *The Washington Post*, September 21, 2005.

18) 북한 조국평화통일위원회는 2007년 7월 8일 대변인 담화를 내고 "북남 사이의 초보적 인사내왕도 가로막는 자들에게는 내왕의 길을 열어 줄 생각이 없다"고 밝혔고 7일에는 우리민족서로돕기운동본부 등 남측 민간단체의 평양 방문을 일방적으로 연기시켰다. 『문화일보』 2004.7.10.

5. 국면5: 6자회담 후기 (2005년 9월 - 2008년 12월)

1) 제1차 핵실험 이후 북핵 문제 반전 거듭

2006년 10월 9일 북한의 핵실험 강행은 미국 정부에 당혹감을 안겼다. 대북 강경 정책이 북한의 굴복을 가져올 것으로 기대했지만, 실제로는 부작용이 더 크게 나타난 것이다. 미국은 전격적으로 협상 재개를 결정했다. 이에 북한이 호응하면서 2007년 2월 13일 비핵화 관련 이행 절차에 대한 합의가 만들어졌다. 그러나 2.13 합의에서 중요한 선결 조치가 마카오 델타 은행에 동결돼 있던 북한 자금 약 2,500만 달러를 미국이 60일 이내에 북한 금융 기관에 입금한다는 것이었는데, 약속 기한인 4월 14일에도 송금이 이뤄지지 않으면서 문제가 발생했다. 미국 정부는 당초 중국계 은행이 대북 송금을 담당할 것으로 기대했지만, 중국계 은행들은 미국의 사후 금융 제재 가능성을 거론하면서 송금에 협조하지 않았다. 한때 한국 정부가 운영하는 은행이나 미국의 민간 은행이 자금 송금 가능성을 검토했지만, 역시 미국의 금융 제재 대상이 될 가능성이 있다는 결론이 내려졌다. 결국 미국 연방준비제도이사회와 러시아 블라디보스톡에 위치한 소규모 은행인 러시아 극동 상업 은행이 악역을 담당하면서 6월 14일 해결됐다.

이후 협상이 급속도로 진행되면서 6자회담 참가국들은 2007년 10월 9.19 공동성명에 기반한 세부 이행 계획에 합의했다. 그러나 검증 절차에 대한 견해 차이로 6자회담은 교착 국면에 들어갔다. 2008년 2월, 북한에 대한 강경 정책을 선호하는 이명박 정부가 출범한 이후 남북 간 대화, 북미 간 대화가 사실상 중단되면서 북-미 핵 협상은 교착 국면으로 이동했다. 2008년 12월, 6자회담 수석대표 회담이 열리기는 했지만, 아무런 성과를 거두지 못했다. 북한은 6자회담은 죽었다고 선언했고, 실제로 6자회담은 열리지 못하고 있다.

2) 한국, BDA 사태에서 외교 역량 한계 노출

2005년 9월 BDA 사태는 북핵 문제를 파국으로 몰고 간 핵심적인 원인이었지만, 당시 사태가 발생한 직후 상당 기간, 적어도 두 달 가까이 한국과 미국은 물론 북한도 그 사태의 심각성을 인지하지 못했던 것으로 보인다. 북한은 11월 9일 베이징에서 열린 제5차 6자회담 제1단계 회의에도 참가했다. 북한과 미국이 모두 사태의 심각성을 깨달은 시점은 2005년 12월 7일 직전으로 보인다. 알렉산더 버시바우 주한 미국 대사가 북한을 '범죄국가'라면서 비난한 것이다. 이에 대해 북한은 12월 11일 6자회담 무기한 연기를 선언했고, 12월 31일에는 "미국이야말로 세계 최대의 범죄 국가"라고 비난했다.

한국 정부는 2005년 9월 BDA 파문이 발생하는 상황은 물론 12월 BDA 문제로 6자회담이 파탄이 나는 상황에서도 유효한 대응을 하지 못했다. 남과 북은 대화 채널을 유지하고 있었지만, 북한은 미국과의 기싸움에 집중하고 있었다. 2006년 1월 당시 노무현 대통령은 미국의 대북 정책에 대해 공개적으로 불만을 표명하는 등 한-미 간 정책 공조는 위기 수준에 접근했다.[19)]

한국 시간으로 7월 5일, 북한은 사전에 예고한 초강경 대응으로 탄도 미사일 7기를 새벽 시간부터 잇따라 발사했다. 그 중에는 대포동2호 미사일 1기도 포함돼 있었다. 이에 대해 미국은 유엔 안보리를 열고 대북 결의 1695호를 채택하고 탄도 미사일 기술을 활용한 모든 발사체 발사를 만장일치로 금지했다. 이에 대해 북한은 10월 9일 제1차 핵실험으로 맞대응했는데, 일련의 과정에서 한국 정부는 악화되는 흐름을 변경시키는 역할을 하지 못했다.

미국은 북한의 제1차 핵실험 강행 이후 전격적으로 북한과의 협상을 재개하는 결정을 내렸다. 10월 31일 베이징에서 북-미-중 3자 회동에 이어 북-미 양자 회동을 갖고 6자회담 재개를 전격적으로 결정했다. 12월에 제5차 6자회담 제2단계 회담이 열렸고, 북-미 실무회담이 별도로 열렸다. 2007년 1월 16일 베를린에서 북한과 미국이 전격적으로 양자 회담을 갖고 BDA 문제 해소 방안에 대해 합의점을 찾았다. 이 과정에서도 핵심 변수는 콘돌리자 라이스 미 국무장관과 그의 지침을 받고 움직이는 크리스토퍼 힐 국무부 동아태 담당 차관보였다. 이 시기에도 남과 북의 대화는 원활하지 못했고, 한-미 간 정책 공조 역시 낮은 수

19) 노무현 대통령은 2006년 1월 25일 열린 신년 기자회견에서 "한국 정부는 북한의 체제에 대해 문제를 제기하고, 압박을 가하고, 또 붕괴를 바라는 듯한 미국 내의 일부 의견에 대해서는 동의하지 않고 있다"면서 "미국 정부가 그와 같은 방법으로 문제를 해결하려 한다면 한미간 이견이 생길 것"이라고 경고했다. 『중앙일보』, 2006.1.26.

준에 머물러 있었다. 2006년 12월 21일, 노무현 대통령이 미국의 BDA 제재를 '짜고 치는 고스톱'이라고 비난했다.[20]

2007년 2월 13일, 6자회담에서 합의가 도출됐고, BDA 문제를 해소하기 위한 조치들이 전개됐다. 이 과정에서도 한국 정부 역할은 제한적이었다. 한국 정부는 BDA 자금 송금이 장벽에 부딪치자 수출입은행이 송금 역할을 담당하는 방안을 검토했지만, 실행하지는 못했다. 오히려 러시아가 나서서 문제를 해결했다. BDA 문제가 해소되고 비핵화 조치가 재개되기 시작했지만, 여전히 상황은 크리스토퍼 힐 차관보가 주도하는 구도로 진행됐다.

2007년 12월 선거에서 이명박 대통령이 당선된 것을 계기로 한국 정부가 북한에 대해 압박 정책을 전개하면서 남북 관계는 협력 관계에서 적대 관계로 전환됐다. 대화는 단절됐고, 6자회담은 2008년 12월 제6차 6자회담 수석 대표 회담을 마지막으로 와해되는 경로로 들어섰다. 미국은 북핵 문제 해결에서 성과를 기대했지만, 한국 정부가 협력하지 않는 조건에서는 불가능한 상황이었다. 이 과정에서 한국은 북-미 대화에 협조하지 않음으로써 회담 구도 자체를 와해시키는 등 존재감을 보이기는 했지만, 한국 정부가 원하는 대로 북한을 굴복시키지 못했고, 오히려 북핵 문제가 악화하는 추세만 두드러졌다

6. 국면6: 윤달 합의 (2009년 4월-2012년 4월)

1) 오바마 행정부, 3년 만에 북한과 '비핵화' 합의...3주 만에 파기

버락 오바마 미국 대통령은 2008년 11월 선거를 앞둔 유세에서 북한을 포함한 이른바 '불량국가' 지도자들과 대화할 용의가 있다고 여러 차례 밝혔다. 그러나 2009년 4월 북한이 장거리 로켓 발사를 강행하고, 5월에는 제2차 핵실험까지 강행하자 주저하지 않고 대북 강경 정책을 전개했다. 다만 오바마 행정부는 북한과의 대화 가능성을 꾸준히 타진하는 행보를 멈추지 않았다. 2009년 8월 4

20) 노무현 대통령은 2006년 12월 21일 민주평통 상임위원회에서 미국의 BDA 제재에 대해 해석하기 어렵다면서 "나쁘게 보면 '짜고 치는 고스톱이 아니냐'고 볼 수도 있다"고 말했다. 『한국일보』, 2006.12.22.

일, 빌 클린턴 전 대통령의 평양 방문과 김정일 국방위원장 면담은 오바마 행정부가 추진했던 대화 노력의 일부다. 10월 29일에는 북한 외무성 리근 미국 국장이 워싱턴을 방문해 성 김 특사와 비공식 회동을 진행했다. 11월 11일, 미 국무부가 스티븐 보즈워스 대북 정책 특별대표의 북한 방문 일정을 발표하고, 12월 8일 방북을 결행한 것은 북한과의 대화를 희망하는 오바마 행정부의 의지가 크다는 것을 잘 보여준 사례다.[21)]

오바마 행정부는 북한과 대화를 시도했지만, 제대로 성사되지는 않았다. 한국 정부가 대북 강경 정책을 사용했고, 반면에 북한은 과도하게 거친 행보를 보인 것이 주요 배경이었다. 특히 2010년 3월 발생한 천안함 폭침 사건과 5.24 조치, 그리고 11월 발생한 연평 해전은 북한과 미국의 대화 가능성을 틀어막는 상황으로 이어졌다. 그러나 오바마 행정부는 2011년에 들어서자 북한과의 대화 노력을 재개했다. 3월에는 보즈워스 특별대표가 대북 식량 지원 가능성을 언급했고, 북한 경제 대표단이 미국을 방문해 스탠퍼드 대학교와 구글 등을 방문하는 일정이 진행됐다. 4월에는 지미 카터 전 미국 대통령이 평양을 다시 방문했고 마침내 7월 28일 북한과 미국의 고위급 회담이 뉴욕에서 열렸다. 10월 24일에는 제2차 회담이 제네바에서 열렸다. 북-미 고위급 회담은 그러나 12월 17일 김정일 국방위원장 사망으로 일시 중단됐다. 1994년 북-미 회담이 김일성 주석의 사망으로 일시 중단된 것과 유사한 상황이 전개됐다. 1994년처럼 2011년 말과 2012년 초에도 북한과 미국은 협상을 재개했고, 2012년 2월 29일 비핵화와 관련한 합의 사항을 공식 발표하기에 이르렀다. 2.29 합의는 북한의 새로운 지도자인 김정은 위원장이 집권한 이후라는 점에서 의미가 있었다. 그러나 2.29 합의는 북한이 3월 16일, 장거리 로켓 발사를 예고하고, 4월 13일 로켓 발사를 강행하면서 파기됐다.

---

21) 스티븐 보즈워스 대표 북한 방문 일정은 한국 시간으로 2009년 11월 11일 발표됐다. 하루 전인 11월 10일 서해 대청도 인근 해상에서 남과 북 사이에 대청 해전이 벌어져, 양측 해군이 수천 발의 함포 사격을 주고받았다. 과거 2002년 6월 조지 W. 부시 행정부는 북한과 고위급 외교관 회담을 예정했지만, 제2차 연평 해전이 벌어지자 즉시 회담 일정을 무기 연기했고, 이후 10월에 회담을 진행했다.

2) 한국 정부, 북-미 대화에 회의적...북핵 문제 악화로 자충수

오바마 대통령이 2008년 11월 대선에서 승리하고 차기 대통령으로 확정되기 이전부터 당시 이명박 정부는 오바마 캠프의 외교 담당자들을 만나 대북 관여 정책의 문제점과 한-미 간의 정책 공조 필요성을 강조했다. 2008년 2월 출범한 이명박 정부는 '비핵개방3000'이라는 이름의 대북 압박 정책을 전개하고 있었기 때문에 오바마 행정부가 북한과의 대화를 추진할 경우 한국과 미국 간에 정책 충돌이 생길 수 있다는 점을 설명한 것이다.

오바마 행정부 출범 초기 미국에 대한 비난을 자제하던 북한은 미국이 북한에 대한 관여 정책을 채택하지 않는 움직임을 보이자 4월 5일 장거리 로켓 발사에 이어 5월 25일에는 제2차 핵실험을 강행했다. 미국은 유엔 안보리 대북 제재 결의 1874호를 채택하는 등 즉각 강경 조치로 대응했다. 이 과정에서 유엔 주재 한국 대표부는 미국 대표부와 철저한 정책 공조를 보여주면서 강경한 내용의 대북 제재 결의안을 마련하고, 채택하는데 주도적인 역할을 수행했다.

2009년 8월 4일 클린턴 전 미국 대통령의 방북에 이어 현정은 현대그룹 회장이 8월 10일 북한을 방문해 김정일 국방위원장을 면담하고 금강산 관광객 피격 사건과 관련한 전향적인 언급을 가져왔다. 이명박 정부는 그러나 북한의 입장 표명이 미흡하다면서 대북 압박 기조를 풀지 않았다. 다만 이명박 정부는 2009년 10월 17일 비공개적으로 북한 당국자와 싱가포르에서 만났고, 11월 7일 개성에서도 남과 북의 고위 당국자들이 만나는 등 관계 개선 가능성을 타진했지만, 관계 개선의 돌파구를 찾지 못했다. 2010년 3월 천안함 폭침 이후 11월 연평도 포격 사건까지 벌어지면서 이명박 정부의 대북 강경 기조가 더욱 강화되자 미국은 2010년 내내 북한과 대화할 엄두도 내지 못했다.

오바마 행정부는 이명박 정부의 대북 정책을 고려해 북한과의 대화에 대해 소극적인 태도를 보였지만, 2010년 12월 한국 정부와 입장 충돌을 경험한 이후 북한과의 대화에 적극 나서는 양상을 보였다. 미국이 한국 정부에 불만을 갖게 된 이유는 연평도 포격 이후 한국 정부가 12월 중 서해 연평도 인근에서 대규모 해상 사격 훈련을 진행하는 계획을 준비했기 때문이었다. 미국 정부는 한국군이 준비 중인 사격 훈련 규모가 너무 크고 자극적이어서 국지 전쟁이 발발할 가능성이 있다고 보고 마이크 멀린 합참 의장을 오바마 대통령 특사 자격으로 긴급 파견해 훈련 규모를 축소할 것을 요구했다. 결국 한국 정부는 미국 요구를 수용했고 서해에서 국지전이 벌어지지는 않았다.[22] 그러나 오바마 행정부는 이미 이명박 정부의 대북 정책에 대해 불신하는 태도를 보이기 시작했다.[23] 결국 미국은 한국 정부의 부정적인 반응에도 불구하고 독자적으로 북한과의 대화를 추진했고, 7월 28일 공식적으로 양자 회담을 출범시켰다.

오바마 행정부 출범 이후 한국 정부는 2년 이상 미국의 대북 관여 정책을 사실상 보류시키는 등 상당한 수준의 외교 역량과 존재감을 과시했다. 그러나 북핵 문제는 악화했고, 남북 관계는 최악으로 추락하고, 한-미 관계도 역시 결국에는 불신이 가중되는 상황에 빠졌다. 이명박 정부는 스스로 외교 공간을 좁히는 자충수를 잇따라 뒀다는 평가를 피하기 어렵다.

7. 국면7: 인질 외교와 소니 해킹(2014년 5월 - 2015년 2월)

1) 북-미, 인질 외교 계기로 협상 재개 모색…소니 해킹으로 무산

2012년 4월 13일, 북한이 은하2호 장거리 로켓 발사를 강행한 이후 미국에서는 북한과의 대화를 주장하는 관료나 전문가가 사라졌다. 북핵 문제에 대한 피로감과 북한에 대한 혐오감이 확산했다. 합의안을 채택한 2012년 2월 제3차 북-미 고위급 회담에는 글린 데이비스 대북정책 특별대표가 참석했다. 북한이 합의문 채택 후 2주일 여 만에 로켓 발사를 예고하고 6주일 만에 발사를 강행하자 워싱턴에서는 북한의 악명을 재확인했다는 반응과 더불어 데이비스 대표가 협상

22) 마이크 멀린 합참의장의 한국 방문과 관련해 한국 국방부는 국지전이 발생할 경우 한국과 미국이 동맹 차원에서 대응하는 방안을 협의했다면서 한국의 군사 정책에 대한 미국의 지원과 협력 의지를 확인한 것으로 설명했다. 그러나 미국 언론은 한국 정부가 연평도 포격 사건으로 북한에 대한 과격한 대응을 할 가능성 때문에 미국 정부가 전전긍긍하고 있다고 보도했다. "S. Korean president faces conflicting pressures as he toughens N. Korea response," *The Washington Post*, December 28, 2010.

23) 제임스 카트라이트 미 합참 부의장은 2010년 12월 16일 "우리가 우려하는 것은 북한이 이번 훈련에 대해 부정적인 방법으로 대응해 '연쇄 반응'을 불러올 가능성이 있다는 점"이라고 말했다. "곤혹스러운 미국… 겉으론 "정당한 훈련" 옹호, 속으론 '추가적 충돌' 우려," 『경향신문』 2010.12.19.

을 잘못한 결과라는 비판 여론도 대두됐다.

김정은 위원장은 2012년 12월 다시 한번 장거리 로켓을 발사하면서 국제 사회에 대한 도발적 태도를 재확인했다. 2013년에도 김정은 위원장은 다양한 형태로 미국과 한국을 상대로 한 협박 전술을 구사했다. 2013년 12월 고모부인 장성택 노동당 부장을 처형하면서 국제 사회를 경악하게 만들었다. 북한과 미국의 대화 모멘텀은 좀처럼 형성되지 않았다.

북-미 대화와 관련한 특이한 움직임은 2014년 1월 국무부 대변인 브리핑에서 나왔다. 젠 사키 당시 대변인은 북한에 억류 중인 미국인 케네스 배 석방을 위해 미국 정부가 북한과 접촉 중이라고 확인했다. 사키 대변인은 2월 브리핑에서 로버트 킹 미 국무부 북한인권특사가 북한을 방문하기로 약속이 돼 있었지만, 북한이 한-미 연합 군사 훈련을 이유로 방문 일정 취소를 통보해왔다고 밝혔다. 이처럼 케네스 배 억류 사건이 미국에서 관심사가 된 가운데 4월 중에 북한에 억류된 미국인이 2명이 늘어서 3명이 됐다. 8월 중순에 미 정보 기관 관계자들이 군용기를 이용해 북한을 비밀리에 방문해 미국인 인질 석방 문제를 협의했다는 보도가 나왔다. 미 정부 당국자의 비공개 북한 방문은 서울신문 8월 28일자에 보도됐다. 이후 서울의 한 외교소식통은 미 백악관과 정보 기관 관계자들이 8월 16일 군용기로 북한을 방문했다고 전했다.[24] 10월 22일, 북한은 억류자 가운데 한 명인 제프리 파울을 전격적으로 석방했다. 11월 8일에는 케네스 배와 매튜 토드 밀러가 석방됐다는 뉴스가 나왔다. 석방 교섭을 위해 북한을 방문한 특사는 미국의 국가 정보 국장인 제임스 클래퍼였다. 클래퍼 국장은 버락 오바마 대통령의 친서를 휴대한 채 평양을 방문해 국가안전보위부장과 정찰총국장 등을 만나 인질 석방 교섭을 벌였다. 오바마 대통령은 친서에서 특사의 권한을 설명하면서 억류자를 석방하면 긍정적인 제스처가 될 것이라고 말했다. 북한과 미국이 곧 대화를 시작할 수 있다는 분석이 대두됐다. 그러나 북-미 대화는 성사되지 않았다. 소니 해킹 문제가 발생했기 때문이다.

2014년 11월 24일, 미국 영화사인 소니를 대상으로 심각한 해킹 사건이 발생

---

24) 『서울신문』, 2014.8.28.

했고 미 정보 당국은 12월 19일 해킹이 북한 소행이라고 공식 발표했다. 해킹 관련 전문가 집단에서는 북한 소행이 아니라는 반박이 나오기도 했지만, 오바마 대통령은 북한 소행설에 따른 제재 조치를 진행하기 시작했다. 2015년 1월 23일에는 '북한은 결국 붕괴될 것'이라는 오바마 대통령 발언이 나왔다. 북한도 2월 4일, 미국과의 대화를 중단한다는 입장을 발표했다. 인질 문제를 중심으로 수 개월 이상 어렵게 조성된 북한과 미국의 대화 분위기는 사라지고, 양측은 다시 상호 비난전 구도로 되돌아갔다.

2) 한국 정부, 북한의 유화 공세 외면…북-미 물밑 접촉에서 배제

북한과 미국이 공식 대화 재개를 위해 수 개월 이상 물밑 접촉을 진행한 과정을 보면, 미국이 협상 의지를 갖고 있었던 것으로 분석할 수 있다. 그러나 같은 기간 북한도 유화 공세를 전개했기 때문에 북한과 미국 모두 대화를 추진한 결과로 보는 것이 더 정확한 평가가 될 것이다. 북한은 2014년 내내 인질 문제와 관련해 미국과 접촉을 진행했지만, 남한에 대해서도 유화 공세를 전개했다. 1월 16일, 북한은 국방위원회 중대 제안을 통해 비핵화 가능성을 시사했다. 국방위원회는 6월 30일에 다시 특별 제안을 내놓고 남측에 긴장 완화를 제안했다. 7월 7일에는 공화국 정부 성명을 발표하고 남북 관계 개선을 주장했다. 9월 19일에는 인천 아시안 게임에 참가했고, 10월 4일에는 황병서, 최룡해, 김양건 등 김정은 위원장의 최측근 고위 참모 3명을 인천으로 파견해 남측과 대화를 시도했다.

북한의 유화 공세에 대해 박근혜 정부는 소극적이고 수동적인 태도를 보여줬다. 북한의 각종 대화 제안에 대해서는 진정성이 없다면서 호응하지 않았다. 인천 아시안 게임을 계기로 북한에서 최고위급 간부들이 인천을 방문했지만, 대화 채널을 구축하는 계기로 삼겠다는 의지를 보여주지 않았다. 북한과 미국의 물밑 접촉과 관련해 협력한다는 신호도 확인되지 않았다. 오히려 2014년 8월 미국의 정보 당국자가 비밀리에 군용기를 이용해 북한을 방문한 것이 언론에 노출된 것은 북한과 미국의 물밑 접촉에 대한 불만을 표출한 것이라는 해석도 가능하다.

박근혜 정부는 이명박 정부와 마찬가지로 북한을 압박하면 북한이 굴복하고 나올 것이라는 믿음을 기저에 깔고 대북 정책을 펼쳐나갔다. 특히 북한이 곧 붕괴될 가능성이 있다고 보고 급변 사태에 대응하는 문제에 관심을 보이면서 북한을 진지한 대화 상대로 여기지도 않았다. 그러나 북한은 붕괴하지도 않았고, 굴복하지 않았다. 오바마 행정부도 박근혜 정부의 대북 정책에 대해 의문을 보이면서 한국 정부가 오히려 고립되는처지에 놓이게 됐다.[25]

8. 국면8: 싱가포르 북-미 정상회담 (2017년 1월 - 2018년 6월)

1) 북한은 끝장 대결, 미국은 화염과 분노

2015년 2월 북한과 미국이 대화 중단을 선언한 이후 양측은 3년 가까이 대화 계기를 찾지 못했다. 북한은 2016년 1월 6일 제4차 핵실험 강행을 시작으로 국제 사회 경제 제재에 맞서, 핵과 미사일 개발에 총력을 경주하는 '끝장 대결'에 착수했다. 2월 7일에는 장거리 로켓을 발사했고, 이후에도 무수단 미사일과 잠수함 발사 탄도 미사일 등 다양한 미사일 시험 발사를 이어갔다. 9월 9일, 제5차 핵실험을 강행했다. 2017년에 들어서서 3월에는 새로운 탄도 미사일 엔진 개발에 성공했다. 5월에는 화성 12형, 7월에 화성 14형, 11월 화성 15형 미사일을 발사했다. 그에 앞서 9월에는 제6차 핵실험도 강행했다.

북한이 '끝장 대결'을 펼치는 와중에 미국에서는 대통령 선거가 치러졌고, 막말로 유명한 부동산 재벌 도널드 트럼프가 대통령에 당선되는 기현상이 빚어졌다. 2017년 1월 취임한 트럼프 대통령은 대북 정책을 '최대의 압박과 관여'로 정하고 북한에 대한 초강경 압박 행보를 보였다. 2017년 4월, 한반도 주변에서 '4월 전쟁설'이 유포됐고, 8월에 트럼프 대통령의 '화염과 분노' 발언이 나왔다. 9월에는 한반도 주변 해역에 항공모함 3척을 동시에 보내 전쟁 위기감을 고조시

---

25) 2013년 2월 박근혜 대통령 정부 출범 이후 북한 급변사태론이 박 대통령 측근 참모들 사이에서 확산하는 흐름이 나타났다. 이들은 1975년 탄허 스님이 충북 제천에 들러 "월악산 영봉(靈峰) 위로 달이 뜨고, 이 달빛이 물에 비치고 나면 30년쯤 후에 여자 임금이 나타난다. 여자 임금이 나오고 3~4년 뒤 통일이 된다"고 했다면서 "당시에는 주변에 큰 호수가 없어 누구도 이 도참설을 믿지 않았지만, 83년 충주댐이 완공돼 월악산 달빛이 수면에 비치고 2013년에는 여성 대통령이 취임했다"고 강조하고, 2015년에 남-북 통일이 이뤄질 것이라는 전망을 제기했다. "[이철호의 시시각각] 박 대통령은 탄허 스님을 믿고 있나," 『중앙일보』, 2015.9.25.

켰다.

막장 대결 양상을 보이던 북한과 미국이 분위기를 반전시킨 것은 2018년 2월 평창 동계 올림픽이었다. 트럼프 미국 대통령은 올림픽 성공을 위해 한미 연합 군사 훈련 일정을 연기하자는 문재인 대통령 요청을 받아들였다. 3월에는 북-미 정상회담을 해보라는 문재인 대통령 권고를 수용해서 6월 12일 싱가포르에서 김정은 위원장과 사상 최초로 북-미 정상회담을 진행하기에 이른다. 2014년 11월 제임스 클래퍼 국가정보국장의 평양 방문 이후 3년 7개월 만에 북한과 미국이 정상회담 방식으로 대화를 진행한 것이다.

2) 한국 정부, 촉진자 역할 성공으로 '싱가포르 회담' 실현

2016년 1월 북한이 '끝장 대결'을 시작한 배경을 보면 2015년 8월에 벌어진 목함 지뢰 사건이 자리하고 있다. 이 사건을 계기로 남과 북은 강경 대치 국면을 거쳐 협상 국면을 맞았고, 합의문을 채택하는데 성공했다. 이에 따라 남과 북의 대화 국면이 기대됐지만, 북한이 박근혜 대통령의 발언을 비난하면서 또다시 대결 구도로 돌아갔다. 박 대통령이 2015년 9월 '천안문 망루 외교'로 알려진 베이징 방문 일정을 진행하면서 통일 외교 중요성을 강조한 것에 반발한 것이다. 북한은 9월 15일 핵실험 강행을 시사하면서 극단적 대결 분위기를 조성하기 시작했다.

북한이 2016년 1월 6일 제4차 핵실험을 강행하자 한국은 '사드 도입 검토'로 맞대응했고, 2월 7일 장거리 로켓을 발사하자 개성 공단 폐쇄로 대응했다. 이후 북한의 초강경 행보에 대해 박근혜 대통령도 강경 맞대응으로 일관하면서 '끝장 대결' 양상을 보였다. 그러나 2016년 10월 이른바 '최순실 사건'이 불거지면서 박근혜 대통령이 정상적인 업무를 보지 못하는 상황, 사실상 대통령 궐위 상태가 시작됐다. 이후 2017년 5월 문재인 대통령 취임 시점까지 한국 정부는 남북 관계나 북미 관계, 한미 관계 등 한반도 주요 외교 현안에서 존재하지 않는 것과 다름없었다. 그 기간에 북한은 거치없이 핵과 미사일 기술 고도화에 몰입했다. 트럼프 미국 대통령은 한반도 정세에 대해 한국이 아니라 일본의 아베 신조 총리, 중국의 시진핑 주석과 상의했다.

2017년 5월 10일 문재인 대통령이 취임하면서 북한 문제를 긴급한 사안으로 규정하고 대응에 나섰지만, 성과를 거두지 못했다. 북한은 극단적 대결 정책을 지속했고, 미국도 '최대의 압박' 정책을 구사하면서 한반도는 일촉즉발의 군사적 긴장 위기감이 고조됐다. 문재인 대통령은 7월 11일 "우리에게는 힘이 없다"면서 한반도 긴장 문제와 관련해 실망감을 감추지 못했다.

그러나 문재인 대통령은 11월 방한한 트럼프 대통령을 환대하면서 개인적 신뢰감을 어느 정도 확보했고, 12월 한미 연합 군사 훈련 연기 가능성을 거론하면서 한반도와 주변 상황에 대한 주도권을 쥐기 시작했다. 2018년 2월 평창 동계 올림픽에 북한에 참여하면서 남북 관계가 개선됐다. 남북 관계 개선을 바탕으로 한미 관계를 정상화하고 북미 관계 개선도 촉진하는 2차적인 외교 노력을 전개했다. 문재인 대통령의 외교는 성공적이어서 트럼프 대통령이 김정은 위원장과 정상회담을 실제로 진행하는 상황으로 이어졌다.

문재인 정부는 외교 분야에서 최악의 어려움 속에서 출범했지만, 역동적인 외교 역량을 발휘하면서 남-북 관계를 개선했고, 그것을 지렛대로 해서 한-미 간 정책 공조도 최고 수준에서 진행했다. 그 결과 북-미 관계 개선을 위한 중대한 계기를 만들어내는데 성공했다. 평창 동계 올림픽 외교는 페리 프로세스 시기와 9.19 공동 성명 채택에 이어 북핵 외교 역사상 세 번째로 성공적인 결과를 만든 국면으로 볼 수 있다.

문재인 정부가 촉진자 역할을 성공적으로 수행한 요인은 세 가지로 정리할 수 있다. 첫째 문재인 정부가 대북 관여 정책을 일관성 있게 효과적으로 전개했기 때문이다. 둘째 북한이 남한, 미국과 관계 개선에 나설 의지를 갖고 있었다. 셋째 도널드 트럼프 미국 대통령이 미국 국내 정치적으로 어려움을 겪고 있어서 상황을 반전시킬 만한 화제가 필요했다. 이 가운데 두 번째 요인과 세 번째 요인은 유동적이고 가변적인 요소가 많아서 현실과 접목하기 어려운 특성을 지녔다. 그러나 첫 번째 요인, 즉 한국 정부의 일관성 있는 대북 관여 정책은 북한의 대외 전략 요소와 트럼프 미국 대통령의 개인적 필요 사항을 엮어서 실제 정책을 만들어낼 수 있는 기반으로 작용했다고 평가할 수 있다.

9. 국면9: 하노이 정상회담 결렬 (2018년 7월 - 2019년 10월)

1) 극적인 성공에서 충격적 빈손 외교로 추락

2018년 6월 역사적인 북-미 정상회담은 극적인 장면을 연출했지만, 후속 조치가 건설적으로 전개되지는 못했다. 두 정상의 합의에 따른 후속 조치를 논의하기 위해 마이크 폼페이오 미국 국무장관이 7월 초 평양을 방문했지만, 합의점을 찾지 못했다. 북한은 폼페이오 장관에 대해 '날강도'라면서 욕설을 퍼부었다. 8월에는 남-북 철도 연결 관련 공동 조사를 위해 남측 열차가 북측으로 넘어가려고 했지만, DMZ를 관할하고 있는 유엔 사령부가 허가를 내주지 않아서 무산되는 일이 발생했다. 9월에는 남-북 정상회담이 평양에서 열리고 남-북 정상 합의문이 발표되는 등 분위기가 개선됐지만, 북-미 간 대화와 협상에는 진전이 없었다. 11월에는 북한 김영철 노동당 부위원장이 미국 방문 일정을 계획했다가 취소하는 일이 벌어졌다.

북핵 협상이 교착 양상을 보였지만 2019년 1월 1일 신년사에서 김정은 위원장은 트럼프 대통령과의 회담 준비가 돼 있다고 언급했고, 1월 7일 전격적으로 중국을 방문하면서 협상이 재개될 것이라는 전망이 대두됐다. 1월 17일 김영철 부위원장이 워싱턴을 방문해 다음날인 18일 트럼프 대통령을 예방했다. 백악관은 이 날 제2차 북-미 정상회담이 2월 말에 열릴 것이라고 확인했다. 상당한 기대감 속에서 2월 27일 저녁 베트남 하노이 메트로폴 호텔에서 제2차 북-미 정상회담이 열렸다. 그러나 회담은 다음 날인 28일 미리 준비했던 오찬 일정을 취소하고 합의문 채택도 없이 끝났다.

하노이 회담이 결렬로 끝난 뒤 북한과 미국은 대화 재개 가능성과 대립 구도가 어정쩡하게 공존하는 양상을 보였다. 반면에 남-북 관계는 신뢰 기반이 허물어지는 상황이 전개됐다. 북-미 정상은 6월 30일 판문점에서 깜짝 회동을 하면서 희망의 불씨를 살렸지만, 의미있는 합의를 만들어내지 못하고 일회성 이벤트에 그치고 말았다. 북한과 미국은 10월 5일 스톡홀름에서 다시 한번 실무 협상을 진행했지만, 진전을 보지 못했다. 스톡홀름 실무 협상을 마지막으로 북-미 양측은 북핵 문제와 관련해 대화와 협상을 진전시키지 못하고 있다.

2) 한국 정부, 정보력 부족과 여론전 미흡 등으로 상황 반전 실패

2018년 6월, 싱가포르 북-미 정상회담을 성사시키는 과정에서 한국 정부는 결정적인 외교 역량을 발휘했고, 외교사에 기록될 정도의 성공을 거뒀다. 그러나 싱가포르 회담 이후 북한과 미국, 그리고 국내에서 다양한 도전 과제가 대두했지만, 효과적으로 대응하지 못하는 한계를 보였다.

한국 정부는 9월에 열린 남-북 정상회담을 풍성하게 진행하고 상당한 성과를 거두기도 했다. 그러나 남-북 정상 합의문에 영변 핵 단지 폐기 방안을 포함한 것은 이후에 벌어진 사태를 바라본다면 중대한 실책으로 분석된다. 5개월 뒤에 열린 하노이 정상회담이 결렬된 이유가 영변 핵 단지 폐기 방안을 받느냐, 마느냐의 문제였기 때문이다. 남-북 정상이 영변 핵 폐기 방안에 합의했다는 소식은 국내, 또는 상당수 미국 전문가들이 남과 북이 과도하게 협력한다는 우려감을 넘어 반발하는 흐름을 만들어냈다. 결국 영변 핵 단지 폐기 방안은 '스몰딜'인 만큼 수용해서는 안되고, 영변 핵 단지는 물론 다른 지역의 핵 시설과 요소도 폐기하는 '빅딜'을 해야 한다는 여론이 서울과 워싱턴에서 대두됐다. 이런 상황에서 트럼프 대통령이 영변 카드를 한때 지지했다가 결국 거부하는 쪽으로 변했다는 점을 한국 정부는 파악하지 못한 것으로 보인다. 존 볼턴 당시 백악관 국가안보보좌관 회고록에 따르면 그는 트럼프 대통령에게 북한과의 협상의 위험성을 강조했고, 트럼프 대통령은 회담 개시 2,3주일 전부터 회담이 진행되는 도중에도 '자리를 박차고 나올 수 있다'는 말을 하면서 결렬 시나리오를 예감했었다.[26]

한국 정부는 하노이 회담이 끝난 뒤 김정은 위원장이 격렬하게 불쾌감을 표명하는 상황에서 효과적인 대응을 보이지 못했다. 오히려 한국 정부가 준비하는 '한반도 평화 경제' 구상에 집중하는 태도를 보이면서 회담 결렬로 낙담한 김정

26) Bolton, John, *The Room Where It Happened* (New York: Simon & Schuster, 2020), pp. 318~356.

은 위원장의 분노 지수를 높였다. 한국 정부는 4월 12일 김정은 위원장이 최고 인민회의 연설에서 남측에 대한 막말을 공개적으로 제기한 상황에 대해서도 유효한 대응을 하지 못한 것으로 보인다. 한국 정부는 6월 30일 판문점 깜짝 회동을 성사시키는 시점에서는 매우 기민한 대응을 보였다는 평가를 받았다. 김정은 위원장과 트럼프 대통령은 2,3주 이내에 실무 협상을 열어서 후속 조치를 이어가기로 의견을 모았다. 북한과 미국 간 실무 협상은 10월에 겨우 열렸지만, 아무런 합의점을 찾지 못하고 결렬됐다. 이 과정에서도 한국 정부는 별다른 존재감을 보여주지 못했다.

Ⅲ. 북-미 핵 협상의 변수와 한국 정부 역할 분석

1993년 북핵 문제와 관련해 북한과 미국이 처음으로 양자 회담을 진행한 이후 북-미 양측은 30년 가까운 대화와 협상 경험을 갖고 있다. 대화 국면이 지속되는 상황이나, 대립과 충돌이 일어나는 상황을 분석하면 북-미 협상 성공 여부를 결정하는 변수는 5가지로 정리할 수 있다. 첫째, 남과 북의 대화 채널 유지 여부다. 대화 채널이 유지될 경우 북-미 대화가 성사될 가능성이 크다. 둘째, 북한이 협상 의지를 가질 경우 협상 성공 가능성이 높다. 셋째, 한미 정책 공조가 긴밀하게 이뤄질 경우 북-미 협상이 성과를 거둘 가능성이 커진다. 넷째, 미국의 협상 의지도 변수다. 특히 미국에서 협상 의지가 없을 경우 협상은 성사되지 않고, 성사가 된다고 해도 반드시 결렬한다. 다섯째, 북-미 대화와 관련한 한국 정부의 정책 의지와 전략이 변수다. 남-북 대화 채널 유지나 한-미 정책 공조는 모두 한국 정부가 북-미 협상을 촉진할 의지가 있는지, 그에 따른 효과적인 전략이 있는지에 따라 좌우되는 특성을 보였다. 이것을 표로 정리하면 다음과 같다.

〈표 2〉 북-미 핵 협상 사례와 5가지 변수

국면구분	변수1 남-북 대화 채널 유지	변수2 북한의 협상 의지	변수3 한-미 정책 공조	변수4 미국의 협상 의지	변수5 한국의 북-미 협상 촉진 전략	북-미 협상 결과
국면1 제네바협상	△	○	△	○	△	○
국면2 페리 프로세스	○	○	○	○	○	○
국면3 6자회담 초기	△	△	△	×	△	×
국면4 6자회담 중기	○	○	○	○	○	○
국면5 6자회담 말기	△	△	△	○	△	×
국면6 윤달 합의	×	△	○	○	△	×
국면7 인질 협상	×	○	△	○	△	×
국면8 싱가포르 정상회담	○	○	○	○	○	○
국면9 하노이 정상회담	○	○	△	×	△	×

(변수가 긍정적이면 ○, 부정적이면 ×, 애매모호한 경우 △로 표시)

1. 남-북 대화 채널 유지

북한과 미국이 북핵 문제와 관련해 대화와 협상을 진행하는 상황을 분석하면 남과 북의 대화 채널이 유지되는 경우 성공 가능성이 높다. 반면에 대화 채널이 단절되거나 제한적으로 가동될 경우 협상 성공 가능성은 희박하다.

북-미 협상이 성공적으로 진행된 4가지 사례에서 3차례는 남-북 대화 채널이 활발하게 운영되고 있었다. 다만 1993년 제네바 협상 국면에서 남과 북은 제한적으로 대화를 진행하는 상황이어서 변수로서 비중이 약했다. 북-미 협상이 실패로 정리된 4가지 사례에서 2차례, 즉 2012년 윤달 합의 국면과 2014년 인질 협상 국면에서 남과 북은 대화가 단절돼 있었다. 2003년 6자회담 초기 국면과 2008년 6자회담 말기 국면에서도 남과 북 대화가 제한적인 양상을 보였고, 북-미 협상 결과 또는 6자회담 결과는 결렬이었다. 남-북 대화 채널을 활발하게 가동했는데도 불구하고 북-미 협상이 결렬된 것은 2019년 하노이 회담 결렬이 유일했다.

북-미 협상에서 남-북 대화 채널 유지가 변수가 되는 것은 한국 정부가 북한과 미국 간 소통을 지원하면서 촉진자 역할을 수행하고, 북한의 협상 의지를 증강하도록 설득하는 기회가 확보되기 때문으로 분석된다. 2018년 싱가포르 회담 국면에서 한국 정부는 북한을 상대로 여러 차례 설득 노력을 전개했고, 북한이 상당 부분 수용하면서 북-미 협상을 촉진하는 역할을 성공적으로 수행했다. 남과 북이 대화 채널을 유지하지 못하는 것은 한국 정부가 촉진자 역할을 수행할 수 있는 수단을 상실하는 것을 의미한다. 2012년 윤달 합의 국면과 2014년 인질 협상 국면에서 한국 정부는 북한과 대화 채널이 없었기 때문에 긍정적이든, 부정적이든, 북-미 협상 과정에 개입하지 못했다. 2003년 6자회담 전기 국면에서도 남-북 대화가 제한적으로 전개되면서 북한과 미국의 접촉은 중국 중재 역할에 의존하는 양상을 보였다.

2. 북한의 협상 의지

북한이 미국과 협상할 의지를 강하게 보일 경우 북-미 협상이 성공할 가능성이 높고 협상 의지가 없거나 소극적일 경우 성공 가능성은 줄어든다. 북-미 협상이 성공적으로 진행된 4개의 사례를 보면 모두 북한이 협상 의지를 보였던 경우로 분류할 수 있다. 북한이 협상 의지를 갖고 있었는데도 협상이 실패한 것은

2014년 인질 협상 국면과 2019년 하노이 회담이다. 2014년의 경우는 북-미 협상이 성사되기 직전에 발생한 소니 해킹 사태가 발목을 잡은 경우다. 2019년은 도널드 트럼프 대통령이 북한과의 협상에 대해 부정적인 견해를 갖고 있는 참모들의 의견에 일정 부분 설득됐고, 미국 국내 정치 상황이 불리하게 돌아가면서 변덕을 부린 사례에 해당한다.

한편 북한이 미국과의 협상 의지를 전혀 보이지 않은 사례는 없었다는 점은 특기할 만하다. 협상 의지가 상대적으로 가장 적었던 국면은 2008년 6자회담 말기 국면과 2012년 윤달 합의 국면에서 합의 직후 파기한 상황이었다. 2008년에는 미국 대통령 선거에서 공화당 후보로 출마한 존 매케인 상원의원보다는 민주당의 버락 오바마 후보의 승리 가능성이 높았기 때문에 북한은 의도적으로 부시 행정부와의 협상을 회피한 것으로 분석된다. 2012년의 경우는 김정은 국무위원장이 집권한 직후였다. 북핵 문제와 관련해 김정은 위원장의 이해가 많이 부족했고, 협상을 담당한 관료들과의 소통도 제대로 되지 않았던 것으로 추정된다.

북한은 2003년 6자회담이 처음 시작되는 국면에서도 소극적인 태도를 보였다. 당시는 북한이 미국과의 양자 협상을 희망했는데도 미국은 북한의 요구를 무시하고 다자 협상을 강행한 것에 대한 불만이 강했던 시기였다. 이 시기는 한국에서 노무현 대통령 정부 출범 직후로 북한은 노무현 대통령 정부에 대해 남-북 관계 개선 의지가 있는지 의구심을 보였던 시점이었다. 원인과 배경에 상관없이 북한의 협상 의지가 적으면 북-미 협상 결과는 부정적이었다.

한편 북한의 협상 의지는 남-북 대화 채널이 유지되는 것과 밀접한 관계가 있는 것으로 분석된다. 북한의 협상 의지가 적었던 해인 2003년, 2008년, 2012년은 모두 남-북 대화 채널이 단절됐거나 제한적으로 진행됐던 시기였다. 따라서 북한은 남한과의 대화 채널이 유지되는 한 미국과의 협상에 대해서는 거의 대부분 시기에 적극적인 의지가 있었던 것으로 판단할 수 있다.

3. 한-미 정책 공조

한국과 미국은 정책 공조를 긴밀하게 진행하면 북-미 협상 성공 가능성이 높고, 공조가 긴밀하지 않으면 실패 가능성이 높다. 북-미 협상이 성공한 네 가지 사례 중에서 1994년을 제외하고 나머지 모든 국면에서 한국과 미국은 긴밀하게 협의했다. 1994년의 경우에도 형식적으로는 한-미 양국의 정책 공조 시스템은 가동되고 있었다.

북-미 협상이 실패했거나 성과를 거두지 못했던 국면 가운데 2003년에는 미국 외교, 안보 분야 참모 가운데 네오콘이 다수 포진했고, 이들은 전임인 빌 클린턴 행정부에 대해서는 경멸적으로 대하면서 정책 뒤집기를 진행했다. 클린턴 전 대통령이 북한을 상대로 전개한 관여 정책에 대해서도 잘못된 정책이라면서 대북 압박과 제재를 선호했다. 이런 분위기에서 북한에 대한 포용 정책을 추진하던 김대중 대통령이 미국 행정부와 긴밀한 협력 관계를 구축할 수 없었다.

2008년에는 출범 첫 해인 이명박 정부는 북한을 압박하기를 원했고, 미국의 조지 W. 부시 행정부는 북한과의 협상에서 성과를 내겠다는 입장을 유지하고 있었다. 2012년 윤달 합의 시기에도 한국과 미국은 정책 공조에서 어려움을 겪었다. 한국은 2010년 3월 천안함 폭침 사건과 2010년 11월 연평도 포격 사건을 당한 이후 북한에 대한 적개심이 급등한 상태였다. 이명박 정부는 2010년 12월 연평도 일대에서 대규모 해상 사격 훈련을 실시하려고 했지만, 미국은 북한을 불필요하게 자극한다면서 훈련 규모를 줄일 것을 요구하면서 한국과 미국 간에 긴장감이 형성됐다.27) 이 사건 이후 한-미 간에 신뢰 문제가 생겼고, 미국은 한국의 부정적인 태도를 외면하고 2011년 7월 북한과 양자 협상에 착수했다.

2014년 인질 협상 국면에서 오바마 행정부는 인질 석방을 명분으로 북한과의 비공개 접촉을 통해 양자 협상을 성사시키려고 노력했다. 그러나 한국의 박근혜 정부는 이명박 정부처럼 북한을 압박하는 정책을 선호했기 때문에 한국과 미국의 대북 정책은 긴밀한 공조를 유지하기가 어려웠다.

---

27) "[워싱턴 리포트]한국 보수언론의 美입장 '마사지'," 『경향신문』 2011.1.3.

한국과 미국은 군사 동맹국인 만큼 안보와 관련한 사안은 긴밀하게 협의를 하도록 돼 있다. 그러므로 한-미 간에는 정책 공조가 단절되는 경우는 있을 수 없다. 그러나 정책 공조를 하면서도 긴밀하지 못하고 겉도는 상황도 존재했다. 북-미 협상이 실패한 사례는 대부분 한-미 간 정책 공조가 겉돌았던 시기와 겹친다고 볼 수 있다.

4. 미국의 협상 의지

1993년 이후 미국은 북핵 문제를 30년 가까이 다뤄왔다. 미국은 북핵 문제를 해소하기 위해 강한 협상 의지를 보인 적도 있고, 협상을 하면서도 타결 의지가 거의 없는 경우도 있었다. 협상 의지가 있었지만, 소극적인 수준에 머물렀던 시기도 있었다. 미국이 강한 협상 의지를 보인 경우는 6번이고, 소극적이었던 경우는 1번이고, 협상 타결 의지가 없었던 경우는 2번이었다. 1993년 빌 클린턴 행정부는 NPT 체제를 영구화하는 문제에 관심을 가졌기 때문에 북한과의 핵 협상을 성공시키겠다는 의지가 강했고, 1994년 기본 합의문을 체결하는데 성공했다. 1998년과 1999년 북핵 문제를 담당한 윌리엄 페리 대북정책조정관은 한국 정부와의 긴밀한 협의에 힘입어 북한과의 협상 의지가 충만한 상태에서 업무를 진행했고, 결과도 희망한 대로 이뤄졌다.

조지 W. 부시 행정부 2기 국무장관인 콘돌라자 라이스는 북핵 문제 해결에 대한 강한 의지를 보였다. 라이스 장관의 신임을 받은 크리스토퍼 힐 미 국무부 동아태 차관보 겸 6자회담 미국 수석대표는 적극적인 협상력을 발휘해 가시적인 성과를 내기 위해 동분서주하는 모습을 보였다. 2005년 6자회담 중기 국면에서 성과를 냈고, 2008년 6자회담 말기에도 최선을 다하는 모습을 보였다.

오바마 행정부는 외부에 알려진 것과 달리 8년 임기 중에 상당 기간을 투자해 북한과의 협상 가능성을 타진했다. 2012년 윤달 합의도 한국 정부가 비협조적인 태도를 보이는 상황에서 진행했다는 점에서 협상 의지가 매우 강했다고 평가할 수 있다. 2014년, 북한에 억류된 미국인을 석방하는 문제와 관련해서도 적극적인 움직임을 보였다.

미국이 협상 타결에 대한 의지가 없었던 시기는 2003년 6자회담 초기 국면과 2019년 하노이 회담 국면이었다. 2003년에는 이른바 네오콘 세력이 북한에 대한 강경 정책을 주장하면서 북한과의 협상 자체를 꺼리는 태도를 보였다. 2019년 하노이 정상회담에서 트럼프 대통령은 협상을 타결하겠다는 의지가 없는 상태에서 회담에 임한 것으로 보인다. 당시에 백악관 국가안보 보좌관을 지낸 존 볼턴의 회고록을 보면 트럼프 대통령은 북한이 제안한 영변 핵 단지 폐기와 유엔 안보리 대북 제재 일부 해제를 교환하는 것은 '스몰딜'이며 '배드딜'이라고 생각하고 북한에 존재하는 모든 핵 관련 시설을 폐기할 것을 요구했다. 이것은 북한이 수용할 수 없는 방안으로 협상 의지가 없다는 것을 보여준 사례였다.

미국의 협상 의지가 북-미 핵 협상의 변수로서 보여주는 중요한 특징은 미국이 협상 의지가 아예 없었던 적이 2차례 있었는데 협상 결과가 모두 실패라는 점이다. 반대로 미국이 협상 의지가 있었는데도 결과가 좋지 않은 경우가 3차례였다. 나머지 4차례는 미국이 협상 의지가 있었고 결과도 긍정적인 경우다. 이런 결과는 협상 변수로서 미국의 협상 의지는 보통 수준이지만, 비토권 성격이 강해서 협상 의지가 없을 경우 협상은 반드시 실패한다고 판단할 수 있다.

5. 한국의 북-미 협상 촉진 전략

한국이 북-미 협상을 촉진하는 문제와 관련해 강한 의지와 효과적인 전략을 갖고 있을 경우 북-미 협상 성공 가능성이 높았다. 대표적인 사례는 1998년 페리 프로세스 국면과 2005년 6자회담 중기 국면, 그리고 2018년 싱가포르 회담 국면이다. 세 가지 국면에서 한국은 체계적이고 일관성 있는 외교 전략을 갖고 있었고 북한, 미국과 협의를 동시에 진행하면서 양측의 협상 의지를 증강시키거나 협상 촉진 방안을 제안하는 역할을 수행했다.

한국 정부가 협상 촉진 의지도 없고 전략도 없었는데 북-미 협상이 성공한 사례는 1994년 제네바 협상이다. 이 경우는 한국이 협상에서 배제돼 있었는데도 미국과 북한 모두 협상 의지를 원동력으로 해서 협상이 성공한 사례다. 북핵 문제가 최초로 등장한 시기여서 남과 북, 미국이 문제 해결과 관련한 일반적 경로가 만들어지지 않았던 시기였다는 점에서 예외적인 현상으로 평가된다.

한국 정부가 북-미 협상을 촉진하려는 의지도 없거나, 전략이 미흡했던 국면은 5차례로 볼 수 있다. 그 가운데 2008년 6자회담 말기, 2012년 윤달 합의, 2014년 인질 협상 국면에서 한국 정부는 이명박 정부와 박근혜 정부 시기로 북-미 협상을 촉진하겠다는 의지가 매우 부족한 상황이었다. 2003년 6자회담 초기 국면과 2019년 하노이 회담 국면을 보면 한국 정부가 북-미 협상을 촉진하겠다는 의지는 있었지만, 협상 전략에서 허점을 노출하면서 긍정적인 성과를 내지 못한 사례로 볼 수 있다.

2003년의 경우에는 노무현 정부가 북한과의 대화 채널을 관리하지 못하고, 협상 주도권을 중국에 넘겨주면서 한국 정부 입장을 반영하는데 실패한 경우다. 2019년의 경우는 하노이 회담이 시작되기도 전에 북한이 제시할 협상 제안, 즉 영변 핵 단지 폐기와 유엔 안보리 대북 제재 일부 해제 방안을 수 개월 전 열린 남-북 정상회담에서 공개한 것이 패착이었다. 북-미 협상에 반대해온 서울과 워싱턴의 보수 진영에서는 영변 핵 단지 폐기 방안이 '스몰딜'이라면서 강하게 비판했다. 한국 정부는 특히 트럼프 대통령이 영변 방안에 대해 긍정적인 평가에서 부정적인 평가로 변화한 것을 파악하지 못해 회담 결렬 상황을 예측하지 못한 것으로 보인다.

한국 정부의 협상 촉진 의지와 전략은 5가지 변수 가운데 가장 근본적이라고 평가할 수 있다. 한국 정부 전략이 다른 변수, 즉 북한과 미국의 협상 의지를 증강시키는 역할을 해왔기 때문이다. 1998년 페리 프로세스 국면에서 북한은 미국과 직접 협상하는 것에 대해 위축된 태도를 보였지만, 한국 정부의 적극적인 노력으로 협상 의지를 증강시킨 것으로 보인다. 한국 정부는 미국에 대해서도 협상을 권고했고, 미국은 이를 받아들여 적극적인 협상 국면이 열렸다. 2005년 6자회담 중기 국면에서도 한국은 북한 협상 대표들과 긴밀하게 협의하면서 미국과의 협상을 다양한 방법으로 지원했다. 2018년 싱가포르 회담 국면에서도 한국은 북한과 미국에 대해 대화와 협상을 적극 권고했고, 북한과 미국이 모두 수용하면서 회담이 성사됐다. 반면에 2019년 하노이 회담 국면에서 북한이 협상 의지가 있었지만, 한국이 효과적으로 촉진자 역할을 하지 못했다. 결국 협상은 결렬됐다.

Ⅳ. 결론

1993년 이후 북-미 협상 과정을 한국 정부 역할을 중심으로 분석한 결과 협상에 영향을 미치는 변수 가운데 한국 정부 역할이 근본적이라는 점을 알 수 있었다. 이런 결론을 바탕으로 다섯 가지의 교훈을 얻을 수 있다.

첫째, 북한의 경우 북핵 문제 해결을 위해 미국과의 협상 의지를 갖고 있었던 적이 많았던 것으로 평가된다. 북한이 협상 의지가 희박한 상태로 협상에 임한 것은 2008년 미국 대선 국면과 2012년 윤달 외교 국면이다. 2012년의 경우 김정일 국방위원장 사망으로 김정은 위원장이 집권한 직후여서 외교 전략과 관련해 혼선이 있었던 것으로 분석할 수 있다.

둘째, 미국의 경우는 북핵 문제 해결과 관련한 협상 의지가 정권에 따라 강하게 나타나거나 아예 협상을 혐오하는 사례도 있었다. 미국의 경우 협상 의지가 없으면 협상은 반드시 결렬된다.

셋째, 북한이나 미국 모두 일반적으로 협상 의지를 갖고 있지만, 수동적인 특성을 보였다.

넷째, 한국 정부가 북한과의 소통 채널을 유지하고, 미국과의 정책 공조를 긍정적으로 관리한다면, 북한과 미국에서 모두 협상 의지가 증강되고, 협상이 긍정적으로 전개될 것으로 기대할 수 있다. 반대로 한국 정부가 북한과의 소통 채널을 유지하지 못하거나, 미국과의 정책 공조에서 미흡한 상황이 벌어진다면 북한과 미국에서 모두 협상 의지가 저하되고, 협상이 성사되지 않거나 결렬될 가능성이 크다.

다섯째 한국 정부가 단지 북한이나 미국과의 소통 채널을 확보하는 것만으로는 부족하다. 협상 촉진 전략이 우수해야만 북한의 협상 의지를 증강하고, 미국과의 정책 협의가 효과적으로 이뤄지면서 다시 북한과 미국의 협상 의지가 증강되는 선순환 상황이 나타난다.

북-미 협상 경험에서 도출된 교훈을 바탕으로 한국 정부가 준수해야 하는 몇 가지 지침을 얻을 수 있다. 첫째, 한국 정부는 북-미 협상에서 스스로가 근본적 변수인 만큼 협상 촉진 의지를 보전하고, 효과적인 전략을 수립하며, 적극적으로 외교 노력을 전개해야 한다. 둘째, 한국 정부는 북한과의 대화와 소통 채널을 언제나 유지해야 한다. 셋째, 한국 정부는 미국과의 정책 공조를 언제나 최상급으로 유지해야 한다. 세 가지 지침을 지킨다면 북-미 협상을 성사시킬 가능성이 커지고, 북핵 문제 해결과 한반도 평화 체제 구축을 이룩할 수 있다고 예측할 수 있다.

참고문헌

김재목, 『북핵협상 드라마: 남.북.미 삼각게임』 (서울: 경당, 1995).

시걸, 리언 지음, 구갑우-김갑식-윤여령 옮김, 『미국은 협력하려 하지 않았다: 북한과 미국의 핵 외교』 (서울: 사회평론, 1999).

왕선택, 『북핵위기 20년 또는 60년』 (서울: 선인, 2013).

_____, 『핵담판』 (서울: 책책, 2019).

위트, 조엘 외 지음, 김태현 옮김, 『북핵위기의 전말: 벼랑 끝의 북-미 협상』 (서울:푸른나무, 2007).

이수혁, 『전환적 사건: 북핵 문제 정밀 분석』 (서울: 중앙books, 2008).

이우탁, 『오바마와 김정일의 생존게임: 북핵 6자회담 현장의 기록』 (서울: 창해, 2009).

임동원, 『피스메이커: 남북관계와 북핵 문제 20년』 (서울: 중앙books, 2008).

장달중-이정철-임수호, 『북미 대립』 (서울: 서울대학교출판문화원, 2011).

퀴노네스, 케네스 지음, 노순옥 옮김, 『2평 빵집에서 결정된 한반도 운명: 북폭이냐 협상이냐』 (서울: 중앙 M&B, 2000).

해리슨, 셀리그 지음, 이흥동-강태호-류재훈-이제훈 옮김, 『코리안 엔드게임』 (서울: 삼인, 2003).

후나바시 요이치 지음, 오영환 외 옮김, 『김정일 최후의 도박』 (서울: 중앙일보 시사미디어, 2007).

Albright, Madeleine, *Madam Secretary* (New York: Miramax Books, 2003).

Bolton, John, *The Room Where It Happened* (New York: Simon & Schuster, 2020)

Chinoy, Mike, *Meltdown* (New York: St. Martin's Griffin, 2009).

Oberdorfer, Don, *The Two Koreas: A Contemporary History* (New York: Basic Book, 1997).

Pritchard, Charles L., *Failed Diplomacy: The Tragic Story of How North Korea Got The Bomb* (Washington, D.C.: Brookings Institution Press: 2007).

Woodward, Bob, *State of Denial* (New York: Simon & Schuster, 2006).

_____________, *Fear* (New York: Simon & Schuster, 2018).

제5장

새로운 길, 한반도 비핵지대

5장 새로운 길, 한반도 비핵지대

정욱식

Ⅰ. 비핵화와 비핵지대

우리는 '비핵화(denuclearization)'라는 표현을 수없이 많이 듣고 봐왔다. 그런데 정작 비핵화가 뭔지 속 시원한 설명을 들어본 적은 없다. 그도 그럴 것이 한반도 문제의 핵심 당사자들인 남북한과 미국이 합의한 비핵화의 정의조차 존재하지 않기 때문이다. 비핵화가 뭔지 합의된 것이 없으니 비핵화 협상은 겉돌 수밖에 없다. 영어 사전 《메리엄-웹스터Merriam-Webster》에는 비핵화를 "핵무기를 없애고, 핵무기 사용을 금지하는 것"으로 정의하고 있다. 이 정의에 따르면 "한반도 비핵화"는 한반도에서 핵무기를 없애고 핵 위협을 금지하는 것으로 이해할 수 있다. 간단해 보이는데 왜 북한과 미국은 비핵화의 정의조차도 합의하지 못한 것일까?

비핵화를 '핵무기와 핵 위협이 없는 상태'라고 규정한다면, 이러한 취지를 가장 잘 반영한 것이 '비핵무기지대(nuclear weapons free zone, 이하 비핵지대)'이다. 1970년 발효된 핵확산금지조약(NPT)뿐만 아니라 각종 유엔 문서에서도 비핵지대가 일반적인 용어로 사용돼 왔다. 전 세계적으로 보면 중남미 및 카리브해, 남태평양, 동남아시아, 아프리카, 중앙아시아, 몽골이 비핵지대이다. 지구 면적의 절반 이상이 비핵지대이고, 이를 국가 수로 환산하면 116개국이 비핵지대에 속해 있다. 그래서 국제사회에선 비핵화보단 비핵지대가 훨씬 일반적으로 사용되고 있다. 그런데 우리에겐 왜 비핵지대가 생소하기만 하고 한반도에선 비핵지대 대신에 비핵화라는 표현이 사용되어온 것일까?

이 두 가지 질문에 대한 답을 찾는 과정은 한반도 핵 문제의 본질에 대한 이해뿐만 아니라 해법을 찾는 데에도 도움이 된다.[1] 그리고 비핵지대가 왜 한반도 핵 문제의 가장 바람직한 해법이 될 수 있는지를 알게 된다.[2] 이미 전세계의 절반가량이 비핵지대에 속해 있다는 점에서 이를 한반도 핵문제의 해법으로 삼는 것은 실사구시(實事求是)가 될 수 있기 때문이다.

1. 미국은 왜 비핵지대를 거부했을까?

이른바 '북핵 문제'가 불거지기 시작한 1991년 여름에 있었던 일이다. 북핵 대처가 최대 현안으로 부상하자 한미 양국은 협의에 들어갔다. 노태우 정부에서는 김종휘 청와대 외교안보수석이, 조지 H.W 부시 행정부에선 폴 월포위츠 국방부 차관이 수석대표로 나서 8월 6~7일 하와이에서 협의를 가졌다. 미국의 비밀문서에 따르면, 이 자리에서 월포위츠는 "북한이 제안해온 비핵지대는 북핵 문제의 해법이 될 수 없다"고 말했고 김종휘도 이에 동의했다. 그러면서 월포위츠는 "비핵화"를 대안으로 제시했다.[3] 미국은 왜 비핵지대를 거부하고 비핵화를 제시한 것일까? 세 가지 이유를 짚어볼 수 있다.

먼저 미국은 "북한이 제안해온 비핵지대"를 수용할 경우 주한미군 철수로 이어질 가능성을 경계했던 것으로 보인다. 미국은 1950년대 후반부터 한국에 핵무기를 배치했고 1978년부터는 한미 양국은 '팀 스피릿' 훈련을 실시했는데, 이 훈련에는 유사시 북한에 핵 공격을 가하는 내용도 포함되어 있었다. 그러자 북한은 1980년부터 비핵지대를 주장하고 나섰다. 한반도를 포함한 세계 모든 지역에서 핵무기의 시험과 생산, 저장과 사용을 금지하며 모든 핵무기를 완전히 폐기해야 한다는 것이었다. 1986년부터는 "조선반도 비핵지대·평화지대"를 본격적

1) 이에 대한 자세한 내용은 정욱식, 《핵과 인간》, 311~313쪽 참조.
2) 한반도 비핵지대 제안 배경과 구체적인 내용은 정욱식 외, 《한반도 평화체제 관련 쟁점과 이행방안》, (통일연구원, 2019년) 참조.
3) National Security Archive, "Telegram, State Department to Tokyo, etc., August 13, 1991, Subject: U.S.-ROK Hawaii Meeting on North Korea (Secret)," 《http://nsarchive.gwu.edu/dc.html?doc=4176666-Document-01-Telegram-State-Department-to-Tokyo》.

으로 제안하기 시작했고, 이러한 제안은 1980년대 말까지 지속되었다. 그런데 여기에는 미국 핵무기의 철수와 대북 핵 공격 훈련 중단뿐만 아니라 주한미군도 단계적으로 감축해 1992년까지 모두 철수해야 한다는 내용이 담겼다. 월포위츠가 북한의 비핵지대 제안을 거부한 1차적인 이유가 바로 여기에 있었던 것이다. 펜타곤은 1990년을 전후해 미국에서 추진된 주한미군 3단계 감축안을 비판하면서 한반도 통일 이후에도 주한미군이 계속 주둔해야 한다는 입장을 갖고 있었기 때문이다.

미국이 비핵지대를 거부한 두 번째 이유는 당시 비핵국가이자 NPT 회원국이었던 남북한의 권리, 즉 우라늄 농축과 재처리를 금지시키는 데에 있었다. 우라늄 농축과 사용 후 연료 재처리는 국제법적으로 "평화적 핵 이용"에 속하면서도 핵무기 물질을 만들 수 있는 대표적인 이중용도기술이다.[4] 반면 1990년대 초반 미국은 북한의 핵 개발은 물론이고 남한의 핵 개발 가능성에도 촉각을 곤두세웠다. 제임스 베이커 국무장관이 최호중 외교부 장관에게 친서를 보내 미국이 북한의 핵 개발을 기필코 저지할 테니 한국은 "자체적인 핵무기 개발"과 같은 "독자적인 행동에 나서지 말라"고 요구할 정도였다. 이에 최호중은 "한국이 독자적 행동을 취하지 않을 테니", 북한의 핵 개발은 반드시 막아야 한다는 답장을 보냈다. 이 답장을 기안한 송민순 당시 외교부 안보국 과장은 미국이 북핵 문제 못지않게 "한국의 핵 개발 가능성을 우려한다는 인상을 받았다"고 회고했다.[5]

그런데 일반적으로 비핵지대는 우라늄 농축과 재처리를 금지하지 않는다. 이에 따라 미국은 남북한의 핵무기 개발 능력을 완전히 제거하는 방안을 고안해냈다. 그것이 바로 '한반도 비핵화'였다. 그리고 한반도 비핵화 공동선언 협상에 나선 한국에게 이 선언에 우라늄 농축과 재처리를 금지하는 내용이 포함되어야 한다고 요구했다. 그 결과 1992년 1월 남북한이 합의한 한반도 비핵화 공동선언에는 "남과 북은 핵재처리시설과 우라늄농축시설을 보유하지 아니한다"고 명시되었다.

---

4) 이와 관련해 NPT에선 엄격한 사찰을 전제로 회원국의 우라늄 농축 및 재처리 보유를 "양도할 수 없는 권리"로 명시해놓고 있다.

5) 송민순, 《빙하는 움직인다》 (창비, 2016년) 29~31쪽.

미국이 한반도 핵 문제 해법으로 비핵지대를 거부한 세 번째 이유는 자국의 핵 정책이 규제받기를 원하지 않았던 데에 있다. 일반적으로 비핵지대 조약에는 핵보유국이 비핵국가에 대해 핵무기 사용 및 사용 위협을 가하지 않고 핵무기 배치를 금지하는 내용이 포함된다. 이에 따라 미국이 "조선반도 비핵지대"에 동의하게 되면 한반도와 그 인근에서 누려왔던 특권적 권리에 상당한 제약이 가해질 터였다. 여기서 특권적 권리란 미국이 자신의 필요에 따라 핵 선제공격 옵션을 유지하고, 핵무기를 한국에 재배치하거나 일시적으로 전개·경유하는 것 등을 의미한다. 그런데 미국은 비핵지대를 거부하고 비핵화를 요구했는데, 그 결과 한반도 비핵화 공동선언에는 미국을 비롯한 핵보유국의 의무 사항은 단 한마디도 언급되지 않았다. 한반도 핵 문제의 핵심 당사자인 미국이 빠진 비핵화 선언은 애초부터 한계가 있을 수밖에 없는 것이다.

2. "FFVD"와 "조선반도 비핵화"

2003년부터 2차 한반도 핵 위기가 시작된 이후 미국이 북핵 문제 해결 원칙으로 가장 즐겨 사용해온 용어는 'CVID'와 'FFVD'이다. 이들 표현 속에는 북핵을 완전히 뿌리 뽑겠다는 의지가 담겨 있었다. "완전하고 검증 가능하며 돌이킬 수 없는 비핵화(Complete, Verifiable and Irreversible Denuclearization)"의 약어인 CVID는 2003년에 부시 행정부의 대외정책을 쥐락펴락했던 네오콘이 고안한 것이었다. 하지만 북한은 "일고의 가치도 없다"며 일축했었다. CVID는 "패전국에게나 적용되는 표현"이고, 미국의 의도가 북한의 핵무기 프로그램뿐만 아니라 평화적 핵 활동까지 금지시키려고 하는 데에 있다고 봤기 때문이다.

이로 인해 2003년 8월에 시작된 6자회담은 2005년 9·19 공동성명 채택 이전까지 CVID를 둘러싼 북미 간의 거친 말싸움으로 허송세월하고 말았다. 결국 9·11 공동성명에는 "완전한"과 "불가역적인"이 빠졌고 "검증 가능한 한반도 비핵화"가 담기게 되었다. 그 이후 CVID가 되살아난 시기는 2008년 이명박 정부 들어서부터다. 이후 한미 양국과 한미일 3자회담, 그리고 유엔 안보리의 대북 결

의에 CVID가 북핵 해결의 목표라고 명시되었다.[6)]

FFVD는 "최종적이고 완전히 검증된 비핵화(final, fully verified denuclearization)"의 약어이다. 이 표현이 공개적으로 처음 등장한 시점은 1차 북미정상회담 직후인 2018년 7월 초였다. 마이크 폼페이오 국무장관은 북한을 방문하기에 앞서 "김정은 위원장이 FFVD를 약속했다"며, 이는 미국의 북핵 해결 원칙이라고 못 박았다. 이후 미국은 CVID와 FFVD를 혼용하다가 2018년 10월부터는 FFVD를 주로 써왔다. 이러한 배경에는 이란 핵협정과 차별성을 기하겠다는 트럼프 행정부의 욕심이 크게 작용했다. 트럼프는 이란 핵협정이 기껏해야 '한시적'으로밖에 이란의 핵무기 개발을 막을 수 있고 검증도 미진하다며 탈퇴를 강행했었다. 그리고 북한을 상대로는 훨씬 강력한 합의를 이뤄내겠다는 입장을 밝혔다.

이와 관련해 폼페이오는 "'최종적(Final)'의 의미는 북한이 앞으로는 또다시 대량파괴무기와 탄도미사일 프로그램을 재개할 가능성을 없애는 것이고 이는 이란 핵협정에는 담보되지 않은 것"이라고 밝혔다. 또한 "'완전히 검증되는(Fully verified)'이라는 것은 이란의 핵심적인 군사 시설에 대한 사찰이 포함되지 않는 등 여러 가지 약점이 있는 이란 핵협정보다 더 강력한 검증 기준이 북한에 적용될 것"이라고 설명했다. 그러면서 "FFVD는 우리가 양보하지 않을 핵심적인 목표에 해당한다"고 강조했다.[7)]

여기서 주목할 점은 FFVD는 북한의 핵무기 및 핵물질, 그리고 이들과 직접 연관된 시설들의 폐기에 국한된 것이 아니라 모든 종류의 탄도미사일 및 화학무기와 생물무기, 그리고 이중용도 프로그램 폐기까지 포괄한 개념이라는 것이다.[8)] 트럼프 행정부가 이러한 FFVD를 2019년 2월 말에 베트남 하노이에서 열린 2차 북미정상회담에서 관철하려고 했던 것이 회담 결렬의 핵심적인 요인이었

---

6) 비핵화의 정의를 둘러싼 북미 간의 공방에 대해서는 정욱식, 《비핵화의 최후》 (유리창, 2018년) 128~137쪽 참조.
7) Michael R. Pompeo, "Confronting Iran: The Trump Administration's Strategy," Foreign affairs, vol.97, no.6 (2018), pp. 60~66.
8) "Exclusive: With a piece of paper, Trump called on Kim to hand over nuclear weapons," Reuters, March 30, 2019, 〈https://www.reuters.com/article/us-northkorea-usa-document-exclusive/exclusive-with-a-piece-of-paper-trump-called-on-kim-to-hand-over-nuclear-weapons-idUSKCN1RA2NR〉.

다. 북한은 미국의 요구를 사실상의 "무장해제 요구"이자 "강도적이고 일방적이며 비현실적 주장"으로 간주한 것이다. 그러나 이후에도 트럼프 행정부는 FFVD를 견지했다. 스티븐 비건 대북정책 특별대표는 2019년 6월 30일 남북미 3자 정상의 판문점 회동 직후 가진 기자 브리핑에서 비핵화에는 북한의 핵·화학·생물무기 및 탄도미사일 폐기가 포함되어야 한다고 강조했다.[9)]

한편 김정은 정권 등장 이후 북한이 "조선반도 비핵화"와 관련해 가장 구체적인 입장을 내놓은 때는 2016년 7월 6일이었다. 당시 북한은 정부 대변인 성명을 통해 "우리가 주장하는 비핵화는 조선반도 전역의 비핵화"라며 5가지 요구사항을 내놨다. 첫째, "남조선에 끌어들여 놓고 시인도 부인도 하지 않는 미국의 핵무기들부터 모두 공개하여야 한다." 둘째, "남조선에서 모든 핵무기와 그 기지들을 철폐하고 세계 앞에 검증 받아야 한다." 셋째, "미국이 조선반도와 그 주변에 수시로 전개하는 핵 타격수단들을 다시는 끌어들이지 않겠다는 것을 담보하여야 한다." 넷째, "그 어떤 경우에도 핵으로, 핵이 동원되는 전쟁행위로 우리를 위협 공갈하거나 우리 공화국을 반대하여 핵을 사용하지 않겠다는 것을 확약하여야 한다." 다섯째, "남조선에서 핵 사용권을 쥐고 있는 미군의 철수를 선포하여야 한다." 그러면서 "이러한 안전 담보가 실지로 이루어진다면 우리 역시 그에 부합되는 조치들을 취하게 될 것이며 조선반도 비핵화 실현에서 획기적인 돌파구가 열리게 될 것이다"라는 입장을 밝혔다.[10)]

공교롭게도 미국은 북한의 성명 발표 직후 김정은을 포함한 핵심 지도부를 인권 탄압자로 지목하면서 이들을 제재 대상으로 발표했다. 또 이틀 후에는 한미 양국이 사드 배치 계획을 발표하기도 했다. 이로 인해 북한의 제안은 거의 주목을 받지 못했고 김정은 정권은 "국가 핵 무력 완성"을 향해 질주했다. 그러다가 북한은 2018년 남북정상회담과 북미정상회담에서 "완전한 비핵화"를 약속했다. 하지만 "완전한 비핵화"가 무엇인지 구체적이고 공개적인 입장은 아직까지 내놓

---

9) "Scoop: Trump's negotiator signals flexibility in North Korea talks," Axios, July 3, 2019, 《https://www.axios.com/trump-negotiator-steve-biegun-signals-flexibility-in-north-korea-talks-0b1f9a53-2599-49ac-b236-0fa819d175f8.html》.

10) "北 '한미 안전담보하면 조선반도 비핵화 돌파구 열릴 것' (전문)," 《통일뉴스》, 2016.07.07., 《http://www.tongilnews.com/news/articleView.html?idxno=117315》.

지 않고 있다. 다만 2018년 9월 남북한의 평양공동성명에 "핵무기와 핵 위협이 없는 평화의 터전"이 명시된 바 있다. 또한 2019년 신년사에서 김정은은 "조선반도 정세 긴장의 근원으로 되고 있는 외세와의 합동 군사연습을 더 이상 허용하지 말아야 하며 외부로부터의 전략 자산을 비롯한 전쟁 장비 반입도 완전히 중지되어야 한다는 것이 우리의 주장"이라고 말한 바 있다.

비핵화에 대한 북한의 입장과 관련해 북한을 대변해온 조총련계 언론 《조선신보》의 김지영 편집국장의 설명도 주목할 만한 가치가 있다. 그는 '미국이 취해야 할 비핵화 조치란 무엇이냐'는 질문에 "조선반도에서 핵전쟁이 일어나지 않겠다는 확신을 가질 수 있게 해야 한다"메 두 가지를 강조했다. 하나는 "조선반도의 항구적이며 공고한 평화체제의 구축은 말로만 해서는 안 되고 구체적인 행동 조치, 군사 분야에서의 행동 조치가 동반되어야 한다"는 것이고, 또 하나는 "전쟁 종결과 평화체제 구축에서는 국제법적인 뒷받침도 있어야 한다"는 것이다.[11] 이에 따르면 북한은 비핵화를 핵 문제 해결에 국한한 것이 아니라 한반도의 평화지대화로 간주하면서 미국의 대북 안전보장에는 국제법적 구속력과 구체적인 군사 조치가 있어야 한다는 입장이라는 것을 알 수 있다.

법적 구속력을 갖춘 대북 안전보장은 한반도 평화협정을 통해 마련될 수 있다. 문제는 군사 분야의 조치이다. 이와 관련해 리용호 외무상은 2019년 2월 28일 하노이 회담 결렬 직후에 가진 기자회견에서 "우리가 비핵화 조치를 취해 나가는 데서 보다 중요한 문제는 안전담보 문제이지만 미국이 아직은 군사 분야 조치 취하는 것이 부담스러울 것이라 보고 부분적 제재 해제를 상응 조치로 제안한 것"이라고 밝혔다. 이는 비핵화의 북한 측 의무 사항의 핵심이라고 할 수 있는 핵물질 및 핵무기 폐기 협상 단계에선 북한이 미국에 요구할 군사 분야 조치가 핵심 쟁점이 될 것이라는 점을 예고해준다. 특히 미국의 전략 자산 한반도 배치 및 전개 문제가 난제가 될 것이다.

과거에도 이러한 사례는 있었다. 2005년 6자회담 9·19 공동성명에서 "미국

11) "[김지영 조선신보 편집국장 인터뷰1] "핵 버리면 잘 살 수 있단 헛소리만"," 《서울신문》, 2019.06.28., 《https://www.seoul.co.kr/news/newsView.php?id=20190627500056》.

은 한반도에 핵무기를 갖고 있지 않으며 핵무기 또는 재래식 무기로 조선민주주의인민공화국을 공격 또는 침공할 의사가 없다는 것을 확인하였다." 하지만 핵무기와 그 투발루만은 한국에 배치·전개하지 않겠다는 약속은 포함하지 않았다. 그러자 북한은 협상 과정에서 이러한 약속도 포함되어야 한다고 요구했다. 이와 관련해 당시 미국의 수석대표였던 크리스 토퍼 힐은 "그것은 불가능하다. 한미 동맹은 이 회담 의제가 아니다"라며 거부했다고 밝혔다. 이를 둘러싸고 북미 간의 논쟁이 계속되자 "중국이 논의를 종결시켰다"는 것이 힐의 설명이다.12)

그런데 미국의 이러한 입장은 한국의 약속과 모순되는 측면이 있었다. 9·19 공동성명에서 "대한민국은 1992년 한반도 비핵화 공동선언에 따라 핵무기를 접수 및 배치하지 않는다는 약속을 재확인"했는데, 미국의 핵무기 및 그 투발수단 배치·전개 시 한국은 '접수국'이 될 것이기 때문이다. 이에 따라 향후 비핵화의 정의와 최종 상태 협상 시 한국의 선택 및 한미 간의 협의가 중요할 수밖에 없다. 한국은 미국과 동맹을 맺고 있는 동시에 남북정상회담에서 "핵무기와 핵 위협이 없는 평화의 터전"을 만들기로 합의한 당사자이기 때문이다.

3. 비핵지대란 무엇인가?

이처럼 한반도 비핵화를 둘러싼 북미 간의 동상이몽은 너무나도 크고 지금까지 한국은 마땅한 대안을 내놓지 못하고 있다. 한반도 핵 문제 해결을 위한 '새로운 길'로 비핵지대를 제안하는 이유이다. 이에 대한 자세한 내용은 다음 장에서 짚어보고, 우선 비핵지대가 무엇이고 다른 지역의 사례들로는 어떤 것이 있는지부터 살펴보자.

비핵지대 란 특정 지역 내에서 핵무기 및 핵 위협이 없는 상태를 구현하기 위한 국제조약을 일컫는다. 이 조약의 체결국은 해당 지대 내 국가들과 5대 핵 보유국이고, 대개 비핵지대에는 네 가지 내용이 명시된다. 첫째는 "해당 지대 내 핵무기의 부재, 즉 핵무기의 개발, 제조, 실험, 보유, 배치, 접수, 반입 등을 금

---

12) 《http://www.usip.org/events/2005/0928_hill.html》 (검색일: 2019. 07.26.)

지"하는데, 이는 지대 내 국가들의 의무 사항에 해당한다. 둘째는 핵보유국들이 소극적 안정보장을 약속함으로써 해당 지대 국가에 대한 핵무기의 사용 및 사용 위협을 금지하고, 핵무기 배치도 금지한다. 셋째는 "조약 체결국들의 조약 준수 기구를 설치해 조약 이행 준수를 감독하고 관련 분쟁을 해결한다"는 것이다.[13] 끝으로 비핵지대 조약은 회원국의 탈퇴 권리를 인정하면서도 조약의 유효기간을 '무기한'으로 정하는 것을 원칙으로 한다.

국제사회는 이러한 비핵지대 창설이 인류 절멸의 무기로 일컬어지는 핵무기의 위협을 해소할 수 있는 현실적인 경로로 간주하면서 비핵지대 창설과 확대의 필요성을 역설해왔다. 1970년 발효된 NPT 7조는 "핵무기의 전면적 부재를 보장하기 위하여 지역적 조약을 체결할 수 있는 권리"를 명시하고 있다. 또 1995년에 NPT 회원국들은 이 조약의 무기한 연장을 결정하면서 비 핵무기 창설이 "세계평화와 안보를 향상시킨다"며 비핵지대 창설 및 확대를 적극적으로 권고했다. 이러한 내용은 1999년 유엔군축위원회가 유엔 총회의 승인을 거쳐 채택된 '지역 관련국 간의 자유의사에 의한 조약에 입각한 비핵지대의 설립' 보고서에 집약되었다. 이 보고서에 담긴 비핵지대 창설의 원칙과 취지의 핵심적인 내용은 다음과 같다.

- 비핵지대 창설은 해당 국가의 국가안보와 국제 비확산체제, 그리고 지역 및 세계평화와 안정에 기여할 것.
- 비핵지대는 지대 내 국가들의 자유의사 및 협상 결과에 기초할 것.
- 초기 협상은 지대 내 일부 국가들이 주도할 수 있으나 지대 내 모든 국가가 참여할 것.
- 핵보유국을 비롯한 지대 밖의 국가들도 비핵지대 창설을 지지·협력할 것.
- 비핵지대 창설은 지역의 특수성을 감안하고 유엔 해양법을 비롯한 국제법을 준수하는 맥락에서 추진할 것.

---

13) 기존 비핵지대에 관한 자세한 내용은 우메바야시 히로미치 저, 김마리아 역, 《비핵무기지대》, (서해문집, 2014년) 참조.

- 외국의 선박과 항공기의 방문과 통과는 국가들의 자유로운 재량에 맡길 것.
- 국제원자력기구(IAEA)의 안전조치협정을 비롯한 비핵지대 의무 준수를 검증할 수 있는 체제를 구축할 것.
- 핵보유국은 소극적 안전보장을 비롯한 비핵지대 의정서에 서명·비준할 것.

2020년 현재 전 세계적으로 인간이 거주하는 지역에 설립된 비핵지대는 총 여섯 곳이다. 중남미 및 카리브해의 틀라텔롤코 조약, 남태평양의 라로통가 조약, 동남아시아의 방콕 조약, 아프리카의 펠린디바 조약, 중앙아시아의 세미팔레틴스크 조약 등이 해당된다. 몽골은 개별국가로서 비핵국가의 지위를 확보한 상황이다.[14] 해저와 우주 관련 조약을 제외하고 현재까지 체결된 비핵무기지대 조약의 현황은 아래 표와 그림과 같다.

〈표〉 비핵무기지대 조약

조약	지역	지대 면적 (km^2)	참가국 수	서명 개시 및 발효 연도
틀라텔롤코조약	중남미 및 카리브해	21,069,501	33	1967/2002
라로통가조약	남태평양	9,008,458	13	1985/1986
방콕조약	동남아시아	4,465,501	10	1995/1997
세미팔레틴스크 조약	중앙아시아	4,003,451	5	2006/2009
펠린디바 조약	아프리카	30,221,532	53	1996/2009

출처: https://www.armscontrol.org/factsheets/nwfz (검색일: 2020년 2월 3일)

14) 몽골 비핵무기지대는 타 비핵무기지대와 달리 관련 조약이 부재한다. 대신 1992년 오치르바트 몽골 대통령이 몽골을 비핵무기지대로 선언한 이후 1998년 유엔 총회 결의에서 지대 지위 승인을 받았다. 2000년 국내법을 제정하고 2012년 5대 핵보유국이 공동선언을 통해 비핵무기지대로서 몽골에 지지를 표명하면서 지위가 더욱 확고해졌다. 그러나 5대 핵보유국으로부터 제공 받는 소극적 안전보장의 법적 구속력은 없다.

〈그림〉 비핵무기지대 지도

*주황색: 비핵무기지대 육지, 파란색: 비핵무기지대 수역
출처: IAEA, "Nuclear-Weapon-Free-Zones," IAEA 웹사이트
(https://www.iaea.org/topics/nuclear-weapon-free-zones) (검색일: 2019년 9월 30일)

틀라텔롤코 조약은 1962년 쿠바 미사일 위기를 거치면서 공론화되기 시작했다. 핵보유국의 핵무기 반입을 금지함으로써 쿠바 미사일 위기와 같은 악몽이 재연되는 것을 막겠다는 취지에서 비롯된 것이다. 한때 경쟁 관계에 있었던 브라질과 아르헨티나가 핵무장을 검토하면서 중남미 비핵지대 논의는 난항을 겪기도 했지만, 이들 나라가 핵 개발을 포기하면서 조약 체결에 이르게 되었다. 라로통가 조약은 1950년대부터 미국, 프랑스, 영국 등이 남태평양에서 경쟁적으로 핵실험을 하자 아래로부터의 반발에서 비롯된 성격이 강하다. 현지 주민들과 그린피스를 비롯한 국제 NGO들은 격렬한 반대 시위를 벌이면서 비핵지대 창설을 촉구한 것이다. 그 결과 이 조약에는 방사성 폐기물이나 기타 방사성 물질의 해양 투기를 금지하는 내용도 포함되었다.

방콕 조약은 베트남 전쟁이 절정에 달했던 1971년에 동남아 국가들이 '평화·자유·중립 지대'를 선언한 것이 모태가 되었다. 이 조약 체결 과정에서 나타난 가장 두드러진 특징은 동남아국가연합인 아세안(ASEAN)이 결정적인 역할을 했다는 점이다. 펠린디바 조약은 프랑스가 1960년대 초 알제리 사하라 사막에서 핵실험을 강행한 것에 대한 반발에서 비롯되었다. 아프리카 국가들이 1961년 유엔 총회 결의에서 아프리카 대륙 내 핵실험 반대, 영역 내 핵무기 반입 금지 등을 요구한 것이다. 남아프리카 공화국이 핵무기를 개발하면서 비핵지대 논의는 정체되었다가 남아공이 1990년을 전후해 핵 포기를 단행하고 NPT에 가입하면서 비핵지대 창설에도 탄력이 붙었다. 펠린다바 조약의 가장 두드러진 특징은 남아공이 핵무기를 개발·보유했다가 이를 포기하고 비핵지대 창설을 주도했다는 점이다.

세미팔라틴스크 조약 참가국들은 과거 소련연방에 소속된 국가들이다. 냉전시대 카자흐스탄에는 다량의 핵무기가 있었고 다른 나라에도 핵시설이 대거 존재했다. 이에 따라 소련 붕괴 후 중앙아시아는 핵확산이 가장 우려되는 지역 가운데 하나였다. 하지만 이들 나라는 비핵지대를 창설해 핵확산의 우려를 씻어내는 한편, 구소련의 핵무기 저장, 핵실험, 평화적 핵폭발, 방사성 폐기물 등으로 오염된 국토를 회복하기 위해 상호 원조를 조문화했다. 이 조약의 가장 큰 특징은 현재까지 북반구에 존재하는 유일한 비핵지대라는 점에 있다.

동북아에서도 '3+3' 안을 중심으로 비핵지대 창설 주장이 지속적으로 제기되어왔다. 한국과 일본의 평화단체들은 북한의 핵 포기를 전제로 남북한과 일본이 '지대 내' 당사국들로 비핵지대 조약을 체결하고, 핵보유국인 미국, 중국, 러시아는 '지대 밖' 당사국들로 참여해야 한다고 요구해온 것이다.[15] 국내에서도 한반도 비핵화와 평화협정 체결 이후 동북아 비핵지대 창설을 추진해야 한다는 주장이 제기되고 있다. 하지만 동북아 비핵지대론은 아직까진 소수의 목소리에 머물러 있다.

한반도를 포함한 동북아에서 비핵지대가 창설될 수 있다면 이게 최선일 것이다. 하지만 동북아의 전략 환경과 미일동맹의 성격을 고려할 때, 동북아 비핵지대를 단시일 내에 추진하는 것은 불가능에 가깝다. 이에 따라 동북아 비핵지대를 추후 목표로 삼으면서도 우선 한반도 비핵지대부터 추진하는 것이 바람직하다. 한반도 비핵지대가 가시권에 들어올수록 일본이 핵무장을 선택할 가능성은 더더욱 희박해진다. 오히려 '비핵 3원칙'을 견지해온 일본도 비핵지대에 참여해 동북

15) 우메바야시 히로미치, 《비핵무기지대》 73~238쪽.

아 비핵지대를 실현해야 한다는 목소리가 높아질 것이다. 즉, '선(先) 한반도 비핵지대, 후(後) 동북아 비핵지대'가 현실적인 경로이다.

Ⅱ. 한반도 비핵지대를 제안하는 이유

기승전'비핵화'가 된 현실에서 한반도 핵 문제는 반드시 풀어야 할 숙제이다. 하지만 이 숙제를 북한과 미국에만 맡기기에는 두 나라 사이의 동상이몽이 너무나도 뚜렷하다. 지금까지 한국이 이렇다 할 역할을 하지 못한 것 또한 사실이다. 비핵화 체념 론이 커지면서 그 대처 방안도 양극화되고 있다. 한편에서는 한국도 핵무기를 갖거나 미국의 전술핵을 재배치해서 '공포의 균형'을 이뤄야 한다고 주장하지만, 이는 핵전쟁의 공포만 가중시킬 뿐이다.

반대로 비핵화를 추후 과제로 밀어두고 남북한의 화해협력과 평화부터 추진하자고 주장하는 사람도 있지만, 이 역시 한계는 분명하다. 미국 주도의 대북 제재가 너무나도 촘촘하게 짜여 있어 남북한이 경제협력을 재개하는 것 자체가 대단히 어렵기 때문이다. 그런데 미국은 물론이고 유엔 안보리 상임이사국들인 영국과 프랑스마저도 비핵화의 진전 없는 대북 제재 완화에 반대해왔다. 이에 따라 비핵화를 뒤로 미루거나 우회하면서 한반도 평화와 남북관계 발전을 도모하는 것은 구조적으로 거의 불가능에 가까운 일이다.

이러한 상황에서 한반도 비핵지대는 문제 해결의 전기를 마련할 수 있는 유력한 방안이다. 이것이 만병통치약은 아닐지라도 실타래처럼 얽히고설킨 '고르디우스의 매듭'을 끊을 수 있는 처방을 담고 있기 때문이다. 그 이유를 하나씩 따져보면 다음과 같다.

1. 정의와 목표가 이미 존재한다

한반도 핵 문제 해법으로 비핵지대를 제안하는 첫 번째 이유는 한반도 비핵화의 정의 및 최종 상태를 둘러싼 북미 간의 동상이몽을 해결할 수 있는 유력한 방안이라는 데에 있다. 이게 가장 시급하고 중요한 이유이다. 앞서 언급한 것처럼, 북미 간에는 한반도 비핵화의 최종 상태는 물론이고 정의 자체에 대한 합의가 존재하지 않는다. 2018년 6월 싱가포르 1차 북미정상회담에서 "한반도의 완전한 비핵화를 향하여 노력할 것"이라고 합의했는데, 이때는 물론이고 그 이후에도 비핵화의 정의조차도 합의하지 못한 기이한 현상이 벌어진 것이다. 비핵화를 둘러싼 북미 간의 "동문서답"과 관련해 《워싱턴포스트》는 "북한은 자신들의 핵 억제력 제거 전에 자국에 대한 미국의 핵 위협 제거가 이뤄져야 한다고 주장한다"고 꼬집기도 했다.[16]

비핵화 정의 합의가 중요하다는 것은 트럼프 행정부도 줄곧 강조해온 바이다. 가령 스티븐 비건 대북정책 특별대표는 2019년 6월 18일 애틀랜틱 카운실 토론회에서 "우리는 비핵화가 무엇인지 합의된 정의를 갖고 있지 않으며 비핵화 정의 합의를 매우 중요한 출발점으로 간주하고 있다"고 말했다. 특히 "우리가 어디로 가고 있는지를 알지 못한다면 우리는 목적지에 도달할 수 없다"며 "이에 따라 우리가 비핵화의 정의에 먼저 합의하는 것은 매우 중요하다"고 강조했다.[17] 북한과의 비핵화 정의 합의를 다른 사안들에 대한 합의 및 이행의 전제조건으로 삼은 것이다.

그러나 트럼프 행정부가 정의하고 북한에 들이민 비핵화는 통상적인 의미를 훨씬 넘어선 것이다. 북한은 미국의 요구를 "강도적 요구", "무장해제 요구", "비현실적인 제안" 등의 표현으로 비난하면서 일축해왔다. 더구나 북한은 비핵화에 미국의 대북 핵 위협 해소도 포함되어야 한다는 점을 줄곧 요구해왔다. 이는 곧 비핵화의 정의 및 최종 상태에 대한 합의가 시급하고도 중요한 반면에 대단히 어렵다는 것을 말해준다.

한반도 비핵지대를 한반도 비핵화의 정의이자 최종 상태로 삼으면 이러한 문제는 상당 부분 해결할 수 있다. 한반도에 국한되어 특수하게 사용되어온 비핵화

16) The Washington Post, December 26, 2019.

17) "'Door is wide open' for negotiations with North Korea, US envoy says," June 19, 2019, 〈https://www.atlanticcouncil.org/blogs/new-atlanticist/door-is-wide-open-for-negotiations-with-north-korea-us-envoy-says〉.

와 달리 앞서 소개한 비핵지대에는 국제법적으로 통용되어온 일반적인 정의와 목표가 존재하기 때문이다. 이에 따라 1992년 남북한이 체결한 한반도 비핵화 공동선언과 1999년 유엔 군축위원회의 권고 사항 및 기존 비핵지대 조약들을 참고해 한반도의 실정에 맞는 비핵지대 창설을 도모할 필요가 있다. 즉, '존재하지도 않고 합의하기도 어려운' 비핵화의 정의와 최종 상태를 두고 갈등을 지속할 것이 아니라 '이미 존재하는' 비핵지대를 한반도 비핵화의 정의와 최종 상태로 삼는 것이 훨씬 실용적이라는 것이다.

2. 제제를 비롯한 다른 문제들 해결을 가능하게 한다

두 번째 이유는 한반도 핵 문제 해결에 필요하면서도 핵 문제 해결이 막히면서 진전을 보지 못하고 있는 다른 문제들 해결을 가능하게 한다는 데에 있다. 한반도 핵 문제를 해결하기 위해서는 북미관계 정상화, 한반도 평화체제 구축, 군비 통제, 대북 제재 해결 등이 '동시적·병행적'으로 이뤄져야 한다. 그런데 비핵화의 정의 및 목표 자체에도 합의를 이루지 못하면서 이들 문제의 진전도 가로막혀 있다. 대북 제재 문제가 대표적이다.

미국은 제재의 효과를 맹신하고 있지만, 북한은 제재를 무력화시키기 위해 안간힘을 쓰고 있다. 그래도 미국을 비롯한 국제사회가 제재를 계속 가하면 어떻게 될까? 북한은 이미 공언한 것처럼 한편으로는 경제적 자력갱생을 통해 그럭저럭 버티기에 나서고 다른 한편으로는 "새로운 전략무기" 개발 및 과시를 통해 "자위적 국방력" 강화를 이룰 수 있다는 것을 보여주려고 할 것이다. 김정은이 "객관적 요인(제재)의 지배를 받으며 그에 순응하는 길을 찾을 것이 아니라 정면돌파전으로 뚫고 나가 객관적 요인이 우리에게 지배되게 하여야 한다"고 주장한 것도 이러한 맥락에서 나온 것이다. 한마디로 제재를 무용지물로 만들겠다는 것이다.

사정이 이렇다면 미국도 협상의 법칙을 바꿔야 한다. 북한에 경제적 고통을 가하는 방식은 북한의 대미 불신 증가로 이어진다는 것이 명확히 확인되었다. 그러므로 이제부터는 비핵화 프로세스를 제재 해제 프로세스와 병행하는 방식을 취해야 한다. 제재를 앞세운 "최대의 압박"이 역효과를 내왔다는 것이 분명해진 만큼, 북한의 긍정적 조치에 부응하는 제재 해결책을 내놓으면서 '최대의 공감'을 만들어내야 한다. 그래야만 "신뢰 구축이 한반도의 비핵화를 추동할 수 있다"는 1차 북미정상회담의 합의 정신을 되살릴 수 있다.

그렇다면 한반도 비핵지대가 제재를 비롯한 다른 문제들의 해법이 될 수 있다는 주장의 근거는 무엇일까? 북한이 '선 비핵화, 후 제재 해결'을 완강히 거부하듯이, 미국도 비핵화가 가시권에 들어오지 않으면 제재 해결에 동의하지 않는다. 또 국내외 많은 사람은 북한의 의도에 대해 불신을 갖고 있다. 북한이 대폭적인 제재 완화를 받아내면 영변 핵시설 정도만 폐기하고 이미 보유하고 있는 핵무기는 포기하지 않을 것이라는 생각이 바로 그것이다.

한반도 비핵지대 추진은 이들 문제를 해소하는 데에 탁월한 효과를 지닐 수 있다. 먼저 제재 해법의 1차 조건은 비핵화의 정의에 합의하고 영변 핵시설 폐기와 같은 초기 조치에 돌입할 때 마련될 수 있다. 그런데 앞서 언급한 것처럼 북미 간에는 비핵화의 정의조차도 합의하지 못했고 이는 앞으로도 쉽지 않다. 반면 비핵지대를 한반도 비핵화의 정의와 목표로 삼으면 이러한 문제는 해소될 수 있다. 미국으로서는 '손에 잡히는 비핵화'를 추구할 수 있어 제재 문제에 유연한 태도를 보일 수 있게 된다. 또한 비핵지대는 유엔이 지구촌의 핵 문제 해법으로 가장 강조해온 방식 가운데 하나라는 점에서 한반도 비핵지대 추진은 대북 제재 해결에 대한 국제적 공감대를 이룰 수 있는 유력한 접근법이다.

거꾸로 한반도 비핵지대는 북한의 약속 불이행 시 더욱 강력한 제재를 다시 부과할 수 있는 토대가 될 수 있다. 두 가지 이유 때문이다. 먼저 한반도 비핵지대는 국제법적 구속력을 갖춘 것이기에 북한이 이 조약을 위반하면 유엔 안보리 차원에서 더 강력한 대응이 가능해진다. 또 한반도 비핵지대에는 북한과 우호관계에 있는 중국과 러시아도 참여하기 때문에, 북한의 위반 시 이들 나라의 대북 제재 동참이 훨씬 수월해진다. 더구나 북한은 '스냅 백(snap back)'도 고려할 수 있다는 입장을 내놓은 바 있다.[18] 이에 따라 비핵지대 조약문이나 다른 합의문에 '북한의 핵 활동 재개시 제재를 다시 부과한다'는 조항을 명시할 수도 있을 것이다.

3. 상호 만족할 수 있는 해법이다

세 번째 이유는 한국은 물론이고 북한과 미국도 '상호 만족할 수 있는 해법'이 될 수 있다는 것이다. 주고받기를 통해 공동의 이익을 추구하는 외교 협상에서 일방적으로 자신에게만 유리한 결과를 기대할 수는 없다. 특히 적대국 간의 협상에서 어느 일방이 완전히 만족할 수 있는 해법은 존재하지 않는다. 이는 패전국을 상대로도 달성하기 힘들다. 그래서 협상 당사자들이 만족과 불만을 동시에 가질 수 있는 협상안이 현실적이다. 당사자들의 요구와 제안을 잘 버무려 합의에 도달함으로써 이를 이루지 못했을 때보다 더 나은 상태를 지향하는 접근법이 될 수 있기 때문이다. 한반도 핵 문제 해법으로 비핵지대의 유용성도 이 지점에서 발견할 수 있다.

CVID나 FFVD와 같이 표현을 어떻게 하든, 한국과 미국을 비롯한 국제사회는 북핵 문제의 완벽한 해결을 추구해왔지만, 번번이 이에 실패했다. 그런데 한반도 비핵지대 창설은 가장 완벽에 가까운 북핵 문제 해결 방안이다. 한반도 비핵지대 조약 체결은 북한의 핵 개발 재개를 봉쇄하는 데에 탁월한 효과가 있기 때문이다. 조약이 체결되면 북한은 국제원자력기구(IAEA)뿐만 아니라 남북한 핵 검증 체제 구성에 따라 한국의 검증도 받아야 한다. 이렇게 되면 비밀리에 핵 개발을 재개하는 것은 불가능해진다. 또 북한의 핵 포기 약속에 국제법적 구속력도 부여할 수 있게 된다. 이는 곧 북한의 조약 위반 시 더욱 강력한 제재를 받을 수밖에 없다는 것을 의미한다.

이러한 장점에도 불구하고 미국은 한반도 비핵지대에 쉽게 동의하지 않으려고

18) 최선희 외무성 부상은 2019년 3월 15일 평양에서 가진 기자회견에서 "(하노이) 회담에서 우리가 현실적인 제안을 제시하자 트럼프 대통령은 합의문에 '제재를 해제했다 가도 조선이 핵 활동을 재개하는 경우 제재는 가역적'이라는 내용을 더 포함시킨다면 합의가 가능할 수 있다는 신축성 있는 입장을 취했다"고 밝혔다. 그러나 폼페이오와 볼턴이 "두 수뇌분 사이의 건설적인 협상 노력에 장애를 조성했으며 결국 이번 수뇌회담에서는 의미 있는 결과물이 나오지 못했다"고 주장했다." 《중앙일보》, 2019.03.26.

할 것이다. 자신의 핵 정책에 지장을 주고 한미동맹에도 큰 변화가 일어날 것이라고 여길 것이기 때문이다. 이게 '불만'으로 작용할 수 있다. 하지만 분명한 이익과 이점이 있다. 누구도 이루지 못한 북핵 문제의 완전한 해결에 성공한다는 것 자체가 큰 이익이자 성과이다. 과거 제네바 북미 합의와 6자회담의 9·19 공동성명과 같은 합의들에는 국제법적 구속력이 없었다. 이에 따라 한반도 비핵지대 조약을 통해 북핵 문제 해결에 성공하는 미국 행정부는 위대한 업적을 이루는 주인공이 될 수 있다.

북한도 한반도 비핵지대에 불만을 가질 수 있다. 미국이 약속을 지키리라는 확신을 가질 수 없기 때문이다. 그러나 북한의 이익도 분명하다. 우선 미국의 대북 핵 위협을 해소할 수 있는 가장 현실적인 방법을 찾을 수 있게 된다. 미국이 약 7천 개에 달하는 핵무기와 그 투발수단을 완전히 없애지 않는 한, 북한이 요구해온 "미국 핵 위협의 근원적인 해소"는 불가능하다. 하지만 미국의 완전한 핵 폐기는 현실적으로 가능하지 않다. 그래서 비핵지대 조약이 필요하다. 이 조약을 체결하면 미국의 대북 핵 불사용 및 불 위협 약속에는 국제법적 구속력이 부여되고, 미국이 한반도에 핵무기 및 그 투발수단을 배치할 수도 없게 된다. 지금까지 미국은 여러 차례에 걸쳐 북한에 소극적 안전보장을 약속했지만 법적 구속력은 없었다. 이에 따라 한반도 비핵지대 창설은 미국의 대북 안전보장에 법적 구속력을 부여하는 최초의 사례가 된다. "전 조선반도의 비핵화"를 주장해온 북한에도 분명 매력적인 요소가 있는 것이다.

또 비핵지대는 '다자간' 대북 안전보장이라는 성격도 갖게 된다. 한반도 비핵지대 조약 체결 시 중국과 러시아도 참여하게 되는데, 이렇게 되면 미국이 조약상의 의무를 저버리고 북한에 핵 위협을 가하기가 더욱 어려워진다. 북한뿐만 아니라 핵보유국이자 유엔 안보리 상임이사국들인 중국과 러시아의 반발도 초래하게 될 것이기 때문이다. 이러한 두 가지 특성, 즉 법적 구속력과 다자간 조약은 난제 중의 난제라고 할 수 있는 대북 안전보장 문제를 해결하는 데에 기여할 수 있는 것이다. 아울러 앞서 언급한 것처럼, 비핵지대는 북한이 강력히 희구해온 제재 해결과 북미수교, 그리고 평화체제 구축의 길을 열어줄 수 있다.

기실 비핵지대는 북한이 주장해온 "조선반도 비핵화"와 유사한 내용을 담고 있다. 그래서 친북적인 주장처럼 들릴 수 있다. 하지만 비핵지대는 친북적인 주장이 아니라 거의 모든 이들이 불가능하다고 여기는 북한의 핵 포기를 현실화할 수 있는 가장 유력한 방법이다. 미국의 대북 핵 위협 해소를 포함한 비핵지대를 대안으로 제시하는 것이야말로 김정은 정권에게 전략적 결단을 촉구하는 '최대의 압박'이 될 것이다. 한반도 핵문제의 해법으로 비핵지대를 제안한 최초 당사자가 북한이었다는 점에서 김정은이 이를 거부할 명분도 별로 없다. 오히려 김일성과 김정일의 유훈을 가장 완벽한 방식으로 실현하는 것이기에 김정은에게 '명예로운 선택'의 길을 열어줄 수 있다.

4. 지속 가능한 해법이다

네 번째 이유는 한반도 문제의 재발을 방지하는 데에 큰 효과가 있다는 것이다. 과거에도 한반도 문제를 해결하기 위한 여러 합의가 존재했었다. 1994년 북미 간의 제네바 합의와 2005년 6자회담의 9·19 공동성명 및 그 1단계와 2단계 이행 조치로 2007년에 나온 2·13 합의와 10·3 합의가 대표적이다. 결과적으로 이들 합의는 제대로 지켜지지 못했다. 여기에는 여러 가지 이유가 있지만, 이들 합의가 정치적 선언에 그치다 보니 정권교체와 같은 상황 변화에 취약했다는 것이 본질적인 원인이라고 할 수 있다. 이러한 맥락에서 볼 때, 비핵지대는 한반도 핵 문제의 지속 가능한 해법이 될 수 있다. 비핵지대는 다자간 국제법적 구속력을 갖추고 있기 때문에 체결국들 가운데 어느 누구도 이를 위반하거나 무효화하는 것이 어렵기 때문이다. 앞서 소개한 다른 지역의 비핵지대에서도 중대한 위반 사례가 없었다는 점은 이러한 분석을 뒷받침해준다.

1994년 제네바 합의의 운명은 2000년 11월 미국 대선에서 정권교체가 이뤄진 것과 떼어놓고 생각할 수 없다. 백악관 새 주인이 된 공화당의 조지 W. 부시 행정부는 'ABC(Anything But Clinton)'라는 말이 나올 정도로 빌 클린턴 행정부의 정책을 뒤집는 데에 여념이 없었고 제네바 합의를 비롯한 대북정책이 그

대표적인 사례가 되고 말았다. 공화당 진영은 클린턴 대통령이 북한에 약속했던 평양 방문을 반대해 이를 무산시켰다. 또한 부시 대통령은 2001년 1월 취임 직후 대북 협상을 중단시키고는 '북한위협'을 이유로 미사일방어체제(MD) 구축을 선언했다. 미국의 정권교체와 더불어 미국의 대외정책 우선순위가 핵 비확산에서 MD 구축으로 바뀌었고, 북한이 그 1차 대상이 되고 만 것이다.

사사건건 제네바 합의를 백지화 시킬 기회를 노리고 있던 부시 행정부는 2002년 10월에 북한이 고농축 우라늄(HEU)을 이용해 비밀리에 핵무기를 개발하고 있다는 의혹을 공개적으로 제기했다. 그리고 이를 근거로 1994년 제네바 합의뿐만 아니라 남북관계와 북일관계에도 제동을 걸려고 했다. 당시 부시 행정부의 의도는 존 볼턴 국무부 차관(2018~2019년에는 백악관 안보보좌관을 지냄)의 발언 속에 잘 담겨 있다. "HEU는 제네바 합의를 깨부술 해머다." HEU 의혹은 여전히 논란거리이지만, 당시 김정일은 친서를 부시에게 보내는 등 대화를 통한 문제 해결을 강력히 희망했었다. 하지만 부시 행정부는 편지조차 받지 않았을 뿐만 아니라 중유 제공도 중단했을 만큼 강경한 자세로 일관했다. 이로 인해 제네바 합의는 깨졌고 북한은 봉인되었던 플루토늄 프로그램을 재가동하고 말았다. 이른바 '2차 북핵 위기'는 이렇게 시작되고 말았다.

6자회담의 운명은 한국의 정권교체와 무관하지 않았다. 2003년 8월에 시작된 6자회담은 가다 서다를 반복하다가 2007년에 들어서야 탄력을 받기 시작했다. 북한과 양자회담을 거부했던 부시 행정부가 비로소 북미회담과 6자회담 병행을 선택했기에 가능했다. 그런데 부시의 대북정책이 변화하던 중이던 2007년 12월 한국 대선에서 정권교체가 일어났다. 정권만 바뀐 것이 아니라 대북정책까지 확 바뀌었다. 이명박 정부는 9·19 공동성명의 2단계 합의, 즉 10·3 합의에 없었던 북핵 검증을 미국보다 더 강하게 요구해, 결과적으로 6자회담을 파탄낸 책임으로부터도 자유로울 수 없었다. 이명박 정부가 대북강경책으로 일관한 데에는 김정일의 와병 소식을 접하곤 그가 사망하면 통일을 이룰 수 있을 것이라는 허망한 꿈이 똬리를 틀고 있었다.[19]

---

19) 이에 대한 자세한 내용은 정욱식, 《핵과 인간》, 476~486쪽 참조.

이러한 상황은 앞으로도 얼마든지 재연될 수 있다. 북미, 혹은 한국을 포함한 다자간 합의가 이뤄져도 합의 사항에 대한 해석의 차이 및 미처 합의하지 못한 빈 구멍들, 합의 밖의 새로운 변수의 개입, 한국과 미국의 정권교체와 같은 정치적 상황의 변화에 따라 또다시 합의문이 휴지가 될 수 있다는 것이다. 제네바 합의도 그렇고 9·19 공동성명도 그렇고 문제 해결의 출발에는 성공했지만 종착지에 도착하지는 못했다. 핵 문제에 초점을 맞춰보면 앞으로도 세 가지 잠재적인 문제들을 짚어볼 수 있다.

첫째, 미국의 대북 핵 위협 문제이다. 미국이 북한에 공식적으로 소극적 안전보장, 즉 핵무기 사용 및 사용 위협을 하지 않겠다고 보장한 적은 두 번 있었다. 1994년 제네바 합의와 2005년 9·19 공동성명이 바로 그것들이다. 그런데 미국은 제네바 합의 이후에도 미국 본토에서 북한을 상정한 모의 핵 공격 훈련을 실시했다는 사실이 비밀문서를 통해 확인되었다. 또한 부시 행정부는 2001년 12월에 작성한 핵태세검토(NPR) 보고서에서 북한을 선제 핵 공격 대상으로 삼았다. 그 다음 집권한 오바마 행정부도 2010년 NPR 보고서에서 핵 선제 불사용 입장을 천명하면서도 북한과 이란이 NPT를 준수하지 않고 있다는 이유로 이들 나라는 '예외'라고 못 박았다. 트럼프 행정부 역시 마찬가지이다. 이러한 전례에 비춰볼 때, 미국이 대북 안전보장을 약속하더라도 이를 지속적으로 담보하기가 쉽지 않다.

둘째, 미국의 핵무기 및 그 투발수단의 한반도 배치 및 전개 문제이다. 미국이 1991년 9월 전술핵 철수 선언 이후 한국에 핵무기를 배치한 사례는 없는 것으로 알려져 있다. 그러나 핵무기를 장착할 수 있는 투발수단, 즉 전략폭격기와 F-15·F-22·F-35 등 전투기, 그리고 핵 추진 잠수함은 계속해서 한국을 들락거렸다. 또한 미국은 핵무기 및 그 투발수단을 한국에 배치·전개하지 않겠다는 약속을 한 적이 없다. 이 사안은 한미동맹과 관련된 문제이기 때문에 북한과 협의할 의제 자체가 아니라는 입장이다. 이에 반해 북한은 "조선반도 비핵화"의 정의에 한반도로의 미국 전략 자산 배치 및 전개 금지도 포함되어야 한다는 입장이다.

셋째, 북한의 핵 능력을 어느 수준까지 제거할 것인가의 문제이다. 북한이 과거와 현재의 핵무기 및 그 프로그램을 완전히 폐기하더라도 미래의 핵까지 완전히 제거하는 것은 불가능하다. 더구나 전력이나 의료용 방사성 동위원소를 생산하는 '평화적 핵 이용'은 군사용으로 전용될 수 있는 대표적인 이중용도 프로그램이다. 또한 북한은 우라늄 광산이라는 자원과 핵 분야의 전문적 지식과 기술을 갖춘 인력이 있기 때문에, 북한의 핵 능력을 완전히 제거하는 것은 불가능하다. 이에 따라 미국은 북한의 잠재적 핵 능력을 최대한 제거하는 데에 초점을 맞춰왔다. 이에 반해 북한은 한편으로는 평화적 핵 이용 권리를 행사하고 다른 한편으로는 미국의 변심 가능성에 대비하기 위해 미국의 요구를 쉽게 수용하지 않으려고 할 것이다.

이처럼 한반도 비핵화는 합의도 쉽지 않고, '합의'에 성공하더라도 그 '이행' 및 '완료'는 별개일 수 있다. 이에 반해 한반도 비핵지대는 지속 가능한 해법이 될 수 있다. 우선 종착지가 분명하다는 점에서 중간에 방향과 목적지를 두고 헤매는 일을 상당 부분 예방할 수 있다. 또 국제법적 구속력을 갖춘 조약이기에 조약을 체결한 정권은 물론이고 바뀐 정권도 이를 위반하거나 탈퇴하는 것 자체가 쉽지 않다. 북한에 더욱 강력한 검증체계를 적용할 수 있어 북핵 재발을 막을 수 있고, 중국과 러시아의 의무 사항도 명기되기에 이들 나라의 위협을 이유로 미국이 전략 자산을 한국에 배치·전개하려는 사유도 크게 줄어들게 된다.

5. 최악의 시나리오를 막을 수 있다

다섯 번째 이유는 미중 패권경쟁 구도에서 한국이 직면할 수 있는 최악의 시나리오를 예방하는 데에 '신의 한 수'가 될 수 있다는 데에 있다. 한국의 안보 문제는 한반도 문제가 해결된다고 해서 자연스럽게 해결되는 것이 아니다. 미국은 한국의 유일한 동맹국이고 중국은 최대 무역상대국이다. 그런데 미중 간의 패권 경쟁이 격화되고 있어 한국이 여기에 휘말릴 위험이 상존한다. 한국의 생존과 번영을 위해서는 미중 패권 경쟁이 무력충돌로 비화하지 않도록 우리의 역할을 찾고, 미중 충돌 시 이에 연루되지 않는 방안을 찾는 것이 매우 중요한 것이다.

그렇다면 한반도 비핵지대 창설이 '신의 한 수'가 될 수 있다고 보는 이유는 무엇일까? 앞서 언급한 것처럼, 한반도 비핵지대는 핵보유국들의 남북한에 대한 핵무기 사용 및 사용 위협, 그리고 한반도에 핵무기 및 그 투발수단 배치를 국제법적으로 금지하는 내용도 포함된다. 이렇게 되면 미국의 전술핵을 한국에 배치하는 것 자체가 국제법적으로 금지된다. 또 미국뿐만 아니라 중국과 러시아도 동일한 약속을 해야 하기 때문에 이들 나라의 위협을 근거로 미국이 중거리 미사일과 같은 전략무기를 한국에 배치해야 할 군사적 이유도 크게 줄어들게 된다. 경북 성주에 배치된 사드를 철수해야 할 필요성도 당연히 부각될 수밖에 없다.

물론 한반도 비핵지대 조약 체결 자체도 불분명하고 또한 상당한 시간이 소요될 수도 있다. 하지만 이를 공론화하는 것 자체가 상당한 효과를 가져올 수 있다. 한반도 비핵지대가 공론화되는 상황에서 미국이 임시 배치 상태에 있는 사드를 정식으로 배치하고 전술핵 재배치나 중거리 미사일 배치를 추진하는 것은 어려워질 것이기 때문이다.

한반도 비핵지대 추진이 최악의 시나리오를 방지하는 데에만 효과가 있는 것이 아니다. 미중패권경쟁 및 신 냉전이 거론되는 동북아에서 다자간 평화안보체제라는 최선의 목표를 추구하는 데에도 도움이 된다. 남북한과 미중일러는 2005년 6자회담의 9·19 공동성명을 통해 동북아 평화안보체제를 추진키로 합의한 바 있다. 그런데 구체적으로 무엇을 추진할 것인가에 대해서는 '아이디어 공백' 상태에 있다. 한반도 비핵지대가 동북아 평화안보체제에 기여할 수 있다는 점은 이러한 맥락에서 이해할 수 있다. 남북한과 5대 핵보유국이 참여하는 한반도 비핵지대 창설 자체가 동북아 평화에 기여하게 된다. 또 한반도 비핵지대 조약이 체결되면 유일한 피폭국가이자 비핵 3원칙을 내세워온 일본도 비핵지대 참여 압박을 받을 수밖에 없다. 이에 따라 동북아 비핵지대 창설을 동북아 평화안보체제 워킹그룹의 우선적인 의제로 삼을 수 있게 될 것이다.

이뿐만이 아니다. 한반도 비핵지대는 주한미군 문제 해결에도 크게 기여할 수 있다. 미국은 한반도 평화 정착 시 주한미군의 지위가 불안해질 것을 우려하고 있다. 반면 중국은 한미동맹과 주한미군의 변화가 필요하다는 입장을 갖고 있다.

그런데 비핵지대 창설은 미중이 '전략 자산 없는 주한미군'이라는 상호 만족할 수 있는 합의에 도달할 수 있는 여지를 만들어낼 수 있다. 미국은 전략 자산이 없는 상태에 불만을 가질 수 있지만 주한미군이 완전히 철수하는 것보다는 낫다고 여길 수 있다. 반면 중국은 미군 주둔에 불만을 품을 수 있지만 전략 자산이 없는 상태이기에 양해할 수 있다. '상호 만족할 수 있는 합의'의 근거가 될 수 있는 것이다. 한반도 문제 해결의 최대 걸림돌로 간주되어온 미중 패권경쟁에서 한반도 문제를 분리하거나 패권경쟁을 완화하는 방법도 이러한 방식을 통해 찾을 수 있다.

6. 가장 주체적인 해법이다

마지막 이유는 한반도 비핵지대 창설 이야말로 당사자 해결 원칙에 가장 부합하는, 그래서 가장 주체적인 해법이라는 데에 있다. 두 가지 차원에서 그렇다. 하나는 남북한 당국 차원이다. 문재인과 김정은이 합의한 4·27 판문점 선언에서는 "남과 북은 완전한 비핵화를 통해 핵 없는 한반도를 실현한다는 공동의 목표를 확인"하면서, "한반도 비핵화를 위한 국제사회의 지지와 협력을 위해 적극적으로 노력해나가기로 하였다." 또 9월 평양공동선언에서도 "남과 북은 한반도를 핵무기와 핵 위협이 없는 평화의 터전으로" 만들어 나가기로 다짐하면서 "한반도의 완전한 비핵화를 추진해나가는 과정에서 함께 긴밀히 협력해나가기로 하였다." 그러나 비핵화 협상은 북미 중심으로 이뤄졌고 북미회담이 결렬되면서 남북관계도 악화되고 말았다.

그런데 한반도 핵 문제 해결을 비핵지대 방식으로 접근하면, 한국도 당당한 주체가 될 수 있다. 우선 비핵지대야말로 남북한이 합의한 "한반도를 핵무기와 핵 위협이 없는 평화의 터전"에 가장 부합하는 방식이다. 또한 유엔은 비핵지대와 관련해 "지대 내 국가들의 자유로운 협상 결과에 기초"하고 "핵보유국을 비롯한 지대 밖의 국가들도 지지·협력할 것"을 제안하고 있다. 국제법적으로 한반도 비핵지대의 지대 내 국가들은 바로 남북한이다. 이에 따라 남북한이 미국·중국·

러시아와의 긴밀한 협의를 전제로 한반도 비핵지대 협상에 착수하고 핵보유국들의 참여를 유도하는 방안을 검토해볼 수 있다. 이 방식이야말로 유엔의 권고와 남북한의 합의 사항을 창조적으로 융합할 수 있는 가장 자주적인 접근법인 것이다.

또 하나의 주체적인 차원은 시민 참여이다. 한반도 문제의 전개 양상에 따라 가장 많은 영향을 받게 되는 사람들이 한반도 주민인 반면에, 시민들이 능동적으로 참여할 수 있는 공간은 극히 제한적이다. 한반도 문제 협상 구도가 북미관계 중심으로 짜여있다보니, 한국 시민들은 물론이고 정부조차도 참여할 수 있는 공간이 좁은 것이다. 이에 반해 비핵지대 운동은 한국 시민의 참여를 가능하게 한다. 한반도 비핵지대는 각국 정부가 제대로 검토한 적도 없고 협상 테이블에 올라온 적도 없는 '미지의 영역'이기에 시민들의 요구와 참여가 있어야 비로소 공론화될 수 있다. 다른 비핵지대의 사례를 보더라도 시민운동과 국제연대가 비핵지대를 정책화하고 실현하는 데에 크게 기여했다. 이러한 맥락에서 볼 때, 한국 시민사회가 한반도 비핵지대 운동의 주역으로 나선다면, 국제사회의 폭넓은 지지와 참여를 이끌어내게 될 것이다.

Ⅲ. 한반도 비핵지대 추진 시 예상되는 쟁점과 해결책

1. 미국이 동의할까?

한반도 비핵지대는 여러 가지 장점에도 불구하고 당장은 현실성이 떨어지는 제안일 수 있다. 실제로 내가 만나본 여러 전문가들은 이 점을 지적해왔다. 미국 외교협회의 스콧 스나이더 연구위원은 '한반도 비핵화의 정의와 최종 상태로 비핵지대를 삼는 것에 대해 어떻게 생각하느냐'는 질문에 대해 "합리적이고 일리가 있다고 생각한다"며, "개인적으로는 반대하지 않지만 미국은 추가적인 조항과 구체적인 내용을 원할 것"이라고 답했다. 러시아 외교부 관리를 지낸 안드레이 구빈 극동대 교수는 "러시아는 기본적으로 지지할 것이지만, 한국이 미국의 동맹국이라는 점에서 미국이 쉽게 동의하지는 않을 것으로 본다"는 의견을 개진했다.[20] 중국 난징대의 쑹원즈 교수와 베이징대 리팅팅 교수도 "중국 정부는 한반도 핵 문제의 해법으로 비핵지대 창설 주장에 동의할 것으로 본다"면서도 미국의 동의 가능성에는 의문을 표했다.[21]

이러한 지적에서 알 수 있듯이 한반도 비핵지대를 추구하는 데에 있어서 중대한 관건은 미국의 입장이라고 할 수 있다. 미국이 여전히 핵전력을 자국의 국가안보 및 동맹 전략의 핵심으로 삼고 있는 상황에서 여기에 제한이 가해질 수 있는 한반도 비핵지대에 동의하겠느냐 는 의문이 제기되는 것이다. 만약 미국이 이 제안을 완강하게 거부한다면 한반도 비핵지대가 현실화하기는 어렵다. 미국의 동맹국인 한국이 미국의 동의 없이 한반도 비핵지대를 추진하기도 어렵고 미국과 적대관계에 있는 북한이 미국의 참여 없는 비핵지대에 흥미를 느낄 가능성도 거의 없기 때문이다.

그러나 미국의 입장을 비관적으로 예단할 필요는 없다. 우선 미국 정부는 "역사적으로 비핵지대가 적절하게 고안되고 완전히 이행되며 국제 평화와 안보, 그리고 안정에 기여한다면 비핵지대를 지지해왔다"는 입장을 밝히고 있다.[22] 특히 미국 민주당이 전통적으로 비핵지대에 대해 적극적인 입장을 보여왔다는 점에서 조 바이든 행정부의 등장을 한반도 비핵지대 공론화의 계기로 삼을 필요가 있다. 이와 관련해 유엔 군축위원회는 1999년 비핵지대 설치를 위한 가이드라인을 제정한 바 있는데, 미국도 유엔 군축위원회 회원국으로 이에 동의했고 유엔 총회도 이를 승인했다. 또한 2009년 9월 채택된 유엔 안보리 결의 1887호에는 다음과 같은 내용이 담겼다.

"비핵지대 조약들을 체결하기 위해 취해진 조치들을 환영·지지하고, 지역 당사국들의 자유로운 준비에 기초하고 1999년 유엔군축위원회 지침에 따라 국제적으로 인정된 비핵지대가 세계와 지역 평화와 안전을 증진하고 비확산체제를

---

20) 2019년 8월 30일 통일연구원 주최 국제 세미나에서 필자와 나눈 대화이다.
21) 필자가 2019년 10월 21일에 중국 베이징에서 가진 인터뷰임.
22) U.S. Department of State, "Nuclear Weapon Free Zones," 《https://2009-2017.state.gov/t/isn/anwfz/index.htm》.

강화하며 핵군축의 목표를 실현하는 데에 기여한다는 확신을 재확인한다."

이 결의는 버락 오바마 미국 대통령의 제안으로 이뤄진 것이고 바이든이 당시 부통령이었다. 안보리 결의 직후 미국 국무부는 비핵지대에 대한 입장을 홈페이지에 게재했다.[23] "미국은 역사적으로 비핵지대를 지지해왔다"며 "사례별로 비핵지대 의정서에 서명할 것인가의 여부를 결정하겠다"는 것이다. 또한 2010년 5월 NPT 검토 회의를 앞두고 수잔 버크(Susan F. Burk) 대통령 비확산 담당 특별대표는 "비핵지대는 NPT의 중요한 보완책이라고 믿고 있다"며 비핵지대가 "NPT를 넘어선 이익을 제공하고 있다"고 밝혔다. NPT에 명시되지 않은 핵무기 배치 금지, 핵실험 금지, 방사성 물질 투기 금지, IAEA 추가 의정서 가입 의무, 핵 방호에 대한 높은 기준 설정 등이 비핵지대에 담긴 경우들이 있다는 것이다.[24]

또한 바이든은 2020년 10월 22일 대선 TV 토론에서 "한반도는 비핵지대가 되어야 한다(The Korean Peninsula should be a nuclear-free zone)"고 밝힌 바 있다. 이것이 미국도 참여하는 비핵지대 조약을 염두에 둔 것인지는 불분명하지만 비핵지대로 문제를 풀자는 제안의 근거는 될 수 있다. 바이든 선거 캠프가 밝힌 핵정책 방향도 주목할 필요가 있다. "바이든 대통령은 핵무기의 역할을 줄이겠다는 우리의 공약을 입증하기 위해 여러 가지 조치를 취할 것"이라며 "미국 핵무기의 유리한 목적은 억제에 있고 필요하다면 핵 공격에 대한 보복에 한정할 것"이라고 밝혔다.

1991년에 미국이 북한이 주장한 비핵지대를 거부했던 이유들의 상당 부분도 그 해결책을 찾을 수 있다. 또한 앞서 언급한 것처럼 비핵지대가 30년 묵은, 그리고 거의 모든 이가 불가능하다고 여기는 북핵 문제 해결에 크게 기여할 수 있는 방안이라면, 미국으로서도 검토해볼 여지는 있을 것이다. 이에 따라 성급한 예단보다는 예상되는 쟁점들을 분석해보고 이에 대한 해결책을 도모하는 것이

23) U.S. Department of State, "Nuclear Weapon Free Zones," 〈https://2009-2017.state.gov/t/isn/anwfz/index.htm〉. (Accessed September 30, 2019).

24) Ambassador Susan F. Burk, Remarks on Behalf of the U.S. at the Second Conference for States Parties and Signatories to Treaties that Establish Nuclear-Weapon-Free Zones and Mongolia, April 30, 2010. 〈https://2009-2017.state.gov/t/isn/rls/rm/141427.htm〉

바람직하다.

2. 재처리·우라늄 농축과 주한미군 문제

우선 미국이 1990년대 초반 한반도 비핵지대를 거부하고 비핵화를 제시한 이유를 복기할 필요가 있다. 이와 관련해 나는 당시 미국이 세 가지 이유로 비핵지대를 거부했다고 분석한 바 있다. 남북한의 우라늄 농축 및 재처리 시설 보유 문제, 주한미군 철수 우려, 미국 핵정책에 가해질 제약 등이 바로 그것들이다. 이 가운데 한반도 비핵지대 창설 시 적어도 한반도에 대한 미국 핵정책의 변화는 당연히 포함될 수밖에 없다. 이에 관한 구체적인 내용은 후술키로 하고 재처리·우라늄 농축과 주한미군 문제에 대한 해결책을 우선 다뤄 보기로 한다.

일반적으로 다른 지역의 비핵지대 조약에서는 지대 내 국가들의 우라늄 농축 및 재처리를 금지하지 않고 있다. 반면 한반도 비핵화 공동선언에는 남북한이 이들 시설을 보유하는 것을 금지했다. 그러나 북미 간의 대결이 첨예해지면서 북한은 재처리 및 우라늄 농축 시설을 보유하고 있는 실정이다. 한국 내에서도 북핵 위협에 대처하기 위해 이들 시설을 보유해야 한다는 주장이 끊임없이 제기되고 있다. 반면 미국의 북핵 해결 및 핵 비확산 원칙을 고려할 때, 미국은 어떤 합의를 추구하든 남북한의 우라늄 농축 및 재처리 시설 보유를 불허하려고 할 것이다.

현실적인 대안은 한반도 비핵지대 조약문에 "남과 북은 핵 재처리 시설과 우라늄 농축 시설을 보유하지 아니한다"는 조항을 포함시키는 것이라고 할 수 있다. 이는 한반도 비핵화 공동선언에 담긴 조항을 계승한 것이다. 일단 한국은 이에 동의할 것이 확실하다. 역대 모든 정부는 한반도 비핵화 선언을 공식적으로 폐기하지 않았고, 재처리 및 우라늄 농축 시설을 보유하지 않겠다는 것은 한미원자력협정에 담긴 내용이며, 비핵지대를 통한 북핵 문제 해결 시 이들 시설을 보유해야 한다는 주장도 반감될 수밖에 없기 때문이다. 북한 역시 제재 완화와 같은 상응조치가 있을 경우 호의적으로 고려할 가능성이 높다. 북한은 2차 북미정상회담 당시 미국이 제재 완화 요구를 받아들이면 영변 핵시설을 모두 폐기하겠다며 여기에는 재처리 시설은 물론이고 우라늄 농축 시설도 포함된다는 점을 밝힌 바 있다.

앞서 언급한 것처럼 미국이 1991년에 비핵지대를 거부한 핵심적인 이유는 북한의 요구에 주한미군 철수도 포함되어 있었다는 데에 있다. 그러나 북한은 1992년 김용순 노동당 비서와 아널드 캔터 미국 국무차관 간 회담 이래로 사실상 주한미군의 철수 주장을 거둬들였다. 김정은이 남북정상회담이나 북미정상회담에서 이를 요구한 적도 없다. 김정은과 여러 차례 면담했던 마이크 폼페이오도 "김 위원장은 직접적이든 간접적이든 주한미군 철수를 요구하지도 거론한 적도 없다"고 밝혔다. 동시에 북한은 한미군사훈련과 미국의 전략자산 전개 및 주한미군의 전력증강에 대해서는 예민한 반응을 보여왔다. 한미 양국은 주한미군 문제는 북한이 관여할 사안이 아니라는 입장을 견지해왔다.

이러한 점들을 종합해볼 때, 주한미군의 주둔 여부는 한미동맹 차원의 결정사항으로 두면서도 그 규모와 성격, 그리고 무장 수준은 한반도 비핵지대 및 군비통제에 맞게 조정할 필요가 있다. 가령 앞서 언급한 '전략 자산 없는 주한미군'이 이에 해당한다. 다만 향후 주한미군의 필요성에 대한 판단이 달라질 수 있으므로 '주한미군 없는 한미동맹'이나 '한미동맹 없는 한미우호협력관계'도 염두에 둘 필요는 있다.

3. 소극적 안전보장

또 하나의 핵심 쟁점은 소극적 안전보장 문제이다. 미국은 과거에 여러 차례에 걸쳐 북한에 핵무기 사용 및 사용 위협을 하지 않겠다고 약속했지만, 정권교체와 같은 상황 변화에 따라 흐지부지되곤 했다. 이를 의식한 북한은 미국의 대북 안전보장에는 법적 구속력이 갖춰져야 한다는 점을 강조하고 있다. 중국과 러시아 역시 북핵 문제 해결을 위해서는 이것이 필수적이라고 주장해왔다. 미국 역시 북한과 어떤 형태로든 합의 도달 시 무력 불사용 및 불 위협 약속을 하게 될 것이다. 싱가포르 북미공동성명에도 "트럼프 대통령은 조선민주주의인민공화국에 안전 담보를 제공할 것을 확언"했다는 내용이 있다. 그러나 이 확언이 국제법적으로 뒷받침되는 것은 별개의 문제일 수 있다. 법적 구속력을 갖추려면 협정(agreement)이나 조약(treaty) 형태의 합의가 존재해야 하기 때문이다.

이와 관련해 다른 지역의 비핵지대 사례들을 살펴보는 것이 유용하다. 미국은 소극적 안전보장을 위한 의정서에 서명·비준한 곳은 중남미 비핵지대가 유일하다. 아프리카 및 중앙아시아 비핵지대의 소극적 안전보장 의정서에 서명은 했지만 비준은 하지 않았다. 남태평양 및 동남아시아 비핵지대의 소극적 안전보장 의정서는 서명조차 하지 않았다. 이들 두 지역에는 미국의 동맹국들이 있는 만큼 동맹 전략에 미칠 영향을 우려했기 때문으로 보인다. 아울러 미국은 1996년에 아프리카 비핵지대 의정서에 서명하면서도 지대 내 어떤 국가가 생물무기나 화학무기로 공격 시 "모든 옵션"으로 대응할 권리를 유지하겠다는 입장을 밝힌 바 있다.[25] 이를 통해 알 수 있듯이 미국은 비핵지대 의정서 서명·비준 여부에 대해 사례별로 접근하고 있다.

만약 미국이 한반도 비핵지대 본 조약이나 의정서 체결국으로 참여하게 되면 미국의 대북 소극적 안전보장에는 국제법적 구속력이 부여된다. 이와 관련한 직접적인 쟁점은 미국이 조건을 달 것인가의 여부에 있다. 미국은 북한이 다량의 화학무기 및 생물무기 일부를 보유하고 있다고 주장해왔다. 이는 미국이 아프리카 비핵지대 의정서 서명 때 내세웠던 조건을 떠올리게 한다. 즉, 대북 소극적 안전보장 제공에 동의하면서도 북한이 이들 무기를 사용해 미국이나 동맹국들을 공격할 경우에는 "모든 옵션을 유지하겠다"는 유보 조항을 선언할 가능성이 있다는 것이다. 또 미국은 1995년 핵보유국의 비핵국가에 대한 소극적 안전보장 제공에 관한 유엔 안보리 결의에 동의하면서도 별도의 서한을 통해 "비핵국가가 비 핵무기로 타국을 공격할 때 핵보유국과 연합하지 않는다면"이라는 조건을 달았다. 아울러 비핵국가가 NPT 회원국으로서의 의무를 수행하지 않으면 소극적 안전보장의 예외가 될 수 있다는 점을 여러 차례 밝혔다.

---

25) https://www.armscontrol.org/factsheets/nwfz

이에 따라 소극적 안전보장을 둘러싼 갈등을 최소화하기 위해서는 북한의 NPT 복귀 및 생화학무기 문제에 대한 해법도 마련할 필요가 있다. 일단 북한은 생물무기금지협약(BWC) 회원국이고 생물무기 보유 자체를 부인해왔다. 이에 따라 북한은 이 협약의 준수를 공약하면서 미 가입 상태에 있는 화학무기금지협약(CWC)도 적절한 시점에 가입할 필요가 있다. 가령 한반도 평화협정에 "6개월 이내에 CWC에 가입한다"는 조항을 넣은 것을 고려할 수 있다. 이 조약에 가입하면 화학무기의 사용은 국제법적으로 금지되고 무기도 모두 폐기해야 한다. 다만 화학무기 폐기에는 상당한 비용과 시간이 소요되는 만큼, 국제적인 지원과 협력이 필요하다. 아울러 한반도 비핵지대 조약 체결 이전에 북한의 NPT와 국제원자력기구(IAEA) 복귀도 요구된다.

또 하나의 현실적인 문제는 미국 행정부가 비핵지대 의정서에 서명하더라도 미 상원의 비준 여부가 불확실하고 비준하더라도 상당한 시일이 걸릴 수 있다는 것이다.[26] 실제로 미국 행정부는 아프리카와 중앙아시아 비핵지대 의정서에 서명하고 상원에 비준을 요청했지만, 비준은 아직 이뤄지지 않고 있다. 이에 따라 미국은 정치적 선언에 해당하는 "트럼프 대통령은 조선민주주의인민공화국에 안전 담보를 제공할 것을 확언"을 유지할 필요가 있다. 또한 이러한 정치적 약속은 추후 북미회담이나 다자회담에서 재확인될 수 있고, 한반도 평화협정 체결을 통해 국제법적 구속력이 확보될 수도 있다.

4. 핵우산 문제

한반도 비핵지대가 공론화될 경우 핵우산 문제도 부각될 수 있다. 이는 위에서 언급한 소극적 안전보장과도 밀접히 연관된 것이다.[27] 중국과 러시아는 공식

---

26) Morton Halperin, Peter Hayes, Leon Sigal, "A KOREAN NUCLEAR WEAPONS-FREE ZONE TREATY AND NUCLEAR EXTENDED DETERRENCE: OPTIONS FOR DENUCLEARIZING THE KOREAN PENINSULA", NAPSNet Special Reports, April 12, 2018, https://nautilus.org/napsnet/napsnet-special-reports/a-korean-nuclear-weapons-free-zone-treaty-and-nuclear-extended-deterrence-options-for-denuclearizing-the-korean-peninsula/

27) '소극적 안전보장'은 미국이 자국과 비동맹에 있는 비핵국가들을 상대로 적용되는 것이다. 반면 핵우산으로 불리는 '핵 확장 억제'는 미국의 동맹국이 공격 받을 경우 미국이 핵으로 보복할 수 있다는 위협을 가함으로써

적으로 북한에 핵우산을 제공하지 않고 있는 만큼, 현실적인 문제는 미국이 한국에 공약해온 핵우산이 될 것이다. 한미상호방위조약에 자동 개입 조항이 없기 때문에 한국이 타국의 공격을 받을 경우 미국의 핵우산이 자동으로 적용되는 것은 아니다. 그러나 미국은 1950년대 후반부터 한국에 다량의 핵무기를 전진 배치했었고 1991년 전술핵 철수 시에도 한국에 대한 핵우산은 유지될 것이라고 선언한 바 있다. 이후 한미정상회담이나 한미연례안보회의(SCM)에서 이러한 입장은 거듭 확인되어왔다.[28]

그렇다면 북핵 문제가 비핵지대나 다른 방식으로 해결될 경우 미국의 핵우산도 철수하게 될까? 미국이 핵우산 철수를 공식화할 가능성은 높지 않다. 핵우산 철수를 공식화하면 중국과 러시아를 견제하는 데에 차질을 빚는다고 여길 것이기 때문이다. 한국 국내에서도 미국의 핵우산 철수가 공식화 되면 한미동맹이 약화될 것이라는 우려가 제기될 수 있다. 그러나 북핵 문제가 해결된 상황에서 미국이 핵우산 공약을 계속 유지할 경우 이는 소극적 안전보장과 상당한 긴장관계를 갖게 된다. 또한 중국과 러시아도 한반도 비핵지대에 참여해 소극적 안전보장을 약속한 상황에서 미국의 핵우산이 계속 존재할 이유도 마땅치 않다.

이에 따라 소극적 대안과 적극적 대안을 모두 검토할 필요가 있다. 소극적 대안은 미국이 "핵우산을 계속 제공한다"는 공약도, "핵우산을 철수한다"는 발표도 하지 않는 것이다. 일종의 '전략적 모호성'을 유지하는 것이다. 이게 소극적 대안이라면 적극적 대안은 한미 양국의 공동의 결정으로 핵우산 철수를 공식화하는 것이다. 후자의 방식이 비핵지대의 취지에 더 맞을 것이다.

5. 핵무기 및 운반 수단의 배치·통과·경유 문제

한반도 비핵지대 추진 시 가장 큰 난제는 핵무기 및 그 운반수단이 비핵지대

공격을 억제한다는 '적극적 안전보장'에 해당한다.

28) 일각에서는 "확장 억제(extended deterrence)"를 "핵우산(Nuclear Umbrella)"과 동의어로 사용하고 있지만, 둘이 일치하는 것은 아니다. 미국의 확장 억제에는 핵우산뿐만 아니라 재래식 군사력과 미사일방어체제(MD)도 포함되기 때문이다. 이에 따라 핵우산의 동의어는 "핵 확장 억제(nuclear extended deterrence"이다.

안팎 통과 및 경유 문제가 될 것이다. 일단 배치는 국제법적으로 금지된다는 점에 이견은 없다. 하지만 통과 및 경유는 다르다. 미국은 행동의 자유를 구속 받기를 원하지 않고 있는 반면에 북한은 "조선반도"는 물론이고 그 인근도 비핵화가 되어야 한다는 입장을 견지해왔기 때문이다.

이와 관련해 미국 정부의 일반적인 입장부터 살펴볼 필요가 있다. 미국 국무부는 "비핵지대 조약은 지대 내 당사자들이 타국의 핵 추진 또는 핵 능력이 있는 선박이나 항공기가 지대 내 국가들의 육지, 내수, 영해, 영공을 통과할 수 있는 권리를 부여하거나 거절할 수 있는 현존 권리에 영향을 주지 않아야 하고, 여기에는 기항도 포함된다"고 밝혔다. 이에 따라 미국은 한반도 비핵지대 조약 논의 시 핵무기를 탑재했거나 할 수 있는 선박과 항공기, 그리고 핵 추진 선박의 한국 영토·영공·영해 통과나 기항 및 기착 문제를 한국의 재량에 맡겨야 한다고 주장할 것으로 보인다. 이에 대해 북한은 "핵무기와 핵 위협이 없는 조선반도"의 취지에 부합하지 않는다며 원천적으로 금지해야 한다고 주장할 가능성이 제기된다. 이 문제는 남북한의 영토에만 국한되지 않고 한반도 인근의 공해와 공역에서도 제기될 수 있다.

이 문제를 해결하기 위해서는 유엔의 권고안을 따르는 것이 가장 현실적이다. 1999년 유엔군축위원회 보고서의 관련 내용을 보면 상기한 미국의 입장과 거의 같으면서도 미묘한 차이를 발견할 수 있다. 미국 국무부 입장과는 달리 유엔 보고서에는 기항이나 기착이 명시되어 있지 않은 것이다. 이에 따라 한반도 비핵지대 조약에서는 핵 추진 또는 핵 능력이 있는 선박과 항공기의 통과 여부를 지대 내 국가의 주권적 권리로 명시하면서도 기항이나 기착은 금지하는 방법으로 절충할 필요가 있다.

이와 관련해 주목할 만한 움직임도 있다. 미국이 괌에 전진 배치한 B-52 전략폭격기를 본토로 이동시킨 것이다. 미국은 2004년 전략폭격기의 괌 배치 이후 6개월 단위로 순환 배치를 유지했었다. 그러나 2020년 4월에 괌에서 폭격기를 철수시키고 본토에 영구 배치하겠다고 발표했다.[29] 이러한 움직임은 한반도 비

---

29) https://www.stripes.com/news/pacific/air-force-nixes-regular-bomber-rotations-on-guam-

핵지대 논의에 활력을 불어넣어줄 수 있는 측면이 있다. 과거에는 괌에서 전략폭격기가 한반도로 수시로 전개되어 대북 무력시위를 벌였고 급기야 북한은 2017년 8월에 "괌 포위 사격"을 위협한 바 있다. 그런데 미국의 전략폭격기 운용 계획의 변경에 따라 이러한 일들이 재발될 가능성은 상대적으로 줄어들었다. 특히 북한은 "조선반도"뿐만 아니라 "그 주변"도 비핵화되어야 한다는 입장을 밝혀왔기에 미국의 이번 조치는 비핵지대의 접점을 넓히는 데 기여할 수 있다.

6. 한반도 비핵지대 실현을 위하여

한반도 비핵지대가 공론화되고 협상 테이블에 올라가면 상기한 쟁점들 외에도 여러 가지 쟁점들이 나올 것이다. 하지만 가장 중요한 것은 남북한 정부와 한국 시민들의 의지이다. 한반도 비핵지대의 실질적인 출발점은 지대 내 당사자들인 남북한이 먼저 합의해야 한다는 데에 있기 때문이다. 이는 유엔뿐만 아니라 "비핵지대 창설 구상은 해당 지역의 국가들로부터 나와야 한다"고 밝힌 미국 정부도 강조하는 일반론적인 원칙이다.

또 한반도 비핵지대는 현실적인 장점이 있다. 많은 나라들이 포함되어 있어 합의 도달에 상당한 시간이 걸렸던 다른 지역 비핵지대와는 달리 한반도 비핵지대의 당사자는 둘이다. 이에 따라 남북한이 합의했던 한반도 비핵화 공동선언과 다른 지역의 비핵지대 조약 및 유엔의 권고안을 두루 참고하면 한반도 비핵지대 조약문을 성안할 수 있을 것이다.30)

이를 위해서는 정부의 정책적 검토 및 추진에 앞서 시민사회 차원의 공론화가 선행될 필요가 있다. 한반도 비핵지대가 많은 사람에게 여전히 생소한 만큼, 대중 홍보와 시민 교육, 그리고 언론 활동을 통해 국민적 공감대를 넓혀 나가야 한다. 국내외 전문가들 사이에서도 활발한 토론이 필요하다. 또 국제연대도 대단히 중요하다. 비핵지대 확대는 유엔 권고 사항이자 유엔 스스로 규정한 역할이고 많은 나라와 단체의 목표이기도 하다. 이에 따라 한국 시민사회가 한반도 비핵지대

---

for-less-predictable-global-deployments-1.626501

30) 내가 작성해본 한반도 비핵지대 조약 시안은 부록에 실었다.

를 추구하면 국제사회의 폭넓은 지지와 협력을 이끌어낼 수 있을 것이다.

특히 비핵지대는 유엔이 적극적으로 권장하는 의제라는 점에서 유엔을 활용할 필요가 있다. NGO에도 문호가 개방되어 있고 1~2년마다 유엔 본부에서 열리는 NPT 회의에 적극적으로 참여해 국제 NGO 공동성명과 정부 회의 결과 문서에 한반도 비핵지대 창설을 촉구하는 내용이 담길 수 있도록 노력할 필요가 있다. 또 유엔 안보리와 유엔 사무총장, 유엔 군축회의 등을 상대로 로비 활동을 벌여 한반도 비핵지대를 의제로 삼을 것을 촉구할 수도 있을 것이다.

제6장

북한 핵·미사일 위협과 한국의 대응방안

6장 북한 핵·미사일 위협과 한국의 대응방안

조성렬

Ⅰ. 북한의 핵능력 고도화와 한반도 전쟁위기

"취지대로 되지 않았다고 그 시도가 잘못됐음을 의미하진 않는다."

지난해 12월 메르켈 전 독일총리가 한 언론과의 인터뷰에서, 총리 시절 자신이 전쟁을 막기 위해 우크라이나의 NATO 가입에 반대했지만 젤렌스키 우크라이나 대통령이 고집부리는 바람에 결국 러시아의 침공이 이뤄졌다며 한 말이다. 같은 해 2월 19일 뮌헨 안보회의에서 젤린스키가 우크라이나 비핵화를 담은 1994년 '부다페스트 양해각서'를 파기해 핵 재무장할 수 있음을 시사한 것이 푸틴 대통령이 침공을 앞당긴 도화선이 된 것으로 알려졌다.

최근 들어 잇단 북한의 미사일 발사와 재래식 도발이 이어지자, 윤석열 정부 내에서 지난 정부의 한반도 비핵화와 평화를 위한 시도를 평가절하하며 독자적 핵무장을 주장하였다. '비핵화는 애당초 불가능했다'거나 '위장된 평화쇼에 놀아났다'며 한반도 비핵화를 위한 평화협상을 비난하더니, 급기야 윤 대통령과 여권 일부에서 독자적인 핵무장을 언급했다. 하지만 문재인 정부가 당초 취지대로 한반도 비핵화 목표를 달성하는 데 성공하지 못했다고 해서 그 시도가 잘못됐던 건 아니다. 오히려 북한이 받아들이기 어려운 조건을 내걸며 한반도 비핵화의 진전을 방해했던 일부 국내세력들에게 비난이 돌아가야 한다.

이들은 미국 초강경파와 일본 극우세력과 합세해, 북한에게 빅딜 아니면 노딜 중에서 양자택일하라며 압박하면서 북한의 합리적 안보우려를 고려한 단계적 비핵화 방식(Good Enough Deal)을 스몰딜으로 폄하하고 반대했다. 북한 핵위협의 제거 시도를 방해했던 자들이 이제 와서 북한 핵위협을 내세워 한국의 핵무장을 주장하고 있다. 일부 정치인들의 핵무장론은 국제 핵비확산 체제에 대한 명백한 도전이면서 동시에 북한의 핵무기 보유를 정당화시켜주는 것이라는 점에서 이러한 주장은 파렴치하고 무책임한 것이다.

지금 북한의 핵위협은 엄면한 현실이 되었다. 북한은 핵탄두의 양적 증가와 투발수단의 다양화를 통해 기존의 확증보복에서 비대칭 확전으로 전환을 꾀하면서 공세적인 핵태세를 취하고 있다. 문제는 현재와 같은 북한의 핵미사일 위협에 제동을 걸 장치가 마땅치 않다는 점이다. 미·중 전략경쟁이 본격화되기 전까지만 해도 중국과 러시아가 한반도 비핵화와 안정을 지지하며, 북한의 핵실험이나 중장거리 탄도미사일 시험에 대해 유엔안보리 제재 결의에 찬성표를 던져왔다. 하지만 우크라이나 전쟁과 대만 위기처럼 진영 간의 대립이 첨예화하면서 북한이 유엔안보리 결의를 위반해도 중·러는 상임이사국 지위를 이용해 추가제재 결의안뿐 아니라 안보리 의장 비난성명에도 거부권을 행사했다.

이 글은 먼저 사실상 핵보유국이 된 북한의 국제정세 평가와 국가전략, 그리고 핵능력 실태와 핵 사용가능성에 대해 살펴본다. 다음으로 새로운 동북아 핵질서에 대해 대칭적 경성균형, 비대칭적 연성균형 및 비대칭적 복합균형의 세 가지로 나눠 살펴본 뒤, 대칭적 경성균형으로 한국과 일본의 핵무장 옵션에 대해 살펴본다. 이어서 북한 핵위협에 대한 '핵 대 핵' 대응방식으로 주한·미군 전술핵무기 재배치론, 나토식 핵공유론, 단계적 독자 핵무장론에 대해 검토한 뒤, 이 방안들이 과연 북한에게 핵억제로서 기능할 수 있는지 평가해 본다. 끝으로, 미국의 확장억제력 공약과 한국의 재래식 3축 체계에 의한 연성 및 경성 핵균형이 당면한 북한 핵위협에 대한 현실적인 대안임을 밝힌 뒤, 각각의 구체적인 내용을 살펴본다. 아울러 북한 핵능력이 연성·경성 균형을 깨는 고위력 핵무기 보유까지 가지 않도록 외교적 공간을 마련해야 한다는 제언으로 마무리한다.

Ⅱ. 북한의 사실상 핵무기보유국화와 전략국가론

1. 북한의 정세인식과 전략국가론: '신냉전과 다극화' 속의 생존전략

북한 김정은 위원장은 2023년 신년사를 대신한 당 전원회의 결정서 발표를 통해, 현 국제관계구도를 '신냉전'으로의 명확한 전환과 '다극화' 흐름의 가속화로 평가하였다. 미국이 동맹국들을 총동원하고 추진하고 있는 우크라이나 전쟁과 인도·태평양 전략을 신냉전 구도로의 전환으로 보고, 중국의 경제적·군사적 굴기와 BRICS의 부상을 다극화 흐름으로 파악하고 있는 것이다.

북한은 이러한 흐름으로 인해 강대국 사이에서 한반도가 완충국가(남북분단, 완충지대화), 일본이 후방기지로 기능해 왔던 전후 동북아 안보질서가 크게 변화하고 있다고 보고 있다. 북한은 이러한 질서재편 과정에서 윤석열 정부가 미·일에 편승하면서 대북 적대시 정책을 강화하고 있는 것으로 보고 있다. 이러한 인식에 따라 김정은 위원장은 남한을 '명백한 적'으로 규정하면서 남한을 겨냥해 '전술핵무기의 다량생산과 핵탄 보유량의 기하급수적 증가'를 추진하겠다고 선언했다.[1)]

북한의 대외 전략은 북한이 사실상 핵무기 보유국이 되고 핵무기 고도화로 '위협' 능력을 갖추게 되었고 미국이 이를 '인식'함으로써 인접한 대국을 억제할 수 있는 '최소억제'가 성립되었고, 그 동안 미국이 동맹국에 제공했던 확장억제의 신뢰성이 저하하고 있다는 판단에 근거한 것이다. 이에 따라 북한은 스스로 완충국가의 지위에서 벗어나 보다 중립적이고 자주적인 대외정책을 취할 수 있게 됐다고 판단하고 있다.

김정은 위원장이 국제정세를 '신냉전과 다극화'로 인식하면서 자신들에게 새로운 기회가 출현할 것으로 기대하는 듯하다. 북한이 대안으로 모색하는 것은 지난 2018~19년 접근을 시도했던 미국 주도의 세계시장이 아니라, 러시아 및 유라시아경제연합 그리고 중국과의 새로운 관계 구축이다. 북한은 2019년 2월

---

1) 『조선중앙통신』 2023년 1월 1일. 이러한 북한의 '남한=적'규정을 근거로, 금년 2월에 발간된 『2022 국방백서』에서는 '북한=주적' 개념을 부활했다.

북·미 간의 '하노이 노딜' 이후 열린 그 해 12월 말의 당 전원회의에서 '정면돌파전'을 선언하고 북·중·러 북방 삼각 형성을 위해 공을 들여왔다.

노동당 국제부는 홍콩 유혈 진압을 지지하고 외무성은 신장·위구르 문제에서 중국을 옹호했으며, 유엔총회의 러시아침공 규탄결의안에 반대한 데 이어 우크라이나에서 분리독립을 선언한 도네츠크·루한스크 공화국을 정식 승인하였다. 또한 리영길 국방상은 8월 1일 중국군 창건일에 축전을 보내 전략·전술적 협동작전을 제안했고, 김정은 위원장도 8월 15일 푸틴 대통령에게 "전략적, 전술적 협력, 지원 및 연대"의 강화를 환영한다는 메시지를 보내는 등 중국, 러시아와의 안보협력에도 관심을 보이고 있다.

이처럼 북한은 안보면에서 완충국가에서 벗어나 중립화(전략국가)로 갈 수 있는 여건을 갖췄으나, 경제적으론 국제사회의 제재로 커다란 어려움에 처해 있다. 하지만 북한은 경제 규모가 작고 오랫동안 자력갱생 체제 속에서 살아왔기 때문에 외국과의 적은 자본·기술 협력만 있어도 체제를 유지하는 큰 문제가 없다고 판단한 것으로 보인다. 북한은 코로나19 때문에 잠정 폐쇄했던 북·중, 북·러 국경을 차례로 개방해 국경무역을 재개했다. 이를 통해 유엔안보리가 금지하지 않은 물품들의 거래가 이뤄지고 있다. 최근에는 라오스, 캄보디아 등 사회주의·권위주의 국가들과 경제교류를 재개하려는 움직임이 나타나고 있다.

북한은 유엔안보리 제재로 합법적인 외화 획득이 어렵게 되자 해외에 잔류하고 있는 북한 근로자의 임금과 사이버 수단을 통한 화폐 탈취로 눈을 돌렸다. 유엔안보리 결의 2395호에 따라 2019년 말까지 해외 북한 근로자들이 전원 귀국하게 돼 있었지만, 코로나로 인한 국경봉쇄로 일부만 귀국하고 나머지는 잔류하며 지금도 외화를 벌어들이고 있다. 또한 유엔 전문가패널에 따르면, 북한은 해킹을 통해 거액의 외화를 벌어들이고 있다. 2015~2019년 사이 사이버 수단을 통해 20억 달러의 탈취 시도가 있었으며, 2022년 한 해에만 2조 1783억원(약 16억 5050만 달러)의 암호화폐를 탈취해 외화를 얻고 있다.

중기적으로 북한은 우크라이나 전쟁에 의용군을 파견하거나 우크라이나에서 분리 독립한 도네츠크·루한스크 공화국의 재건사업에 참여하는 식으로 외화를 벌어들일 가능성이 있다. 지난해 8월 도네츠크 공화국 수장 푸쉴린은 돈바스 재건사업에 북한노동자 파견을 검토하고 있다고 밝혔으며, 주북 러시아대사 마체고라도 러시아의 원자재·비료·곡물과 북한 노동 인력의 협력 가능성을 언급했다. 또한 올해 3월에는 러시아 인터넷매체가 북한군 1만~1만5천 명이 의용군 자격으로 전투지역에 투입될 것이라고 보도하기도 했다.

장기적으로 볼 때, 북한은 미·러, 미·중 대립이 격화되어 진영 구도가 정착되면 러시아가 주도하는 유라시아경제연합(EAEU)과의 협력으로 활로를 찾을 것으로 보인다. EAEU는 러시아를 비롯해 벨라루스· 아르메니아·카자흐스탄·키르키스스탄 등 옛 소연방국가들로 구성되며 세계 최대의 면적에 세계 4위의 경제 규모를 갖고 있다. 현재와 같이 서방 진영과 중·러 진영의 디커플링(탈동조화) 및 대립 구도가 심화되면, EAEU가 유엔안보리 대북 제재 결의를 무시하고 북한과 경제교류를 재개할 가능성도 배제할 수 없다.

2. 북한의 핵무기 능력

북한은 지난 2018년 4월 20일 당 중앙위원회 제7기 제3차 전원회의에서 "핵시험과 대륙간탄도로켓 시험발사를 중지할 것", "핵시험중지를 투명성 있게 담보하기 위하여 공화국 북부 핵시험장을 폐기할 것" 을 결정하였다. 그 뒤 5월 24일 후속조치로서 풍계리핵실험장을 갱도 폭파방식으로 폐쇄하는 북부 핵시험장 폐기의식을 거행하였다.

하지만 2022년 1월 19일 김정은 국무위원장은 당 정치국회의에서 "선결적으로,주동적으로 취하였던 신뢰구축조치들을 전면 재고하고 잠정 중지하였던 모든 활동들을 재가동"한다고 발표한 뒤 풍계리 핵시험장 가운데 1~4번 갱도 중 한 번도 핵실험 안 한 3번 갱도를 복구하였다. 2022년 1월 30일 북한이 중거리탄도미사일을 발사하자 그 이튿날 쿠테흐스 유엔 사무총장은 "모라토리엄 파기"로 규정하기도 했다.

하지만 미국과 중·러 간의 관계악화로 북한이 유엔안보리 결의를 위반해

ICBM을 쏘아대도 중국과 러시아의 거부권에 막혀 더 이상 유엔안보리 추가 제재 결의는 물론 의장성명조차 채택되지 못하고 있다. 기껏해야 서방 7개국(G7)이나 한·미·일 회담에서 성명이 나올 뿐이지만, 북한엔 '쇠귀에 경 읽기'이다. 되려 중국과 러시아는 유엔안보리에 대북 제재 완화 결의안을 제출했을 뿐 아니라, 지난 3월 중·러 정상 공동성명에서 '모든 독자 제재의 전면해제'를 촉구해 북한에 힘을 실어주었다.

〈표 1〉 북한의 핵실험 상황

차수	날짜	지진강도	추정폭발력	비 고
1차	2006.10.9.	진도 4.1	0.5 kt	플루토늄 폭발장치 핵실험
2차	2009.5.25.	진도 4.5	1-3 kt	플루토늄 폭발장치 핵실험
3차	2013.2.12.	진도 5	10 kt	고농축우라늄 폭발장치 핵실험
4차	2016.1.6.	진도 4.8	5 kt	증폭분열 폭발장치 핵실험, 북한은 수소탄 핵실험이라고 주장
5차	2016.9.9.	진도 5.1	10-15 kt	증폭분열 핵탄두 핵실험
6차	2017.9.3.	진도 6.1	140-250 kt	수소 핵탄두 핵실험

<출처> Hans M. Kristensen & Robert S. Norris, "North Korea nuclear capabilities, 2018," *Bulletin of the Atomic Scientists*, Vol.74, No. 1, 2018, p.45.

이처럼 국제사회의 통제를 받지 않는 가운데, 북한은 핵탄두의 보유량을 급속하게 늘려나가고 있다. 북한의 핵탄두 보유량은 미 과학국제안보연구소(ISIS)가 45개 정도이며,[2] 미 의회조사처(CRS)가 20~60개, 한국국방연구원이 80~90개로 추정했다. 핵무기를 운용할 북한전략군은 총 13개 여단이 편성되어 있으며, 각 여단은 3개 발사대대, 1개 연료차 대대, 1개 경비대대로 구성되어 있다.

북한의 핵무기연구소는 2016년 9월 9일의 5차 핵실험 직후 "소형화, 경량화, 다종화된 보다 타격력이 높은 각종 핵탄두들을 마음먹은 대로 필요한 만큼 생산할 수 있게 됐다"고 주장하면서, 핵무기의 소형화는 폭발력, 경량화는 질량을 기

2) https://www.yna.co.kr/view/AKR20230412022100504?input=1195m

준으로 한다고 개념을 규정하고 있다. 이에 따르면, 소형화는 핵탄두의 폭발력이 10kt이하의 무기를 만드는 것이고, 경량화는 핵탄두의 전체 질량을 가볍게 만드는 것이다.

또한 "핵무기를 소형화하는 것은 핵무기 사용의 작전전술적 목적을 달성하는 측면에서 유익하다"면서 "핵무기의 폭발력이 클수록 다 좋은 것은 아니다. 전선과 후방, 적아 쌍방 간에 엄격한 계선이 없이 립체적으로 벌어지는 현대전에서 이러한 무기를 쓰는 것은 실질적으로 어렵다"고 했다. 아울러 "군사적 목적을 성과적으로 달성하자면 여러가지 종류의 핵무기를 만들어야 한다"며 이것을 핵무기의 다종화라고 한다고 주장했다.3)

〈표 2〉 북한 방식의 소형화, 경량화, 다종화 개념 정의

	정 의
소형화	- 핵탄의 폭발력이 10kt 이하의 무기를 만드는 것 - 극소형핵탄(폭발력 1kt 이하), 소형핵탄(1~10kt), 중형핵탄(10~100kt), 대형핵탄(100kt~1Mt), 초대형핵탄(1Mt 이상)
경량화	- 핵탄의 총체적 질량을 가볍게 만드는 것
다종화	- 군사적 목적을 성과적으로 달성하기 위해 여러가지 종류의 핵무기를 만드는 것

〈출전〉『로동신문』 2016년 10월 23일.

북한은 핵탄두의 수량 뿐만 아니라 투발수단의 개발에도 열을 올리고 있다. 이미 2021년 제8차 당대회에서 '국방력 발전 5개년 계획'을 발표하고 극초음속무기, 다탄두개별유도기술(MIRV) 초대형 핵탄두, 고체발동기 대륙간탄도미사일(ICBM), 핵잠수함과 수중발사 전략무기, 군사정찰위성·무인정찰기 등을 제9차 당대회 전까지 완성해야 할 전략무기 5대 과업으로 제시했다. 2021년 8월 극초음속미사일 화성-8형, 2022년 11월 다탄두장착이 가능한 화성-17형, 12월 ICBM용 고체연료엔진, 정찰위성 및 무인정찰기를 각각 시험하였고, 핵잠수함의 개발을 추진하고 있다.

또한 2022년 12월말 당 전원회의에서는 '2023년도에 강력히 추진해야 할 자

3) 『로동신문』 2016년 10월 23일.

위적 국방력 강화의 새로운 핵심목표'로 2023년 4월까지 정찰위성 1호기를 준비하고, 최단기간 내에 또다른 신형 전략무기를 출현시킬 것이라고 예고했다. 5월 31일 북한은 군사정찰위성 '만리경-1호'를 탑재한 우주발사체 천리마-1호를 발사했으나 중간에 폭발해 실패했고, 조만간 추가 발사한다고 발표했다.

북한은 지금까지 세 차례에 걸쳐 핵탄두를 공개했다. 2016년 3월 원형에 원자탄두(KN-20,화성14형 탑재 추정)를 공개한 6개월 뒤인 9월 9일 제5차 핵실험을 실시했다. 2017년 9월 3일 장구형 수소탄두(KN-08/14, 화성13형 탑재 추정)를 공개한 직후 제6차 핵실험을 단행했다. 올해 3월 28일에는 핵실험과 무관하게 전술핵탄두 화산-31형을 『로동신문』에 공개하였다. 화산31형은 직경 40~50cm, 길이 80~90cm, 위력 10kt으로 추산된다. 북한이 의도적으로 노출한 전술핵탄두 화산31-형을 장착할 수 있는 8종의 투발수단을 보면 아래 표와 같다.

〈그림 1〉 북한이 공개한 핵탄두 및 전술핵탄두 화산-31형의 주요 투발수단

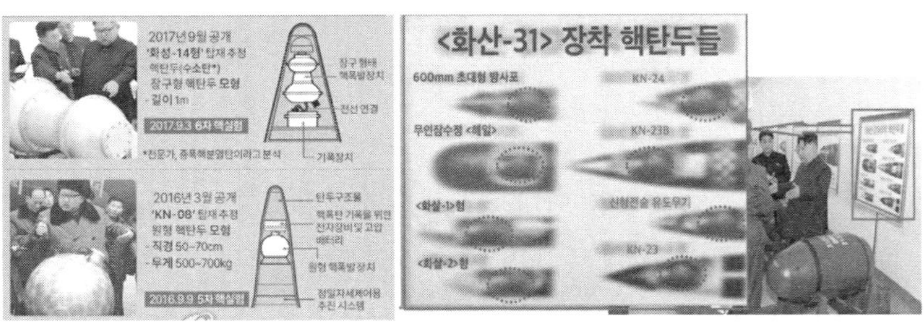

명칭	KN-23	KN-24	KN-25(23B)	화산-1	화산-2	해일	미니SLBM
특성	북한판 ATCMS	북한판 Iskander	600mm 초대형방사포	순항미사일	순항미사일	핵무인 수중공격정	잠수함 탄도미사일
사거리	800km	400km	400km	1500km	2000km	-	600km

〈출전〉『로동신문』 2023년 3월 28일 등.

3. 북한의 핵무기 사용 의지

1) 북한의 핵태세

그렇다면 북한의 핵태세는 어디까지 와 있고 무엇을 노리고 있는가? 미국 MIT대 비핀 나랑(Vipin Narang) 교수는 핵무기비확산조약(NPT) 회원국이 아니면서 사실상의 핵무기보유국인 인도·파키스탄·이스라엘·북한과 같은 제2차 핵국가들이 취할 수 있는 핵태세를 촉발(Catalytic), 확증보복(Assured Retaliation), 비대칭확전(Asymmetric Escalation)의 세 가지로 구분하고 있다. 이러한 핵태세는 핵탄두의 양적 증가와 투발수단의 강화에 따라 공세적으로 전환된다.[4)]

비대칭확전 핵태세란 일단 전쟁 발발의 위기가 발생하면 핵무기 선제사용을 위협하여 적대세력이 갖고 있는 모든 종류의 군사력 사용을 억제함으로써 안전보장을 확보하는 방식이다. 비대칭확전 핵전략은 '촉발'이나 '확증보복'과 달리 전쟁 초기단계에서 잠재적인 선택방안으로 핵 선제타격을 설정하고 있다. 비대칭확전 전략의 가장 큰 특징은 전쟁 때 적대세력의 재래식무기 사용에 대응해 핵무기를 사용할 능력과 의사가 있음을 드러내는 것이다.[5)]

북한의 핵태세는 핵무기 개발 초기에는 핵위협을 통해 중국의 중재나 미국과의 협상을 '촉발'하는 목적을 띄었다. 이후 핵실험에 성공하고 투발수단을 확보하면서 북한의 핵태세는 자신들이 공격 받을 경우 핵으로 보복하겠다는 '확증보복'으로 바뀌었다. 그러다가 2022년 9월 8일 핵정책을 법제화하면서 "전쟁 확대와 장기화를 막고 전쟁의 주도권을 장악하기 위한 작전상 필요가 불가피한 경우" 핵무기를 사용할 수 있다고 밝혀 '비대칭 확전'으로의 전환 가능성을 시사하고 있다.[6)] 지난해 12월말 당 전원회의에서 김 위원장이 천명한 대로 다량의 전

---

4) Vipin Narang, "Nuclear Strategies of Emerging Nuclear Powers: North Korea and Iran", The Washington Quaterly 38, No.1, Winter 2015, pp. 75~79.; Viping Narang, "Posturing for Peace? Pakistan's Nuclear Postures and South Asian Stability," International Security, Vol. 34, No. 3, Winter 2009/10, pp. 40~45.

5) 조성렬, 『전략공간의 국제정치: 핵, 우주, 사이버 군비경쟁과 국가안보』, 서강대학교출판부, 2016, p. 121.

6) 북한이 새롭게 제정한 핵무력정책법의 내용에 대한 분석은 다음을 볼 것. 황일도, 「북한 핵무력정책법 분석: 핵전력 용도 및 지휘통제 조항을 중심으로」, 『IFANS Focus』 September 14, 2022.; 전봉근, 「북한 '핵보유국법'과 '핵무력정책법'의 비교 평가와 한국의 대응책 모색」, 국립외교원 주요국제문제분석 2022-28, 2022년 10월

술핵무기와 핵탄을 보유하게 되면 '비대칭확전' 태세로의 전환 준비는 완성된다.

이와 같은 북한의 핵태세 전환 움직임은 대미, 대남 정책을 실무적으로 총괄 지도하고 있는 것으로 보이는 김여정 노동당 부부장의 발언에서 잘 드러나고 있다. 김여정은 2022년 4월 5일 담화에서 "우리는 같은 민족인 남조선을 겨냥해 총포탄 한 발도 쏘지 않을 것"이라면서도 "남조선이 우리와 군사적 대결을 선택하는 상황이 온다면 부득이 우리의 핵전투무력은 자기의 임무를 수행하게 될 것"이라고 밝혀 확증보복을 위한 대남 핵무기 사용 가능성을 시사했다.[7)]

하지만 2023년 2월 19일, 대륙간탄도미사일 화성-15형을 고각발사한 다음날 김여정은 "여전히 남조선 것들을 상대할 의향이 없다......대륙간탄도미사일로 서울을 겨냥하는 일은 없을 것"이라고 밝혔다. 하지만 올해 3월 27일 김정일 위원장은 "우리가 언제든 어디에든 핵무기를 사용할 수 있게 완벽하게 준비하라"며 공세적인 태도를 드러냈다. 4월 13일 고체연료 ICBM 발사 때는 "치명적이며 공세적인 대응이 필요하다"고 말했다. 대북 공격에 맞선 보복 대응의 차원을 넘어 북한 스스로 핵무기 선제공격 가능성을 시사하고 있다.[8)]

북한의 핵 위협과 관련해, 6월 2일 미 군축협회 연설에서 제이크 설리번 국가안보보좌관은 "김정은 위원장이 2022년 한 해에만 전술핵무기부터 대륙간탄도미사일(ICBM), 무인수중핵무기까지 모든 개발을 강화하겠다는 계획을 발표하며 '세계에서 가장 강력한' 핵무기를 보유하는 것을 목표로 삼았다"고 지적했다. 이어 "북한은 핵무기가 없는 나라를 상대로 핵무기를 선제 사용하는 것을 허용하는 완전히 새로운 '핵전력 정책'을 내놓았다"며 "이는 NPT를 정면으로 위반하는 처사"라고 비난했다.[9)]

24일.

7) 『조선중앙통신』 2022년 4월 5일.

8) 미 핵전문가들은 2차 핵국가들의 핵태세를 분석하면서 일찍이 북한의 '비대칭확산' 전환 가능성을 예상했다. 조성렬(2016), 앞의 책, pp. 154~156.

9) National Security Advisor Jake Sullivan, "Remarks for the Arms Control Association(ACA) Annual Forum", The White House, 2 June, 2023. (https://www.whitehouse.gov/briefing-room)

〈표 3〉 2022년 핵무력정책법과 2013년 핵보유국법 주요 조항 비교

	2022년 핵무력정책법	2013년 핵보유국법
전문-목표와 임무	(목표) 책임적인 핵무기보유국으로서 핵전쟁을 비롯한 모든 전쟁을 반대하며 국제정의가 실현된 평화로운 세계 건설을 지향한다. 핵정책을 공개하고 핵무기 사용을 법적으로 규제하는 것은 핵보유국 간 오판과 핵무기의 람용을 막음으로써 핵전쟁 위험을 최대한 줄이는데 목적을 둔다. (임무) 핵무력은 국가주권, 령토완정, 근본리익을 수호하고, 조선반도와 동북아에서 전쟁을 방지하며, 세계의 전략적 안정을 보장하는 위력한 수단이다.	(전문) 공화국은 침략세력을 일격에 물리치고 사회주의제도를 보위하며 인민의 행복한 생활을 담보할수 있는 당당한 핵보유국가이다. 9. 핵전쟁위험을 해소하고 궁극적으로 핵무기가 없는 세계를 만들기 위해 투쟁하며, 핵군비경쟁을 반대하고 핵군축 국제활동을 지지한다.
핵 무력 임무	핵무력은 국가방위의 기본력량이다. 핵무력은 적대세력으로 하여금 공화국과의 군사적대결이 파멸을 초래한다는 것을 명백히 인식하고 침략과 공격기도를 포기하게 함으로써 전쟁을 억제하는 것을 기본사명으로 한다. 핵무력은 전쟁억제가 실패하는 경우 적대세력의 침략과 공격을 격퇴하고 전쟁의 결정적 승리를 달성하기 위한 작전적 사명을 수행한다.	1. 핵무기는 미국의 지속적으로 가증되는 적대시정책과 핵위협에 대처하여 부득이하게 갖추게 된 정당한 방위수단이다. 2. 핵무력은 공화국에 대한 침략과 공격을 억제, 격퇴하고 침략 본거지들에 대한 섬멸적인 보복타격을 가하는데 복무한다.
핵 지휘 통제	1) 핵무력은 국무위원장의 유일적지휘에 복종한다. 2) 국무위원장은 모든 핵무기 관련 결정권을 가진다. 국무위원장이 임명하는 국가핵무력지휘기구는 핵무기 관련 결정과 집행의 전 과정에서 국무위원장을 보좌한다. 3) 핵지휘통제체계가 적대세력 공격으로 위험에 처하는 경우, 사전 결정된 작전방안에 따라 도발원점과 지휘부 등 적대세력을 괴멸하기 위한 핵타격이 자동적으로 즉시 단행된다.	4. 핵무기는 적대적인 다른 핵보유국이 우리 공화국을 침략하거나 공격하는 경우 그를 격퇴하고 보복타격을 가하기 위하여 조선인민군 최고사령관의 최종명령에 의하여서만 사용할수 있다
(핵교리) 핵무기 사용 원칙·사용 조건	국가와 인민 안전을 엄중히 위협하는 침략과 공격에 대처하여 최후 수단으로 핵무기를 사용하는 것을 기본원칙으로 한다. 비핵국가가 다른 핵무기 보유국과 야합하여 공화국을 반대하는 침략이나 공격행위에 가담하지 않는한 이 나라들을 상대로 핵무기로 위협하거나 핵무기를 사용하지 않는다. 1) 공화국에 대한 핵무기, 기타 대량살륙무기공격이 감행되였거나 림박했다고 판단되는 경우 2) 국가지도부와 국가핵무력지휘기구에 대한 적대세력의 핵,비핵공격이 감행되었거나 임박했	5. 적대적인 핵보유국과 야합하여 우리 공화국을 반대하는 침략이나 공격행위에 가담하지 않는 한 비핵국가들에 대하여 핵무기를 사용하거나 핵무기로 위협하지 않는다

	2022년 핵무력정책법	2013년 핵보유국법
	다고 판단되는 경우 3) 중요 전략적 대상에 대한 치명적 군사적공격이 감행되였거나 임박했다고 판단되는 경우 4) 전쟁 확대와 장기화를 막고 전쟁의 주도권을 장악하기 위한 작전상 필요가 불가피한 경우 5) 국가 존립과 인민의 생명안전에 파국적인 위기를 초래하는 사태로 핵무기로 대응할 수밖에 없는 불가피한 상황의 경우	
준비 태세	핵무력은 핵무기 사용명령이 하달되면 즉시에 집행할수 있게 경상적인 동원태세를 유지한다.	
핵안보 유지 관리, 보호	1) 공화국은 핵무기의 보관관리, 수명과 성능평가, 갱신 및 폐기의 모든 공정들이 행정기술적 규정과 법적절차대로 진행되도록 철저하고 안전한 핵무기보관 관리제도를 수립하고 그 리행을 담보한다. 2) 공화국은 핵무기, 관련기술, 설비, 핵물질 등이 루출되지 않도록 철저한 보호대책을 세운다	6. 핵무기의 안전한 보관관리, 핵실험 안정성보장 규정들을 엄격히 준수한다. 7. 핵무기, 핵기술, 무기급핵물질이 비법적으로 누출되지 않도록 장하는 보관관리체계와 질서를 세운다.
핵태세 평가	1) 외부 핵위협과 국제적 핵무력태세 변화를 항시 평가하고 핵무력을 갱신, 강화한다. 2) 핵무기 사용전략을 정기적 갱신한다.	3. 핵억제력과 핵보복타격력을 질량적으로 강화하기 위한 대책을 세운다.
핵 비확산	책임적인 핵무기보유국으로서 핵무기를 다른 나라에 배비하거나 공유하지 않으며, 핵무기와 관련 기술, 설비, 무기급핵물질을 이전하지 않는다.	8. 적대 핵보유국과 적대관계가 해소되는데 따라, 상호 존중과 평등 원칙에서 핵전파방지, 핵물질 안전관리를 위한 국제노력에 협조한다.
핵군축	(삭제)	9. 핵전쟁 위험을 감소하고 궁극적으로 핵무기가 없는 세상을 건설하기 위해 투쟁하며 핵군비경쟁을 반대하고 핵군축을 위한 국제적인 노력을 지지한다.

〈출처〉 전봉근, 「북한 '핵보유국법'과 '핵무력정책법'의 비교 평가와 한국의 대응책 모색」, 『주요국제문제분석』 2022-28, 국립외교원, 2022년 10월 24일, pp. 8~10.

2) 북한의 대미, 대남 핵억제 평가

북한이 어려운 경제형편에도 불구하고 핵무기 개발과 실전배치에 매달리는 것은 표면적으로 내세우는 미국의 대북 침략에 맞서는 의미 외에도 국경을 접하고 있는 대국 중국의 외교적·군사적 압력으로부터 정권을 보호하려는 의미도 있다. 특히 최근 미·중 전략경쟁시대를 맞이하여 북한의 자주권을 지키기 위한 고육지

책이라고도 평가할 수 있을 것이다. 하지만 북한이 아무리 핵무기를 보유하더라도 미국이나 중국, 또는 한국이나 일본이 북한 핵무기에 대해 아무런 위협도 느끼지 않는다면 핵무기는 억제력을 갖지 못하는 무용지물이 되버린다.

북한이 보유한 핵무기가 억제 효과를 갖기 위해서는 핵억제의 기본요소를 갖춰야만 한다. 핵억제의 기본요소는 능력(Capability)과 의도(Intention), 그리고 이러한 능력과 의도가 상대국에게 전달(Communication)되고 상대국이 그것을 신뢰(Credibility)해야 한다는 패키지이다. 이처럼 핵억제력은 능력, 의도, 전달, 신뢰의 4개 패키지(3C1I) 또는 능력, 전달, 신뢰의 3개 패키지(3Cs)로 이루어지며, 패키지의 요소들 가운데 하나라도 결여되면 핵억제력은 작동되지 않는다.

〈그림 2〉 핵억제 패키지의 3요소 (3Cs)

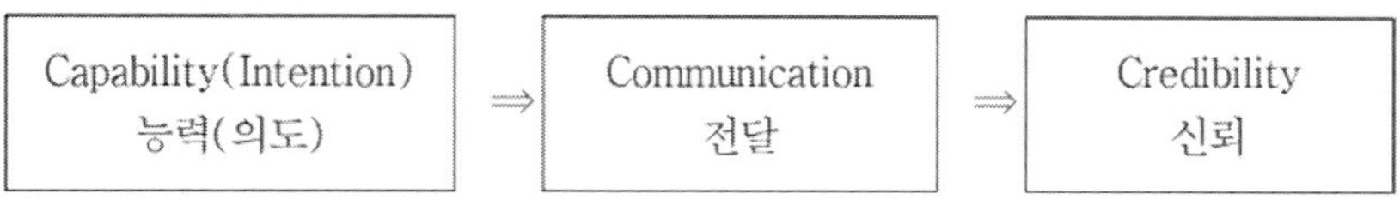

〈출처〉 CClaudia Major and Christian Mölling, "Rethinking Deterrence: Adapting an Old Concept to New Challenges," The German Marshall Fund of the United States, *Policy Brief*, No. 130, 2016, p.2를 참고로 필자가 작성. 조성렬(2019), 『한반도 비핵화 리포트: 포괄적 안보-안보 교환론』, p. 215에서 재인용.

그렇다면 북한은 자신들이 의도했던 핵억제력을 갖추고 있는가? 북한은 나름대로 대외적으로 핵억제력을 과시하기 위하여 3Cs를 추진해 왔다.

첫째, 핵능력(Capability)이다. 북한은 이미 6차례의 핵실험과 다양화·경량화 소형화를 위한 수십차례의 미사일 발사시험을 통해 자신들의 핵 능력의 필요조건을 충족하였다. 또한 북한은 핵독트린과 핵지휘통제체계 구축, 당 미사일지도국과 전략군 및 인민군 화성부대와 전략군를 통해 핵무기의 실전 배치를 끝냈다.

둘째, 핵사용 의지 및 전달(Intention & Communication)이다. 북한은 2013년 4월 「핵보유국법」에 이어, 2022년 9월 「핵무력 정책법」을 입법화함으로써 핵사용의 조건과 방식을 규정한 핵독트린을 공개했다. 뿐만 아니라 각종 대미, 대남 담화를 통하여 자신들의 핵미사일 사용 의지를 대내외에 알렸다.

셋째, 핵능력과 사용의지에 대한 신뢰성(Credibility)이다. 북한은 전술핵무기를 탑재한 다양한 단거리 미사일을 실전 배치했다는 것을 과시하기 위해 핵탄두의 실물과 전술핵 운용부대의 훈련을 공개하는 등 핵강대국들의 NCND정책과는 정반대의 태도를 취하고 있다. 이는 한국이나 미국, 일본 등이 북한 핵위협에 대한 신뢰를 높이기 위한 조치로 보인다. 실제로 윤석열 대통령의 독자 핵무장 내지는 주한·미군 전술핵무기 재배치 발언이나 한·미 「워싱턴 선언」, 그리고 미 정보위원장의 '북한 핵의 뉴욕 타격능력 보유' 발언 등은 북한이 노렸던 핵억제력에 대해 한국과 미국이 믿고 있음을 잘 보여주고 있다.[10)]

〈표 4〉 북한의 핵위협 및 대미 핵억제력에 대한 평가

핵미사일 능력 (Capability)	각종 경량화, 소형화된 핵탄두 및 다종화된 투발수단 보유 북한 장거리 탄도미사일의 재진입기술 및 목표제어기술에 대한 의구심이 남아 있음.
사용의지 및 전달 (Intention & Communication)	북한의 핵무력정책법 등에서 선제핵불사용 원칙 파기, 핵보유국과 연합군을 편성한 비핵보유국에 대해서도 핵사용 가능, 미사일지도국 재창설 및 전략군 운동 등으로 북한의 사용의지가 국제사회에 전달
신뢰성 (Credibility)	한국의 3축 체계 구축과 미국의 확장억제력 공약 및 「워싱턴 선언」 채택 등은 한·미 양국이 북한의 핵위협을 믿고 있다는 방증

Ⅲ. 북한의 사실상 핵보유국화와 새로운 동북아 핵질서의 모색

1. 새로운 동북아 핵질서: 세 가지 시나리오[11)]

1) 경성균형과 연성균형, 복합균형

글로벌 차원의 핵균형은 미국과 러시아 사이에 형성되어 있고, 동북아시아 지역차원의 핵균형은 한·일 양국에 대한 미국의 확장억제력과 러시아, 중국의 핵

10) "美 정보위원장 '北, 핵탄두 소형화 성공…뉴욕 타격 능력 보유'", 『연합뉴스』 2023년 6월 5일.
11) 이 부분은 조성렬, 『전략공간의 국제정치: 핵,우주,사이버 군비경쟁과 국가안보』, 서강대학교 출판부, 2016, pp. 233~240에서 일부 수정해 전재한 것이다. 이 저서는 2017년도 한국국제정치학회 학술상 저술상을 수상한 책이다.

전력 사이에 이루어져 있다. 북한은 냉전 시기에 사회주의 진영의 일원으로 러·중의 편승을 통해 자유주의 진영과 균형을 취해 왔지만, 오늘날과 같이 사회주의 진영이 무너진 상황에서 더 이상 편승할 보호국이 없게 된 북한이 핵무장을 통해 나름대로 독자적인 생존공간을 확보하고자 하고 있다.[12)]

이처럼 북한이 독자 핵무장을 추진해 실전배치 단계에 있고 중국의 핵전략이 선제핵사용 허용으로 전환될 가능성이 높은 가운데, 한국과 일본 내에서 미국의 확장억제력에 대한 신뢰감에 대한 의문이 증폭되고 있다. 이에 따라 동북아시아의 핵질서 변화 가능성이 높아지고 있다. 앞으로 동북아시아의 핵질서는 어떻게 재편될 것인가? 새로운 핵질서는 안보적 관심사를 협상을 통해 해소해 가는 안보-안보 교환방식에 따라 크게 경성균형(hard balancing)과 연성균형(soft balancing)과 과도적 형태의 세 가지로 나누어 전망해 볼 수 있다.(〈표 5〉 참조)[13)]

첫째, 대칭적 경성균형 핵질서는 비핵무기국가들이 자신들에 대한 핵무기국가의 핵공격 내지 핵무기에 의한 공격위협을 해소하기 위해 핵무기를 개발·보유하거나 미국의 전술핵무기를 공유 내지 도입함으로써 핵균형을 이루는 것이다.[14)] 경성균형의 방안으로는 북한이 사실상 핵무기 보유국이 되고 이에 대항해 한국과 일본이 핵무장을 함으로써 북한에 대한 핵균형을 이루고, 나아가 중국, 러시아에 대해 핵균형을 이룸으로써 새로운 핵질서가 만들어지는 것이다.

둘째, 비대칭적 연성균형 핵질서는 외교적 협상을 통해 국제법, 국제제도 등의 보장을 통해 비핵무기국가들의 안보우려를 해소해 주는 것이다.[15)] 연성균형

---

12) 서 훈, 『북한의 선군외교: 약소국 북한의 강대국 미국 상대하기』, 명인문화사, 2008.

13) 북한 핵문제에 대한 경성균형, 연성균형 방식의 적용에 대해서는 다음을 볼 것. 조성렬, "북핵 외교적 해법의 실패와 시사점: 6자회담 재평가와 재개논의를 중심으로." 『국제관계연구』제19권 제2호, 2014년 가을호, pp. 72~73.; 조성렬, "한반도문제 해결과 3단계 평화론: 적극적 평화론을 중심으로", 『동북아연구』 제30권 1호, 2015년, pp. 33-69.

14) 경성균형에 관한 이론적 논의는 다음을 참조할 것. Stephen Walt, "Alliance Formation and the Balance of World Power," *International Security*, Vol. 9, No. 4 (1985), pp. 3~43.; Kenneth N. Waltz, *Theory of International Relations* (New York: Addison-Wesley Publishing, 1979).

15) 연성균형에 관한 이론적 논의는 다음을 참조할 것. Robert A. Pape, "Soft Balancing against the United States," *International Security*, Vol.30, No.1, 2005, pp. 7~45.; T.V. Paul, "Soft Balancing in the Age of U.S. Primacy," *International Security*, Vol.30, No.1, 2005, pp. 46~71.

방안으로는 동북아 지역 내에 있는 핵무기국가 미·러·중 3국과 비핵무기국가 남북한과 일본 3국이 모두 참가하는 동북아 안보협력기구이나 동북아 비핵무기지대를 창설하여 핵무기국가들이 비핵무기국가들에게 소극적 안전보장의 제공을 보장하는 국제법에 의거해 제도화된 핵질서이다.16)

〈표 5〉 동북아시아의 새로운 핵질서: 3가지 시나리오

유 형	내 용	방 식	추 진 방 안
대 칭 적 경성균형	북한의 핵보유국화, 한·일의 핵무장	북한의 사실상 핵보유국 지위 확보, 한·일의 핵무장으로 핵무기국가 미·러·중과 핵균형	북한의 SLBM 및 ICBM체계 완성 및 실전 배치와 이에 대응해 미국의 일정한 양해 아래 한국과 일본의 연쇄 핵무장
비대칭적 연성균형	동북아 비핵무기지대 창설	북한 비핵화 및 남북한·일본의 비핵무기지대 조약 체결, 미·러·중 의회의 소극적 안전보장 비준	한·일 양국이 먼저 비핵무기지대 창설에 합의한 뒤, 이에 대한 미·러·중의 소극적 안전보장 약속을 동력으로 삼아 북한의 비핵화를 유도하는 2단계의 과정을 거쳐 성립
비대칭적 복합균형	북한의 핵보유국화, 미국의 對韓, 對日 강화된 확장억제력 제공	북한의 사실상 핵보유국 지위가 유지되는 가운데 한·일은 미국의 핵우산 속에서 재래식 군사능력을 한층 강화	북한의 핵보유국 지위를 인정할 수 없지만 북한의 비핵화까지 시간이 소요된기 때문에 6자회담 통한 북핵의 동결 및 비확산 관리와 미국의 핵우산 속에서 한국, 일본의 강화된 재래식 억제력을 통한 비대칭적 균형이 과도적으로 혼재

〈출처〉 조성렬, 『전략공간의 국제정치- 핵, 우주, 사이버 군비경쟁과 국가안보』, 서강대학교출판부, 2016년, p.235.

셋째, 비대칭적 과도형 핵질서는 북한의 핵보유국화가 기정사실화되는 가운데 미국이 한국과 일본에 대한 강화된 확장억제력을 제공하고, 한국과 일본도 미국의 핵우산 속에서 재래식 군사능력을 한층 강화하는 것이다. 이는 북한의 핵보유국 지위를 공식적으로 인정할 수 없지만 북한의 비핵화까지 상당한 시간이 소요된다는 점에서 대칭적인 경성균형 또는 연성균형이 완성될 때까지 복합균형을 통해 과도적으로 성립되는 핵질서이다.

16) 이 주제는 본 논문의 범위를 넘으므로 다루지 않는다. 상세한 논의는 다음을 참조할 것. 조성렬, 『전략공간의 국제정치: 핵,우주,사이버 군비경쟁과 국가안보』, 서강대학교 출판부, 2016, pp. 240~257

2) 대칭적 경성균형 핵질서와 일본-한국 핵무장론

케네츠 왈츠(Kenneth Waltz) 등 신현실주의 국제정치학자들은 일본의 핵무기 보유가 세력균형을 가져와 오히려 핵전쟁을 억지하는 효과가 있다고 주장한 바 있다.[17] 핵확산 낙관론을 펴는 국제정치학자들은 핵 보유국가가 많아질수록 핵전쟁의 상호파멸위험을 인식한 핵보유국 사이에 핵억제가 성립해 전쟁위험이 오히려 감소한다고 본 것이다. 핵확산 낙관론이 아니더라도 중국이 동아시아의 군사강국으로 부상하면서 사실상 '책임 있는 이해상관자(responsible stakeholder)'의 역할에 대한 기대가 사라지고 있는 점이 일본의 핵무장을 부추키는 요인이 될 수 있다.

현재 미국 내에서는 일본의 핵무장 가능성에 대해 몇 가지 검토가 이루어지고 있다. MIT대학의 사무엘스와 쇼프 등은 일본의 핵무장 시나리오를 ①일본이 미국으로부터 핵탄두 200개와 순항미사일 200기를 구매해 핵무장하는 '턴키'구매, ②미국제 핵미사일을 대여받아 거기에 맞는 운반수단을 공동개발하는 기술도입생산, ③미국의 핵탄두를 일본에 배치해 미·일 공동으로 관리하는 핵무기공유, ④재래식 공격력 증강의 네 가지로 나누어 검토하고 있다.[18]

비확산정책교육센터(NPEC)의 이스턴은 일본의 핵무장 시나리오를 세 가지로 나누어 상세히 검토하고 있다. 제1시나리오는 소규모 핵전력을 확보하여 억제실패 때 적절한 제2격 능력을 보유하는 것을 목표로 하는 것이고, 제2시나리오는 대규모 핵전력 확보로 중국의 선제공격에 맞선 독자적이고 생존가능한 억제를 추진하는 것이고, 제3시나리오는 재래식 전력을 증강해 중국의 미사일 전력을 무력화하는 거부적 억제 전략이다.[19](아래 〈표 6〉 참조)

---

17) K.N. Waltz, "Nuclear Myths and Political Realities," *American Political Science Review*, Vol.84, No.3, September, 1990 ; K.N. Waltz,, "The Emerging Structure of International Politics," *International Security*, Vol.18, No.2, Fall, 1993 참조.

18) Samuels and Schoff, "Japan's Nuclear Hedge: Beyond "Allergy" and Breakout", pp. 258~262.

19) Ian Easton, "Japanese Strategic Weapons Programs and Strategies: Future Scenarios and Alternative Approaches", Nonproliferation Policy Education Center, May 5, 2015, pp. 1~2.

〈표 6〉 일본의 핵무장 시나리오

	시나리오 I 소규모 핵전력	시나리오 II 대규모 핵전력	시나리오 III 증강된 재래식전력
전략목표	최소억제 (對중·북 억제 및 對미 전략적 가치 향상)	최대억제 (중국의 선제공격에 맞선 독자적이고 생존가능한 억제; 북한 불포함)	확장억제 (생존성 확보 및 제한적 재래식 보복타격력)
소요전력	핵폭탄 28~84개 (저폭형)	핵폭탄 400~1,200개 (저폭형 200~600 고폭형 200~600)	통막회의, 공·해군기지 정비, Soryu급 잠수함 성능개량 전자전사이버전 능력보강, 순항미사일 180~500기
독트린	핵선제불사용, 핵비확산, 미 핵우산과의 통합운용	대규모 핵확증보복	생존성 강화, 제한적 재래식 확증보복
표 적	• 주요 가치표적: 베이징(8), 상하이(6)	• 정치표적: 최고지도부 참수 • 핵 군사표적: 지휘통제기구(3~ 40), 핵탄두저장소(1~30), 핵잠수함기지(2~6), 미사일사이로(2~6), 미사일발사대(1~300)	• 재래식 군사표적: 전략공군 방어망(3~60),공군기지(15~25),지역사령부(15~30),통신시설(15~25),해군항(3~6),미사일발사대(40~75),위성(2~30),군수거점(5~60)
비 용	37~87억 달러	524~1,518억 달러	95~314억 달러

* 핵폭탄: 저폭형(5~20kT), 고폭형(20~150kT), **핵탄두 수량: 표적 1곳x핵탄두 2개

〈출처〉 Ian Easton, "Japanese Strategic Weapons Programs and Strategies: Future Scenarios and Alternative Approaches", Nonproliferation Policy Education Center, May 5, 2015로부터 필자가 작성.

북한 핵문제의 해결 전망이 어두워지면서 한국의 정치권에서도 핵무장론이 대두하고 있다. 집권여당의 주요인사뿐 아니라 윤석열 대통령도 한국이 독자적으로 핵무기를 만드는 것을 고려하거나 미국에 한반도에 재배치를 요청할 것이라고 말했다. 이에 대해 브룩스 주한·미군 사령관 지명자는 2016년 4월 19일 인준청문회에서 미국이 핵우산을 제공하지 않는다면 한국은 안보를 위해 자체적인 핵무장에 나서는 방안을 검토할 수 있다고 경고한 바 있다. 미국 국제정치학자 중에도 굴기하는 중국으로부터 정치적 독립을 유지하고 북한의 핵위협으로부터 안전을 확보하기 위해 한국의 핵무장이 대안이 될 수 있다고 주장하기도 했다.20)

미국과학자연맹 회장인 퍼거슨(C. Ferguson)은 한국의 핵무장 가능성에 대해 △강화된 현상유지, △포위, △이이제이 등 세 가지 시나리오를 검토하고 있다.[21] 가능성이 가장 높을 것으로 예상하는 시나리오는 한국이 중국과 미국이 북핵문제 해결에 발벗고 나서도록 촉발하는 데 사용할 '외교적 핵'을 개발한 뒤, 실패할 경우 연간 10개 이상의 핵개발에 본격 나서는 것이다. 그밖에는 북한 외에 일본의 핵무장에 대응한 포위, 공동의 안보위협에 대처한 한·일 공동핵개발 등을 상정하고 있다.(〈표 7〉 참조)

〈표 7〉 한국의 핵무장 시나리오

	시나리오 I 강화된 현상유지	시나리오 II 포 위	시나리오 III 적의 적은 친구
전략 목표	① 1단계: 외교적 핵 ② 2단계: 최소 억제	최소 억제 (북한/중국,일본 핵전력 억제)	한·일 공동개발 (한·일 방위조약 체결)
전략 운용	① 최소량의 핵무기보유, ② 미·중의 북핵 해결 실패, 일본의 핵무기 개발, 북한 핵무력 증강 때 연간 10개 이상 핵탄두 본격개발	1개국 이상 핵보유국으로부터 오는 위협에 대처하기 위하여 제2격용 핵무기 확보	한·일 양국이 분할된 핵지휘통제체계 구축
잠재 능력	△핵탑재용 운반수단 (현무-2,3미사일, F-15S/F-16S) △대규모 민간핵시설	△핵무기 탑재용 (핵)잠수함* 4~5척+ 확보 △F-15S/F-16S + 공중급유기 조기경보기, 정찰위성	△한국:첨단 탄도·순항미사일 첨단핵무기용 Tritium △일본: PUREX재처리시설, Monju고속증식로

* 3,000톤 KSS-3급 잠수함: 탄도미사일용 수직발사대, 사거리1,500km[22]

〈출저〉 Charles D. Ferguson, "How South Korea Could Acuire and Deploy Nuclear Weapons", Nonproliferation Policy Education Center, May 5, 2015. (http://www.npolicy.org)를 참고하여 필자가 작성.

20) Jennifer Lind and Daryl G. Press, "Should South Korea build its own nuclear bomb?", *The Washington Post*, October 7, 2021.

21) Charles D. Ferguson, "How South Korea Could Acuire and Deploy Nuclear Weapons", Nonproliferation Policy Education Center, May 5, 2015, pp. 5~33.

22) NTI,"South Korea Submarine Capabilities", September 28, 2015. (http://www.nti.org/analysis/articles/south-korea-submarine-capabilities, 검색일 2016/4/20)

2. 한국의 대북 핵억제력 선택지

북한의 핵위협이 엄존하고 대북 국제공조도 금이 간 현실 속에서 한국은 어떻게 대처해야 할 것인가? 핵에는 핵으로만 대응할 수 있다는 믿음이 널리 퍼진 가운데, 지금까지 거론되어온 '핵 대 핵' 대응방식에는 미국의 확장억제력 제공, 나토식 한·미 핵공유, 주한·미군 전술핵 재배치, 독자적 핵무장이 있다. 현재 진행 중인 미국의 확장억제력 제공을 제외한 세 가지 선택지에 대해 살펴보자.

1) 주한·미군 전술핵무기 재배치

한국 땅에 미국의 전술핵무기가 배치된 것은 북한지역에 남아있던 25만 명의 중국인민지원군이 완전히 철수와 주한·미군의 18,000명 감축과 시기를 맞춘 1958년이었다.[23] 비록 중국인민지원군이 북한지역에서 완전히 철수했다고는 하나 여전히 압록강 건너 선양에 주둔해 있었고, 주한·미군의 병력이 52,000명 남아 있었으나 지속적인 감축 압력을 받고 있었다.[24] 한반도 군사 균형을 맞추기 위해 미국은 주한·미군의 추가감축에 대비해 한국에 어네스트존 지대지 로켓, 280mm포와 같은 전술핵무기를 배치했으며, 중국이 첫 핵실험에 성공한 뒤인 1967년에 이르러 전술핵무기는 950기로 최고조에 달했다. 그 뒤 1975년에 일부 미사일과 로켓의 철수가 시작되어 540기로 감소되었으며, 1977년에는 오산 공군기지에 있던 핵무기 저장고가 폐쇄되었고, 1985년에는 150기로 감축되었다.

소련의 해체 결정을 앞둔 1991년 7월 31일, 조지 H. W. 부시 미 대통령과 미하일 고르바초프 소련 대통령은 모스크바에서 핵탄두와 대륙간탄도미사일(ICBM) 등의 감축을 담은 「전략무기감축협정(START)」에 서명했다. 그 미국은 이 조약의 연장선에서 주한 미군에 배치된 전술핵 철수 구상을 구체화했다. 1991년 9월 부시 대통령은 주한·미군 기지에 배치된 단거리 전술핵무기 철수를

---

23) 이종석, 『북한 주둔 중국인민지원군 철수에 관한 연구』, 세종연구소, 2014.
24) 조성렬, 『닉슨 행정부 시기 주한·미군 감축 협상』, 국립외교원 외교안보연구소, 2020.

발표하였다. 같은 해 11월 노태우 대통령은 '한반도 비핵화 선언'을 발표한 데 이어,한반도에 핵무기가 전혀 배치해 있지 않다는 '핵무기 부재'를 선언했다. 마침내 12월 31일, 제5차 남북고위급회담에서 「한반도의 비핵화에 관한 공동선언」을 발표하였다.

북한 핵위협이 고조되면서 한국 내에서는 1991년 한국에서 철수한 주한·미군 전술핵무기의 재배치를 요구하는 목소리가 등장했다. 하지만 미국의 안보전문가들은 주한·미군의 전술핵무기 배치에 대체로 부정적이다.25) 우선 군사안보적 관점에서 △기존 플랫폼으로도 충분히 대북 억제력의 발휘 가능, △한국에 핵무기를 두면 북한의 집중표적이 돼 비효과적, △고정된 지하 벙커에 전술핵을 배치하는 것은 북한의 오판과 대응의 위험을 높일 뿐으로 억제력을 떨어뜨리고 북한의 선제공격 위험을 높일 것, △미국이 한국에서 철수했던 지상기반 전술핵무기를 더는 보유하지 않고 모두 중력폭탄으로 소수이며 투하할 전투기도 이미 유럽에 전개되어 제한적 등이다. 정치외교적 관점에서 △한반도 비핵화 목표에서 벗어나는 것이기 때문에 정치적 논쟁이 일어날 것, △(사드 이상으로) 한국내 정치문제로 대두되어 한·미동맹도 논란에 빠뜨릴 것 등이 지적됐다.

미 안보전문가의 평가가 아니더라도 한국 내에 전술핵무기를 배치하는 것은 미국의 서태평양 전진기지인 괌에서 전략자산을 철수한 데서도 보듯이 군사적으로 안보적으로 위험에 빠뜨릴 수 있다. 괌에 위치한 미 공군의 앤더슨 기지는 서태평양의 안보를 담보하는 전초기지다. 미국은 2004년부터 전략폭격기를 로테이션 방식으로 상시 배치(CBP)해왔으며, CBP가 동아시아 및 서태평양 동맹국들에 확장억제력 제공과 안보 확약의 핵심요소라고 강조해왔다. 그런데 미 국방부는 2020년 4월 17일 전략폭격기들을 돌연 미국 본토의 사우스 다코다주에 영구배치하고, 괌에는 수시 배치하는 방식으로 변경했다.26)

---

25) "美, 전술핵 재배치 지지 않을 것…한·미동맹에 부담 가능성", 『연합뉴스』 2022년 10월 13일; 美전문가들 "전술핵 재배치 효용 없고 美 동의할 가능성도 작아", 『연합뉴스』 2022년 10월 14일. 수미 테리 윌슨센터 아시아국장, 브루스 베넷 랜드연구소 선임연구원, 브루스 클링너 헤리티지재단 선임연구원, 로버트 랩슨 전 주한 미국대사 대리, 프랭크 엄 미국 평화연구소 선임연구원, 게리 세이모어 전 백악관 대량살상무기 조정관, 패트릭 크로닌 허드슨연구소 아시아태평양 안보석좌, '불량국가 프로젝트' 해리 카지아니스 대표와의 인터뷰.

26) Brad Lendon, "US Air Force pulls bombers from Guam," *CNN World*, April 24, 2020,

이는 미국이 수십 년 동안 누려온 서태평양 제공권에 심각한 위협이 발생했기 때문이다. 2015년 중국이 '괌 킬러'라고 불리는 동풍-26 미사일을 배치하고 2017년 북한이 화성12형으로 '괌 포위사격' 위협을 제기하면서 괌에 배치된 미국의 전략자산이 중국과 북한 미사일의 집중표적이 되었기 때문이다.[27] 이러한 전례로 비춰볼 때 미국의 입장에서도 중국과 북한의 반발은 물론 북한 미사일의 집중표적이 될 것이 분명한 전술핵무기를 한국에 배치하는 것은 매우 위험하다고 판단할 것이다.

2) 나토식 한·미 핵공유

나토식 핵공유 체계는 1966년에 창설되고 미국과 나토(NATO) 회원국의 국방장관들로 구성된 핵계획그룹(NPG)에 의해 운용되고 있다. NPG에서는 독일, 네덜란드, 벨기에, 이탈리아, 터키의 나토 회원국 5개국에 배치된 미국의 전술핵무기에 관한 정보 및 사용권을 미국과 실질적으로 공유하고, 핵무기 운용에 관한 의사결정과 핵전략을 논의한다.

핵공유의 대상이 되는 전술핵무기는 B61-3, B61-4 등 중력탄 100여 기였으나, 최근 들어 최신형 B-61-12로 대체되었다. 현재 나토의 B-61-12 핵무기 사용은 이중능력항공기(DCA)로 알려진 나토회원국의 항공기에 의해서만 운영되며 회원국 전체의 재래식 병력이 이를 지원하도록 하고 있다. 하지만 핵무기 사용은 핵계획그룹(NPG)의 명시적인 정치적 승인과 미국 대통령과 영국 총리의 승인을 받아야만 수행할 수 있도록 엄격히 규정되어 있다.[28]

나토회원국 5개국에 배치된 핵탄두는 평시에 미군이 직접 관리하며, 미국과 나토의 전투기들이 미국의 전술핵무기 B-61핵폭탄(모의탄)를 인수, 인계, 장착, 발진 등 운용훈련을 정례적으로 실시하고 있다. 전시가 되면, 핵계획그룹(NPG)에서 핵무기 사용이 결정되면 미군이 발사코드를 입력한 뒤 5개 회원국에게 핵

---

27) 김진호, "미국의 '선군정책' 동아시아 군비경쟁 부추긴다," 『시민언론 민들레(mindlenews.com)』, 2023년 2월 5일.
28) North Atlantic Treaty Organization, "NATO's Nuclear Sharing Arrangements", February 2022. (출처: www.nato.int/factsheets)

탄두를 인계하면 핵배치국 공군이 이를 인수, 장착하여 적군에서 투하된다. 미국은 발사코드 입력을 거부하는 등의 방식으로 핵무기 사용의 거부권을 갖고 있다.

나토식 핵공유 시스템에 대해서는 최근 한국뿐만 아니라 일본도 관심을 나타내고 있다. 2022년 1월 아베 신조 전 총리는 "독일과 네덜란드는 미국의 핵무기를 공동으로 운용하고 있다. 일본도 다양한 선택사항을 시야에 두고 논의해야 한다"고 말해 '나토식 핵공유'의 도입 가능성을 언급하였다. 이를 받아 다카이치 사나에 자민당 정조회장이 "비핵 3원칙의 하나인 '반입하지 않겠다'에 대해 예외를 둘지 논의해야 한다"고 주장한 바 있다.[29] 하지만 기시다 총리는 "비핵 3원칙을 견지한다는 입장에서 볼 때 (핵 공유는) 인정할 수 없다....핵전력 공유에 대해 자민당뿐만 아니라 여러 정당이 논의하고 있다. 이런 국민적 논의는 있을 수 있다"며 현재 핵공유를 인정할 수는 없지만 논의 자체는 반대하지 않는다는 모호한 입장을 밝혔다.

나토식 핵공유는 미국의 전술핵무기를 한국의 공군기지에 분산배치하여 유사시 우리 공군기가 핵무기를 투하할 수 있도록 하는 것이다. 하지만 이것은 한국이나 일본 영토에 미 전술핵무기의 배치가 전제되기 때문에 '한반도 비핵화 공동선언'과 '비핵 3원칙'을 파기해야 한다. 무엇보다 나토의 핵공유 체계는 1966년에 완성된 것으로, 1970년 핵확산금지조약(NPT)이 체결되기 이전이었기 때문에 가능했던 것이다. 그러므로 NPT회원국인 한국이나 일본이 나토식 핵공유를 하는 것은 NPT위반이다. 따라서 NPT에서 탈퇴해야 핵공유가 가능한 것이다.[30]

29) 박병수·김소연, "일본 '나토식 핵공유' 논의 봇물…'비핵 3원칙' 넘어 무엇을 노리나", 『한겨레신문』 2022년 3월 23일.

30) 천영우, 『대통령의 외교안보 어젠다-한반도 운명 바꿀 5대 과제』, 박영사, 2022, pp. 94~96.

<그림 3> 나토식 핵공유애 따른 미 전술핵무기 배치상황

3) 단계적 독자 핵무장론

앞에서 살펴본 주한·미군의 전술핵무기 재반입이나 나토식 핵공유 방식은 미국의 동의 없이는 불가능한 것이다. 그런 점에서 우리가 자체적으로 할 수 있는 것이 독자적인 핵무기 개발이다. 독자 핵무장론은 크게 두 가지 접근법으로 나눠 볼 수 있다. 하나는 NPT 탈퇴를 통한 단계적 핵무장론이고, 다른 하나는 한·미 원자력협정 개정을 통한 사용후연료 재처리 권한 확보를 통한 잠재적 핵무장 능력 확보론이다. 국내 독자 핵무장론들의 공통된 특징은 단계론을 취하고 있다는 점이다.

첫째 방안은 한국핵자강포럼을 중심으로 한 세종연구소 정성장 박사의 4단계 핵무장론이다. 1단계는 북한이 7차 핵실험을 할 경우 NPT탈퇴를 선언할 준비하며, 2단계는 NPT 탈퇴를 선언한 뒤 북한이 6개월 내로 비핵화 협상테이블에 나오지 않으면 핵무장을 실행에 옮기겠다고 선언하는 것이다. 3단계는 대미 설득 및 미국의 묵인 하에 핵무장을 시도하는 것이다. 최종적인 4단계는 10개 이하의 핵무기 보유 수준의 준(準)비핵화로 남북 간 문제로 이행한다.[31]

둘째 방안은 동북아외교안보포럼과 조선일보 등이 주장하는 사용후연료 재처리 권한 확보를 통한 잠재적 핵보유국론이다. 이들은 사용후핵연료 재처리 권한을 미국으로부터 확보해 핵무기 잠재력을 확보해야 한다고 주장한다.[32] 하지만 2015년 한·미 원자력협정 개정 당시에 박근혜 정부가 강력히 사용후재처리 권한을 인정해 달라고 요구했으나[33] 미국이 끝까지 거부해 실현되지 못한 바 있다. 진정으로 재처리 권한을 얻기 위해서는 과도하게 독자 핵무장론과 연결시키지 않아야 할 것이다.

하지만 일부 독자 핵무장론자는 자신의 주장을 정당화하기 위해 '중·러 제국 부활 꿈꿔', '대만에서 중국 막지 못하면 아시아는 끝', '북한 비핵화는 핵 없이 불가능' 등 북한의 핵위협이나 중국의 군사적 굴기에 따른 위협을 제대로 된 근거의 제시도 없이 과장하고 있다.[34] 이들은 독자 핵무장의 필요충분조건이나 그것이 초래할 경제적, 외교적, 안보적 파장에 대한 고려가 충분히 이루어지지 않고 한국민의 정세에 편승한 측면이 강해 오히려 한국의 핵무장 가능성을 떨어뜨리고 있다.

한국의 독자 핵무장에 대해 미국의 안보전문가들은 주한·미군의 전술핵무기 배치보다도 더 부정적이다.[35] 한국의 핵무장에 대해 △무기급 핵연료, 핵실험을 통한 검증, 핵무기 발사수단의 과도한 부담, △한국 원전의 수출 차단, △NPT 탈퇴 이후 한국의 우라늄 수입 불가, △한·미 간의 군사동맹과 경제협력 중단, △남북간의 작은 무력충돌도 핵전쟁으로 비화, △한국 핵무기의 대북억제 신뢰성에 의문, △미국의 확장억제 포기에 따른 대북 억제력 소멸 등을 지적하고 있다.

한국이 독자 핵무장을 하기 위해서는 먼저 필요충분조건을 갖춰야 한다. 필요

---

31) 정성장, "북한 핵과 한반도 평화: 우리의 선택은?", 『POSTECH·POSRI 코리아 리포트』, 융합문명연구원, 2023 Winter/Spring, pp. 21~22.

32) 김대중, "핵연료재처리라도 따 와야", 『조선일보』 2023년 4월 4일; 천영우, "워싱턴 선언을 넘어 핵 잠재력 확보에 나서자", 『조선일보』 2023년 5월 10일.

33) 유웅조, 「'한·미 원자력협정' 개정 협상의 쟁점과 과제」, 『이슈와 논점』 제504호, 국회입법조사처, 2012년 8월 1일.

34) 이 근, "韓, 핵 없으면 중국 '천하' 밑으로 들어간다", 『신동아』 2022년 12월호.

35) "美전문가 '韓 핵무장 하면 원전산업 망가지고 안보 더 위험해져'", 『연합뉴스』 2023년 1월 31일. 지그프리드 해커 전 로스 알라모스 국립연구소장, 로버트 갈루치 전 국무부 북핵 특사와의 인터뷰 내용.

조건으로는 플루토늄 재처리 또는 우라늄 고농축을 통해 무기급 핵물질을 충분히 확보해야 한다.36) 또한 이를 검증하기 위해 몇 차례의 핵실험을 실시하고 핵탄두 개발 및 투발수단의 개발·확보가 필요하다. 충분조건으로는 핵무기 사용원칙을 담은 핵독트린을 제정하고 핵지휘통제체계를 구축한 뒤 실전배치를 위해 핵전력 운용부대를 창설해야 한다.

그렇지만 독자 핵무장을 추진할 경우 다음과 같은 외교적, 경제적, 군사적 파장을 고려하지 않으면 안 된다.

첫째로 한·미동맹의 파탄으로 군사안보위기에 빠질 수 있다. 미국의 동의 내지 묵인이 불가능한 상태에서 독자적으로 핵개발을 추진할 경우 미국은 한·미상호방위조약을 파기하고 경제협력을 중단하는 등 한·미동맹이 파탄날 가능성이 높다. 이스라엘의 핵개발은 미국의 확장억제력 제공 능력이 부재한 가운데 중동지역의 세력균형을 원했던 미국이 묵인해 가능했지만, 지금은 국제상황이 전혀 다르다.

둘째는 경제제재에 따른 막심한 피해이다. 핵무기확산방지조약(NPT)에서 탈퇴할 경우 자동적으로 유엔안보리에 제소되어 제재를 받는다. 미국의 원천기술을 사용하고 있는 한국 원전은 더 이상 수출이 불가능하다. 한국 전력생산 가운데 원자력 의존도(2021년 기준)는 29.0%로 석탄의 35.6%에 이어 2위를 차지하고 있고 핵공급국그룹(NSG)으로부터 핵연료(MOX) 전량을 해외에서 수입하고 있어, 핵연료 공급이 중단되면 한국경제는 전력 부족과 공장 가동중단으로 대혼란에 빠지게 될 것이다. 그밖에 경제제재로 국가신용도가 하락되고 불량국가로 취급받아 국격이 크게 하락하게 된다.

셋째는 한국의 핵무장이 오히려 한국의 군사안보정세를 위험으로 내몰 수 있다. 우라늄을 전량 수입해야 하는 한국으로선 충분한 양의 무기급 핵연료를 확보하기가 쉽지 않다, 설사 무기급 핵연료를 확보하고 핵탄두를 제조했다고 해도 인구과밀한 남한 땅에서 이를 검증할 핵실험 장소를 구하기 어렵다. 한·미동맹이

36) IAEA가 제시한 플루토늄(Pu)의 유의미중량(SQ)은 8kg, 고농축우라늄(U)은 25kg이다. International Panel of Fissile Materials(IPFM), *Global Fissile Material Report 2015: Nuclear Weapon and Fissile Material Stockpiles and Production*, IAEA, 2015, p.44

파탄 난 상태에서 역설적으로 대북 억제력을 상실해 남북 간의 작은 군사충돌도 자칫 핵전쟁으로 확전될 위험성을 안고 있다.[37)]

이상에서 살펴본 것처럼, 한국정부가 한·미동맹의 해체와 경제파탄을 각오하고 추진하지 않는 한 한국의 독자 핵무장은 실현가능성이 거의 없다. 지금은 정치적 목적의 과장된 핵 위협 조장으로 한국민들의 다수가 지지하지만, 군사안보 위기가 고조되고 경제파탄이 현실화될 경우 지지여론이 큰 폭으로 하락해 독자 핵무장의 동력이 크게 약화될 것으로 보인다.

3. '핵 대 핵' 방식의 대북 억제력 평가

1) 핵수단 별 대북 억제에 대한 3Cs 평가

그렇다면, 실현 가능성을 접어두고 '핵 대 핵' 방식으로 대응할 때 과연 대북 핵억제력을 확보할 수 있을 것인가? 다시 말해, 주한·미군이 한국 땅에 전술핵무기를 배치하거나 한·미 간에 나토식 핵공유를 할 때, 더 나아가 한국이 독자 핵무장을 했을 때, 북한이 주한·미군이나 한국정부가 자신들에 대해 핵무기를 사용할 수 있다고 믿고 두려움을 느껴 대미, 대남 태도를 바꿀 것인가 하는 점이다. 이와 관련해 앞서 북한의 대미 억제력 평가처럼 억제의 3요소인 3Cs(능력, 전달, 신뢰)를 기준으로 평가해 보기로 한다.

첫째, 주한·미군 전술핵무기 재배치가 대북 억제가 될지에 대한 평가이다. 주한·미군이 전술핵무기를 보유·관리하고 있다는 점에서 핵 능력(capability)에 대해 의심의 여지가 없을 것이다. 미국은 핵선제불사용 원칙을 채택하지 않고 있고, 『2022년판 핵태세보고서(NPR)』에서는 "북한의 핵공격은 김정은 정권의 종말"을 언급하는 등 북한을 겨냥해 핵무기 사용 가능성을 열어놓고 있다.[38)] 또한 한·미 안보협의회의(SCM) 공동성명을 통해 공개적으로 표명하고 있다. 그런 점에서 미국의 핵 보복사용 의지 및 의사는 잘 전달되었다고 볼 수 있다. 미국은

---

37) 차두현, "자체 핵무장, 치러야 할 대가 너무 크다", 『신동아』 2022년 12월호.

38) 미 백악관, 『2022 핵테세검토보고서』, 2022년 11월, p. 16.

1945년에 이미 두 차례나 핵무기를 사용한 경험이 있고 북한을 타격할 충분한 핵무기와 타격수단을 보유하고 있기 때문에 북한으로서는 미국의 핵억제를 충분히 받아들일 수밖에 없을 것이다.

둘째, 나토식 한·미 핵공유론이 대북 억제가 될지에 대한 평가이다. 비록 한국 공군기지에 배치되어 있더라도 미국의 전술핵탄두이기 때문에 핵 능력에 대한 의구심은 없을 것이다. 한·미 국방장관이 사전에 합의된 매뉴얼에 따라 핵무기 사용을 결정하는 체계이고 이는 나토의 사례를 통해 국제사회에 널리 알려져 있다. 무엇보다 대상국인 러시아도 나토의 핵공유 체계를 현실적인 억제력으로 받아들이고 있다. 그런 점에서 북한도 한·미 핵공유 체계를 대북 억제력으로 믿지 않을 이유가 없을 것이다.

셋째, 독자 핵무장론이 대북 억제가 될 수 있는지에 대한 평가이다.

먼저, 한국이 핵탄두 제조에 필요한 무기급 핵물질을 1년 내에 만들 수 있을지 모르지만 핵탄두와 투발수단을 제조하는 데는 그보다 많은 시간이 걸리게 된다. 핵무기만 보유하면 되는 것이 아니라 이를 운용할 핵독트린과 핵지휘통제체계도 필요하다. 실전배치 단계가 되면 조선인민군 전략군과 같은 한국군 통합미사일전략사령부가 창설되어야 한다. 이들을 갖췄을 때 비로소 한국이 핵능력을 갖추었다고 할 수 있지만, 아직은 갈 길이 멀다.

다음, 한국군이 북한의 핵위협에 대해 제2격, 즉 핵보복을 단행할 의지가 있고 북한이 이를 위협으로 느낄 수 있도록 만천하에 공표할 수 있는지 하는 것이다. 미국은 줄곧 강대국 간 군사충돌이나 핵전쟁으로 비화될 수 있는 확전 방지에 노력해 왔다. 2010년 11월 북한군에 의한 연평도 포격사건 때 우리 군의 F-15K 전투기가 출격했을 때나 2015년 8월 목함지뢰 사건 직후 남북이 포격을 맞교환하는 등 강대강으로 대치했을 때 미국이 개입해 확전을 막았다.[39] 그나마 한국의 독자 핵무장으로 한·미동맹이 해체된 이후라면 모를까, 한·미 연합체제하에서 한국이 핵보복 의지를 공개적으로 밝히기가 쉽지 않을 것이다.

---

39) 조성렬, "북한의 비대칭확전 핵태세와 '김관진 효과'이후", 『시민언론 민들레(mindlenews.com)』, 2023년 1월 5일.

끝으로, 한국이 핵보복 의지를 만천하에 공표했을 때 과연 북한이 이를 북한 체제에 대한 위협으로 받아들여 한국에 대한 핵선제공격을 포기할 것인가 하는 점이다. 아직은 가정에 불과하지만, 지금까지 북한의 행태로 봤을 때 북한체제가 존망의 위기에 처했을 때 한국의 핵 응징보복에 대한 공포 때문에 핵선제사용을 포기할 가능성은 높지 않은 것으로 보인다.[40] 북한은 2022년의 「핵무력정책법」에 따라 "국가 존립과 인민의 생명안전에 파국적인 위기를 초래하는 사태로 핵무기로 대응할 수밖에 없는 불가피한 상황의 경우"로 간주하고 오히려 핵무기를 사용할 가능성이 높다.

2) 한반도 핵균형 이후의 재래식 분쟁: 안정-불안정 패러독스와 전시억제이론

만의 하나로, 미국이 묵인해서 한국이 독자 핵무장에 성공한다고 해도, 핵보유국끼리 전면전 가능성이 낮아지나 국지전의 위험성은 높아진다는 '안정-불안정 패러독스'에 직면할 가능성이 높다. 공세적 핵독트린으로 전환한 북한은 작년부터 '9.19군사합의'를 위반하며 해안포 사격을 실시하고 소형무인기들을 군사분계선 이남으로 보내는 도발을 자행했다. 정부는 북한의 도발에 맞서 강대강 대응을 시사했지만, 자칫 국지전 더 나아가 핵무기를 동원한 전면전으로 비화할 위험성이 있어 대응에 어려움을 겪고 있다. 현재와 같은 남북관계라면 한국이 독자 핵무장한다고 상황이 달라질 것 같지는 않다.

핵보유국끼리는 핵전쟁은 일어나지 않지만 재래식 분쟁은 자주 발생한다. 2019년 2월 14일 파키스탄 무장단체가 인도령 잠무-카슈미르 경찰학교에 폭탄테러로 40여 명의 사상자 발생하자, 이에 맞서 2019년 2월 26일 인도공군 전투기가 실질통제선을 넘어와 파키스탄령 카슈미르의 산악지대를 폭격하고 파키스탄 F-16도 출동해 공중전을 벌인 끝에, 인도 전투기 MiG-21 Bison 1대가 피격당해 추락하는 사태가 벌어졌다. 2021년 9월과 2022년 12월 인도 북동부 중국 국경 인근 타왕 지역에서 두 핵보유국인 인도군과 중국군이 물리적으로 충돌

40) 천영우, 『대통령의 외교안보 어젠다-한반도 운명 바꿀 5대 과제』, 박영사, 2022, p. 84.

해 다수의 사망자가 발생한 일도 있었다.[41]

전통적인 핵억제 이론은 압도적인 보복능력을 갖춰 상호확증파괴(MAD, Mass Assured Destruction) 능력을 보여줌으로써 핵전쟁으로 가는 것을 막는 전쟁이전억제(Pre-war deterrence)가 목적이다. 한국이 독자적인 핵무장을 할 경우 북한과의 핵전쟁을 억제할 수는 있겠지만, 오히려 재래식 전쟁의 가능성을 높이는 '안정-불안정 패러독스'에 빠질 우려가 있다. 이처럼 전통적인 핵억제 이론에 따른 전전억제(戰前抑制, Pre-war deterrence)로는 '안정-불안정 패러독스'를 막을 수 없다는 한계를 안고 있다.

이와 같은 '안정-불안정 패러독스'의 대안으로 생각해 볼 수 있는 것이 전시억제(戰時抑制, Intra-war Deterrence)이론이다. 전시억제이론은 미국이 '비대칭 확전' 핵태세를 취하고 있는 북한이 제한전을 계획하고 재래식 도발해 오더라도 핵무기를 사용하지 않도록 억제해 전면전으로 비화하지 않도록 한다는 개념이다.[42] 전시억제이론이 적용된 사례로 대표적인 것이 1973년 아랍-이스라엘 전쟁과 1991년 이라크 전쟁이다.[43]

전시억제이론에 따른 군사작전의 대표적인 것이 '코피 터뜨리기 작전(Blood Nose Strike Operation)'이다. 미국이 북한과 군사충돌이 발생했을 경우 제한적으로 북한의 군사시설 등을 타격하는 예방타격작전으로, 트럼프 미 행정부가 CIA 코리아 미션센터를 설치하고 대북 군사 옵션을 검토하면서 나온 작전 개념이다. 이는 미국의 제한적 타격에 대해, 북한이 전면전 확전을 우려해 보복에 나서지 못하고 결국 비핵화 협상에 나서게 만든다는 작전개념이다. 김정은 위원장이 코피가 터지면 보복을 단념하고 협상테이블로 나올 만큼 과연 이성적인가 하는 의문이 여전히 남지만, 독자 핵무장이나 전술핵 재배치 주장보다는 북한 핵에 대해 억제효과를 발휘할 수 있을 것으로 보인다.

---

41) https://blog.naver.com/johnkth/222954462196

42) 조성렬, 『한반도 비핵화 리포트: 포괄적 안보-안보 교환론』, 백산서당, 2019, pp. 56~57.

43) W. Andrew Terrill, *Escalation And Intrawar Deterrence During Limited Wars In The Middle East*, September 2009, pp.4~7.

Ⅳ. 연성·경성 복합균형을 통한 북한 핵위협 억제

북한의 핵 위협에 대처하기 위해 '핵 대 핵' 방식의 대칭적 경성균형 방안의 내용과 한계에 대해 살펴보았다. 그렇다면 엄존하는 북한의 핵위협에 대해 미국의 전술핵무기 배치도 곤란하고 한국의 독자 핵무장도 어려운 현실에서 우리가 취해야 할 대처방안을 무엇이 있는가? 동북아 비핵무기지대와 같은 비대칭적 연성균형 방안이 이상적이긴 하나, 우크라이나전쟁을 계기로 미·러 대립이 격화되고 있고 미중 전략경쟁이 심화된 데다가 북한마저 사실상의 핵보유국이 된 현실을 고려할 때 우리의 대안으로 삼기는 어렵다. 그런 점에서 미국의 확장억제력 제공과 한국의 증강된 재래식 전력이라는 연성 및 경성 복합균형이 현실적인 대안이 될 수밖에 없다.

1. 미국의 확장억제 공약: 한·미 SCM공동성명과 「워싱턴 선언」

국내에서 대두하고 있는 독자 핵무장론을 비롯해 나토식 핵공유론, 미국 전술핵무기 재배치론의 배경에는 잠재적으로 중국의 군사적 굴기, 직접적으로 북한의 핵무장에 대해 한국민들의 불안이 주요 원인이다. 북한의 핵위협에 대해 미국이 지속적으로 확장억제 공약을 내놓고 있음에도 불구하고 한국민이 이를 불신한다는 것을 의미한다. 그렇기 때문에 한·미 간에는 확장억제의 신뢰성을 높이기 위한 노력이 계속되어 왔다.

북한의 핵위협에 대처하기 위해 한·미 간에 확장억제 논의는 오래전부터 이루어져 왔다. 한국 외교부 1차관-국방부 차관과 미국 군비통제·국제안보 차관-국방부 차관 사이에 확장억제의 실효적 운용 방안을 논의하는 '외교·국방(2+2) 고위급 확장억제력 전략협의체(Extended Deterrence Strategy and Consultation Group; EDSCG)'가 운영되어 오고 있다. 2016년 12월 외교·국방(2+2) 차관급 EDSCG가 처음 개최되었으며, 2017년 6월 문재인-트럼프 대통령 간의 한·미 정상회담에서 외교·국방(2+2) 장관회의와 함께 확장억제전략협의체(EDSCG)를 정례화하기로 합의하였다.

EDSCG는 차관급 고위급 회의와 및 국장급 본회의로 구분해 고위급 회의는 외교·국방(2+2) 장관회의가 개최되지 않는 해에 개최하고 국장급 본회의는 매년 개최하기로 했으며, 확장억제와 관련하여 외교, 정보, 군사, 경제적 조치를 망라한 범정부 차원의 총체적이고 심도 있는 조율을 실시하고 그 결과를 외교·국방(2+2) 장관회의에 보고토록 합의하였다.[44] EDSCG 고위급 회의는 2018년 1월 제2차 회의가 열렸으나, 남북 및 북미 대화가 재개되면서 중단되었다가 2022년 9월에 제3차 회의가 개최되었으며 연내에 제4차 회의를 개최할 예정이다.

전반적인 한·미 억제전략과 함께 확장억제전략에 대한 논의는 한·미 안보협의회의(SCM)에서 논의되었다.(〈표 8〉 참조) 제49차 SCM공동성명에서 확장억제의 신뢰성과 능력, 지속성을 보장하고 EDSCG를 통해 확장억제와 관련한 정책·절차와 협력 메카니즘을 발전시켜 나가기로 하였다. 제51차 SCM에서는 한·미가 확장억제 공동연구를 통해 다양한 협력방안을 도출하였고, 제52차 SCM부터는 확장억제의 수단을 핵, 재래식 및 미사일 방어능력으로 구체화하였다. 제54차 SCM에서는 정보공유, 공동기획 및 실행을 강화하고 미국의 전략자산을 한반도에 전개하기로 합의하였다.

북한의 핵 위협이 고조되면서 한국에서 핵무장에 대한 지지여론이 70%를 넘고 미국의 확장억제력 공약에 대한 신뢰가 떨어졌다. 이에 미국은 한국의 확장억제 강화 요구를 수용하되 핵무장 가능성을 차단하기 위해 「워싱턴 선언」을 추진했다. 이에 따라 「워싱턴 선언」에서는 차관보급의 핵협의그룹(Nuclear Consultative Group, NCG)을 신설하는 동시에 핵확산금지조약(NPT)의 의무 준수를 재확인하는 내용이 담기게 되었다. 제이크 설리번 국가안보보좌관이 「워싱턴 선언」에 대해 '비확산목표에 대한 의지를 보여준 것으로 미국의 확장억제력 제공 약속을 통해 한국이 핵무기를 자체적으로 개발할 필요가 없도록 안심시켜 주었다"고 평가한 것은 이 때문이다.[45]

「워싱턴 선언」은 역대 정부에서 발전시켜온 미국의 확장억제력 공약을 좀더

44) 외교부·국방부 공동보도자료, 「한·미 확장억제전략협의체(EDSCG) 정례화 방안 합의」, 2017년 9월 4일.
45) Jake Sullivan, "Remarks for the Arms Control Association(ACA) Annual Forum", The White House, 2 June, 2023. (https://www.whitehouse.gov/briefing-room)

구체화시킨 것이다. 김태효 국가안보실 1차장은 「워싱턴선언」 발표 직후 가진 언론브리핑에서 “미국과 핵을 공유하면서 지내는 것처럼 느끼게 될 것”이며 ’사실상의 핵 공유’라고 말하며 NCG 창설 합의가 이번 정상회담의 최대성과라고 자평했다. 하지만 다음날 미 백악관 국가안보회의(NSC) 케이건 국장이 “직설적으로 말하겠다. (이 선언을) ‘사실상의 핵공유(de facto nuclear sharing)’로 보지 않는다”며 즉각 부인했다. 조태용 국가안보실장도 “핵공유라는 표현을 불필요한 오해를 살 수 있다”며 전면 부인했다.

「워싱턴 선언」에는 핵무기확산금지조약(NPT) 준수 의무도 명시되어 미국이 한국의 자체 핵무장을 용인하지 않을 것이며, NCG가 만들어지더라도 한국은 재래식전력에 대해서만 권한이 있고 핵무기 사용 여부의 결정권은 미국만이 갖는다는 점은 분명하다. 또한 핵협의그룹(NCG)은 한·미 차관보급에 불과한 조직으로, 이미 만들어져 운영되고 있는 차관급을 대표로 한 EDSCG의 하부조직에 불과하다.

〈그림 4〉 검토되고 있는 대북 확장억제 강화 수단

『연합뉴스』 2022년 10월 13일.

그렇다면 미국이 제공하기로 한 확장억제의 신뢰도와 실행력을 높이기 위한 수단과 조치에는 어떤 것들이 있을 것인가? 역대 SCM 공동성명에서는 “미합중국의 핵우산, 재래식 타격능력, 미사일 방어능력을 포함한 모든 범주의 군사능력”이라고 밝혔다. 이에 따라 미국의 제5세대 전투기와 로널드 레이건 핵추진 항공모함과 같은 전략자산 외에서 장거리 미사일과 순항미사일을 탑재한 오하이오급 핵추진잠수함 미시건함 등의 전개가 거론되고 있다.

특히 이번 「워싱턴 선언」에서는 제54차 SCM공동성명에서 밝힌 ‘향후 예정된 미국 전략자산의 한반도 전개’에 대해 보다 구체적인 방식으로 밝혔다. 이 선언에서는 ‘미국 전략핵잠수함의 한국 기항(upcoming visit of a U.S. nuclear ballistic missile submarine to the ROK)’을 거론하며 미국 전략자산의 정례적 가시성(regular visibility of strategic assets)을 한층 증진시키기로 하였다. 이는 전략자산의 상시배치가 아닌 수시배치를 통해 한국에 대한 확장억제의 신뢰를 높이겠다는 의도이다.[46]

〈표 8〉 한·미 안보협의회의(SCM) 공동성명 및 워싱턴 선언의 확장억제 공약

개최연도	확장억제와 관련된 합의 내용	배경
제49차 SCM (2017.10.28. 서울)	양 장관은 **확장억제전략협의체(EDSCG)를 정례화**하기로 한 양국 정상 간 합의를 기초로 EDSCG 관련 새로운 운영체제 설립 방안을 마련한 것을 평가하고, 가까운 시일 내에 차기 EDSCG 회의를 개최키로 하였다. **EDSCG 메커니즘**은 외교·정보·군사·경제적 조치에 대한 심도 있는 협력을 통해 동맹의 대북 억제태세를 향상시켜 나갈 것이다. (중략) 매티스 장관은 자국 또는 동맹국에 대한 그 어떤 공격도 격퇴될 것이며 그 어떤 핵무기 사용의 경우에도 효과적이고 압도적인 대응에 직면하게 될 것이라는 지속적인 정책을 재확인하였다. 매티스 장관은 미합중국의 **핵우산, 재래식 타격능력, 미사일 방어능력을 포함한 모든 범주의 군사능력**을 운용하여 대한민국을 위해 **확장억제를 제공하고 강화**할 것이라는 미합중국의 공약을 재확인하였다. 양 장관은 점증하는 북한의 핵·WMD 그리고 탄도미사일 위협에 대응하기 위해 동맹의 억제방안과 능력을 향상시키고, 지속적인 정보공유와 상호운용성을 증진하여 대한민국에 대한 **확장억제의 신뢰성, 능력, 지속성을 보장**할 것을 약속하였다. 양 장관은 양국 정상이 합의한 한반도 및 한반도 인근에 대한 미 전략자산의 순환배치 확대와 연계하여, 미 해군 및 공군 전략자산의 한반도 전개	북한 핵미사일 시험 최고조

46) 위성락, “확장억제 합의의 함의와 할 일”, 『중앙일보』 2023년 5월 10일.

개최연도	확장억제와 관련된 합의 내용	배경
	빈도 및 강도가 증가되고 있음에 주목하였다. 양 장관은 맞춤형 억제전략(TDS)과 4D 작전개념 이행지침의 실행력을 제고하기 위해 **한·미 억제전략위원회(DSC) 및 확장억제전략협의체(EDSCG)** 계기에 확장억제 관련 정책·절차와 협력 메커니즘을 지속 발전시켜 나가기로 하였다. 양 장관은 동맹의 억제태세를 강화할 필요성에 공감하고, 이를 위해 협력의 범위를 보다 확대하는 방안을 모색하기로 하였다.	
제50차 SCM (2018.10.31. 워싱턴 D.C.)	매티스 장관은 핵, 재래식 및 미사일 방어능력을 포함한 모든 범주의 군사능력을 운용하여 대한민국을 위해 **확장억제를 제공**할 것이라는 미합중국의 지속적인 공약을 재확인하였다.	남북 및 북미 정상회담 개최
제51차 SCM (2019.11.15. 서울)	에스퍼 장관은 **핵, 재래식 및 미사일 방어능력을 포함한 모든 범주의 군사능력**을 운용하여 대한민국에 **확장억제를 제공**할 것이라는 미합중국의 지속적인 공약을 재확인하였다. 한편, 양 장관은 **확장억제 공동연구** 결과를 통해 확장 핵억제를 강화하기 위한 다양한 협력 방안들을 도출하였다고 평가하였다. 양측은 향후 한반도 및 역내 안보환경 변화에 따른 영향을 고려하면서, 한·미동맹의 억제태세를 제고하고 맞춤형 억제전략을 이행하기 위한 방안들을 공동으로 모색해 나가기로 하였다.	북미 정상회담 개최 및 결렬
제52차 SCM (2020.10.14. 워싱턴 D.C.)	에스퍼 장관은 또한 **핵, 재래식 및 미사일 방어능력을 포함한 모든 범주의 군사능력을 운용**하여 대한민국에 **확장억제를 제공**할 것이라는 미합중국의 지속적인 공약을 재확인하였다. 한편, 양 장관은 동맹의 억제 태세의 신뢰성, 능력, 지속성을 보장하기로 공약하였다. 이를 위해 양 장관은 **확장억제 공동연구**를 통하여 제시된 많은 정책제언의 이행을 통해, 억제를 강화해 나가기로 하였다.	남북대화 단절 북한 미사일 시험 지속
제53차 SCM (2021.12.2. 서울)	오스틴 국방장관은 핵, 재래식 및 미사일 방어능력을 포함한 모든 범주의 군사능력을 운용하여 대한민국에 **확장억제를 제공**한다는 미합중국의 굳건한 공약을 재확인하였다. (중략) 오스틴 장관은 미국의 **확장억제가 철통같이 유지**될 것임을 재확인하였다.	남북대화 단절 북한 미사일 시험 지속
제54차 SCM (2022.11.3. 워싱턴 D.C.)	오스틴 장관은 북한의 다양한 핵무기와 투발수단 개발 시도에 대해 우려를 표명하면서 핵, 재래식, 미사일 방어능력 및 진전된 비핵능력 등을 포함한 모든 범주의 군사능력을 운용하여 대한민국에 **확장억제를 제공**한다는 미국의 굳건한 공약을 재확인하였다. 오스틴 장관은 미국이나 동맹국 및 우방국들에 대한 비전략핵(전술핵)을 포함한 어떠한 핵공격도 용납할 수 없으며, 이는 **김정은 정권의 종말을 초래할 것**이라고 경고하였다. 양 장관은 고도화하는 북한의 핵·미사일 위협을 억제하고 대응하기 위한 **동맹의 능력과 정보공유, 협의절차, 공동기획 및 실행** 등을 더욱 강화해 나가기로 하였다. 양 장관은 **필요에 따라 미국의 전략자산을 적시적이고 조율된 방식으로 한반도에 전개**하고, 불안정을 유발하는 북한의 행위에 맞서는 조치들을 확대하고 억제력을 강화하기 위한 새로운 조치들을 찾아 나간다는 미국의 공약을 재확인하였다. 양 장관은 한·미통합국방협	남북대화 단절 북한의 공세적 핵독트린 채택

개최연도	확장억제와 관련된 합의 내용	배경
	의체(KIDD), **한·미확장억제전략협의체(EDSCG)** 및 한·미억제전략위원회(DSC) 등 양자 협의체가 동맹의 연합억제태세를 강화하는 데 기여하였다고 평가하였다. 양 장관은 이러한 협의체들을 통해 **보다 강화된 확장억제 방안을 모색**할 수 있도록 긴밀히 협의해 나가기로 하였다.	
워싱턴선언 (2023.4.27. 워싱턴 D.C.)	한국은 **미국의 확장억제 공약**을 완전히 신뢰하며 한국의 미국 핵억제에 대한 지속적 의존의 중요성, 필요성 및 이점을 인식한다. 미국은 미국 핵태세보고서의 선언적 정책에 따라 한반도에 대한 모든 가능한 핵무기 사용의 경우 한국과 이를 협의하기 위한 모든 노력을 다할 것임을 약속하며, 한·미동맹은 이러한 협의를 촉진하기 위한 견실한 통신 인프라를 유지해 나갈 것이다. (중략) 양 정상은 확장억제를 강화하고, 핵 및 전략 기획을 토의하며, 비확산체제에 대한 북한의 위협을 관리하기 위해 새로운 **핵협의그룹(NCG) 설립**을 선언하였다(중략) 바이든 대통령은 한국과 한국 국민들에 대한 **미국의 확장억제**가 항구적이고 철통같으며, 북한의 한국에 대한 모든 핵 공격은 즉각적, 압도적, 결정적 대응에 직면할 것임을 재확인하였다. 바이든 대통령은 한국에 대한 미국의 확장억제는 핵을 포함한 미국 역량을 총동원하여 지원된다는 점을 강조하였다. 나아가, 미국은 향후 예정된 **미국 전략핵잠수함의 한국 기항**을 통해 증명되듯, 한국에 대한 **미국 전략자산의 정례적 가시성을 한층 증진**시킬 것이며, 양국 군 간의 공조를 확대 및 심화시켜 나갈 것이다. 나아가 한·미 양국은 한·미동맹이 잠재적인 공격과 핵 사용에 대한 방어를 보다 잘 준비할 수 있도록 **확장억제전략협의체(EDSCG)를 포함해 확장억제에 관한 정부간 상설협의체를 강화**하고, 공동 기획 노력에 정보를 제공하기 위한 시뮬레이션을 실시할 것이다.	남북대화 단절 북한 미사일 고도화 시험

2. 한국의 대비책: 확장억제력 토대 위의 '증강된 재래식 전력'[47)]

- 북한의 비전략핵 위협에는 '증강된 재래식 전력' & 발사의 왼편(C4IRS)로 억제

북한의 핵 도발을 억제하기 위해 반드시 모든 국가들이 핵무기를 가져야 하는 것이 아니다. 앞의 〈표 6〉과 〈표 7〉의 시나리오에서 보았듯이, 중국이나 북한의 핵 위협을 억제하기 위해서는 △대규모 핵전력, △소규모 핵전력과 미 확장억제력의 통합 운용, △증강된 재래식전력과 미 확장억제력의 통합 운동 등 3가지 옵션을 생각해 볼 수 있다.

47) 조성렬, "핵에는 핵? 압도적 대량응징보복능력으로 核억제 가능", 『신동아』 2023년 2월호.

북한의 핵무기에 과잉 대응하기보다는 위협 수준에 맞춘 비례적 대응이 필요하다. 현재 북한의 핵능력은 아직 히로시마와 나가사키에 투하된 20kt보다도 저위력 핵탄두의 수준에 있다. 실전배치 단계에 와 있는 북한의 소형화, 경량화된 전술핵무기 화산-31형의 경우 위력이 10kt 이하로 추정되고 있다.(〈그림 1〉 참조) 북한이 저위력 핵무기에 주력하는 이유는 '사용가능한 핵무기'라는 점에 때문이다. 저위력 핵무기는 억제의 3C 요소를 갖추고 있어 오히려 고위력 핵무기보다 억제수단으로서 활용 가치가 높다고 평가할 수 있다.[48)]

일부에서 주장하는 주한·미군의 핵무기 재배치나 나토식 핵공유 프로그램이 이뤄지더라도, 어차피 도입될 핵무기는 W76-2 핵탄두와 B-61-12 중력핵폭탄와 같은 전술핵무기급의 저위력 핵탄두이다. 따라서 미국의 확장억제 공약과 같은 연성균형 조치와 통합해 운용할 경우, 북한의 저위력 핵탄두에 대해 증강된 재래식 전력으로도 핵억제가 가능하다. 현재 구축 중인 한국군의 한국형 3축 체계(킬체인, 미사일방어체계, 대량응징보복체계)가 완성되면 대북 핵억제가 어느 정도 가능하다.

증강된 재래식 전력의 목표는 북한의 핵무기 사용위협에 대해 미국의 확장억제 하에서 선제타격(Kill Chain)과 한국형 미사일 방어체계(KAMD)를 통한 생존성 강화와 재래식 대량응징보복체계(KMPR) 능력을 갖추는 것이다. 이와 같은 '한국형 3축 체계'를 완성해 우리 스스로 거부적 억제력을 구축함으로써 북한의 핵무기를 무용지물로 만들어버리려 하는 것이다.

여기에다 북한의 미사일 발사 준비단계에서 해킹이나 전자기파로 미사일 발사시스템을 교란·파괴하는 '발사의 왼편(Left of Launch)' 작전을 보완해 3축+1 체계가 된다면 북한의 핵위협을 보다 효율적으로 억제할 수 있다. 발사의 왼편(Left of Launch)이란 북한의 미사일 발사 준비단계에서 해킹이나 전자기파로 발사시스템을 교란·파괴한다는 작전 개념으로 2013년부터 미국이 프로그램을 개발하였다. 금년 3월에 발표된 「국방혁신계획4.0」에서는 북한핵·미사일 체계

---

48) 문성준, "억제이론을 중심으로 저위력 핵무기 개발 및 함의에 관한 연구", 『선진국방연구』 vol.4, no.3, 통권 11호, 2021, p. 113.

의 발사 전후에 이를 교란 및 파괴할 수 있도록 한 킬웹(Kill Web) 작전 개념을 제시하고 있다.

〈그림 5〉 킬체인(Kill Chain)과 한국형 미사일방어체계(KAMD) 개념도

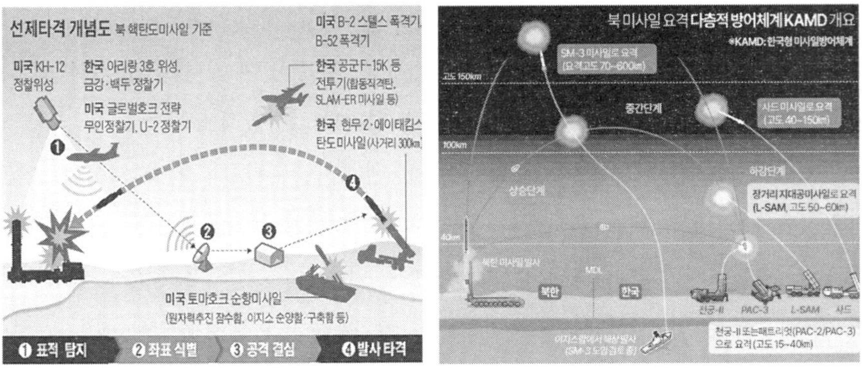

북한의 핵위협을 억제하기 위해 북한군 지휘소 지하벙커와 ICBM 발사기지, 잠수함 기지 등 핵심 군사시설에 대한 정밀타격 능력이 필요하다. 현재 알려진 킬체인(Kill Chain)과 대량응징보복능력(KMPR)의 타격수단으로는 214급 잠수함(KSS-2)과 6개의 수직발사관(K-VLS)을 갖춘 3,000톤급 잠수함(KSS-3)에서 발사할 수 있는 해성(HS) 시리즈(현무3C의 파생형) 해성-2(KD-2/3)와 해성-3(KSS-2/3)이 있다. 또한 F-15K 전투기 외 F-35 스텔스 전투기, F-22 스텔스 전폭기에 탑재되는 타우러스 미사일이 있다.[49)]

현무 시리즈로는 현무-2, 현무-3(1t), 현무-4(2.5t) 외에 지난해 국군의 날에 선보인 현무-5(8~9t) 탄도미사일이 있다. 특히 현무-5는 미국의 GBU-43이나 러시아의 ATBIF에 버금가는 탄두중량 8~9t으로 지하 100m의 적 지휘소를 파괴하고 클러스터탄을 부착하면 축구장 300~400배 넓이를 초토화할 만큼의 살상력을 발휘할 수 있다. 실제로 군 당국은 현무-5 여러 발을 동시에 발사하면 저위력 핵탄두에 버금가는 위력을 발휘할 수 있다고 평가하고 있다.

---

49) Caleb Larson, "If the South Korea Goes to War, These Missiles Would Strike North Korea," *The National Interest*, April 10, 2020.

〈그림 6〉 한국군이 보유하고 있는 주요 대북 재래식 억제수단

현무-1	180km	탄도미사일
현무-2A	300km	탄도미사일
현무-2B	500km	탄도미사일
현무-3A	500km	순항미사일
현무-3B	1000km	순항미사일
현무-3C	1500km	순항미사일
현무-4-1	800km	탄도미사일

일각에서 2018년부터 한·미·일 미사일 정보공유 훈련을 비공개로 하고 3축 체계를 KAMD와 전략적 타격체계로 명칭을 바꾼 것에 대해 북한의 눈치를 본 것이라고 비판하나, 이는 한반도 비핵화 협상의 동력을 유지하기 위한 탄력적인 조치였을 뿐이다. 역대 진보정권은 북한의 직접적 위협과 주변국들의 잠재적 위협에 대비해 보수정권보다 더 많은 국방비를 지출한 것은 잘 알려진 사실이다. 특히 2021년 5월 문재인 대통령은 한·미정상회담에서 '한·미 미사일지침' 폐기를 이끌어냄으로써 재래식 고위력 탄두의 개발을 가로막던 장애를 제거했다. 그 덕분에 한국군은 현무-5와 같은 대량응징보복능력을 갖출 수 있는 길을 열었다.

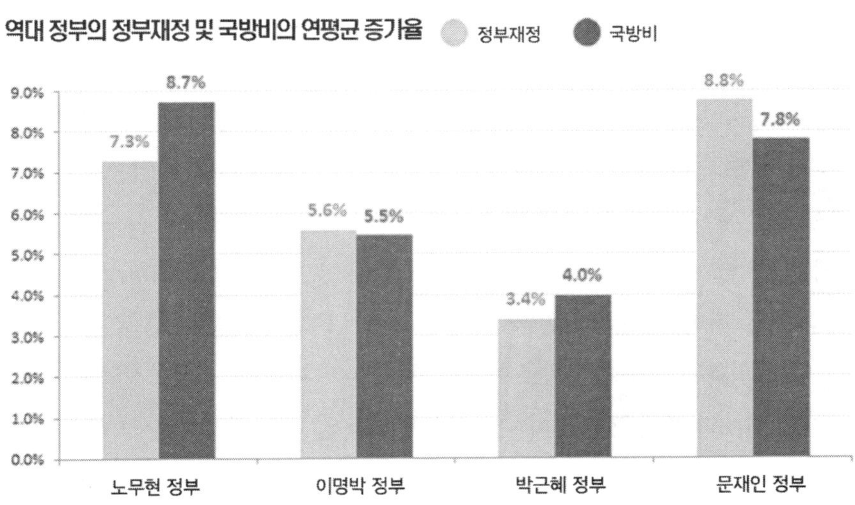

3. 북한의 전략핵무기 위협은 '억제'에 앞선 '예방'이 중요

올해 벽두부터 대통령까지 나서서 핵무장론을 외치는 바람에 미국을 비롯한 주변국들은 경계의 눈초리로 한국을 바라보고 있다. 대통령의 핵무장 언급은 대한민국의 국격을 불량국가 수준으로 떨어뜨리고 국가를 존망의 위기로 몰아가게 될 것이다. 이것은 젤린스키 우크라이나 대통령의 핵 재무장론이 재앙을 초래한 것처럼 한국국민의 안전을 위험에 빠트릴 수 있다. 대통령의 무책임한 발언의 뒷감당은 오로지 우리 국민의 몫으로 남게 된다.

지난 6월 5일 통일연구원이 발표한 「KINU 통일의식조사 2023」 조사보고서에 따르면, 핵 보유를 찬성하는 응답은 60.2%였다. 그러나 독자 핵개발 추진으로 인해 맞닥뜨릴 수 있는 6가지 위기들(경제 제재, 한·미동맹 파기, 안보위협 심화, 핵개발 비용, 환경 파괴, 평화 이미지 상실)을 하나씩 제시한 뒤 핵무장에 동의하는지 재차 물었더니 36~37% 수준에 그쳤다. 이것은 핵무장론이 집권당이 취약한 권력 기반을 만회하기 위해 국민들의 핵무장 지지여론에 편승한 포퓰리즘이라는 점을 잘 보여주는 것이다.

마침 지난 한·미정상회담에서 「워싱턴 선언」이 채택되어 한·미 핵협의그룹(NCG)을 창설하기로 하는 등 미국의 확장억제에 대한 한층 강화된 공약이 나왔다. 또한 핵확산금지조약의 준수를 약속함으로써 한국이 더 이상 독자 핵무장을 추진하지도 주장하지도 않겠다고 약속했다. 그런 점에서 이제부터 윤석열 정부는 '확장억제와 한국형 3축 체제'가 북한 핵위협에 대한 한국 내의 독자 핵무장 여론을 진정시키는 데 적극 나서서 국민들이 우리의 현실을 올바로 볼 수 있도록 해야 한다.

그렇다면, 북한의 핵위협 증가에 대해서는 어떻게 대처해야 할 것인가? 북한이 아직 소형화된 전술핵무기를 배치한 현 단계까지는 미국의 확장억제 공약과 같은 연성안보와 한국의 재래식 대량보복능력과 같은 경성안보 간의 복합균형이 가능하다. 하지만 북한의 핵능력이 지속적으로 고도화되어 소형화, 경량화된 고위력 핵무기(20~150kT)의 실전배치로까지 간다면 확장억제 공약과 한국군의 재래식 3축 체제로는 억제의 목표를 달성하기 어렵다.

확장억제 공약의 신뢰도를 높이기 위해 미군 전략자산 전개의 빈도를 높이는 것은 북한의 핵위협을 억제하기보다 오히려 핵능력을 강화시켜 위협을 키우는 안보딜레마에 빠질 수 있다. 최근 전개되고 있는 한·미 연합훈련의 강화를 통한 대북 무력시위는 북한의 핵·미사일 위협에 대한 사전 예방조치라기보다는 북한의 잇단 미사일 시험에 대한 사후 대응조치의 성격을 띠고 있다. 그런 점에서 북한의 핵능력 강화를 막을 수 있는 게 아니다.

북한 핵위협에 대한 포비아는 미국의 강화된 확장억제 공약과 함께 대규모 한·미 및 한·미·일 연합군사훈련을 불러들였다. 현재 실시되고 있는 대북 무력시위는 북한 핵에 대한 억제보다는 국내 핵무장론에 대한 진정 효과를 노린 측면이 강하다. 하지만 이는 북한 핵위협에 대한 억제 효과보다는 북한의 강한 반발과 도발을 유발할 위험성도 내포하고 있다. 그런 점에서 북한의 핵위협에 상응한 비례적 대응을 넘어선 과도한 대북 무력시위를 자제할 필요가 있다.

당면한 북한 핵위협에 대비하기 위해 미국의 강화된 확장억제 공약이나 한국의 3축 체제이 불가피하다고 해도, 한반도 비핵화라는 목표를 관철할 수 있는 외교 공간을 마련해 놓을 필요가 있다. 아직 시기를 예측하기는 어렵지만 언젠가 남북대화가 재개될 때에 대비해야 한다. 미중 전략경쟁 시대라고는 하나 한반도 비핵화와 평화에서는 미중의 이해가 일치하는 점이 있다. 그런 점에서 중국이 한반도 비핵화에서 긍정적 역할할 수 있도록 협력 여지를 만들어놓아야 한다.[50]

북한이 고위력 핵무기를 보유할 것을 상정해 독자적 핵무장을 주장하는 것은 하책이며, 한반도 비핵화 협상을 재개해 그런 상황이 오지 않도록 예방하는 것이야말로 상책이다. 그런 점에서 현 단계에서 우리 정부가 해야 할 일은 당면한 북한의 핵위협을 억제하기 위해 연성 및 경성 복합균형의 추진과 함께, 북한이 고위력의 전략핵무기를 개발·배치하지 못하도록 한반도 비핵화를 위한 대화와 협상을 통해 외교적 노력을 경주하는 것이 중요하다.

경직된 북한당국의 태도를 누그러뜨려 협성테이블로 이끌어내기 위해 과도한

50) 위성락, "확장억제 합의의 함의와 할 일", 『중앙일보』 2023년 5월 10일.

한·미 연합훈련을 축소하는 등 우리의 대북 강경태도를 완화할 필요가 있다. 또한 미중 전략경쟁 하에서 일방적으로 어느 한 진영에 줄서기보다는 중국을 포함한 국제사회의 중재를 이끌어낼 수 있는 다양한 외교 노력도 병행해야 한다.

지난 문재인 정부의 협상사례에서 보듯이, 한반도 비핵화와 평화 정착은 결코 쉽지 않은 과제이다. 하지만 그렇다고 해서 북한의 핵무기 보유를 기정사실화해 버리고 북핵 억제에만 매달린다면, 우리 민족의 궁극적 목표인 평화통일의 길은 영영 막히고 말 것이다. 그런 점에서 당면한 북한 핵위협에 대응해 확장억제와 재래식 3축 체제로 가더라도 민족의 장래를 생각해 협상테이블을 항상 열어놓아야 한다.

V. 맺음말

북한은 지난해 대륙간탄도미사일(ICBM) 8차례를 비롯해 모두 73차례 미사일을 쐈고 올해도 ICBM 3차례를 포함해 총 9차례 미사일 시험발사를 했다. 이에 대해 윤석열 대통령은 제대로 된 대책도 제시하지 못한 채 대북 강경 발언만 남발하고 있다. 독자 핵무장론을 내놓았다가 미국의 견제만 받자, 굳이 대책이라고 내놓은 것이 한·미, 한·미·일 외교·국방 공조를 통해 북한을 압박해 협상테이블로 끌어들이겠다는 것이다. 윤석열 정부 들어 연합군사훈련이 강화되고 북핵 수석대표 회의가 활성화된 것도 이런 배경 아래 이뤄진 것이다.

작년 6월, 9월, 12월(화상)에 이어 금년 4월에 개최된 한·미·일 북핵 수석대표 회의에선 이례적으로 첫 공동성명이 발표되었는데, 주요 내용은 △북한 해외 잔류 노동자 송환, △사이버 자금 탈취 차단, △북한 인권상황 개선 등이다. 이 자리에서 미·일 수석대표는 한국의 '담대한 구상'을 지지한다고 밝혔는데, 이들이 과연 윤 대통령의 우왕좌왕하는 대북정책을 제대로 이해한 건지 아니면 자국 이익에 부합해서 그런 표현을 지지하는 척한 건지 의문이 간다.

이것은 최근 발간된 『윤석열 정부의 국가안보전략』(2023년 6월)에서도 이러한 방임적 태도가 그대로 나타나 있다. 북한 비핵화 추진방식으로 제시한 것이

억제(deterrence)와 단념(dissuation), 대화(Dialogue)의 '3D'이다. 즉, 억제와 단념을 통해 "비핵화 협상에 나오도록 전략적 환경을 만들어가고자 한다"는 것이다.[51] 하지만 억제 방안으로 제시한 한국형 3축 체계 구축과 단념 방안으로 대북 제재와 신종 외화획득 수단 차단 등 채찍만으로는 북한이 대화에 나오기는 커녕 핵무기에 더욱 집착하게 만들 뿐이다.

한·미·일 공조에 의존하는 대북 압박만으론 북한 핵 문제를 해결할 수 없다. 빈번한 한·미, 한·미·일 군사훈련과 외교 공조는 북한 위협에 대해 뭔가 하고 있다는 것을 보여주는 국내용일 뿐, 윤석열 정부의 막연한 기대와 달리 북한을 협상테이블로 끌어낼 수 없다. 오히려 중국의 건설적 역할을 방해하고 한반도 문제에 대한 일본의 발언권만 높여주었다. 또한 미·러 대립 격화와 미·중 전략경쟁과 맞물리면서 북·중·러를 밀착시키는 결과만을 초래했다.

2017년 위기와 2023년 위기의 한반도 전쟁위기의 고조하는 점에서 닮은 점도 있지만, 여러 가지 면에서 다른 점이 많다. 첫째, 지난 정부가 '대화에 의한 평화'를 추구한 것과 달리 윤석열 정부는 '힘에 의한 평화 구현'을 내세우고 있어 '강 대 강' 맞대결로 치달을 가능성이 높다. 둘째, 당시 중·러가 대북 제재에 동참했던 것과 달리 지금은 중·러가 추가제재나 규탄성명 채택을 거부하는 등 국제공조가 깨졌다. 셋째, 미국은 우크라이나 전쟁과 중국 견제(대만 위기)에 정책우선순위를 두면서 직접 대화에 나서기보다 한·미·일 안보협력에 주력하며 사태를 사실상 방치하고 있다.

앞으로도 북한의 핵위협이 쉽게 해소되지 않을 것으로 예상되는 상황에서, 미국이 제공하는 확장억제의 신뢰성을 높이는 데 방점을 둬야 한다. 혹자는 미국의 확장억제력 공약을 신뢰할 수 없다고 주장한다. 드골 프랑스 대통령은 핵무기를 개발하면서 "과연 미국이 워싱턴이 핵무기를 맞을 각오를 하면서까지 파리를 지켜줄 것인가"라는 명분을 내걸었다. 지금 국내에서는 북한의 핵공격을 당할 때 미국이 과연 워싱턴의 희생을 각오하면서 서울을 돕겠느냐 하는 논리로 이어졌

51) 대한민국 대통령실 국가안보실, 『윤석열 정부의 국가안보전략: 자유, 평화, 번영의 글로벌 중추국가』, 2023년 6월, pp. 71~72.

다. 하지만 이러한 우려는 미국의 동맹국이 하나뿐일 때나 통용될 수 있는 것이다. 만약에 미국의 확장억제력 제공 약속을 지키지 않고 동맹국이 핵공격을 당하는 것을 방치한다면, 어느 국가도 미국과의 동맹을 유지하려 하지 않을 것이기 때문이다.52)

다음으로, 정부는 우리 차원에서 북한의 핵위협을 억제하기 위한 노력도 게을리 해서는 안 된다. 증강된 재래식전력을 구축하기 위해 3축 체계의 완성을 서둘러야 한다. 3축 체계의 완성은 단지 북한의 핵위협을 억제하는 것일 뿐만 아니라, 주변국들에 의한 잠재적 위협에도 대응할 수 있다. 중국의 군사적 굴기와 중·러 군사협력이 강화되고 일본의 재무장이 본격화되고 있는 국제정세 속에서 북한 핵위협을 억제하는 것 못지 않게 주변국의 지정학적 리스크에 대비하는 것이 중요하다.

끝으로, 미흡하나마 기존에 구축된 안전장치들을 활용하고 북한의 도발이 자행될 때는 비례대응의 원칙을 견지해 확전을 방지해야 한다. 북한의 '9.19군사합의' 정신의 위반조차 맹목적으로 도발로 규정하며 과잉 대응해선 안 되며, 북한이 합의위반의 도발을 저질러도 우리가 먼저 합의 파기를 선언하는 우를 범해선 안 된다. 과거 북한군이 2009년과 2013년에 '정전협정 백지화' 선언과 같은 초강수를 둔 전례가 있는 만큼, 우리가 '9.19군사합의' 이행중지를 선언한다 해도 도발의 억제를 기대할 순 없기 때문이다.

정부 정책결정자들은 '평화를 원하거든 전쟁을 준비하라'는 4세기 로마시대의 격언을 곧이 곧대로 받아들여 대북 확장억제나 3축 체제의 강화에만 매달려서는 안 된다. 현 안보위기는 미국의 확장억제력과 대량응징보복 능력만으론 해결할 수 없으며, 주변국의 건설적 역할과 국민들의 지지, 초당파적인 협력이 뒷받침되어야 한다. 그래야 비로소 북한을 대화 테이블로 끌어들일 수 있고 국지도발의 악순환을 막을 수 있다. 정부여당은 이념에 매몰된 대외전략을 재검토하고 초당파적 협력을 복원해 현 안보위기를 타개할 지혜와 힘을 모아나가야 할 것이다.53)

52) 천영우, 『대통령의 외교안보 어젠다-한반도 운명 바꿀 5대 과제』, 박영사, 2022, pp. 85~89.
53) 조성렬, "북한의 비대칭확전 핵태세와 '김관진 효과' 이후", 『시민언론 민들레(mindlenews.com)』, 2023년 1월 5일.

제 7 장

미·중 갈등 시대와 한반도 미래는?

7장 미·중 갈등 시대와 한반도 미래는?

김한권

Ⅰ. 들어가며

나날이 격화되는 미·중 간의 전략적 경쟁 구도 하에서 한국은 다양한 현안에서 점차 '선택'의 상황으로 몰려가고 있다. 한반도 비핵화와 남북 교류의 증진을 통한 항구적 평화 안착이라는 목표를 가진 한국의 입장에서는 미·중 모두로부터의 협력이 필수적인 상황이다. 하지만 미중관계가 '중국의 부상'에 대한 미국의 인식 변화와 트럼프 행정부가 출범 이후 보여준 경제와 군사·안보 분야에서의 강경한 대중국 전략적 압박은 미·중 사이의 전략적 경쟁을 점차 격화시켜왔다.

이에 더하여 코로나바이러스감염증-19(COVID-19: Coronavirus disease 2019, 이하 코로나-19) 팬데믹(pandemic)상황은 미·중 간 전략적 경쟁의 구조를 변화시키고 있다. 양 강대국의 갈등과 대립은 기존의 경제와 군사·안보 영역에서 코로나-19 사태로 인해 인권과 민주주의의 '가치'와 '체제 우위'의 논쟁으로 확대되더니 이제는 '이념'의 경쟁으로 그 불길이 번지고 있다.

이러한 미·중 양 강대국 사이의 대립과 갈등의 고조에 한국을 포함한 국제사회는 더욱 긴장할 수밖에 없는 상황을 맞이하고 있다. 또한 한국에게 가치, 체제, 이념 등의 현안들은 자칫하면 대미/대중관계는 물론 남북관계와 '남남갈등'까지도 심대한 영향을 미칠 수 있어 한국으로서는 더욱 추이를 주의 깊게 살피고 우리의 입장을 신중하게 정리할 필요가 있다. 따라서 이 글은 우산 미·중 갈등의 본질과 현황을 정리해 보고자 한다. 이후 이를 바탕으로 미·중 전략적 경쟁을 전망하고 이에 대한 한국의 정책적 대응을 제시해 보고자 한다.

이 글은 우선 중국의 부상은 이미 새로운 전환기에 접어들었음을 논의하고자 한다. 덩샤오핑의 개혁·개방 정책을 중심으로 경제 현대화를 통한 중국의 발전은 장쩌민과 후진타오 시기에 나타났던 국내외적인 도전 요인들과 부딪치며 국제사회로부터 '중국의 부상(Rise of China)'을 인정받았다. 이에 더하여 중국의 부상은 미국에게 협의(狹義 a narrow sense)에서 광의(廣義, a broad sense)의 의미를 가지는 부상으로 확연하게 변화되었다. 이제 시진핑 시기에 나타나는 중국의 부상은 과거 경제력을 바탕으로 한 부상에 더하여 국제사회의 정치적, 군사적, 외교·안보적 영향력은 물론, 나아가 규범적 권력(normative power)에까지 그 범위가 확대되고 있다. 이렇듯 전환기에 접어든 '중국의 부상'과 관련된 현상들은 자연히 국제사회의 패권적 리더십을 가진 미국과의 관계에서 새로운 도전요인들로 나타났다.

특히 미·중의 전략적 경쟁구도가 나날이 뚜렷해지는 역내 환경 하에서 덩샤오핑의 개혁·개방 정책과 '도광양회(韜光養晦)'의 외교 전략에서 시작되어 시진핑의 '중국의 꿈(中國夢)'과 '분발유위(奮發有爲)'라는 전환기에 접어든 '중국의 부상'이 미중관계에 미치는 영향을 분석해 보는 것은 하나의 의미 있는 분석이 되리라 생각된다.

다음으로 이 글은 이러한 전환기적 배경을 바탕으로 특히 중국 정치와 외교·안보 분야에서 나타나는 미중관계의 도전 요인들을 통해 양 강대국 간 갈등의 본질을 세력전이 이론과 연계하여 미국 트럼프 행정부의 정책적 변화의 원인과 행위를 중심으로 살펴보고자 한다. 또한 이에 대한 중국의 대응을 역사적, 국내정치적 배경을 중심으로 분석해 보려 한다.

결론적으로 이 글은 이러한 미·중 전략적 경쟁과 갈등은 역사적, 구조적인 문제를 지닌 '지배국가'와 '도전국가'의 관계를 형성하고 있다고 볼 수 있으며, 이로 인해 양 강대국사이의 갈등은 장기적인 관점에서 접근해야 할 수밖에 없다고 평가했다. 이러한 배경을 바탕으로 이 글은 끝으로 미중관계가 한국이 추구하는 한반도 비핵화와 평화 안착의 과정에 어떠한 함의를 가지는지를 진단해 보았다. 특히 미·중 전략적 경쟁 속에 기존의 국제질서와 제도의 의미와 영향력이 강대국들, 특히 지배국가의 이익에 의해 축소되는 상황에서 국제사회의 공공재라 할 수 있는 한반도 비핵화와 평화 안착이 강대국들의 국익에 어떻게 투영되고 있는가를 진단해 보았다.

Ⅱ. 중국의 부상과 미·중 갈등에 관한 이론적 배경: 세력전이 이론을 중심으로

중국의 부상에 관한 미중관계의 경쟁과 갈등을 설명하기 위해 국제정치학의 분야에서 가장 자주 인용되는 이론은 '세력전이 이론(Power Transition Theory)'이다. 세력전이 이론은 무정부 상태(anarchy)의 현실주의 이론과는 다르게 국제 체제가 '위계적 질서(hierarchical order)'로 구성되어 있다는 가정에서 시작한다. 국제사회의 국가들은 이러한 위계적 질서 내에 존재하며 소수의 국가들에게 질서 내의 세력이 집중되어있다고 본다. 특히 '지배국가(dominant nation)' 라고 불리는 국가가 이 위계적 질서의 가장 높은 곳에 위치하며 국제사회에서 가장 큰 영향력을 발휘한다.

세력전이 이론은 또한 각 국가들이 질서 내에서 만족도를 높이는 것을 최우선시 하며, 지배국가의 만족도가 가장 높고, 지배국가와 함께 국제질서의 수립과 유지에 기여하고 있는 강대국들(great powers)도 비교적 높은 만족도를 나타낸다고 본다. 반면 이러한 국제질서의 수립과 유지 과정에서 배제되거나 수립된 질서로부터 받는 혜택이 적은 국가들은 만족도가 낮다. 오간스키(A.F.K. Organski)는 국제사회 위계질서의 낮은 곳에 위치할수록 불만족도가 높다고 보았다. 나아가 불만과 함께 지배국가와 현상유지 세력들을 적대적으로 보기까지 하며 동 국제질서를 수정을 추구한다고 분석했다.[1]

세력전이 이론에서 다루는 지배국가와 강대국들의 관계는 현재의 미중관계에 대한 설명에 많은 의미를 가진다. 대체로 이들 국가들은 국제질서에 대한 만족도가 상대적으로 매우 높은 편에 속한다. 하지만 강대국들 중 현재의 국제질서가

1) A.F.K. Organski. *World Politics* (New York, NY: Alfred A. Knopf), 1958, pp. 331-332.

장기적으로 보았을 때 자국에게 상대적으로 불리하다고 느낀다면 불만족도가 높아질 수 있으며 이들은 현상변경 세력(revisionist powers)이 될 수 있다고 설명한다.[2)]

하지만 여기서 관심 있게 볼 것은 인드라 데 소이사(Indra De Soysa), 존 오닐(John R. Oneal), 그리고 박용희(Yong-Hee Park)가 제기한 세력전이 이론을 향한 비판이다. 이들은 오간스키의 이론에 따르면 지배국가가 국제질서를 재단하였기에 질서 속에서의 이익은 친구이든 적이든 상관없이 불평등하게 나누어진다고 하였으며, 이는 레닌의 '불균등 발전 법칙(law uneven development)'에서와 같이 '만족(satisfaction)'을 단순히 '세력의 기능(a function of power)'이라고 본다면 도전국가들은 항상 불만족 상태일 수밖에 없다고 해석하였다.

데 소이사, 오닐, 그리고 박은 그렇다면 도전국가가 지배 국가의 위치에 추월(overtake)할 정도로 빠른 발전을 보임에도 불구하고 왜 존재하는 국제질서에 대해 불만족 상태인가에 대한 의문을 세력전이 이론에 제기했다.[3)] 이 질문은 더글라스 렘키(Douglas Lemke)와 윌리엄 리드(William Reed)의 반박과 데 소이사, 오닐, 박의 재반박으로 이어지는 학문적 논쟁이 되었다.[4)]

이들이 보여준 논쟁의 핵심 중 하나는 국제사회의 위계질서 속에서 각 국가들이 근본적으로 추구하는 것이 무엇이냐에 대한 질문이었다. 데 소이사, 오닐, 그리고 박의 시각은 각 국가들은 부(wealth)와 세력(power)을 추구하고 있으며, 이 두 가지를 증진시킨 국가들일수록 존재하는 국제질서에 대해 만족도가 높다

---

2) A.F.K. Organski & Jacek Kugler. *The War Ledger* (Chicago & London: The University of Chicago Press). 1980; Ronald. L. Tammen, J. Kugler, D. Lemke, A. Stam, M. Abdollahian, C. Alsharabati, B. Efird, and A.F.K. Organski. *Power Transitions* (New York: Chatham House) 2000; Ronald L. Tanmen. "The Organski Legacy: A Fifty-Year Research Program" *International Interactions* 34, 2008: 김영준. "세력전이론의 전개, 진화, 그리고 적용에 대한 고찰" 국제관계연구 20(1), 2015, pp, 180-184.

3) De Soysa, I., Oneal, J. R., & Park, Y. H. 1997. "Testing power-transition theory using alternative measures of national capabilities." *Journal of Conflict Resolution* Vol. 41, No. 4, 1997, 509-528.

4) Douglas Lemke and William Reed, "Power Is Not Satisfaction: A Comment on de Soysa, Oneal, and Park," *Journal of Conflict Resolution* Vol. 42, No. 4, 1998, pp. 511-516; John R. Oneal, Indra De Soysa and Yong-Hee Park, "But Power and Wealth Are Satisfying: A Reply to Lemke and Reed," *Journal of Conflict Resolution*, Vol. 42, No. 4 (1998), pp. 517-520.

고 보았다. 이에 대해 김영준은 세력전이 이론에서 지배국가는 국제질서 수립에 가장 큰 영향력을 발휘하는 국가이며 국제질서에 의한 혜택을 가장 많이 받는 국가라고 정의한 뒤 어떠한 혜택을 받느냐는 지배국가가 어떠한 원칙에 기반을 두어 국제 질서를 세우느냐에 따라 달라질 수 있다고 주장하였다. 김은 이를 현재 국제질서에 적용하여 보면 미국 주도의 현 국제질서는 민주주의와 자유시장 경제가 원칙적 기반이며, 미국은 민주주의와 자유시장 경제 질서에 기반을 둔 국제 질서체제의 가장 큰 수혜자로 보았다.[5)]

이러한 이론적 논의를 기반으로 이 글에서 중점을 두어 논하고자 하는 주제는 기존의 지배국가가 자신의 원칙에 기반을 둔 국제질서가 타국, 특히 도전국가에게 더 많은 혜택, 즉 상대적으로 더 많은 혜택을 주었을 때 그 지배국가는 어떤 대응을 할 것이냐는 것이다. 세력전이 이론가들의 주장과 같이 지배국가를 포함한 각 국가들이 상대적 이익을 추구하는 것이 아니므로 기존의 국제질서와 도전국가의 상승을 인정하든지, 아니면 세력을 가진 지배국가가 자신의 원칙을 바꾸어 새로운 국제질서를 수립할 수도 있다.

이에 대한 패권국들의 대응에 관한 연구로는 부루스 크로닌(Bruce Cronin, 2000)과 니코 크리쉬(Nico Krish, 2005)의 연구를 주목해볼 필요가 있다. 먼저 크로닌은 그의 논문 'Paradox of Hegemony'를 통해 패권국이 자신의 지배를 제도화, 영속화하기 위해 국제법과 제도를 만든다고 보았다. 하지만 패권국의 국내적 행위자들이 국제사회의 공공의 선과는 무관한 이기적인 이익을 추구하기 때문에 패권국이 자신이 구축한 국제법과 제도와는 다른 일방적인 행동을 할 수 있어 이로 인해 국제법과 제도를 약화시키기도 한다고 분석했다.[6)]

크리쉬 또한 크로닌과 유사한 시각을 주장했다. 크리쉬는 패권국은 국제법과 제도를 만들고 이를 통해 자신이 수립한 국제질서를 관리하고 유지시키고자 하는 경향을 보인다고 보았다. 하지만 이러한 국제법과 제도가 어느 순간 패권국의

---

5) 김영준. "세력전이론의 전개, 진화, 그리고 적용에 대한 고찰" *국제관계연구* 20(1), 2015, pp. 192-193.

6) Bruce Cronin. "International Law in Times of Hegemony: Unequal Power and the Shaping of the International Legal Order" *European Journal of International Relations* 7-1, 2001. pp. 377-378 & pp. 381-389.

이익에 부합하고 도리어 자신을 제약한다고 느낀다면 이들을 무시 또는 철회하거나, 나아가 수정하고자 하는 태도를 보일 수 있다고 분석하였다.7)

크로닌과 크리쉬의 연구는 현재 미국의 도널드 트럼프 대통령이 2016년 파리 기후변화협약에서 탈퇴를 선언한 후 결국 총 195개 국가가 서명한 동 협약에서 2017년 탈퇴하는 모습, 기존의 '북미자유무역협정(North American Free Trade Agreement, NAFTA)'을 파기하고 멕시코와 캐나다에 대한 새로운 미국·멕시코·캐나다협정(United States-Mexico-Canada Agreement, USMCA)을 체결하는 모습, 트럼프 행정부가 보여주는 WTO 체제에 대한 불만과 중국과의 무역 불균형 문제를 양자 협상으로 풀어가려는 모습 등에 많은 함의를 가지고 있다고 생각된다.

Ⅲ. 중국의 부상과 미중관계의 역사적 배경

1990년대 초반부터 제기된 '중국 위협론'8)은 서구 사회에 적지 않은 반향을 일으켰으나, 당시는 '중국 기회론'과 '중국 필패(必敗)론' 등 중국의 빠른 경제 발전에 대한 다양하고 혼재된 논의가 나타났었다. 하지만 2000년대 중반 이후 중국의 부상이 GDP 지표상으로 2005년에 프랑스, 2006년에 영국, 그리고 2007년에 독일을 차례로 따라잡으며 눈부신 경제성장을 이어가자 이제 '중국의 부상'은 다양한 논의를 잠재우며 국제관계의 상수(常數)로 인식되기 시작하였다.

이제 당면한 현실로 다가온 '중국의 부상'에 대한 미국의 선택은 헤징전략

7) Nico Krish. "The Paradox of Hegemony: America's Ambiguous Relationship with the United Nations" *European Journal of International Law* (June 2005). P. 104 & pp. 113-114.

8) 실제로 '중국 위협론'은 19세기말부터 20세기에 유럽에 나타났던 '황화론'을 시작으로 하여 오랜 역사를 가지고 있다. 이후 서구 제국주의 시대에 들어와 가라앉았다가 90년대 들어 Ross Munro, Gerald Segal, Denny Roy등의 국제관계 전문가들에 의해 1992-93년 사이에 1차 중국 위협론이 제기되었다. 이후 타이완 해협위기가 발생한 1995-96년에 2차, 1998-99년에 미국의 '코커스 보고서'를 통해 3차, 그리고 2002년 이후 다양한 미국 국가기관 보고서를 통해 중국 위협론은 꾸준히 제기되었다. Richard Bernstein and Ross H. Munro. *The Coming Conflict with China* (New York, NY: Vintage), 1998; 이희옥. *중국의 국가 대전략 연구.* (서울: 폴리테이아, 2007), pp. 74-77. 그 외 중국 위협론에 대한 대표적인 국내외 연구로는 금희연. "'중국위협론'의 실체: 중국의 세계전략과 전방위 외교정책"『중소연구』제27권 4호 (2003/2004); Emma V. Broomfield. "Perceptions of Danger: The China Threat Theory" *Journal of Contemporary of China* Vol. 12, No. 35 (May 2003). pp. 265-284. 등이 있다.

(hedging strategy) 이었다. 경제적으로는 중국과 협력하며 함께 발전을 추구하지만, 군사·안보적으로는 아시아의 동맹/안보 파트너 국가들과의 협력을 강화하여 중국을 견제한다는 것이었다. 특히 중국이 미국의 패권적 지위 또는 미국이 만들어온 전후 국제사회의 질서, 규범, 기준, 그리고 보편적 가치에 도전하는 '수정주의 국가(a revisionist state)'가 되는 것을 방지하자는 목적을 내포하고 있었다.

중국이 1990년에 이어 2000년대에도 GDP 지표상으로 두 자리 숫자의 성장률이라는 빠른 경제 발전을 지속하자 점차 서구사회에서는 '중국 위협론'이 확산되어갔다. 중국은 이에 적극적으로 대응하기 시작하였다. 먼저 중국은 2003년 말 '화평굴기(和平崛起)'를 내세워 평화적인 대외정책 이념을 국제사회에 제시하였다. '화평굴기'는 당시 중국 공산당 중앙당교 상무부교장이자 개혁·개방 논단의 이사장이던 정비졘(鄭必堅)에 의해 2003년 11월 3일 하이난성(海南省)에서 열린 보아오 포럼(博鳌亚洲论坛)에서 처음 발표되었다.[9]

하지만 일각에서는 '굴기'의 정의를 우세 또는 패권을 차지하고 있는 상대를 제압한다는 의미로 해석하며 오히려 '중국 위협론'을 서구에서 확대시키는 결과를 낳았다.[10] 결국 중국 공산당 지도부는 2004년 초부터 '화평굴기' 대신 '화평발전(和平发展)'의 용어를 사용하였고, 2005년 이후에는 '화해세계(和谐世界)'를 강조하기 시작했다.[11]

당시 중국 지도부는 '도광양회' 전략을 견지하며 계속해서 경제발전을 중심으로 한 국력강화에 매진하고, 국제기구와 현안에 대한 적절한 참여와 기여를 통해 국제사회, 특히 미국과의 관계에서 불필요한 마찰을 피해나가야 할 필요성을 인식했던 것으로 보인다. 예를 들어 2004년 6월 19-20일 중국 산둥성(山东省) 칭다오(青島)에서 열린 제3차 아시아협력대화(Asia Cooperation Dialogue) 외무장관회의에서 원자바오(温家宝) 총리는 아시아 국가들의 협력을 강조하며 "중국

9) 鄭必堅. "中國和平崛起新道路和亞洲的未來" 學習時報 (2003年 11月 24日).
10) 박병석. "중국 화평굴기론의 이론적 한계와 문제점"『정치사상연구』제15집 2호, 2009, p. 30.
11) Zheng, Bijian. "'Peaceful Rise' to Great Power Status" *Foreign Affairs*, Vol. 84, No. 5 (Sep. – Oct., 2005), pp. 18-24.

은 영원히 패권을 추구하지 않겠다(中国永远不称霸)"고 발언하였다.[12] 또한 2005년 9월 우젠민(吴建民) 당시 중국외교학원 원장은 덩샤오핑의 '도광양회'와 '유소작위(有所作为)' 방침에 대해 "중국정부가 단기간 내에 이 정책에 변화를 주는 것은 불가능하며, 원자바오 총리가 이전부터 표명하였듯이 이들 외교정책은 일백년 동안 변할 수 없다 (中国政府不可能在短期内改变这一政策，温家宝总理曾表示这一外交政策一百年都不会改变。)"고 발언하였다.[13]

하지만 비슷한 시기 미국은 중국에 대한 對中 헤징정책을 검토하고 이에 대한 정지 작업을 아시아의 동맹국 및 안보 파트너들을 대상으로 실행하고 있었다. 예를 들어 2005년 말 에반 메데이로스 (Evan S. Medeiros) 당시 백악관 국가안전보장회의(NSC) 아시아담당 선임 보좌관은 기고문을 통해 미국이 중국과의 협력을 원하며, 특히 경제 부분은 미·중 모두 상호 이익과 의존성이 높아 협력관계를 계속 지속해 나가려 한다고 주장했다. 하지만 그는 미·중 양국이 모두 군사·안보면에서의 불확실성과 우려로 인해 서로에게 헤징 정책을 구사하고 있다고 보았다.[14] 이러한 미국의 정책적 움직임은 2005년 8월 당시 美국무부 부장관이었던 로버트 졸릭 (Robert Zoellick)이 일본과 인도와의 외교적, 군사적 관계의 강화를 통해 중국에 헤징을 걸고 있다고 확인해준 점에서도 잘 나타나있다.[15]

결국 2000년 대 중반, 미국이 중국의 불확실성에 대비하기 위해 對中 헤징전략을 검토한 것은 자국의 경제적, 군사·안보적 이익을 보호하기 위한 정책적 대응이었음은 물론, 미국이 확립한 전후 질서로 유지된 국제사회의 안정과 가치의 유지를 위한 어찌 보면 패권적 리더국으로서의 당위성을 내포한 행위로도 볼 수 있다.

---

12) "温家宝在亚洲合作对话外长会议上发表重要讲话" 人民網 (2004年 6月 22日).

13) "吴建民：中国要长期坚持韬光养晦 有所作为方针" 新浪网 (2005年 9月 27日).

14) Evan S. Medeiros "Strategic Hedging and the Future of Asia-Pacific Stability" The Washington Quarterly 29:1 (Winter 2005-06), pp. 145-167. 메데이로스는 부상하는 중국이 향후 수정주의 목표를 가지고 지역 또는 국제사회의 질서에 도전하는 수정주의 국가가 될 것인지 아니면, 제한적으로 군비를 증강하는 국가에 머물 것인지에 대해 미국은 의문을 가지고 불확실하게 보았다고 언급했다. 그는 또한 많은 국가들이 중국이 평화적 부상을 해주기를 바라지만 어느 국가도 이를 장담하지 못하고 있다고 언급했다. Glenn Kessler "U.S. Says China Must Address Its Intentions" Washington Post (September 22, 2005).

15) Joel Brinkley "Rice Warns China to Make Major Economic Changes" *The New York Times* (August 19, 2005).

Ⅳ. 시진핑 시기 중국 부상의 전환기적 의미와 미·중 갈등

'중국의 부상'과 미국의 헤징정책에 이어 미중관계가 시진핑 시기 들어 본격적으로 전환기적 의미를 갖는 이유는 크게 세 가지로 볼 수 있다. 첫째는 중국의 부상이 후진타오 시기 이미 협의(狹義 a narrow sense)에서 광의(廣義, a broad sense)의 의미를 가지는 부상으로 확연하게 변화하였고, 시진핑 시기에 들어와서는 미국의 패권적 리더십에 도전적인 위협으로 다가오고 있기 때문이다. 둘째로 이러한 중국 부상의 구조적 변화에 대응해 미국이 오바마 행정부에 이어 트럼프 행정부에서도 대중 견제/압박 정책을 적극적으로 실행하며 중국과의 갈등이 점차 커지고 있기 때문이다. 셋째로, 중국은 시진핑 지도부 2기가 2018년 3월 공식 출범하며 이러한 미국의 대중 견제/압박 정책에 대응하여 절대 물러서지 않겠다는 강한 의지를 표명하였기 때문이다. 이러한 배경을 놓고 본다면 향후 미·중 사이의 갈등은 쉽게 가라앉기 어려워 보인다.

1. 변화된 중국 부상의 의미

1990년 대 미국을 비롯한 국제사화가 느낀 '중국의 부상'은 1978년 개혁개방 정책 시행 이후 나타난 빠른 경제성장을 의미하는 좁은 범위의 부상, 즉 '협의'의 부상이었다. 중국의 부상은 주로 경제적인 측면에서 다루어졌으며, 이러한 중국의 부상은 국제사회에서 패권적 리더국의 지위를 가지고 있던 미국에게 의미 있는 위협으로 다가오지는 않았었다.

물론 당시 중국이 경제발전을 거듭하며 국제사회의 다양한 활동에서 참여와 역할을 확대한 것은 사실이다.16) 하지만 이 시기 중국은 여전히 '도광양회' 전략을 유지했으며, 국제사회에 대한 참여도 대국으로서 일정 부분 꼭 해야 할 일은

---

16) 박기철. "국제체제 전환기의 중국의 '有所作为' 외교정책에 관한 연구" 『중국연구』제47권, (2009), p. 386. 중국은 1971년 UN가입을 시작으로 국제체제의 변방국의 위치에서 핵심 참여자의 위치로 이동한 것은 물론 개혁·개방 정책 실시 이후 점차 국제사회에서의 자국의 정치·경제적 영향력을 증진시켜왔다. 예를 들면 개혁·개방 정책 실행 직전인 1977년 기준으로 중국이 참여한 국제조직의 수는 미국의 25%, 인도의 30%에 불과했으나, 1996년에는 미국의 70%, 인도의 80%에 달했다. 그 후 1999년에 이르러 중국이 가입한 국제조직 및 협약은 약 220개에 달하게 된다.

한다는 '유소작위(有所作为)'의 맥락에서 이루어졌었다. 또한 2001년에는 마침내 WTO에 가입하며 미국이 확립한 국제질서에 순응하고 그 안에서 발전을 거듭하겠다는 정책적 방향성을 확인하는 모습을 보였다. 물론 당시 중국이 이러한 결정을 내린 배경에는 미국이 구축한 무역질서이지만 WTO 체제에 순응하는 것이 자국의 경제 발전에 도움이 된다는 계산도 크게 영향을 미쳤던 것으로 판단된다.

하지만 2008년 8월 베이징 하계 올림픽의 성공적인 개최를 계기로 대내적으로는 높아진 민족주의적 자긍심을 바탕으로 강한 중국의 모습에 대한 국내정치적 요구가 높아졌었다. 이와 더불어 같은 해 9월 '리만 쇼크'로 시작된 미국 발 금융위기가 유럽까지 번지며 대외적으로는 중국을 G-2의 한 축으로 명명하며 국제사회의 현안에 대한 더 많은 책임과 기여를 요구하기 시작하자 '중국의 부상'은 점차 '협의'에서 '광의'의 의미로 본격적인 전환이 나타나기 시작하였다.

이제 '중국의 부상'은 국제사회에서의 경제적 역량을 바탕으로 점차 정치, 문화, 나아가 국제체제의 규범과 질서, 그리고 기준에 영향력을 끼칠 수 있는 잠재적인 힘을 보유한 광의의 의미로 전환되어가고 있었으며, 미국은 이에 대한 선택과 대응을 결정해야 했다.

2. 중국 '광의'의 부상과 미국의 대응

시진핑은 2013년 초 국가주석으로 취임하며 '중화민족의 위대한 부흥'을 의미하는 '중국의 꿈(中國夢)'을 주창하며 '강한 군대'와 '적극적인 외교'를 강조하였다. 이어 대국외교, 주변외교, 개도국 외교, 다자회의 외교 등을 중국의 적극적인 외교가 나타나야 할 주요 분야로 지목했다.[17]

또한 이에 대한 구체적인 정책으로 미·중 '신형대국관계,' '아시아 신안보관,' '일대일로(一带一路)'라 불리는 '실크로드 경제벨트(丝绸之路经济带)'와 '해상실크로드(海上丝绸之路)'의 구상과 함께, 신흥 경제국들인 BRICS 국가들과 함께

17) "中央外事工作会议在京举行" 人民日報 (2014年 11月 30日).

'新개발은행(New Development Bank, NDB)'과 '응급저비기금(Contingency Reserve Arrangement, CRA, 应急储备基金)' 설립, 그리고 무엇보다도 57개국이 창립회원국으로 참여하는 '아시아 인프라 투자은행(Asian Infrastructure Investment Bank, AIIB)'의 성공적인 설립 등이 나타났다.[18] 또한 중국은 해·공군력을 강화하며 남중국해와 동중국해에서 발생한 영토분쟁에서 강한 목소리를 내며 절대 물러서지 않겠다는 강한 의지를 보였다.

미국의 입장에서는 국제사회의 규범과 질서 구축에서 중국의 영향력과 도전요인이 점차 늘어나는 것에 위협을 느낄 수밖에 없었다. 실제로 중국은 국제 금융질서에 이어 무역질서에서도 목소리를 높여가기 시작했다.[19] 이에 오바마 대통령은 美의회를 향해 세계의 경제 질서를 중국에게 맡길 수 없다는 주장을 펴며 의회 내 '환태평양경제동반자협정(Trans-Pacific Partnership, TPP)'의 반대파들을 설득하여 2015년 6월 결국 무역협상촉진권한(Trade Promotion Authority, TPA) 부여 법안과 무역조정지원제도(Trade Adjustment Assistance, TAA) 법안을 통과시켰다.[20] 그 후 TPP는 2015년 10월 05일 미국 조지아州 애틀랜타에서 TPP 12개국의 경제장관들이 모인 각료회의에서 극적으로 타결되었다.

또한 오바마 행정부는 '재균형 정책'을 통해 한국, 호주, 필리핀, 태국 등 기존 동맹국들은 물론, 인도네시아, 베트남, 싱가포르 등과의 안보 협력을 강화하며 중국에 대한 군사·안보적 견제를 강화시켜나갔다. 미국과 이들 국가들과의 안보 협력은 북한 핵 위협과 비확산, 반테러 활동, 해상 안전과 해적 소탕 등의 목표를 공식적으로 공유하였다.

하지만 당시 미국과 이들 국가들 사이에는 부상하는 중국에 대한 우려와 이에

---

18) 2016년 1월에 57개 회원국으로 공식 출범했던 AIIB는 미국과 일본의 비판과 불참 속에서도 예상을 뒤엎고2020년 9월 현재 총 103개 국가가 회원국으로 가입했다.

19) 예를 들어 중국은 아시아-태평양 지역에서 '역내포괄적 경제동반자협정(Regional Comprehensive Economic Partnership, RCEP)'과 아시아-태평양 자유 무역 지대(Free Trade Area of the Asia-Pacific, FTAAP) 등을 매개로 한 지역경제 통합을 추구하고 있었다. 특히 중국은 2014년 11월 베이징에서 개최한 APEC 정상회의에서 미국이 주도하는 TPP에 맞서 아·태 지역의 주변국들을 하나로 묶는 FTAAP 설립의 로드맵을 주도적으로 통과시켰다.

20) 오바마 대통령은 2015년 06월 24일 상원에서 통과한 TPA 부여 법안과 2015년 06월 25일 하원에서 통과한 TAA를 2015년 06월 29일(현지시간) 서명하고 발효시켰다.

대응해 효과적인 對중국 군사·안보적 견제 기제 확립이라는 전략적 이익이 공유되고 있었다. 무엇보다도 오바마 행정부는 남중국해에서 인공섬 건설을 통해 역내에서 군사·안보적 영향력을 강화하려는 중국에 대응해 지속적으로 '항행의 자유 작전(FONOP)'을 실행하며 이를 견제하였다.

3. '도광양회'의 퇴조와 트럼프 행정부의 대응

시진핑은 2017년 10월 개최된 19차 당 대회를 통해 두 번째로 중국 공산당 총서기에 선출되었다. 당시 시진핑은 2020년 전면적인 샤오캉 사회를 건설하고 이후 2050년까지 30년의 기간을 다시 15년씩 양분하여 2035년까지 사회주의 현대화를 기본적으로 실현하고, 2050년까지 '사회주의 현대화 강국' 설립을 목표로 제시하였다. 이는 중국 공산당이 '두 개의 백 년'으로 강조하는 중국 공산당 창당 100주년인 2021년과 중화인민공화국 건국 100주년인 2049년에 맞춘 국가적인 계획이었다.

19차 당 대회를 통해 나타난 중국 외교정책의 키워드로는 '신형국제관계(新型國際關係)'와 '인류운명공동체(人类命运共同体)'가 제시되었다. 또한 '분발유위'를 강조하며 국제사회에서의 역할을 확대하고 자기주장을 강화하는 '적극적인 외교(assertive diplomacy)'를 지속할 것과 국익을 양보하는 "쓴 열매"는 절대 삼키지 않을 것임을 강조하였다. 이와 더불어 국방정책으로는 군내 부패 척결과 개혁을 통한 '중국 특색의 강군'과 '국방과 군대의 현대화' 목표를 제시하였다.

이러한 시 주석의 정책적 방향성은 그가 두 번째로 국가주석에 선출된 2018년 3월 전국인민대표대회 제13기 전국위원회 제1차회의(第十三届全国委员会第一次会议)에서도 다시금 확인되었다. 특히 시 주석은 미국의 트럼프 대통령이 '하나의 중국' 원칙에 의문을 표시하고 타이완에 전략적으로 접근하는 모습을 보이자 동 회의의 폐막 연설을 통해 중국은 '하나의 중국' 원칙을 견지하고, 어떠한 국가분열행위도 이겨낼 수 있다고 전제한 뒤, 위대한 조국의 한 치의 영토도 절대로 중국에서 분리할 수 없고, 분리될 가능성도 없다고 주장하였다.

이렇듯 적극적이고 강한 중국의 모습을 약속하며 사실상 덩샤오핑의 '도광양회'를 던져버린 시 주석의 정책적 방향성은 향후 미중관계의 전략적 경쟁구도가 강화될 것을 예고하였다. 게다가 반부패와 개혁을 통한 강한 중국의 건립이라는 명분으로 자신에게 권력을 집중시켜온 시 주석의 입장에서는 이러한 국내정치적인 요인으로 인해 국제사회에서 중국이 약한 모습을 보이는 것은 물론, 미중관계에서 전략적으로 양보하는 모습도 고려하기 어려운 상황이 되었다.

V. 트럼프 행정부의 대중국 압박

2017년 1월 20일에 미국의 제 45대 대통령으로 도널드 트럼프(Donald J. Trump)가 취임하였다. 그는 취임 후 대선 운동 과정에서 주장한 대로 '미국 우선주의(America First)'를 앞세워 미국의 패권적 리더십을 위협하며 '전략적 경쟁자(strategic competitor)'로 떠오른 중국에 대해 다양한 전략적 압박을 실행하기 시작했다. 트럼프 행정부의 對中 강경정책은 대선 당시 중국이 미국의 일자리를 빼앗아 갔다는 주장으로 '러스트 벨트(rust belt)' 지역 주민들의 표심을 잡았던 트럼프 대통령으로서는 국내정치적으로도 자신의 대통령 재선과 연관되어 많은 의미를 가진 것이었다.

1. 경제 분야

경제 분야에서의 미·중 충돌은 현재의 미·중 '전략적 경쟁'에서 가장 중요한 승부처로 볼 수 있다. 물론 양국이 전쟁을 불사하는 '패권경쟁'에 진입한다면 군사·안보적 영역의 중요성이 경제적 요인 못지않게 증가하겠지만 아직은 미중관계가 이러한 단계에 진입한 것으로는 보이지 않기 때문이다.

경제 분야의 중요성은 미·중 간 무역 불균형, 지적 재산권과 기술의 강제 이전 요구 등 중국의 '불공정 무역 관행'을 바로잡아 미국의 경제적 이익을 보호한다는 목적 이외에도 미국의 패권적 리더십에 도전하는 중국의 '부상'에 핵심 동력

역할을 하기 때문이다. 미국의 시각에서는 중국에게 더 많은 '상대적 이익'을 주는 기존의 규범과 질서를 수정하여 자국이 제시하는 새로운 규범과 질서에 중국을 순응시켜 다시금 미국이 경제 분야에서 가장 큰 '상대적 이익'을 가져오는 것이 필요했다. 또한 이를 통해 미·중 간 경제적 격차를 다시 확대하고, 또한 이는 결국 군사력의 격차로 나타나기 때문이다.

이를 위해 트럼프 행정부가 출범 초기 보여준 대중 경제 압박 중 하나는 한반도 비핵화와 관련된 미국의 독자 제재였다. 미국은 한반도에서 북한의 핵과 미사일 위협이 고조되자 북한과 거래하는 제3국의 개인과 기업까지 제재하는 '세컨더리 보이콧(secondary boycott)'을 중국 기업과 금융기관에 적용했다. 2017년 11월 미국 재무부는 북한의 자금 세탁에 연루되었다는 이유로 중국 단둥은행을 미국의 금융 시스템에서 완전히 퇴출하였다. 이어 2018년 4월에는 미국 상무부가 중국의 대표적인 통신장비 업체인 ZTE(中興)의 대북 및 대이란 제재 위반 사항을 지적하며 7년간 미국 기업과의 거래 금지를 발표하였다.[21]

이어 트럼프 행정부는 경제 분야에서 미·중 사이의 갈등이 표출된 대표적인 사례인 미·중 무역 분쟁을 개시하였다. 트럼프 행정부는 미·중 간 무역 불균형 문제는 물론, 중국을 향해 환율 조작국 지정 가능성 및 지적재산권 기준 강화를 포함한 '불공정 무역 관행'을 지적하며 2018년 7월 6일에 1차로 340억 달러의 중국산 대미 수출 818개 품목에 25%의 관세를 부과하였다. 중국 역시 같은 날에 같은 규모의 미국산 대중 수출 545개 품목에 25%의 관세를 부과하였다.

같은 해 8월 23일에 미국은 2차로 160억 달러 규모의 279개 품목에 25%의 관세를 부과하였다. 그러자 중국도 곧바로 같은 규모의 114개 미국산 대중 수출 품목에 25%의 관세를 부과했다. 이어 2018년 9월 24일에 미국은 다시 2,000억 달러의 중국산 대미 수출 5,745개 품목에 10%의 관세를 부과했으며, 2019년 1월 1일을 기준으로 동 품목들에 대한 관세를 25%로 인상하겠다고 예고하였다. 같은 날 중국도 600억 달러 규모의 5,207개 미국의 대중 수출 품목에

21) 이후 중국 정부의 강력한 요청으로 같은 해 7월 제재가 풀렸지만 ZTE는 미국 정부에 벌금 10억 달러를 납부하고 4억 달러를 보증금 성격으로 결제계좌에 예치함은 물론, ZTE의 경영진과 이사회 인사 교체 및 미국 측 인력으로 구성된 준법 감시팀을 ZTE 내에 배치하는 등의 조치를 수용해야 했다.

5-10%의 차등 관세(3,571개 품목에는 10%를, 나머지 1,636개 품목에는 5%)를 부과하였다.22)

2018년 12월 1일에 트럼프 대통령과 시진핑 주석은 아르헨티나의 부에노스 아이레스에서 열린 제13차 G20 정상회의 기간 중 개최된 미·중 정상회담을 통해 상대국 수출품에 대한 추가 관세 부과를 2019년 3월 1일까지 90일간 유예하기로 합의하였다. 이 기간 중 양국의 고위급 실무협상이 진행되었으며, 협상 당시 미국은 90일 유예의 추가 관세 인상 계획을 다시 한 번 유보하였다.

하지만 미·중 사이의 무역 협상은 결국 결렬되었고, 미국은 2019년 5월 10일에 그간 유보하였던 중국산 수입품 2000억 달러어치의 약 5,700개의 품목에 대해 관세를 기존 10%에서 25%로 인상하였다. 사흘 후인 13일에 미국은 추가 관세를 부과할 3,250억 달러어치의 중국산 수입 품목을 공개하였다. 같은 날 중국 역시 이에 대한 보복 조치로 2019년 6월 1일부터 약 600억 달러어치의 중국에 대한 미국의 수출 품목에 대해 관세를 5~25%를 부과하겠다고 발표하였다. 이어 미국은 이틀 후인 5월 15일에는 중국의 대표적인 통신장비업체인 화웨이에 대한 거래 금지를 발표하였고, 이에 대응해 중국은 이틀 후인 17일에 미국산 돼지고기의 대량 수입을 취소했다.

협상의 갈등이 높아지던 2019년 6월 29일 일본 오사카에서 개최된 G20 정상회담에서 미·중은 정상회담 갖고 고위급 무역 협상을 이어가기로 합의하며 무역 갈등의 일시 휴전에 합의했다. 트럼프 행정부는 미국의 중국산 수입품 3,250억 달러에 대한 추가 관세의 부과를 유예하고, 중국 화웨이와의 거래 금지 조치도 완화하였다.

하지만 재개된 미·중 고위급 협상이 난항을 거듭하자 미국 재무부는 2019년 8월 5일에 중국을 환율조작국으로 공식 지정을 발표하고, 트럼프 대통령은 또다시 추가 관세 부과를 경고하였다. 중국 외환시장은 2019년 8월 5일부터 달러당

22) 2018년 당시 미·중 무역구조를 살펴보면 미국의 대중 수출 총액(약 1,793억 달러)에 비해 중국의 대미 수출 총액(약 5,579억 달러)이 많았다. 따라서 중국의 관세 보복 대응 카드는 점차 소진되고 있었으며, 이로 인해 같은 규모의 관세 부과로 맞대응을 해오던 중국은 결국 9월에는 미국이 2,000억 달러의 규모에 관세를 부과한 것에 미치지 못하는 600억 달러의 규모로 대응할 수밖에 없었다.

7위안을 돌파했으며, 인민은행은 미국의 환율조작국 지정 사흘 후인 8일에 위안화 기준 환율을 달러당 7.0039위안으로 고시했다. 중국 정부는 2008년 5월 이후 11년 만에 위안화 환율이 달러당 7위안을 넘어서는 '포치(破七)' 상황을 공식적으로 용인하며 미국에 대응했다.

수세에 몰린 중국은 '희토류' 카드를 꺼내보았다. 중국의 300여 개 희토류 업체를 대표하는 중국 희토류산업협회가 사흘 후인 8일에 중국이 보유한 희토류 산업 지배력을 미국과 무역전쟁에서 무기로 쓸 준비가 됐다며 만약 중국 정부가 희토류를 보복 카드로 쓸 경우 이를 적극 지지하겠다는 의미를 담은 성명을 발표하며 양국 간 무역 갈등은 다시금 고조되었다.[23)]

대립하던 양국은 2019년 11월에 고위급 무역협상이 재개되었으며, 12월 들어 마침내 미·중 간 1단계 무역협상에 합의한 사실이 발표되었다. 양국 간 합의의 주요 내용은 중국이 농산물을 포함해 미국산 제품의 구매를 확대하고, 이에 대해 미국은 당초 2019년 12월 15일 부과하기로 계획했던 1,600억 달러의 중국 대미 수출품에 대한 추가 관세를 철회하는 한편, 기존에 부과된 관세 중 일부 품목에 대한 관세율을 낮추는 것이었다.[24)]

최근 미국이 경제 분야에서 꺼내든 또 하나의 대중압박 카드는 '경제번영네트워크(EPN: Economic Prosperity Network)'이다. 미·중 전략적 경쟁과 코로나-19의 팬데믹 현상이 더해져서 국제사회는 새로운 '글로벌 가치 사슬(GVC: Global Value Chain)'의 재편이 나타나고 있다. 미국은 가치를 공유하는 '동류국가(like-minided countries)'들을 중심으로 중국을 배제한 새로운 경제 및

---

23) 中国稀土行业协会, "中国稀土行业协会秘书处召开专题工作会议," ACREI (Association of China Rare Earth Industry) (2019年8月5日); Tom Daly, "China rare earths group supports counter-measures against U.S. 'bullying'," *Reuters* (August 07, 2019); Alexandra Stevenson. "'Weaponized' Currency and Mining Limits: China's Responses to Trump Take Shape," *The New York Times* (Aug. 08, 2019); 이민정, ""중국 포치의 공습 본격화된다"···달러당 7위안 돌파"『중앙일보』(2019년 08월 08일).

24) USTR, "Agreement between the United States of America and the People's Republic of China," (December 13, 2019), 미국 무역대표부(USTR: United States Trade Representative)는 기존 2,500억 달러 규모의 중국 제품에 부과했던 25%의 관세는 그대로 유지하지만, 나머지 1,200억 달러 규모의 다른 중국 제품에 부과했던 15%의 관세에 대해서는 반으로 줄인 7.5% 세율의 관세를 부과하겠다고 발표했다. 이 외에도 USTR의 공식 발표에 따르면 1단계 합의에서는 미국산 제품과 서비스에 대한 중국의 실질적인 추가 구매 약속을 포함하고 있으며, 지적재산, 기술 이전, 농업, 금융 서비스, 통화, 환율, 분쟁 해결의 분야에서 중국 경제·무역 체제의 구조적인 개혁과 변화를 요구했다.

국제무역의 체계와 질서를 구축하려는 모습이다. 아직까지 EPN의 구체적인 내용이 나타나지 않은데다 이러한 움직임이 나아가 국제사회에서 중국이 배제된 새로운 GVC로 이어질지는 아직 속단할 수 없다. 하지만 미·중 간 화웨이 사태에서 자국의 경제적 이익을 중시하던 영국, 프랑스에 이어 독일마저도 조금씩 화웨이 배제의 모습이 나타나는 점은 주의를 기울일 필요가 있다.

2. 군사·안보 분야

트럼프 행정부는 출범 첫해부터 군사·안보 분야에서 중국을 '전략적 경쟁자(strategic competitor)'로 정의하며 중국과 비교해 확고한 군사력 및 첨단 기술의 우위를 유지하려는 노력을 지속해왔다. 먼저 트럼프 행정부는 2017년 12월에 발표한 '국가안보전략(NSS: National Security Strategy)'을 통해 중국을 수정주의 세력을 정의하고 '전략적 경쟁자(strategic competitor)'로 규정하였다. 이후 미국은 2018년 1월에 발간된 '국방전략보고서(NDS: National Defense Strategy)', 2018년 2월의 '핵태세보고서(NPR: Nuclear Posture Review)', 2019 및 2020 회계연도 국방수권법 (NDAA: National Defense Authorization Act), 2019년 6월에 발표된 국방부의 '인도-태평양 전략 보고서(IPSR: Indo-Pacific Strategy Report)', 2019년 11월에 공개된 국무부의 '자유롭고 개방된 인도-태평양(A Free and Open Indo-Pacific: Advancing a Shared Vision)' 등을 통해 군사·안보 분야에서 중국으로부터의 위협과 이에 대한 견제의 필요성을 지속적으로 지적해왔다.

특히 트럼프 행정부는 오바마 대통령의 아시아 '재균형 정책'보다 범위가 인도양까지 확대된 '인도·태평양 전략'을 추구하고 있다. 미국은'인도·태평양 전략'을 구체화하기 위해 2018년 5월 30일 태평양 사령부를 '인도·태평양 사령부'로 명칭을 개편했다.[25] 이와 더불어 트럼프 행정부는 오바마 행정부와 마찬가지

25) 명칭 개편 당시 제임스 매티스(James N. Mattis) 국방장관은 태평양과 인도양의 동맹국과 안보 협력국들과의 관계는 지역의 안정을 유지하는데 그 중요성이 증명되어 왔으며, 또한 인도양과 태평양의 연결성이 증가해 왔음을 인식하며 태평양 사령부의 명칭을 인도·태평양 사령부로 변경한다고 발표했다.

로 남중국해에서 '항행의 자유 작전(FONOP: Freedom of Navigation Operation)'을 지속하고 있다.

한 가지 주목할 점은 미국이 남중국해에서의 항행의 자유 작전을 2018년까지는 단독으로 실시해왔으나, 2019년에 들어와서는 다국적 작전으로 확대하려는 모습이 나타난 것이다. 예를 들어 2019년 1월 7일에 미국 해군 맥캠벨 이지스급 구축함이 남중국해 서사군도에서 '항행의 자유 작전'을 실시한데 이어, 일주일 후인 1월 14일에는 영국 해군 아가일 프리깃함(HMS Argyll)과 함께 연합으로 남중국해에서 해상작전을 실시했다.[26] 또한 프랑스, 일본, 호주 등이 '항행의 자유 작전' 참여를 직간접적으로 표출하고 있다.

미국 의회 또한 중국에 대한 비판적인 시각을 공유하며 군사·안보 분야에서 트럼프 행정부와 보조를 맞추는 모습이 나타났다. 예를 들어 2018년 6월 18일에 미국 상원은 트럼프 행정부의 '국가안보전략'의 실행을 위해 총 7,170억 달러의 국방예산을 승인했다. 이어 미국 상·하원을 통과하고 2018년 8월 13일에 트럼프 대통령이 서명한 'NDAA 2019'을 살펴보면 인도-태평양 지역에서 중국의 군사·안보적 영향력 확대를 견제하고, 중국의 '환태평양 해군 합동 연습(RIMPAC: Rim of the Pacific Exercise)' 참여를 금지시켰으며, 국방장관에게 남중국해에서 중국의 군사, 위협 활동에 대한 보고서를 의회에 제출토록 하는 등의 내용이 포함되어 있다.[27]

또한 미국은 중국의 '반접근 지역거부(A2AD: Anti-Access Area Denial)'에 대응해 스텔스 전투기, 해상 발사 순항미사일 등의 첨단 전략 기제를 동원해 중국 본토의 중요 전략 지점을 타격해 중국의 전략무기 운용 체계를 무너뜨리는 군사전략인 '공해전(ASB: Air Sea Battle)'을 유지했었다. 하지만 2015년에 이를 탈피하여 2016년부터 운용된 것으로 알려진 '국제공역에서 접근과 기동을 위한 합동개념(JAM-GC: Joint Concept for Access and Maneuver in

26) 당시 미국은 미·영 해군 간의 연합훈련을 '항행의 자유 작전'이라고 언급하지는 않았으나, 양국의 해군 함정들이 남중국해에 진입하여 전술기동 훈련을 함께 실시한 것은 중국에게는 한층 증가된 군사·안보적 압박으로 다가왔다.
27) 115th Congress (2017-2018), "H.R.5515 - John S. McCain National Defense Authorization Act for Fiscal Year 2019"

Global Commons)'이 나타났다. 이어 트럼프 행정부 출범 이후에는 점차 증강되는 중국의 군사력에 대응하여 육·해·공, 우주, 사이버 공간의 복수 영역에 전력을 투사하여 전장에서 우위를 점하는 '다영역 작전 개념(MDO: Multi Domain Operations)'을 발전시키고 있다.

이러한 미국의 군사·안보적 압박에 대응해 중국은 시진핑 지도부 출범 이후 '강군몽(强軍夢)'을 내세우며 군내 부패척결과 개혁을 통해 지속적으로 군사력을 증강시켜왔다. 특히 시진핑 지도부는 미국과의 군사력 격차를 줄이기 위한 방안 중 하나로 '군민융합(軍民融合)'을 강조하고 있다. 2012년 11월 18차 당 대회부터 거론되었던 '군민융합'은 2017년 1월 22일에 개최된 중공 중앙 정치국 회의에서 '중앙군민융합 발전위원회'의 설립을 결정하고 시 주석이 직접 주임을 맡으며 관심을 모았다.

특히 시 주석은 2017년 3월에 개최된 전국인민대표대회에서 '군민융합'을 통해 민간의 첨단 기술이 군 현대화에 기여하고, 동시에 군 기술이 민간에도 이전되며, 이를 통해 중국군의 무기와 장비의 현대화를 이룩해야 한다고 언급했다. 이어 약 1년 후인 2018년 3월 2일에는 중앙군민융합발전위원회에서 '군민융합 전략요강'을 통과시켰으며, 현재 중국은 '군민융합'을 통해 AI, 우주, 사이버, 심해능력 분야에서 미국의 군사력에 대응하기 위한 중국군의 역량 강화를 지속적으로 추구하고 있다.

VI. 코로나-19와 미·중 '이념' 경쟁의 부상

1. 코로나-19와 미·중 '가치' 및 '체제 우위' 논쟁

미국과 중국은 각자의 코로나-19 사태에 대응하는 과정에서 직·간접적인 인권과 체제 우위에 관한 논쟁이 불거져 나왔다. 급속히 확산되는 코로나-19에 대응하기 위해 중국은 2020년 1월 23일에 인구 약 1,100만 명의 후베이성 우한을 봉쇄하는 조치를 취했다. 이에 미국을 포함한 자유주의 국가에서는 중국의 도

시 봉쇄는 인권 침해이자 권위주의 국가 체제에서나 가능한 일이라며 비판적인 시각을 표출했다. 반면 중국은 공동체의 이익을 위해 개인의 권리에 대해 희생을 요구하는 것은 인권 침해가 아니며, 오히려 중국은 당이 결정하면 사회 전체가 일사불란하게 움직이며 코로나-19 사태에 대해 효과적인 대응이 가능한 체제임을 강조하는 모습을 보였다.

2020년 3월에 들어와 중국 내에서 코로나-19 사태가 안정을 찾아가는 반면, 미국에서는 본격적인 감염의 확산세가 나타났다. 중국 당국과 언론은 자신들의 체재가 코로나-19 사태에 대응하기에 효과적임을 강조하였고, 이는 미국과의 새로운 '체제우위' 논쟁의 불씨가 되었다. 이에 대응해 미국은 중국 책임론과 함께 관련 전문가들이 중국 당국의 코로나-19 사태 관련 공식 통계를 신뢰할 수 없다는 문제점을 지적했다.

미·중 간 인권과 체제 우위에 대한 논쟁은 코로나-19의 발생 책임 논쟁으로 확대되며 양국 간의 갈등은 증가하였다. 코로나-19 사태의 책임 논쟁은 2020년 3월 12일에 자오리젠(趙立堅) 중국 외교부 대변인이 자신의 트위터에 미군이 우한에 코로나-19를 가져온 것일 수도 있다는 주장의 글을 올리며 본격적으로 시작됐다. 미국 국무부는 곧바로 추이텐카이(崔天凱) 주미 중국대사를 초치해 강하게 항의했으며, 트럼프 대통령은 이후부터 코로나-19를 '중국 바이러스'로 호칭하기 시작했다.

하지만 트럼프 대통령은 2020년 3월 25일에 언론과의 인터뷰를 통해 코로나-19가 중국에서 온 것을 모두가 알고 있지만 자신은 더 이상 '중국 바이러스'라 부르지 않겠다고 밝히며 책임 논쟁은 일단락되는 듯 보였다. 그렇지만 트럼프 대통령은 2020년 4월 17일에 백악관에서 열린 코로나-19 대응 태스크 포스 브리핑에서 코로나-19 발원지와 관련해 많은 수상한 일들이 벌어지고 있으며, 많은 조사가 진행 중이고 우리는 밝혀낼 것이라고 발언했다.[28] 또한 다음날인 18일에는 코로나-19 사태는 중국에서 멈췄을 수 있었는데 통제할 수 없게 된 것인지

28) "Remarks by President Trump, Vice President Pence, and Members of the Coronavirus Task Force in Press Briefing | April 17, 2020" The White House (April 17, 2020).

또는 고의적인 실수인지는 모르지만 결국 전 세계가 고통 받고 있으며, 만약 중국의 고의적인 책임이 있다면 그에 대한 응분의 결과가 있을 것이라고 언급하며 다시금 논쟁의 불을 지폈다.29) 이에 대응해 중국은 같은 달 28일에 외교부 대변인 발언을 통해 미국의 적은 중국이 아니라 바이러스임을 알아야 하며, 중국을 비방하고 책임을 전가하기 보다는 집안의 방역에 집중해야 한다고 비판했다.

5월에 들어서도 책임논쟁은 계속되었다. 3일에 폼페이오 美국무장관은 ABC의 "America's This Week" 출연해 "코로나바이러스가 우한에 있는 연구소에서 나왔다는 거대한 증거가 있다"고 언급했다.30) 다음날인 4일에는 AP통신이 중국이 코로나-19의 심각성을 은폐했다는 내용이 담긴 美국토안보부(DHS: Department of Homeland Security)의 정보 보고서를 공개했다. AP의 보도에 따르면 DHS는 보고서를 통해 중국 지도자들이 2020년 1월 초에 이미 코로나-19의 심각성을 인식했음에도 팬데믹의 가능성을 의도적으로 숨겼으며 코로나-19의 전염성을 WHO에 보고하는 것을 1월 말까지 미뤘다고 주장했다. 또한 중국 정부가 이 시기 동안 외부로부터 마스크와 수술용 가운을 포함한 의료장비의 수입은 늘리고 수출은 줄였다고 언급했다.31)

미·중 간의 책임논쟁과 함께 중국에 대한 소송도 제기됐다. 미국 내에서는 미국 법률회사 버먼 법무그룹은 2020년 3월 미국과 영국을 포함해 총 40개국에서 중국 공산당을 상대로 코로나-19 발병을 알면서도 국제사회에 제때 보고하지 않음으로써 자신이나 가족이 코로나-19에 감염돼 피해를 입었다고 주장하는 약 1만 명의 의뢰인을 대리해 미국 플로리다州 법원에 6조 달러(약 7312조원) 상당의 손해배상 집단소송을 제기했다.32) 같은 해 4월 21일에는 미국 미주리州 법

---

29) Jeff Mason & Matt Spetalnick, "Trump warns China could face consequences for virus outbreak" Reuters (April 19, 2020).

30) "Mike Pompeo says 'significant' evidence new coronavirus emerged from Chinese lab" ABC (May 03, 2020).

31) Will Weissert, "DHS report: China hid virus' severity to hoard supplies" AP (May 04, 2020).

32) 하지만 스티븐 카터(Stephen L. Carter) 미국 예일대 법학 교수는 칼럼을 통해 '외국 주권 면책법(FSIA·Foreign Sovereign Immunities Act)'은 외국 정부를 미국 법원에 기소하는 것을 금지하고 있으므로 중국 정부를 고소하기 쉽지 않다는 의견을 피력했다. Stephen L. Carter, "No, China Can't Be Sued Over Coronavirus" Bloomberg (March 25, 2020).

무장관인 에릭 슈미트(Eric Schmitt)가 중국에 대한 손해배상을 미주리주 지방법원에 손해배상 소송을 제기했다.

이후 유럽의 국가들도 중국 책임론과 소송 논쟁에 가세했다. 대표적인 사례로 독일의 대표적인 일간지인 빌트(Bild)지의 편집장인 율리안 라이헬트(Julian Reichelt)는 2020년 4월 17일에 "당신은 세계를 위험하게 만들었다(Sie gefährden die ganze Welt)"는 제목으로 시진핑 주석을 향한 공개편지를 통해 코로나-19 사태의 책임은 물론 억압적인 감시 체제의 중국을 비판했다.[33] 이어 영국의 싱크탱크인 헨리 잭슨 소사이어티(Henry Jackson Society)는 2020년 4월에 발표한 보고서를 통해 G-7 국가들은 중국에 적어도 약 4조 달러(약 4880조 원)의 손해배상을 청구할 수 있다고 주장했다.[34]

이러한 국제사회에서의 코로나-19 팬데믹 상황에 대한 책임 공방은 세계보건기구(WHO: World Health Organization)의 총회에서 타이완의 옵서버 참여와 코로나-19 사태에 대한 독립적인 조사를 놓고 미·중 간 세력 대결로 이어지기까지 했다. 타이완은 親대륙정책을 실행하던 마잉주(馬英九) 총통 시절인 2009년부터 옵서버 자격으로 WHO의 세계보건총회(WHA: World Health Assembly)에 참석했었다. 하지만 독립성향이 강한 민주진보당(이후 민진당)의 차이잉원(蔡英文)이 총통으로 취임한 2016년부터 타이완은 중국의 반대로 WHA에 참석하지 못하고 있었다.

2020년 5월 18-19일 사이 화상으로 개최된 제73차 WHA에서 미국과 중국은 코로나-19 방역 모범국으로 인정받는 타이완의 옵서버 자격을 놓고 대립했다. 인구 약 2,380만 명의 타이완은 당시 세계적인 방역 성공 모델로 평가되었으며, 약 2,400만장의 마스크를 포함한 방역 및 의료 물자를 국제사회에 제공하며 성공적인 방역 외교를 펼치고 있었다. 하지만 이러한 타이완의 뛰어난 방역 조치와 외교에도 불구하고 제73차 WHA에서는 타이완의 옵서버 자격 논의를

33) "Sie gefährden die ganze Welt" Bild (April 17, 2020).

34) Matthew Henderson, Dr Alan Mendoza, Dr Andrew Foxall, James Rogers, and Sam Armstrong, "Coronavirus Compensation? Assessing China's Potential Culpability and Avenues of Legal Response" Henry Jackson Society (April 05, 2020).

2020년 말까지 연기하기로 결정했다.

2. 미국의 초당적인 '이념' 경쟁의 접근

코로나-19 팬데믹 현상의 발생 이후 한층 격화된 미·중 간 전략적 경쟁은 인권과 민주주의의 '가치'와 '체제우위'의 논쟁을 넘어 결국 '이념'의 경쟁으로 진입하게 된다. 그러나 코로나-19가 미·중 간 '이념' 경쟁의 갈등 고조에 '촉진제' 역할을 하며 이를 가속화한 것은 사실이지만, 실제로 '가치'와 '체제'를 포함한 '이념'의 갈등 상황은 이미 예견된 수순이었다.

트럼프 행정부는 출범 직후인 2017년 초부터 미국 의회와 함께 중국으로부터의 위협과 이에 대한 초당적인 비판 의식을 공유해왔다. 또한 이들은 코로나-19 발생 이전부터 지속적으로 인권과 민주주의의 논쟁을 통해 중국에 대한 정치적 압박을 높여 왔었다. 특히 트럼프 행정부는 타이완, 홍콩, 신장 위구르 자치구에 이어 티베트까지 인권과 민주주의에 대한 현안들을 중심으로 의회와 함께 중국에 대한 법률적, 제도적 압박을 증가시켜왔다.

이를 자세히 살펴보면 우선 트럼프 행정부는 2017년부터 매년 타이완에 무기를 판매해왔다. 2017년 6월에 조기경보 레이더 부품, 어뢰, 미사일 등이 포함된 약 14억 달러의 무기를 타이완에 수출했으며, 2018년 9월에는 전투기 F-16, F-5, 전술수송기 C-130, 타이완 전투기 IDF(經國號), 기타 군용기의 예비부품 등 약 3억 3천만 달러의 무기를 수출했다. 2019년에도 7월에 美국무부가 타이완에 M1A2T 에이브럼스 탱크, 스팅어 미사일 등 약 22억 달러의 무기 판매 승인을 공표했다.

이어 '타이완 여행법(Taiwan Travel Act)'이 2018년 3월에 발효되었다. 1972년 미·중 데탕트와 1979년 1월 미·중 수교 당시 공식적으로 인정했던 '하나의 중국' 원칙을 위해 그간 중단하였던 미국과 타이완 간 고위관료들의 공식적인 만남이 공식적으로 재개된 것이다. 이에 더하여 2018년 국방수권법(H.R.2810 - NDAA: National Defense Authorization Act)에 이어 2019년

NDAA(H.R.5515)에는 미국과 타이완 간의 군사·안보적 협력을 강화하는 내용이 한층 구체적으로 포함됐다.35)

'2018년 아시아 안심법(S.2736 - ARIA: Asia Reassurance Initiative Act of 2018)'이 2018년 12월에 발효되었으며, 2019년 5월에는 중국으로부터의 군사·안보적 위협에 대응해 미국의 무기 판매를 포함하여 타이완의 방위력 증강을 지원할 수 있는 내용이 포함되어있는 '타이완 보증법(Taiwan Assurance Act)'이 美하원을 통과하여 상원에 상정됐다.36)

2018년 12월 19일에는 '티베트 상호 여행법(H.R.1872 - Reciprocal Access to Tibet Act of 2018)'이 미국 의회를 통과한 후 트럼프 대통령이 서명하며 발효됐다.37) 이 법안에 따르면 美국무부는 중국 당국이 미국의 외교관, 언론인, 여행객이 티베트 지역에 여행을 허용하는 수준과 이들의 여행을 막은 중국 관료들의 명단에 관해 연례 보고서를 美의회에 제출해야 한다. 또한 외국인들의 티베트 지역의 여행을 막는 중국 정책의 입안과 실행에 관련된 인사들의 미국 입국을 금지하는 내용이 포함되어 있었다.

2019년에 들어서는 홍콩의 대규모 시위와 관련하여 '2019년 홍콩 인권과 민주주의 법(S.1838 - Hong Kong Human Rights and Democracy Act of 2019)'이 11월에 발효되었다.38) 이어 12월 18일에는 '티베트 정책과 지지법(Tibet Policy and Support Act)'이 미국 하원 외교위원회를 통과한 후 2020년 1월 28일에는 美하원을 통과했다.39)

2020년에는 국제무대에서의 타이완의 활동에 지지를 나타내는 내용을 담고 있는 '2019년 타이완 동맹 국제 보호와 강화 구상법(S.1678 - Taiwan Allies International Protection and Enhancement Initiative (TAIPEI) Act of 2019)'이 3월에 미국 의회를 통과한 후 같은 달 26일에 트럼프 대통령이 서명하

---

35) 115th Congress (2017-2018), "H.R.2810 - National Defense Authorization Act for Fiscal Year 2018"
36) 115th Congress (2017-2018), "S.2736 - Asia Reassurance Initiative Act of 2018"
37) 115th Congress (2017-2018), "H.R.1872 - Reciprocal Access to Tibet Act of 2018"
38) 116th Congress (2019-2020),"S.1838 - Hong Kong Human Rights and Democracy Act of 2019"
39) 116th Congress (2019-2020), "H.R.4331 - Tibetan Policy and Support Act of 2019"

며 발효되었다.[40] 6월 17일에는 '2020년 위구르족 인권 정책법(Uyghur Human Rights Policy Act of 2020)'이 트럼프 대통령의 서명을 통해 발효되었다. 또한 '홍콩 자치법 (S.3798 - Hong Kong Autonomy Act)'이 홍콩의 자치권 보호에 관한 중국의 불이행에 실질적으로 기여한 개인과 기관에게 제재를 가하는 내용을 담아 2020년 6월 25일에 미국 상원을 만장일치로 통과했다.[41]

3. 본격적인 '이념' 경쟁과 중국의 대응

미·중 간 '이념'의 경쟁은 2020년 들어 코로나-19의 팬데믹 상황과 함께 타이완과 홍콩의 현안들이 부상하며 본격적인 단계에 접어들었다. 먼저 2020년 1월에 거행된 타이완 총통 선거에서 민진당의 후보이자 '일국양제(一國兩制)'에 의문을 표하는 차이잉원 총통이 재선에 압도적인 표차로 성공하자 중국의 우려는 더해갔다. 특히 차이 총통은 같은 해 5월 20일에 거행된 자신의 두 번째 총통 취임식 연설을 통해 타이완을 "왜소(矮小)화하고, 타이완 해협의 현상을 훼손하는 일국양제는 수용할 수 없다"는 원칙을 밝힘으로써 양안관계는 더욱 경색되었다.

이에 더하여 중국 지도부가 2020년 5월에 개최된 중국 양회 기간 중 전국인민대표대회는 홍콩 사태에 대응하기 위해 홍콩 국가보안법의 입법을 결정이 압도적으로 통과되고, 이어 같은 해 6월 28-30일 사이에 13기 전국인민대표대회 제20차 상무위원회가 개최되어 '홍콩특별행정구보호국가안전법(香港特別行政區維護國家安全法)'의 초안을 심의하고 30일에 통과시키며 미·중 간 인권과 민주주의에 대한 '가치'와 '이념'의 경쟁이 더욱 가열되는 양상이 나타났다.

타이완과 홍콩 관련 민감한 현안들이 부각되는 상황에서 미국은 2020년 5월 20일에 공개한 백악관의 '미국 대중국 전략 접근(United States Strategic Approach to The People's Republic of China)' 보고서를 통해 의도적으로

40) 116th Congress (2019-2020), "S.1678 - Taiwan Allies International Protection and Enhancement Initiative (TAIPEI) Act of 2019"
41) 116th Congress (2019-2020), "S.3798 - Hong Kong Autonomy Act"

'중국'과 '중국 공산당(CCP: the Chinese Communist Party)'을 분리하여 호칭하기 시작했다. 또한 보고서에서는 시진핑 주석을 '공산당 총서기'로 지칭하고 중국 공산당의 통제에 의해 중국이 움직여지고 중국의 부정적인 측면이 표출되고 있음을 지적했다.

이어 마이크 폼페이오(Michael R. Pompeo) 美국무장관은 중국이 미국 경찰의 과도한 대응으로 흑인이 사망한 플로이드 사건을 지적하며 미국을 비판하자 같은 해 6월 6일에 발표한 언론 성명을 통해 '중국 공산당'이 기본적인 인간의 존엄성을 부정하는 자신의 권위주의를 합리화하기 위해 이 사건을 사용한다고 비판했다.[42] 폼페이오 장관은 이보다 앞서 5월 30일에 허드슨 연구소에서의 연설을 통해 '중국 공산당'이 미국과 미국의 가치에 대해 진정으로 적의를 가지고 있다고 언급했다.[43]

마크 에스퍼(Mark Esper) 美국방장관도 2020년 6월 15일에 싱가포르의 언론매체에 발표한 기고문에서 '중국 공산당'을 직접적으로 비판했다.[44] 에스퍼 장관은 기고문에서 역내 이웃들이 중국 공산당의 광범위하고 해로운 행동의 역사를 잘 알고 있을 것이며, 미국은 안보파트너와 동맹들과 함께 인도-태평양 지역에서 마주한 중국 공산당으로 인한 위협에 맞설 것이라고 언급했다. 나아가 에스퍼 장관은 다음날인 16일에는 그의 트위터에 한국, 일본, 뉴질랜드, 태국, 호주 등을 파트너로 거론하며 "민주적인 대만에도 전념하고 있다(We remain committed to a democratic Taiwan.)"고 밝혔다.

게다가 윌버 로스(Wilbur L. Ross Jr.) 상무장관은 중국의 홍콩 보안법 통과 하루 전인 6월 29일에 1992년에 제정된 '홍콩 정책법'에 의해 부여되었던 홍콩에 대한 특별대우를 일부 박탈할 수 있다는 압박을 가했으나 홍콩 보안법의 통과를 막지 못했다.[45] 결국 홍콩 보안법이 다음날 중국에서 통과되자 미국 상무

42) Michael R. Pompeo, "On the Chinese Communist Party's Obscene Propaganda" U.S. Department of State (June 20, 2020).
43) Michael R. Pompeo, "2019 Herman Kahn Award Remarks: US Secretary of State Mike Pompeo on the China Challenge" The Hudson Institute (May 30, 2020).
44) Mark Esper, "US stands with its partners for a free and open Indo-Pacific" The Straits Times (June 15, 2020).

부는 국무부, 재무부, 국토안전부와 함께 중국 신장위구르 자치구에 대한 공급망 사업 자문 문건을 발표하며 '중국 공산당'이 지속적으로 무슬림 소수민족 구성원을 목표로 신장에 대한 압박 활동을 벌이고 있다는 성명을 발표했다.[46] 예를 들어 미국 상무부는 지난 5월에 신장 위구르족의 인권 침해에 관련해 총 9개의 중국 기관과 기업을 제재 명단에 올린 데 이어 7월에 들어서 다시 11개의 중국 첨단 기업들을 추가로 명단에 올리며 압박을 강화하고 있다.[47]

Ⅶ. 미·중 '이념' 경쟁의 함의와 한국의 대응 방안

1. 미·중 '이념' 경쟁의 전망

코로나-19 사태가 발생한 후 미·중 간 전략적 경쟁에서 새로이 '이념'의 영역에서 나타난 갈등과 대립은 기존의 경쟁 구도를 '미국 對 중국'에서 미국에게 한층 유리한 '자유 진영 국가들 對 중국'으로 변화시킬 가능성이 크다. 미국이 대만, 홍콩, 신장 위구르, 티베트에서의 인권과 민주주의의 현안들을 지속적으로 제기한다면 중국과의 경쟁에서 자유진영 국가들로부터 미국에 대한 지지와 협력을 한층 강화할 수 있기 때문이다.

반면 중국도 현재의 상황에서는 미국과의 '이념' 경쟁이 자국에게 불리한 구도라는 사실을 인식하고 있지만 국내정치적으로는 공산당 리더십의 정통성이 걸려있는 '주권'과 '통일'이 직접적으로 연계되어있는 현안들이기 때문에 물러설

45) Wilbur Ross, "Statement from U.S. Secretary of Commerce Wilbur Ross on Revocation of Hong Kong Special Status" U.S. Department of Commerce (June 29, 2020).

46) U.S. Department of Commerce, "Commerce Releases Xinjiang Supply Chain Business Advisory" Press Release (July 01, 2020).

47) U.S. Department of Commerce, "Commerce Department to Add Nine Chinese Entities Related to Human Rights Abuses in the Xinjiang Uighur Autonomous Region to the Entity List" (May 22, 2020); U.S. Department of Commerce, "Commerce Department Adds Eleven Chinese Entities Implicated in Human Rights Abuses in Xinjiang to the Entity List" (July 20, 2020). 美상무부는 이미 2019년 10월에도 무슬림 소수민족 처우와 관련해 신장 위구르 자치지역 인민정부 공안국과 감시카메라 제조업체 하이크비전 등 총 28개 중국 기관과 기업을 제재 명단에 올렸다. 이에 대해서는 Eric Beech & David Shepardson. "U.S. imposes visa restrictions on Chinese officials over Muslim treatment" Reuters, (Oct. 09, 2019).

수 없는 상황이다. 이로 인해 중국은 국제사회에서 홍콩, 타이완, 신장 지역의 '주권'을 강조하고 미국의 문제 제기를 '내정 간섭'이라 비판하며 중국의 입장에 지지를 요구하는 적극적이고 공세적인 외교를 펼쳤다. 하지만 이러한 중국의 외교적 노력은 '전랑(戰狼)외교'로 명명되며 또 다른 논란을 낳았다.

또한 과거 덩샤오핑의 경우 낮은 자세로 인내하고 힘을 기르며 때를 기다린다는 '도광양회(韬光养晦)' 전략을 유지하였기에 미국의 압박에 유연하게 대응하면서도 국내정치적인 역풍을 방지할 정치적 명분을 보유하고 있었다. 하지만 사실상 '도광양회'를 버리고, 미국과의 대등한 경쟁과 적극적인 외교를 펼친다는 '분발유위(奮發有爲)'를 택한 시진핑 주석의 입장에서는 국내정치적으로 애국·민족주의의 '양날의 검' 앞에서 명분 있게 물러설 수도 없는 상황이다. 이로 인해 시진핑 지도부는 오히려 애국·민족주의와 사상 교육을 강화하고, 언론과 SNS의 통제 강화를 통해 중국 공산당의 정통성과 지도력을 공고히 하고 미국과의 경쟁을 장기전으로 이끌며 돌파구를 찾으려 한다.

본격적인 '이념' 분야에서의 경쟁 이후 화웨이 문제에 대해 이탈리아, 영국, 프랑스에 이어 독일마저도 조금씩 미국에 기우는 모습이 나타나고 있다. 또한 중국과의 경제적 이익을 중시하던 호주와 인도도 최근 중국의 경제적 보복을 감수하며 대립각을 세우고 있다. 따라서 미국은 향후로도 중국과의 '이념'의 경쟁을 강화하며 한국에 대해서도 분명한 '선택'을 요구할 가능성이 커지고 있다. 반면 중국의 입장에서도 돌파구를 찾기 위해 미국의 '약한 고리'로 평가되는 한국에 대해 접근해 올 가능성이 높다. 지난 8월의 중국 양제츠(杨洁篪) 당 정치국원의 싱가포르와 한국 방문도 이러한 맥락에서 이해할 수 있다.

2. 한국의 대응 방안

이러한 한국의 상황은 미·중 모두로부터 전략적 구애를 받는 모습으로도 볼 수 있지만, 그간 '전략적 모호성'을 실행하며 경험했듯이 자칫하면 일부 민감한 현안에서 표적이 되거나 양측 모두로부터 전략적 불신이 높아질 수도 있다. 따라서 만약 미·중 사이에서 피할 수 없는 민감한 현안이 다가온다면 한국은 조속히 사회 공론화 과정을 거쳐 국민들과 합의된 가치, 정체성, 그리고 국익이 정의된 '원칙'을 가지고 대미 및 대중 외교를 준비해야 할 필요성이 있다.

한국은 지난 시간 '전략적 모호성'을 실행해왔다. 하지만'전략적 모호성'은 눈앞에 닥친 민감한 현안을 묻어두거나 피해갈 수는 있어 단기적으로는 효과가 있어 보일지 모르나, 장기적으로는 결국 더 큰 압박을 감수해야 하는 것은 물론 미·중 모두로부터 전략적 불신까지 증가하는 상황을 맞이할 가능성이 높다. 게다가 미·중 간 전략적 경쟁이 더욱 치열해지는 상황에서 기존의'전략적 모호성'은 이제 단기적인 효과도 장담하기 어려운 상황이다. 따라서 만약 미·중 사이에서 피할 수 없는 민감한 현안이 다가온다면 한국은 조속히 사회 공론화 과정을 거쳐 국민들과 합의된 가치, 정체성, 그리고 국익이 정의된 '원칙'을 가지고 대미 및 대중 외교를 준비해 할 필요성이 있다.

미·중 사이 한국의 '원칙' 정립은 미·중 어느 한쪽과 갈등을 불러올 수 있으며, 이에 대응해 한국은 선제적인 1)'제한적 손상(limited damage)'과 2)'다자주의 외교'의 활용이 필요하다. 원칙이 필요한 이유는 '제한적 손상'을 위한 선제적인 외교적 대응이 필요하기 때문이다. 또한 미·중 사이 민감한 현안에 대한 한국의 입장이 표명되어야 한다면 갈등을 줄이고 표적 또는 본보기가 되지 않기 위해 외교 일정과 연대에 따른 다자주의 접근이 필요하다. 향후 미·중 간 전략적 경쟁에서 최소한 단기적으로 힘의 우위가 나타날 미국으로부터 對中 전략적 압박과 관련된 현안에 대해 선택의 요구와 압박을 받는다면, 한국이 중국과의 협력 관계를 유지하기에 현실적으로 어려움이 발생하는 것이 사실이다.

이러한 현실을 감안하여 한국과 중국은 활발한 track 1 & 1.5 전략대화를 통해 예상되는 한·중 간 갈등 요인들에 대한 '선제적인 논의' 및 이를 통해 '제한된 손상(limited damage)'을 유도하는 현실적인 협력 방안을 논의해야 할 시기이다. 나날이 치열해지는 미·중 전략적 경쟁의 엄준한 현실 하에서 미·중 모두와 협력이 가능하다는 '희망적 사고'에서 떠나 정책적 '선택'을 통한 '이익'과 '손실'이 무엇인가를 냉정하게 계산해야 한다.

다른 한편으로 한국과 가치와 정체성, 그리고 국익을 공유하는 국가들과의 다자주의 외교의 연대가 필요하다. 또한 이러한 국가들 간의 연대를 뒷받침하고 지속시킬 수 있는 국제사회의 규범과 기준의 수립 과정에 적극적으로 참여하여야 한다. 한국의 다자외교가 때로는 양자외교의 하위구조로까지 인식되었던 주요 요인 중의 하나는 단기적으로도 손에 잡히는 성과를 도출할 수 있는 양자외교에 비해 다자외교는 현안에 따라 외교적 노력에 대한 열매를 맺기까지 장기간의 시간이 소요되는 경우가 많으며, 그러한 성과 또한 측량하기 어려운 경우가 다수였기 때문으로 볼 수 있다.

또한 한국의 다자외교는 한미동맹과 한중관계 등 양자 외교의 틀에 실질적으로 얽매여 있는 모습이 자주 나타났다. 한국 외교에서 군사·안보적, 경제적 이익이 직접적으로 연결되어있는 양자외교의 중요성이 강조되는 것은 당연한 현상이라 할 수 있다. 하지만 한국외교의 장기적인 발전, 특히 점차 치열해지는 미·중의 전략적 경쟁 구도 하에서 한반도 평화 프로세스를 진전시켜 나가야 하는 한국의 입장에서는 단계적이고 장기적인 틀을 적용하는 한국형 다자외교에 대한 접근이 필요하다.

특히 한국은 공유되는 이익과 정체성의 '일반화된 제도와 원칙(generic institution and principles)'을 함께 만들어 갈 수 있는 국가들과의 다자주의 외교가 필요해 보인다. 이를 위해 한국의 가치와 정체성, 그리고 국익으로 정의된 '원칙'을 선제적으로 확립해 나가야 한국의 중견국 다자주의 외교에 대해 상대 국가들도 관계설정의 가능성을 타진하고 이에 대한 신뢰를 보일 수 있을 것으로 생각된다.

참고문헌

〈국문〉

금희연. "'중국위협론'의 실체: 중국의 세계전략과 전방위 외교정책" 『중소연구』제27권 4호 (2003/2004)

김영준. "세력전이론의 전개, 진화, 그리고 적용에 대한 고찰" 국제관계연구 20(1), 2015

박기철. "국제체제 전환기의 중국의 '有所作为' 외교정책에 관한 연구" 『중국연구』제47권 (2009)

박병석. "중국 화평굴기론의 이론적 한계와 문제점" 『정치사상연구』제15집 2호, 2009

이희옥. *중국의 국가 대전략 연구*. (서울: 폴리테이아, 2007)

〈영문〉

ABC. "Mike Pompeo says 'significant' evidence new coronavirus emerged from Chinese lab" (May 03, 2020)

Eric Beech & David Shepardson. "U.S. imposes visa restrictions on Chinese officials over Muslim treatment" Reuters, (Oct. 09, 2019)

Bild. "Sie gefährden die ganze Welt" (April 17, 2020)

Stephen L. Carter, "No, China Can't Be Sued Over Coronavirus" Bloomberg (March 25, 2020)

Joel Brinkley "Rice Warns China to Make Major Economic Changes" *The New York Times* (August 19, 2005)

Emma V. Broomfield. "Perceptions of Danger: The China Threat Theory" *Journal of Contemporary of China* Vol. 12, No. 35 (May 2003)

Richard Bernstein and Ross H. Munro. *The Coming Conflict with China* (New York, NY: Vintage), 1998

Bruce Cronin. "International Law in Times of Hegemony: Unequal Power and the Shaping of the International Legal Order" *European Journal of International Relations* 7-1, 2001

Tom Daly. "China rare earths group supports counter-measures against U.S. 'bullying'," *Reuters* (August 07, 2019)

Mark Esper. "US stands with its partners for a free and open Indo-Pacific" The Straits Times (June 15, 2020)

Matthew Henderson, Dr Alan Mendoza, Dr Andrew Foxall, James Rogers, and Sam Armstrong. "Coronavirus Compensation? Assessing China's Potential Culpability and Avenues of Legal Response" Henry Jackson Society (April 05, 2020)

Glenn Kessler. "U.S. Says China Must Address Its Intentions" Washington Post (September 22, 2005)

Nico Krish. "The Paradox of Hegemony: America's Ambiguous Relationship with the United Nations" *European Journal of International Law* (June 2005)

Douglas Lemke and William Reed. "Power Is Not Satisfaction: A Comment on de Soysa, Oneal, and Park," *Journal of Conflict Resolution* Vol. 42, No. 4, 1998

Jeff Mason & Matt Spetalnick. "Trump warns China could face consequences for virus outbreak" Reuters (April 19, 2020)

Evan S. Medeiros. "Strategic Hedging and the Future of Asia-Pacific Stability" The Washington Quarterly 29:1 (Winter 2005-06)

A.F.K. Organski. *World Politics* (New York, NY: Alfred A. Knopf), 1958

A.F.K. Organski & Jacek Kugler. *The War Ledger* (Chicago & London: The University of Chicago Press). 1980

John R. Oneal, Indra De Soysa and Yong-Hee Park. "Testing power-transition theory using alternative measures of national capabilities." *Journal of Conflict Resolution* Vol. 41, No. 4, 1997

_______. "But Power and Wealth Are Satisfying: A Reply to Lemke and Reed," *Journal of Conflict Resolution*, Vol. 42, No. 4 (1998)

Michael R. Pompeo. "2019 Herman Kahn Award Remarks: US Secretary of State Mike Pompeo on the China Challenge" The Hudson Institute

(May 30, 2020)

_______. "On the Chinese Communist Party's Obscene Propaganda" U.S. Department of State (June 20, 2020)

Wilbur Ross. "Statement from U.S. Secretary of Commerce Wilbur Ross on Revocation of Hong Kong Special Status" U.S. Department of Commerce (June 29, 2020)

Alexandra Stevenson. "'Weaponized' Currency and Mining Limits: China's Responses to Trump Take Shape," *The New York Times* (Aug. 08, 2019)

Ronald L. Tanmen. "The Organski Legacy: A Fifty-Year Research Program" *International Interactions* 34, 2008

Ronald. L. Tammen, J. Kugler, D. Lemke, A. Stam, M. Abdollahian, C. Alsharabati, B. Efird, and A.F.K. Organski. *Power Transitions* (New York: Chatham House) 2000

U.S. Department of Commerce. "Commerce Department to Add Nine Chinese Entities Related to Human Rights Abuses in the Xinjiang Uighur Autonomous Region to the Entity List" (May 22, 2020)

_______. "Commerce Releases Xinjiang Supply Chain Business Advisory" Press Release (July 01, 2020)

_______. "Commerce Department Adds Eleven Chinese Entities Implicated in Human Rights Abuses in Xinjiang to the Entity List" (July 20, 2020)

USTR. "Agreement between the United States of America and the People's Republic of China," (December 13, 2019)

Will Weissert. "DHS report: China hid virus' severity to hoard supplies" AP (May 04, 2020)

The White House. "Remarks by President Trump, Vice President Pence, and Members of the Coronavirus Task Force in Press Briefing | April 17, 2020" (April 17, 2020)

Bijian Zheng. "'Peaceful Rise' to Great Power Status" *Foreign Affairs*, Vol. 84, No. 5 (Sep. - Oct., 2005)

115th Congress (2017-2018). "H.R.5515 - John S. McCain National Defense Authorization Act for Fiscal Year 2019"

115th Congress (2017-2018). "H.R.2810 - National Defense Authorization Act for Fiscal Year 2018"

115th Congress (2017-2018). "S.2736 - Asia Reassurance Initiative Act of 2018"

115th Congress (2017-2018). "H.R.1872 - Reciprocal Access to Tibet Act of 2018"

116th Congress (2019-2020)."S.1838 - Hong Kong Human Rights and Democracy Act of 2019"

116th Congress (2019-2020). "H.R.4331 - Tibetan Policy and Support Act of 2019"

116th Congress (2019-2020. "S.1678 - Taiwan Allies International Protection and Enhancement Initiative (TAIPEI) Act of 2019"

116th Congress (2019-2020). "S.3798 - Hong Kong Autonomy Act"

〈중문〉

鄭必堅. "中國和平崛起新道路和亞洲的未來" 學習時報 (2003年 11月 24日)

"温家宝在亚洲合作对话外长会议上发表重要讲话" 人民網 (2004年 6月 22日)

"吴建民 : 中国要长期坚持韬光养晦 有所作为方针" 新浪网 (2005年 9月 27日)

中国稀土行业协会, "中国稀土行业协会祕书处召开专题工作会议," ACREI (Association of China Rare Earth Industry) (2019年8月5日)

"中央外事工作会议在京举行" 人民日報 (2014年 11月 30日)

제 8 장

미중전략경쟁 격화와 한반도 평화체제 구축의 필요성

8장 미중전략경쟁 격화와 한반도 평화체제 구축의 필요성

정재흥

Ⅰ. 들어가는 말

최근 러시아의 우크라이나 침공 이후 신 냉전 분위기가 고조되는 가운데 미중 관계 역시 경제, 기술 차원의 기본적 국가 갈등을 넘어 중국(러시아)과 미국(서방 국가)을 중심으로 전 방위적인 차원에서 민주주의 대 권위주의(사회주의)체제대결이 본격화되어 나타나고 있는 중이다. 이미 트럼프 정부 시기부터 시작된 미국과 중국간의 대결은 무역분쟁을 넘어 정치와 이데올로기 경쟁으로까지 격화되면서 신 냉전(New Cold War)으로 일컬어질 만큼 악화일로까지 치닫고 있는 중이다.[1)]

금년 5월 바이든 대통령의 한국과 일본 순방에 이어 5월 26일 블링컨 국무장관이 바이든 행정부의 대중전략을 발표하면서 "개방적이고 포용적인 국제질서를 위한 비전실현을 위해 중국 주변의 전략 환경을 바꿀 것"이라 공식 선언하였다. 특히 블링컨 장관은 우크라이나 전쟁이 지속되더라도 현존하는 국제 질서에 가장 위협적인 도전은 중국이며 미중 경쟁의 3대 핵심 키워드로 투자(invest), 동맹(align), 경쟁(compete)를 제시하면서 향후 10년을 전략적 시기로 설정하고 미국의 국가 경쟁력 강화 차원에서 투자를 더욱 확대하고 인도-태평양 전략을 중심으로 동맹국 및 우방국의 연대를 강화하여 중국과의 본격적인 경쟁을 구체

---

1) 코로나19출현과 전략적 경쟁이 본격화되면서 미·중 갈등을 신 냉전으로 접근하여 분석한 글로 David Schambaugh, "As the U.S. and China Wage a New Cold War, They Should Learn From the Last One," *The Wall Street Journal*, (July31, 2020); Alan Dupont, "New Cold War: De-Risking U.S-China Conflict," *Hinrich Foundation Report*, (June 24, 2020)가 있다.

화한다는 방침을 밝혔다.[2)]

사실상 바이든 행정부 주도로 새롭게 출범한 인도-태평양 경제프레임워크(IPEF)와 기존 쿼드(Quad)를 양대 축으로 본격적인 대중 견제-포위망 구축이 추진될 것으로 예상된다.[3)] 향후 미국의 대중정책은 크게 △ 자국 경쟁력과 혁신, 민주주의를 위한 투자, △ 공동의 목표를 위한 동맹국과 우방국과 제휴, △ 중국과의 경쟁으로 구성되었으며 결정적 10년 동안 성공을 달성하기 위한 전략이 본격화될 전망이다.[4)] 특히 미국은 중국이 제기하는 전방의적인 정치-경제-안보 도전 범위와 규모는 과거에 전혀 볼 수 없었던 것으로 인식하면서 국무부에 대중 정책 전반을 조정하고 이행하는 총괄부서인 '차이나 하우스(China House)'을 새롭게 신설한다는 구상이다. 이를 통해 인도-태평양 경제 프레임워크(IPEF)와 쿼드(Quad)를 전반적으로 조율해 나가면서 새로운 대중정책 추진이 예상된다.

이러한 급변하는 국제정세 변화 속에서 러시아의 우크라이나 침공은 미중간 새로운 갈등과 대결 국면이 조성되기 시작하였다. 특히 중러 전략적 안보 협력관계가 강화되는 가운데 우크라이나 사태 이후 러시아 제재를 놓고 미국의 대중 압박 수위가 날로 높아지자 3월16일 중국 외교부는 공식성명을 통해 제재는 문제를 해결하는 효과적인 방법이 될 수 없으며 미국이 한편으로 중국의 지지와 협조를 구하면서 다른 한편으로는 "제재의 몽둥이를 휘두른 데 이러한 방식은 절대 통하지 않으며 미국 독단적으로 행동하면 중국 역시 강하게 반격할 것"이

---

2) 이번 대중국 정책 연설에서 블링컨 장관은 "중국은 국제질서를 재편하려는 의도를 지닌 유일한 국가로 이러한 행동은 지난 75년간 전 세계가 지켜온 자유와 민주주의 보편적 가치를 제거하려는 것이라고 평가하면서 적어도 앞으로 10년 동안 미국은 중국이 제기하는 심각하고 장기적인 국제질서 파괴와 도전에 집중할 것"이라 언급하였다. *The Administration's Approach to the People's Republic of China,* A Speech by ANTONY J. BLINKEN, SECRETARY OF STATE at THE GEORGE WASHINGTON UNIVERSITY (WASHINGTON, D.C. MAY 26, 2022) 참조.

3) 새로운 대중정책을 밝힌 블링컨 장관은 바이든 대통령의 첫 한일순방(20-24일)을 소개하면서 "바이든 대통령은 한국과 일본의 중요한 안보동맹을 재확인하고 양국과의 경제 및 기술협력이 더욱 심화 되었으며 향후 공동의 목표와 명분으로 함께 행동해 나갈 것"이라 밝혔다. 美 "가장 큰 도전자 중국, 변화되도록 전략환경 바꾸겠다," 『국민일보』 2022년 05월 28일.

4) 이번 대중정책 연설에서 블링컨 장관은 결정적 10년 동안 미국의 핵심 원천은 민주주의라고 강조하며 인도-태평양 지역 동맹국들과 긴밀한 동맹관계 공고화를 통해 정치, 군사, 경제, 기술 등 모든 분야에서 자유주의와 민주주의에 기반하는 새로운 포괄적 역내 질서를 구축할 계획이라 밝혔다. "베일 벗은 美 대중정책...中 주변 전략적 환경 조성," 『뉴시스』 2022년 05월 27일.

라 미국과는 전혀 다른 입장을 내놓았다.[5)]

더욱이 시진핑 지도부는 20차 당 대회 이후 미국과의 중장기 전략경쟁 대비 차원에서 세계 2위에 부합되는 정치력, 경제력, 군사력 신장에 기반한 강대국 외교를 토대로 신형국제관계(新型國際關系)와 인류운명공동체(人類命運共同體)라는 새로운 다극화된 국제 질서 구축 차원에서 러시아와의 전략적 안보-경제협력을 강화하기 시작하였다. 이미 중국은 전 세계가 직면하고 있는 각종 문제에 대해 '중국식 접근과 지혜'을 주장하며 서구와는 차별된 새로운 중국식 담론을 연일 강조하고 있다. 특히 시진핑 지도부는 중국은 세계평화의 구축자, 국제질서의 수호자, 글로벌 발전의 기여자로 강조하며 이를 천하세계(天下主義: all under heaven)론과 연계하여 '천하에는 밖이 없다'는 천하무외(天下無外)개념을 통하여 타자를 거부하지 않고 포용적인 세계관을 제시하고 인종 및 지리적 경계를 초월하여 문화와 가치체제를 강조하여 서구와는 차별되는 중국식 공존의 세계질서 체계 구축을 주장하고 있다.

이는 미국과의 정치-이데올로기 대립 본격화, 홍콩 민주화와 대만해협문제, 신장(新疆)과 시장(西藏) 소수민족 갈등, 인도-태평양 전략과 쿼드, 오커스(AUKUS) 등을 놓고 더욱 본격화되어 나타나는 중이다. 특히 지난해 열린 중국 공산당 100주년 행사에서 시진핑 주석은 기조연설에서 "중화민족의 위대한 부흥을 위해 중국 공산당이 단결하여 중국 인민을 이끌었고 신민주주의 혁명의 위대한 역사적 업적을 일구어냈으며", "중국 인민이 일어서고 있으며 더 이상 중화민족이 외세에 지배당하는 시대는 돌아오지 않을 것"이라면서 당 창당 100주년인 2049년까지 중국 공산당이 이끄는 강한 중국, 사회주의 중국, 중화민족 위대한 부흥 달성을 제시하고 있다.[6)]

한편 시진핑 지도부의 중국은 서방 선진국에서는 왕따. 후진국과 개발도상국에서는 골목대장으로 우리가 인식하고 바라보는 관점과는 전혀 다른 모습을 보

5) 중국 외교부 대변인은 브리핑을 통해 중국은 러시아를 지원한다면 중대한 결과를 초래할 것이라는 미국의 협박에 대해 노골적인 주권침해 발언이자 뿌리 깊은 냉전적 사고를 보여준다면 강도 높게 비판하였다. 美稱俄烏沖突破壞了"大國不能欺負小國"的國際秩序, 外交部回應, 『人民網』 2022年03月16日.

6) 중국 공산당 100주년 연설에서 시진핑 주석은 신중국 성립 100주년이 되는 2049년까지 미국을 넘어 중화민족의 위대한 부흥과 중국의 꿈(中國夢) 실현을 위해 모든 노력을 기울여 나가겠다고 밝혔다.

여주고 있다. 이번 20차 당 대회에서 시진핑 지도부는 1인 지도체제와 공산당을 중심으로 사회주의 현대화 완성을 통해 2049년까지 미국을 넘어 중국 특색 사회주의 강대국 실현한다는 구상을 명확히 밝히고 있다. 특히 세계 2위 경제규모(15조 달러), 인구 14억, 군사력 2위 중국은 시진핑 1인과 공산당을 중심으로 사회주의 현대화 달성을 명확히 하고 있다. 과거 미소군사냉전시대, 미일 경제대결시대와는 본질적으로 전혀 다른 차원의 경쟁이 시작되었으며 러시아. 상하이 협력 기구(SCO), 브릭스(BRICS), 북한 등과 전략적 안보-경제협력을 더욱 강화해 나간다는 구상이다.

더욱이 우크라이나 사태가 촉발한 국제질서 대변화와 미중 전략경쟁 격화에 따른 북한의 7차 핵실험 및 ICBM 발사 등으로 인해 역내 안보정세가 급격히 악화될 경우 한미동맹 및 한미일 3국안보협력강화, 사드 추가배치, 나토와 연계된 다국적연합훈련 실시, 미군 전략자산 전개 등이 구체화될 경우 미중, 남북, 한중 관계는 더욱 악화될 수밖에 없는 상황이다. 결국 북한과의 상호 신뢰구축을 통한 한반도 비핵화와 평화체제 구축이 되지 않는 이상 소위 리비아식 모델인 先비핵화-後보상조치의 일괄타결 해결 방안은 실현 불가능한 방안이다. 궁극적으로 미국이 쌍괘병행(双轨并行: 한반도 비핵화와 평화협정 동시병행)을 통한 해결방안을 도모하지 않고 여전히 제로섬(zero-sum)방식을 토대로 북핵문제 해결방안을 시도한다면 실패할 수밖에 없다는 입장이며 북중 수교 70주년을 맞이하여 국제질서 변화에 맞추어 21세기 북중관계 구축을 강조하며 미국의 일괄타결 해결 방안을 거부하고 있다.

따라서 본 글에서는 우크라이나 사태 이후 나타나고 있는 국제질서 대변화에 따른 미중 전략격쟁 격화와 중러 전략적 안보-경제 협력 강화의 전략적 함의를 고찰해 보고자 한다. 이어 아프칸, 우크라이나 사태 이후 새로운 국제질서가 도래하고 있으며 중국은 러시아를 포함한 상하이협력기구(SCO), 브릭스(BRICS), 아세안, 북한 등과 같은 국가들과 실질적인 경제-안보협력을 본격화하기 시작하였다. 새로운 국제질서 도래에 맞춰 한국 역시 역내질서 변화에 맞춰 한반도 평화체제를 자주적 차원에서 추진하여 최종적으로 동북아 다자안보체제 구축을 추진해 나가는 정책적 대안 마련이 필요하다. 물론 우크라이나 사태 이후 급변하는 국제질서 하에서 한미동맹의 구조 하에 한국의 안보적 도전과제가 만만치 않으나 지속적인 한반도 평화 안정을 이룰 수 있도록 역내 모든 국가들이 참여할 수 있는 평화체제와 공동의 다자안보체제 추진을 적극 모색해 나가는 노력이 필요한 시기이다.

Ⅱ. 우크라이나 사태 이후 새로운 국제질서 출현

1. 우크라이나 사태 이후 미중 전략경쟁 격화

최근 우크라이나 사태 이후 국제질서 변화 추세에 따라 역내 정세 불안정성도 크게 고조되기 시작하였다. 무엇보다 미중 전략경쟁의 심화와 러시아의 우크라이나 침공 이후 나타나고 있는 국제질서의 대변화이다.[7] 특히 미중 전략경쟁은 경제통상, 미래첨단기술, 이념-체제 등 모든 분야로 확대되는 중이며 점차 악화되는 모습을 보여주고 있다.[8] 사실상 우크라이나 사태가 장기화되면서 중국(러시아)對미국(유럽) 혹은 민주주의 대 권위주의(사회주의)대결 구도로 급격히 재편되기 시작하였다. 이미 우크라이나 문제를 놓고 미국과 러시아 사이 신 냉전적 대결 구도가 형성되자 왕이 외교부장은 3월7일 열린 양회(兩會) 기자회견에서 "중국과 러시아 관계는 가장 중요한 양자 관계 중 하나"라며 "국제적인 분위기가 아무리 험악해도 양국간 포괄적·전략적 협력 동반자 관계를 지속적으로 발전시켜 나갈 것"이라고 밝혔다.[9]

더욱이 러시아의 우크라이나 침공 이후 중국 외교부는 미국의 인도-태평양 전

---

7) 이상현. "미국의 대중국 전략: '경쟁적 접근' 함의와 파장." 『정세와 정책』 제328호(2020).

8) U.S. Department of Defense. 2019. "*Indo-Pacific Strategy Report: Preparedness, Partnerships, and Promoting a Networked Region*(2019.6.1.); The White House. 2020."*United States Strategic Approach to the People's Republic of China*(2020.5.20.); The White House. 2021. "*Interim National Security Strategic Guidance* (2021.3.3.); The White House. 2022. "*Indo-Pacific Strategy of the United States*(2022.2.1.) 참조.

9) 금년2월4일 베이징 동계 올림픽 개막식 참석을 위해 중국을 방문한 푸틴 대통령과 시진핑 주석간 정상회담에서 중러 전략적 협력 동반자 관계강화를 통한 국제질서 다변화 추진과 함께 대규모 천연가스-원유 공급 계약 체결로 나타났다. "2022年全國兩會王毅答中外記者問," 『新華社』, 2022年03月08日.

략 억제와 태평양 남진 전략 차원에서 2019년 대만과 단교한 남태평양 섬나라 솔로몬 제도와 군사안보협정을 체결한다고 밝혔다. 특히 이번 중국과 솔로몬 제도 안보협정 체결 이후 솔로몬 제도가 내부 정치 상황 등으로 인해 중국에게 군대와 무장 경찰 파견 등을 요청할 수 있게 되었다. 향후 역내 정세 변화에 따라 중국 잠수함, 함정, 무장경찰 등이 솔로몬 제도 해안 등을 군사기지로 사용할 수 있게 되어 중국의 군사력 확대가 예상된다. 중국의 솔로몬 제도 군사기지 진출이 본격화되자 바이든 행정부의 인도-태평양 전략을 담당하는 커트 캠벨 조정관은 국무부와 국방부, 국제개발처(USAID) 인사들로 구성된 대규모 정부 대표단을 이끌고 파푸아뉴기니, 피지, 솔로몬 제도 등 남태평양 3국을 방문하여 중국의 대외 영향력 확대를 억제한다는 구상을 밝히면서 대응조치 마련에 들어갔다.

지난 아프칸, 우크라이나 사태 이후 미국-유럽(NATO)) 對 중국-러시아(SCO)의 전방위적 경쟁 구도가 나타나고 있으며 미국은 나토와 연계하여 인도-태평양 전략을 확대하기 시작하였고 중국 역시 러시아 및 SCO(상하이 협력기구)국가들과 연계하여 국제질서 다극화와 유라시아 지역 공동체 구축을 본격화하기 시작하였다. 특히 우크라이나 사태 이후 미중 전략경쟁 격화 속에서 미국은 나토를 포함한 역내 동맹국(일본, 한국, 호주, 뉴질랜드 등)들과 관계를 더욱 공고화시키면서 중국과 러시아를 함께 대응하며 새로운 글로벌 포위 전선을 전개시켜 나가기 시작하였으며 미-유럽(나토)관계 강화, 인도-태평양 전략 강화 차원에서 한미일 3국 안보협력, 쿼드(Quad)와 오커스(AUKUS), CHIP4, 인도-태평양 프레임워크(IPEF)등을 상호 연계시켜 중국과 러시아와 같은 사회주의, 권위주의 국가들인 대륙 세력 봉쇄하고 약화시켜 나가는 새로운 전략을 펼쳐 나가는 중이다.

금년 2월 24일 러시아의 우크라이나 침공 이후 미국이 주도하는 서방(유럽)국가들이 기존 자유주의 국제질서 구조 속에서 러시아와 중국을 배제하는 새로운 차원의 국제질서 재편을 본격화하기 시작하였다. 지난 90년대 소련 사회주의 체제가 붕괴한 이후 약 30여 년 동안 미국과 유럽의 동맹(Transatlantic Alliance)인 나토(NATO)를 지속적으로 강화해 나아가며 동진(東進)정책을 펼치면서 궁극적으로 러시아의 우크라이나 침공으로 이어졌다. 특히 미국과 유럽은 원활한 새로운 국제질서 재편 추진을 위해 군사-경제적 부담을 상호 경감하고 러시아의 군사-안보 위협 대응 차원에서 유럽의 최대 경제대국인 독일의 국방예산을 2배 이상 증가시키고 핀란드와 스웨덴까지 나토에 가입시키는 등 새로운 역내 질서 변화를 모색하기 시작하였다.[10] 결국 우크라이나 사태 이후 미국-유럽(나토) 對 러시아의 전방위적 대결 구도가 고착화 될 것으로 보이며 동시에 미국은 인도-태평양 전략 추진 차원에서 중국과의 본격적인 경쟁과 대립이 전개될 것으로 보인다. 구체적으로 향후 미국은 유럽을 포함한 역내 동맹국(일본, 한국, 호주, 뉴질랜드 등)들과 관계를 더욱 공고화 시키면서 중국과 러시아를 서로 분리하면서 각개 격파식으로 대응해 나갈 것으로 예상된다.[11] 즉 미국은 유럽(나토)관계 강화, 인도-태평양 전략의 한미동맹 강화와 한미일 3국 안보협력, 인도-태평양 경제 프레임 워크(IPEF) 본격화 및 쿼드(Quad)공고화를 상호 연계시켜 중국과 러시아를 함께 봉쇄하고 약화시켜 나가는 새로운 국제질서 재편 추진을 본격화한다는 구상이다.

이에 반해 중국은 러시아의 우크라이나 침공에 대해 줄곧 객관적이고 공정한 시각에 맞춰 유지해 왔으나 미국과 일부 서방국가들이 자국의 노력을 부정하고 의도를 왜곡하며 모함하는 행동에 적극 맞대응 할 것이라 강조하며 강한 중국과 새로운 대외전략 추진을 시사하고 있다. 특히 시진핑 주석은 강군의 꿈(强军梦)을 중국 공산당이 영도하는 중국군이 나가야할 강군지로(強軍之路)로 격상시키며 중국식 사회주의 현대화 구축을 위해 견고한 국방과 싸워서 이기는 군대를 건설하는 것이 국가안보 수호와 평화발전 노선에 가장 부합하는 중국 특색 사회주의 강군의 길(強軍之路)이라 강조하고 있다. 이미 중국식 사회주의 현대화 건설의 지속적인 추진을 선포하면서 우크라이나 사태뿐만 아니라 아프칸, 대만, 한반도 문제들을 놓고 미국과의 전략적 갈등이 갈수록 고조되면서 국가안보 강화

10) 유럽 최대 경제 대국인 독일의 2021년 국방비는 470억 유로이었으나 2월 24일 러시아의 우크라이나 침공 이후 2022년도 독일의 국방비는 지난해 대비 2배가 넘는 1000억 유로까지 증액하기로 결정하는 등 본격적인 군사력 강화의 발판이 마련되었다.

11) 미국은 2011년 오바마 정부의 아시아 재균형 전략, 2017년 트럼프 정부의 인도-태평양 전략에 이어 바이든 정부의 인도-태평양 전략 2.0으로 지정학-지경학 대결과 기술, 가치, 이념, 체제 등 전방위적 방면에서 매우 주도적이고 공세적인 대중 정책을 펼쳐 나간다는 구상이다.

와 핵심이익을 수호할 수 있는 중국 특색 강군의 길 필요성을 더욱 강조하기 시작하였다.[12] 이를 위해 중국군은 핵/미사일, 우주, 사이버 영역에서 핵심이익 수호를 신시대 군대의 주요임무로 규정하며 새로운 전장인 핵/미사일, 우주, 사이버 영역에서도 확실한 우위를 점유하기 위해 새롭게 창설된 전략지원부대(戰略支援部隊)역량 강화와 함께 자국의 영토, 영해, 영공을 벗어난 원거리 기동훈련, 러시아를 포함한 SCO(상하이협력기구)국가들과 각종 대테러전과 연합훈련실시, 실전과 유사한 고강도 군사훈련 등을 본격적으로 펼쳐 나가는 중이다.[13]

이번 20차 당 대회를 통해 시진핑 지도부는 늦어도 2035년까지 강군의 꿈(強軍夢) 실현 차원에서 군사력 현대화를 완성하여 미국과의 역내 경쟁에서 밀리지 않겠다는 강력한 의지를 보여주고 있다. 이미 중국군은 비대칭전략능력을 크게 향상시켜 나가 미국과의 군사력 경쟁에 철저히 대비하는 중이며 2049년까지 미국을 넘어 세계 일류군대로 확실히 자리매김한다는 구상을 밝히고 있다. 세계 제2위 경제력을 바탕으로 각종 첨단무기개발 가속화와 대규모 육-해-공 연합훈련 강화 등을 펼쳐나가고 있어 핵심이익 수호 차원에서 미국의 역내 개입과 새로운 질서 변화를 점진적으로 추진해 나간다는 입장이다. 이에 미국도 인도-태평양 전략과 쿼드 등에 기반한 새로운 대중군사안보전략을 본격화해 나가고 있으며 미군의 아프칸 철수 등에서 보듯이 새로운 대중전략차원에서 미군의 역내 재배치 및 중국의 역내 질서 현상 변경 가능성 시도를 억제하는데 모든 정책 초점을 맞추고 있다. 특히 미국은 대만문제에 있어 전략적 모호성(Strategic Ambiguity)에서 벗어나 개입 의지를 밝히면서 역내 동맹국과 유럽, NATO까지 연계하는 글로벌 차원의 대중 군사안보전략을 추진하기 시작하였다. 미국은 대만 방어공약차원에서 3억 5천 500만 달러 규모의 AGM-84L 하푼 블록II 지대함 미사일 60기, 8천 560만 달러 규모의 AIM-9X 블록II 사이드와인더 공대공 미사일 100기 등 11억 달러에 달하는 무기판매를 승인하는 등 대만의 고슴도치

---

12) 시진핑 주석은 취임 이후 줄곧 중국군의 현대화를 강조하며 군 개혁을 강력히 추진하였다. 2049년 중국식 사회주의 현대화 강국에 부합하는 중국 특색 강군의 길을 위해 국방개혁과 군 현대화를 조속히 달성하여 세계일류군대로 거듭날 것을 새로운 중국군 사명으로 강조하고 있다. "習近平, 走中國特色強軍之路," 『新華網』 2019年12月11日.

13) 중국과 러시아는 매년 정기군사훈련 개최를 통해 양국간 군사안보 협력을 확대 시켜 나가고 있다. 中方正在參加俄"高加索-2020" 戰略演習實兵行動演練, 『國防部網』 2020年09月24日

전략을 지원하고 있어 중국군은 대만해협에서 군사충돌 발생 시 신속한 군사작전을 통해 대만을 무력화 시킨다는 새로운 전략을 수립 중이다. 아울러 시진핑 주석은 수 차례 2049년까지 중국의 꿈 실현을 통해 중국식 사회주의 강대국을 건설하여 경제기술뿐만 아니라 군사안보에서도 미국을 넘어 세계일류국가로 자리매김하겠다는 강한 의지를 보여주고 있다.

결국 미국과의 대결에 있어 일방적인 굴복하거나 쉽게 물러서지 않겠다는 강한 의지를 보여주고 있어 바이든 행정부 출범 이후에도 미중간 지속적인 경쟁과 갈등이 예상된다. 특히 중국은 미국의 인도-태평양 전략과 쿼드 추진을 통해 과거 냉전시기와 유사한 진영 간 대결을 모색하나 과거 미소 냉전시기와 달리 이미 중국은 역내 국가들과 정치, 경제, 사회 등으로 매우 촘촘히 긴밀하게 연결되어 있어 실현 불가능한 전략을 펼쳐 나가고 있다면서 미국의 대중 전략을 강력히 비난 중에 있다. 이번 개최된 20차 당 대회를 통해 인민해방군 현대화 목표를 창군 100주년인 2027년까지 설정한 것은 미군과 적극 맞대응할 수 있다는 강력한 의지를 보여준 것이다. 다시 말해 미국을 추월하여 세계 최강국이 되겠다는 시진핑 지도부의 부국강병(富國強兵)노선이 더욱 가속화될 것이며 이에 따른 국제질서 변화도 불가피할 것으로 예상된다.

2. 다극화된 국제질서를 위한 중러 전략적 안보-경제 협력 강화

현재 시진핑 지도부는 전 세계 지정학적 충돌지점으로 1. 우크라이나 2. 아프칸 3. 남중국해 4. 대만해협 5. 한반도 5개 지역으로 인식하고 있으며 이를 놓고 미국(서방)과 중국(러시아)간 제2차 그레이트 게임(second great game)은 피할 수 없다는 입장을 견지하는 중이다. 특히 미국이 주도하는 나토(NATO)의 동진(東進)정책, 인도-태평양 전략의 쿼드 확대로 인해 중국과 러시아 역시 유라시아와 역내 지역 영향력 대응 차원에서 긴밀한 전략적 안보 협력강화가 불가피하다는 인식을 공유하고 있다. 결국 우크라이나 사태 이후 미중갈등이 다시금 본격화되기 시작하였으며 중국은 러시아와의 전략적 안보협력 강화를 통해 미국이 새로운 대중포위망체제인 인도-태평양 경제프레임워크(IPEF)와 쿼드에 직접대응해 나간다는 구상이다.

〈그림 1〉 중러 전략적 안보-경제 협력 강화 주요 내용

이미 2월4일 베이징 동계 올림픽 개막식 참석을 위해 중국을 방문한 푸틴 대통령과 시진핑 주석간의 정상회담에서 중러 전략적 협력 동반자 관계강화를 통한 국제질서 다변화 추진과 새로운 천연가스-원유 공급 계약 체결로 나타났다. 먼저 중러 정상은 '새로운 시대 국제관계와 글로벌 지속적 발전에 관한 공동성명'을 발표를 통해 "나토(NATO)의 추가 참여국 확장에 반대하고 나토가 냉전 시절의 이념화된 접근법을 포기하길 촉구한다"고 밝혔다. 특히 러시아 최대 가스기업인 가즈프롬과 중국석유천연가스공사(CNPC)는 年 100억㎥의 천연가스 거래 계약을 맺었으며 로스네프티사도 CNPC에 향후 10년에 걸쳐 총 1억톤(t)의 원유를 중국에 공급하기로 체결을 맺었다. 이번 러시아 가스프롬이 중국 CNPC와 천연가스 체결은 2014년에 이은 두 번째로 동부 시베리아 가스관을 통해 380억㎥ 가스를 30년간 공급받는 가운데 2차 계약 체결로 중국의 총 공급량은 연간 480억㎥에 이르게 되어 역사상 최대 규모의 천연가스와 석유 계약을 체결하게 되었다.14)

우크라이나 사태 이후 처음으로 미중 외교안보 수장인 양제츠(楊潔篪)중국 공산당 정치국원과 제이크 셜리번 미국 백악관 국가안보보좌관이 3월 14일 이탈리아 로마에서 만나 우크라이나 사태를 포함한 광범위한 국제현안을 논의하였으나 상호 합의점 도출까지 이르지 못했다. 이번 회담에서 셜리번 보좌관은 중국의 러시아 경제-군사지원이나 제재를 위반하는 경우 중대한 결과에 직면할 것이라 경고하였으나 중국은 자국의 정당한 권익을 해치지 말 것을 미국에 요구하며 중러간 합리적이고 정상적인 무역관계를 지속적으로 전개해 나갈 것이라 밝혔다. 특히 양제츠 정치국원은 "최근 우크라이나 사태 이후 미국이 보여준 일련의 잘못된 행동과 발언에 엄중한 우려와 결연한 반대를 표명한다면서 중국의 정당한 국가이익과 중러 전략적 관계를 더욱 공고해 나갈 것이며 자국의 핵심이익을 위협하거나 우크라이나 사태로 인한 새로운 역내 정세변화(대만 해협 문제 등)를 야기시키지 말 것"을 직접 경고하였다.[15] 이미 2월24일 러시아의 우크라이나 침공에 따른 중러 전략적 공조 차원에서 왕이 외교부장과 라브로프 외무장관과의 통화에서 "중국은 각국의 영토주권을 존중하며 우크라이나 문제는 복잡하고 특수한 역사-정치 경위가 있어 러시아의 합리적 안보 우려를 충분히 이해한다" 밝혔다. 중러 외교장관 전화통화에 이어 화춘잉(華春瑩)외교부 대변인도 "그동안 중국은 어떠한 불법적이고 일방적인 단독제재에 반대한다면서 미국과 서방의 러시아 제재에 반대 입장"을 표시하며 미국 주도의 대러제재 반대와 새로운 국제질서 변화에 강한 거부감과 반발을 보여주었다.

금년 3월 열린 전인대 간담회에서 왕이 외교부장은 "공고한 중러관계에 따른 양국의 국민적 우의는 반석처럼 견고하고 흔들림이 없으며 모든 분야의 협력 전망 역시 매우 밝으며 양국 모두 유엔 안보리 상임이사국으로서 매우 중요한 이웃국가이자 전략적 협력 파트너"라고 강조하였다. 우크라이나 사태에 있어 왕이 부장은 줄곧 나토(NATO)의 지속적인 동진(東進)정책에 반대하며 러시아의 안보위협이 해결되어야 된다고 강조면서 "우크라이나의 주권과 영토 보전도 함께 존

14) "中俄"新春之會"加碼能源合作, "多點開花"貿易新格局正形成," 『第一財政網』 2022年 02月 06日

15) "楊潔篪同美國總統國家安全事務助理沙利文擧行會晤," 『新華網』 2022年 03月 15日.

중받는 차원에서 상호간 대화를 통한 문제해결을 강조하였다. 특히 우크라이나 문제해결을 위해 시진핑 주석은 3월 8일 마크롱 프랑스 대통령, 숄츠 독일 총리와 3자간 유럽-중국 정상회의를 개최하였고 이어서 18일에는 바이든 대통령과 화상통화를 가졌다. 상기 회담에서 시진핑 주석은 러시아와 우크라이나 사이 평화회담을 개최하여 조속한 시일 내로 전쟁을 멈추고 평화에 도달하도록 장려해야 한다면서 중국은 모든 나라의 정당한 안보 우려를 진지하게 고려하며 군사적 충돌이 격화되는 것에 반대한다는 입장을 밝혔다. 이어 미국의 러시아 제재 거부 시 중국에 대한 추가 제재에 대해서도 코로나19 상황에서 세계 금융, 에너지, 운송, 공급망 안정 등에 악영향을 미치고 있어 제재로 문제해결이 불가능하며 전 세계 경제를 위축시켜 모든 국가들이 경제적 피해를 입을 거라 반대 입장을 밝히며 제재가 아닌 대화와 협상으로 우크라이나 문제 해결을 촉구하였다.[16)]

사실상 우크라이나 사태 이후 중러관계는 어느 한쪽도 뗄 수 없는 매우 밀접하고 공고한 관계로 발전하면서 시진핑 주석과 푸틴 대통령은 하나의 운명공동체로 자리매김하였다.[17)] 이미 베이징 동계 올림픽 개최에 맞춰 열린 중러 정상회담에서 양국 정상은 나토(NATO) 동진전략과 인도-태평양 전략(쿼드, 오커스 등)에 분명한 반대 입장을 표시하며 새로운 국제질서 구축을 위해 중러 안보협력 중요성을 다시금 강조하였다. 특히 중러 정상은 미국이 2001년 9.11 사건 이후 벌인 테러와의 전쟁에서 실패하고 아프칸 철수와 민주-공화당 국내정치 분열, 양극화 확대 등 미국식 자본주의 질서 몰락의 위상 하락을 주목하면서 미국 주도의 국제질서에서 벗어나 다자주의 국제질서 구축을 강조하며 중러간 전략적 안보협력을 계속 이어갈 것이라 밝혔다.[18)] 중러 정상회담 이후 라브로프 러시아

16) 시진핑 주석은 독일, 프랑스 정상과의 화상 회담에서 러시아 제재로 우크라이나 사태를 해결할 수 없다면서 조속한 협상을 통한 문제 해결 필요성을 강조하였다. “習近平同法國德國領導人舉行視頻峰會,” 『人民網』 2022年 03月 09日.

17) 우크라이나 사태 이후 푸틴 대통령의 외교-안보 책사 세르게이 카라가노프(Karaganov)는 우크라이나 전쟁으로 인해 미국을 포함한 서구와의 건설적인 파괴의 시대에 접어들었다고 평가하면서 향후 러시아의 정치-경제-안보협력 중심을 중국을 포함한 중앙아시아, 유라시아 지역에서 새롭게 찾겠다는 구상을 밝혔다.

18) 미군의 아프칸 철수 이후 나타난 국내 정치 갈등과 분열에 따른 위상 하락에 맞춰 시진핑 지도부는 러시아와의 군사-안보-외교-정치-경제-사회 등 모든 방면에서 양국간 전략적 협력을 한층 더 공고화시켜 나간다는 구상을 밝히고 있다. 崔洪建, “重塑安全架構才能實現歐洲持久和平,” 『人民日報』, 2022年 04月 20日.

외무장관과 왕이 외교부장도 공개석상에서 "우크라이나와 같은 복잡한 문제를 해결하는 데 있어 필요한 것은 냉정과 이성이지 불 난 집에 부채질하며 갈등을 더욱 격화시키는 것이 아니다"면서 미국 주도의 러시아 제재에 분명한 반대 의사를 밝혔다. 이어 미국 주도의 인도-태평양 전략은 중국을 압박하고 포위하여 자국의 단일 패권 체제를 유지하는 것이 궁극적인 목적이라고 강하게 비판하였다.[19)]

한편 시진핑 중국 국가주석과 푸틴 러시아 대통령이 미국의 아프칸 철수에 이은 우크라이나 사태 이후 약 7개월만에 처음으로 얼굴을 맞대고 9월 15일 우즈베키스탄 사마르칸트에서 개최된 상하이협력기구(SCO)정상회의에 앞서 양자회담을 가졌다. 상하이 협력기구(SCO)과 중러 정상회담 이후 중국은 가장 중요한 핵심이익인 대만문제에 있어 러시아를 포함한 모든 상하이협력기구 국가들로부터 하나의 중국원칙(一個中國原則)확고한 지지를 획득하였다. 특히 중국이 주창한 유라시아 국가들을 중심으로 석유, 천연가스, 교역 등에 있어 더 이상 달러가 아닌 위안화(元)와 현지 화폐 등을 이용한 국제 지불 방식 변경, 새로운 전자화폐 확대 등을 위한 상하이협력기구(SCO)개발은행과 인프라 개발기금 협의 및 유라시아 지역 경제 통합 가속화에 합의하였다. 중국이 주창한 SCO 회원국 국가들 대 테러 전문 인재 양성과 정보 교류 강화 등을 통해 SCO 국가들간 안보 협력을 더욱 확대시켜 나가는데 의견 일치를 보여주었다. 아울러 북한과 함께 미국으로부터 오랜 경제 제재를 받고 있는 이란이 중러 양국이 주도하는 상하이 협력기구(SCO)정식 회원국이 되었다. 이란의 가입으로 인해 상하이협력기구(SCO)는 세계 인구 약 44%에 달하는 31억명 거대한 유라시아 지역 안보-경제 협의체가 사실상 자리매김하였으며 앞으로 다극화된 세계질서 구축을 위해 영향력을 더욱 확대시켜 나간다는 구상을 밝히고 있어 전 세계적인 코로나19가 어느 정도 완화된다면 유라시아 지역 동쪽 끝에 위치한 북한 가입도 전혀 배제할 수 없는 상황이다.[20)]

---

19) 왕이 외교부장 "우크라 정세 원인 매우 복잡해...냉정과 이성 필요" 『연합뉴스』, 2022년 03월 07일.
20) 정재흥. "상하이 협력기구(SCO)정상회담: 중러 전략적 안보-경제협력 합의." 『세종논평』 NO. 2022-07. (2022.09.20).

이처럼 미국의 아프칸 철수에 이은 우크라이나 사태 발생으로 인해 국제질서 대격변을 맞이하는 시점에서 열린 상하이협력기구(SCO)정상회의 계기로 중러 정상은 더 이상 미국과 서방 중심의 자유주의 체제에서 벗어나 다극화된 국제질서 구축이라는 목표를 위해 상하이 협력기구(SCO)와 브릭스(BRICS), 중앙아시아, 아세안(ASEAN), 중동 등을 중심으로 안보-경제 분야 협력 강화가 예상된다. 특히 시진핑 지도부는 지난해 공산당 100주년를 계기로 2049년까지 중국 특색 사회주의 강대국 발전모델을 대내외에 제시하며 인류운명공동체(人類命運共同體) 및 신형국제관계(新型國際關系)에 기반한 일대일로(一帶一路)전략 추진에 강한 의지를 보여주고 있어 20차 당 대회 이후 러시아를 포함한 유라시아와 아세안(ASEAN)을 중심으로 더욱 확대시켜 나갈 것으로 보인다

더욱이 이번 20차 당 대회에서 3연임에 성공한 시진핑 주석은 미국을 포함한 일부 서방국가들이 중국 공산당이 주도하는 사회주의 체제를 위협하거나 왜곡하는 일련의 정치-외교-군사적 행동에는 절대 물러서지 않겠다는 강경한 입장과 태도를 보여주고 있다. 결국 러시아의 우크라이나 침공 이후 새로운 국제질서 도래와 중러관계 강화에 있어 각종 분석과 평가들이 연이어 나오고 있으나 적어도 미중전략 경쟁이 격화되는 작금의 상황에서 다극화된 국제질서 구축을 위해 중러간 전략적 안보협력뿐만 아니라 상하이 협력기구(SCO), 아세안(ASEAN), 브릭스(BRICS), 이란, 북한, 베트남 등 국가들과 긴밀한 협력이 이어질 것으로 예상된다. 아울러 우크라이나 사태 이전부터 중국은 줄곧 나토(NATO)의 지속적인 동진(東進)정책에 반대하며 러시아의 안보적 우려도 해결되어야 된다고 강조하면서 미국 및 서방과는 다른 방식의 우크라이나 사태 해결 방안을 줄곧 견지하였다.21)

21) 시진핑 지도부는 글로벌 발전 이니셔티브(GDI)구상을 강조하며 주권존중, 영토보전, 합리적 안보우려 존중, 냉전 사고와 일방주의 반대, 공동 안보 불가분 원칙을 주장하며 새로운 차원의 접근 방식 해결을 강조하고 있다.

Ⅲ. 새로운 역내 질서 도래에 따른 평화체제 구축 필요성

1. 새로운 역내 질서 도래와 북중 관계 공고화

시진핑 지도부 출범 이후 중국은 강대국이라는 새로운 정체성과 역할을 공식화하여 대내외적 환경 변화에 적극 대응하기 시작하였다. 이로 인해 중국이 스스로 생각하는 강대국 모습과 국제사회가 요구하는 강대국의 모습과 역할에 상당한 차이를 보이고 있다. 중국은 미국이 주도하는 자본주의 시장경제와 자유주의 국제질서의 틀 안에서 급격히 부상한 중국은 자신의 정체성을 지역 강대국으로 규정하고, 현재의 서구적 가치와 체제를 전면 부정하기보다 점진적 개혁을 통해 국제질서를 자신에게 유리한 방향을 이끌어 글로벌 강대국으로 전환 중에 있다. 특히 이번 열린 20차 당대회 보고에서 '중국 특색 사회주의 강대국'을 지향한다는 점을 분명히 함으로써, 중국은 현상유지의 범주 안에서도 중국의 영향력 확대를 인정해 주기를 바라며 서구적 가치·제도와 다른 중국 특색의 사회주의 가치와 제도 역시 받아주기를 요구하고 있는 중이다. 특히 20차 당대회에서 시진핑 주석은 "중국특색 사회주의는 신시대에 진입하였고, 새로운 시대는 중국이 이전보다 세계 무대 중앙에 진입하고 인류를 위해 더욱 많은 공헌을 하는 시대"을 명확히 하였다. 또한 중국은 근대 이래 가장 좋은 발전 시기를 맞이하고 있으며, 세계는 '백 년 만의 대변혁기'(百年未有之大變局)에 처해 있음을 강조하면서 강력한 시진핑 1인 중심의 집권체제를 통해 미국을 추월하여 중국의 부상을 실현 시킬 수 있는 전략적 기회이자 역사적 시기로 인식하고 바라보는 중이다.[22)]

이처럼 시진핑 지도부는 지금 세계가 '100년 만의 대 변혁기'에 처해있고 이를 중국에게 기회의 시기로 파악하는 중국 지도부와 학자들의 시각은 미중관계와 미국의 강한 압박에 대해 보다 강경한 자세를 요구하게 만들었다. 이에 따라 시진핑 주석은 2017년 10월 19차 당대회 보고에서 '인류운명공동체' 건설과,

22) 10월 22일 폐막된 20차 당 대회에서 시진핑 주석은 3선 연임을 통해 사실상 종신 집권까지도 가능하게 되면서 사실상 마오쩌둥(毛澤東)과 덩샤오핑(鄧小平)이후 가장 강력한 지도자 반열에 자리매김하였고 이미 수정헌법 서문에 "마르크스-레닌주의, 마오쩌둥 사상, 덩샤오핑 이론, 3개 대표론, 과학발전관 뿐만 아니라 시진핑 신시대 중국 특색 사회주의 사상"이라는 문구를 삽입하여 공고한 장기집권이 가능한 시진핑 1인 집권체제를 구축하였다.

대미외교의 지도원칙으로 '신형국제관계'를 제시하였다. '인류운명공동체'는 '중국의 꿈'의 '국제화 버전'으로, 중국의 꿈이 확대하면 세계의 꿈이 되는 것이다. '중국의 경제발전'이 '세계인의 이익'에 도움이 된다는 점을 강조하고, 궁극적으로 인류운명공동체 건설이 가능하며, 구체적 실행이 일대일로(一帶一路, one belt one road) 구상의 완성이라 것이다. '신형국제관계'는 미국뿐만 아니라 다른 강대국, 아시아국가 및 제3세계를 포괄하는 새로운 차원의 대외정책 개념이다. 미국을 핵심으로 하는 '동맹'으로 국제질서를 구축하자는 것이 아닌 전 세계 국가들이 '상호존중, 공평정의, 협력공영', '올바른 의리관(義利觀)'를 통해 "글로벌 파트너십 네트워크"을 건설하고 새로운 국제질서를 수립하겠다는 의미이다.

결국 2020년 중국 공산당 100주년을 전환점으로 시진핑 지도부는 미국과의 전면적인 경쟁을 반드시 이겨내야 할 국가적 과제로 설정하고 2049년 사회주의 강대국 달성과 중국의 꿈(中國夢) 실현을 위해 시진핑 1인 지도부를 중심으로 모든 국가적 역량을 총동원하여 대응해 나가기 시작했다. 이를 위해 20차 당 대회에서 중국 공산당은 "2035년까지 '사회주의 현대화'을 기본적으로 실현하겠다"는 공식선언을 통해 적어도 경제적으로는 세계 최강대국이 되겠다는 청사진을 공식화했다. 향후 중국은 미국과의 전략적 경쟁과 인도-태평양 전략을 중장기전으로 받아들이고 시진핑 1인 집권체제로 단결하여 2035년까지 미국을 뛰어넘는 사회주의 현대화 달성과 부국강병(富國強兵)을 위한 신(新)대장정을 선포했다.[23]

한편 앞에서 설명하듯이 미국의 아프칸 철수에 이은 우크라이나 사태로 촉발된 중국과 러시아의 전략적 안보-경제협력에 기반하는 다극화된 국제질서와 유라시아 지역 통합은 한반도 질서 변화에도 직접적인 영향을 미칠 것으로 보인다. 물론 미국을 비롯한 서방국가들의 강력한 도전과 견제가 예상되나 시진핑 지도부는 미국의 아프칸 철수에 따른 지정학적 공백 발생 이후 발생한 우크라이나

23) 지난 20세기 국민당에 비해 열악한 역량에도 불구하고 마오쩌둥이 소규모 홍군을 중심으로 대장정과 치열한 국공내전을 거치면서 국민당을 물리치고 공산당을 승리로 이끌면서 중화인민공화국을 건국하였듯이 21세기 신대장정은 여전히 미국에 비해 부족하지만 중국 공산당을 중심으로 일치단결 하여 미국을 넘어 중화민족 위대한 부흥과 세계 최강국 목표를 달성하겠다는 것이다. 이를 보여주듯 20차 당 대회 이후 시진핑 주석은 신임 정치국 상무위원 6人을 인솔하고 공산당 혁명성지인 옌안을 찾아 대장정의 역사 유적지 등을 참관하며 중국식 사회주의 현대화를 통한 중화민족 부흥을 강조하였다.

사태로 새로운 국제 질서 도래가 불가피하다는 입장이며 사실상 제1 도련선 내에 위치한 한반도, 대만, 남중국해 문제 등과 같은 핵심이익을 놓고 미국과 절대 양보할 수 없다는 입장을 견지하며 새로운 대외노선을 본격화하는 중이다. 아울러 시진핑 지도부는 미국의 인도-태평양 전략과 나토(NATO) 연계전략에 적극 대응하는 차원에서 중러간 전략적 안보-경제 기조 하에 유라시아 지역을 중심으로 다날개(多翼)전략을 모색하고 있으며 중국 동북 지역인 동북(東北)3성을 중심으로 남-북-중 3자, 남-북-중-러 4자, 남-북-중-러-몽골 5자 협력 등을 추진하고 서쪽 지역인 신장(新疆)을 중심으로 중국-파키스탄-아프간 3자, 중국-우즈벡-카자흐스탄(중앙아시아 국가)-러시아 4자, 중국-파키스탄-아프간-이란 4자 협력 등을 추진하고 남쪽 지역은 중-베트남-미얀마-캄보디아 4자, 중-아세안(ASEAN) 협력 등을 추진한다는 구상을 밝히고 있다.[24]

이처럼 급변하는 미중전략 경쟁 격화, 대내외 정세 변화에 따라 시진핑 지도부의 대북정책도 새로운 변화를 보여주면서 북중관계 강화를 추진 중에 있다. 시진핑 지도부는 북한과의 관계설정에 있어 내치(內治)와 외치(外治)의 조화를 모색하며 새로운 전략적 북중관계 구축 모색을 통해 자국의 내부안정을 도모하고 북중관계를 바탕으로 미국을 견제하고 한반도 전체 영향력 확대를 본격화하였다. 특히 미중관계가 갈수록 갈등이 격화되자 북중관계는 한층 더 공고화되기 시작하였으며[25] 이미 중국은 대북 식량지원뿐만 아니라 코로나 19 보건협력 등 전방위적 차원에서 범위와 규모를 확대시켜 나가고 있다. [26] 아울러 한국전쟁

24) 2022년 7월 12일부터-16일까지 시진핑 주석의 신장 방문을 통해 새로운 중국의 정치-경제 발전의 원동력을 신장과 중앙아시아, 러시아, 유라시아 지역에서 모색한다는 강한 의지를 보여주고 있다. 이를 반영하듯 신장-파키스탄과의 일대일로 협력사업인 중-파 경제회랑(CPEC)을 건설 중에 있으며 단일 투자로는 최대 금액인 620억달러(약 72조원)를 투입해 신장지역을 출발해 파키스탄 과다르 항구에 이르는 도로, 교량, 철도, 항만, 발전소를 구축하는 모두 일괄적으로 추진하는 일대일로 최대 인프라 사업이자 중장기 프로젝트로 상기 공사가 완공되면 중국은 더 이상 중동의 석유를 인도양이나 말라카 해협을 거치지 않고 이란 페르시아만에서 곧바로 중국으로 석유 수송이 가능하게 되었다.

25) 북한은 '홍콩국가안보법 제정문제로 미·중 간 대립이 심화되자 『로동신문』을 통해 중국을 적극 지지한다는 입장을 밝히고, 중·북 친선관계가 변함없이 공고히 발전할 것이라는 주장을 개진했다. "사회주의 한길에서 더욱 굳게 다져지는 조중친선," 『로동신문』, 2021년 6월20일.

26) 코로나19 문제를 놓고 치열한 미중간 대립이 격화되자 중국은 북한에 대해 각종 방역물자와 식량 등 각종 인도주의적 지원을 물밑에서 진행하였다."外交部發言人耿爽主持例行記者會," 『中國外交部網』, 2020年 4月 27日.

참전 70주년을 계기로 북중 지도부 모두 전쟁에서 함께 싸운 과거 역사적 사실을 소환하여 성대하게 기념하고 북중관계를 유지하며 발전시켜 나갈 것을 강조하며 더욱 공고화시켜 나가고 있다.[27] 이어 다극화된 국제질서 추진을 위해 중국은 러시아와 긴밀한 소통과 협력을 통해 미국의 대북제재 문제를 지속적으로 제기하며 스냅백(snap back)을 포함한 대북제재 해제 목소리를 내세우며 북한 체제 붕괴나 혼란을 초래하는 수준까지 몰고 갈 수 있는 제재에는 분명한 반대 입장을 표시하는 중이다.

이미 시진핑 지도부는 우크라이나 사태 이후 미중간 전략경쟁 격화와 코로나19 장기화로 인해 안정적인 내치 유지와 주변국들과의 우호적이고 경제협력 활성화를 위해 21세기 신형 북중관계 구축을 본격화해 나간다는 구상을 밝히고 있으며 북중관계 공고화를 통한 대미전략과 북핵 문제 해결을 모색하기 시작하였다. 특히 북중간 군사안보협력분야도 과거와 다른 변화가 나타날 가능성이 높아 보이며 미중전략경쟁 격화에 따라 지정학적 중요성이 더욱 높아지면서 군사안보협력 강화차원에서 한반도 군사안보 방어선을 한층 공고화해 나갈 것으로 보여지며 중국, 러시아, 북한, 이란 등 우호국들과 각종 고위급 군사교류를 포함하여 다국적 연합훈련 등 군사안보협력이 예상된다.[28]

현재 시진핑 지도부의 대북인식과 정책 노선은 과거, 현재, 미래형이 복합적으로 어우러져 있으며 가장 중요한 요인은 우크라이나 사태와 미중 전략경쟁 악화 등으로 인해 다극화된 질서 구축에 따른 한반도 정세도 새롭게 개편되기 시작하면서 과거에 비해 북한의 전략적이고 지정학-지경학적 가치가 더욱 높아졌다. 특히 지난 문재인 정부가 주도했던 평양, 싱가포르와 하노이에서 열린 남북-북미 정상회담 이후 중국은 북한의 전략적 자산을 유지하며 북중관계를 동맹차

---

27) 미중간 본격적인 대립이 심화하는 가운데, 2020년 10월 23일 중국은 중국인민지원군 한국전 참전 70주년 기념대회를 개최하고, '항미원조' 정신을 잊지 않고 영원히 기억하겠다고 강조했다. 북한도 김정은이 한국전 참전 중공군 열사능을 참배하고 중국의 지원을 영원토록 잊지 않고 중국과의 우호관계를 강조하였다는 사실을 보도하면서 북중관계 특수성과 공고함을 대내외에 과시하였다.

28) 예컨대 향후 한반도, 대만해협, 남중국해 등에서 미중전략경쟁이 격화될 경우 중국과 러시아 주관하는 다국적 연합 군사훈련 등에 북한이 참여할 가능성도 전혀 배제할 수 없으며 북중러 3자 전략적 안보협력이 더욱 강화되는 추세가 예상된다.

원에서 과거와 미래가 함께 병존하는 형태로 새롭게 조정하였다. 이어 중국의 주변국 관계와 일대일로 강화 등 중장기적 대외정책 방향과 범위 하에서 러시아, 북한과의 관계를 더욱 공고화시켜 나간다는 방침으로 전환되었다.[29]

더욱이 20차 당 대회를 통해 양제츠(杨洁篪)위원을 이어 외교담당 정치국 위원으로 승진한 왕이 외교부장이 중국식 북핵문제 해법으로 제시한 쌍중단(雙暫停: 북한 핵/미사일 발사와 한미연합훈련 중단)과 쌍궤병행(雙軌並行: 한반도 비핵화 프로세스와 북미 평화협상 동시병행)을 강조하며 상호 신뢰와 인내심을 갖고 대화와 협상을 통한 단계적-동시적(행동 對 행동) 해결방안을 줄곧 강조하고 있다. 특히 북중 양국은 미국이 줄곧 제시한 先 비핵화(FFVD: 최종적이고 완전히 검증된 비핵화(final, fully verified denuclearization)후 제재 해제와 경제보상방식에 절대 끌려가지 않겠다는 강력한 의지를 보여주고 있으며 대북제재 완화 및 해제, 한미연합군사훈련 중단, 종전선언과 평화체제 구축 등을 통한 점진적인 북핵문제 해법을 제시하고 있어 보다 진지하고 실질적인 고민과 대응이 필요한 시점이다.

결국 향후 시진핑 지도부는 북한과의 긴밀한 전략적 소통과 협력을 통해 한반도 종전협정에 이은 평화체제와 동북아 다자안보체제 구축, 한반도 다자협상구도(4자 혹은 6자)추진, 한미연합훈련 중단과 대북 제재 해제 등 매우 포괄적이고 광범위한 한반도 안보 문제들을 자국의 전략적 입장과 이익과 연계시켜 나간다는 중장기적인 시각을 갖고 추진해 나갈 것으로 보인다.[30]그러나 이를 위해서는 중국의 노력뿐만 아니라 주변국과의 긴밀한 협조가 필요하나 미중경쟁 격화로 쉽지 않은 상황으로 상호간 입장차이만 부각되고 있는 중이다.

최근 우크라이나 사태 이후 미중 전략경쟁이 본격화되면서 시진핑 지도부는

29) 북중수교 70주년을 맞이하여 '새로운 시대의 새로운 북중관계 발전'를 통해 기존 한반도 냉전질서를조속히 종식시키고 완충지대로서 북한과의 관계를 더욱 공고화하며 안정적으로 유지하여 역내 미중 전략경쟁구도 속에서 자국의 영향력을 확대 발전시켜 나간다는 구상을 밝혔다.

30) 2019년 북중정상회담에서 가장 주목되는 것은 한반도 정세관리와 비핵화 협상과정을 공동으로 연구 조정해 나가는 문제에 있어 깊은 소통을 통해 한반도 종전선언과 평화체제구축, 핵무기와 미사일 사찰-검증-이행문제, 대북제재 해제와 경제지원, 한미연합훈련과 전략자산 문제, 주한미군 철수와 북미관계 정상화 등 모든 한반도 문제들에 있어 중국과 긴밀한 전략적 협력과 소통을 통해 접근해 나간다는 입장을 강조하였다.

한반도에서 전쟁과 혼란(生戰生亂)을 절대 반대하는 입장이며 이를 위해 ①한반도 전쟁방지, ②한반도 비핵화, ③대화와 협상을 통한 문제해결, ④남북 평화 상생노력을 강조하면서 비핵화 보다 한반도 평화와 안정유지에 새로운 대북정책 방향을 맞추어 나가기 시작하였다. 특히 중국은 한미 양국이 북한의 안보적 이익을 존중하지 않고 군사적 행동뿐만 아니라 미국 주도의 강한 압박과 제재, 북한 정권과 체제 붕괴 방지 등 차원에서 접근한다면 비핵화보다 북한 정권 안정에 중점을 맞추어 대북정책 조정이 불가피한다는 입장을 밝히고 있다. 아울러 중국은 미국의 인도-태평양 전략 대응 차원에서 러시아와 군사안보협력을 강화해 나가고 이와 동시에 완충지대로서 북한과의 관계를 안정적으로 유지하여 미중간 전략 경쟁구도 속에서 자국의 경제-안보 영향력을 확대 발전시켜 나간다는 구상이다.

이번 20차 당 대회 이후 시진핑 1인 권력 중심체제를 확실하게 구축한 중국은 북한과의 21세기 신형 관계 구축차원에서 새로운 역내 질서 추진뿐만 아니라 동북아 다자 경제협력기구(남-북-중-러-몽-일)추진 을 모색하며 북한과의 정치-경제-안보 관계를 급격히 변화되는 새로운 역내 질서에 맞춰 구축할 것으로 보인다. 특히 시진핑 지도부는 미국의 쇠락과 국내정치분열, 우크라이나 사태가 불러일으킨 100년 만의 대격변(百年大變局)도래에 따른 미중전략경쟁 격화 등으로 인해 중장기적 관점에서 북한의 지정학-지경학적 가치를 다시금 재인식하게 되었고 북한과의 사회주의 이데올로기 연대를 더욱 강화하기 시작하였다. 코로나19와 시진핑 지도부 3기에 맞추어 중국 동북 3성과 연해주 지역의 전략적 상호 정치-경제이익 차원에서 북중, 북중러 3자 경제협력이 본격화될 것으로 예상된다. 결국 미중전략경쟁 격화, 다극화된 국제질서 구축을 위한 중러 전략적 경제-안보협력 강화, 100년 만의 대격변 시기를 맞어 북한의 지정학-전략적 가치는 과거에 비해 훨씬 더 중요해지고 있으며 중장기적 차원에서 중국의 전략적 경제-안보 이익 등을 고려하며 지정학-지경학 중심의 새로운 차원의 21세기 북중관계 공고화가 전망되고 있다.[31]

---

31) 2022년 9월9일 북한 건국 74주년을 맞어 시진핑 주석은 김정은 위원장에게 직접 축전을 보내 100년만에

2. 역내 진영화(陣營化) 추세에 따른 평화체제 구축 필요성

2022년 10월 22일 폐막된 20차 당 대회를 통해 시진핑 주석은 사실상 마오쩌둥(毛澤東)과 덩샤오핑(鄧小平)주석에 이은 3대 지도자로서 당내 위상을 확고히 자리매김하였으며 장기집권 체제가 출범하게 되었다. 특히 중국 공산당 역사를 1단계 마오쩌둥 시대, 2단계 덩샤오핑 시대(장쩌민(江澤民)-후진타오(胡錦濤) 시대 포함), 3단계 시진핑 시대로 규정하고 시진핑 신시대 중국 특색 사회주의 사상을 중심으로 당과 정부, 인민이 다 함께 힘을 합쳐 2049년까지 중국의 꿈(中國夢)의 궁극적인 목표인 중국 특색 사회주의 강대국 실현을 강조하였다. 즉 마오쩌둥, 덩샤오핑에 이은 새로운 시진핑 1인 중심의 장기 시대를 대내외에 공표하는 역사적 이정표로 볼 수 있겠다. 아울러 시진핑 지도부는 공동부유(共同富裕), 대동사회(大同社會), 사회 민주주의(民主主義)등을 강조하기 시작하였으며 이는 향후 시진핑 지도부가 지향하고 있는 중국 특색 사회주의 강대국 실현을 위한 중장기 전략 하에서 경제, 사회, 정치 목표를 분명하게 보여주고 있다. 구체적으로 중국 특색 사회주의 강대국 실현을 위해 공동부유(共同富裕: 부의 재분배를 통해 평등 강조)를 강조하며 샤오캉(小康)사회을 뛰어넘어 대동(大同)사회 추진, 쌍순환(雙循環) 경제발전정책(내수중심의경제성장전략), 민영 대기업 강력한 규제와 반독점법 강화, 사교육 업체 폐쇄, 사회주의 사상교육 강조 등이 본격화되면서 시진핑 1인 중심의 중국 특색 사회주의 국가 발전 노선이 본격화될 것으로 보인다.

더욱이 20차 당 대회를 통해 당헌에 포함된 '두 개의 확립(兩個確立)'과 '두 개의 수호(兩個維護)' 이후 중국 공산당은 시진핑 총서기를 중심으로 '마르크스주의 중국화'와 '21세기 마르크스주의'을 연일 강조하면서 시진핑 지도부 중심으로 일치단결하여 공산당 수호와 사회주의 체제 강화를 통해 미국과의 중장기 경

대격변의 시기가 일어나고 있으며 새로운 도전과 변혁의 시기에 들어서고 있다고 강조했다. 시진핑 주석은 친서에서 "중국 당과 정부는 중조 친선 협조관계를 고도로 중시하며 중조관계를 훌륭히 수호하고 발전시키는 것은 중국 당과 정부의 확고부동한 방침"이라 밝혔다. 이어 중국은 북한과 전략적인 의사소통을 유지하고 협조를 강화하며 중조친선을 공동으로 발전시켜 나간다는 강한 의지를 내비쳤다. 시진핑 中지도부 '北 9·9절 파격 축하'…북중우호 강조, 『연합뉴스』 2022년 9월10일.

쟁에 대비해 나간다는 입장이다.32) 결국 20차 당 대회를 통해 공산당은 과거의 역사를 거울삼아 새로운 미래를 열어가기 위해서는 마르크주의 중국화를 지속적으로 추진하여 21세기 중국 마르크스주의가 바로 시진핑 신시대 중국 특색 사회주의 사상이며 마르크스주의 중국화의 필요성과 역사성을 강조하고 있다. 이를 통해 미국과는 전혀 다른 중국 특색 사회주의 노선과 담론 등을 제시하며 본격적인 미중 전략경쟁을 펼쳐나간다는 구상이다.

이에 반해 바이든 행정부는 '아태재균형(Rebalancing)' 전략에서 강조한 민주주의와 가치이념을 토대로 전 세계 동맹국, 우방국들과의 관계를 강화해 나가면서 미국의 역내 리더십을 회복한다는 구상을 본격화하기 시작하였다. 특히 전임 오바마 행정부는 아태 재균형 전략을 통해 주로 역내 지역의 동맹국, 우방국과의 관계강화를 통한 대중 포위망 구축을 모색한 것에 반해 바이든 행정부는 한국, 일본, 호주 등과 같은 동맹국 및 우방국들과의 관계 강화뿐만 아니라 유럽, NATO 등 전 세계 모든 국가들을 새롭게 연계시켜 나가는 글로벌 차원의 대중 포위망 전략을 펼쳐 나갈 것으로 예상된다. 이미 새로운 대중전략 추진 차원에서 영국, 독일, 프랑스 등과 같은 유럽 동맹국들을 중심으로 '뜻을 같이하는 연대(coalitions of the willing)'을 구성하고 D-10(민주주의 국가 연합) 모색 등 글로벌 차원에서 중국을 새롭게 견제하고 압박하는 대중정책 추진을 밝히고 있다. 아울러 향후 블링컨 국무장관은 중국의 군사력 대응 차원에서 한미일 3국 안보협력을 더욱 강화해 나간다는 방침이며 미국-호주-영국 3국 신설 군사안보 협의체 오커스(AUKUS: Australia, United Kingdom, United States) 확대를 통한 새로운 대중군사안보전략이 예상된다.

결국 미중 전략 경쟁과 대립이 갈수록 격화되면서 경제/기술, 군사/안보, 정치/이념 크게 3가지 방면에서 진영화(陣營化)되는 모습이 점차 나타나는 중이며 시간이 갈수록 가속화될 것으로 보인다. 사실상 미국은 중국과의 모든 영역에서 디커플링 추진을 모색하기 시작하였다. 구체적으로 살펴보면 경제/기술 분야에

32) 20차 당 대회에서 통과된 두 개의 확립은 △시진핑 주석의 당 중앙 핵심 및 전당 핵심 지위 확립 △시진핑 사상의 지도적 확립을 의미하며 두 개의 수호는 시진핑 주석의 핵심지위와 집중통일영도(기존 집단지도체제 대체 개념)을 수호한다는 시진핑 주석 1인 권력집중을 의미한다.

서 CTTP와 RCEP에서 벗어난 새로운 형식의 미국 주도 인도-태평양 경제프레임 워크(IPEF:Indo-Pacific Economic Framework), 반도체 동맹 Chip4(한국,미국, 일본, 대만), 경제번영네트워크 구축(EPN:Economic Prosperity Network), 클린 네트워크(Clean Network), 더 나은 세계재건(B3W), 군사/안보 분야는 오커스(AUKUS)와 인도-태평양 전략과 쿼드(Quad), 정치/이념 분야는 민주주의를 위한 정상회담(summit for democracy)과 D-10(Democracy 10) 등 영역별, 사안별로 상호 분리되어 소다자주의 위주 형식으로 미중간 진영화되는 현상이 가속화되는 중이다.

한편 중국은 20차 당 대회에서 시진핑 1인 중심 집권체제를 통해 사회주의 현대화 강국을 건설하고 두 번째의 100년의 투쟁의 목표를 실현하고 중국식 현대화를 통해 중화민족의 대부흥을 실현시켜 나간다는 구상을 밝히고 있다. 이어 시진핑 주석은 줄곧 서구 자유민주주의 대안으로 중국식 사회주의 민주 개념을 강조하고 있어 미국 우선주의로 무너진 국제질서와 다자주의를 복원과 새로운 중국 주도의 역내 질서 추진이 예상된다. 특히 시진핑 지도부는 미국과 서방국가들의 사회주의 공격에 대응하기 위해 중국식 사회주의 민주 담론을 더욱 확대시켜 나가고 미국식 자유민주주의 비판, 대안적 사회주의 민주 담론 창출, 상하이협력기구(SCO) 브릭스(BRICS), 일대일로(一帶一路) 국가들과의 긴밀한 정치-경제-안보협력 등을 펼쳐나간다는 구상이다. 아울러 주변국들과의 안정적 관계 유지 차원에서 한중일 3국 협력도 동시에 추진하면서 미중전략경쟁이 자국에 악영향을 미치지 않도록 핵심이익(대만해협, 남중국해, 신장/시짱 등)결연한 수호와 함께 미국과의 역내 세력균형을 유지하고자 상당한 정책적 노력을 기울여 나갈 가능성이 높아 보인다.

〈표 1〉 미중 전략경쟁 본격화와 진영화(陣營化) 추세

구분	미국	중국
정치/이념	민주주의 정상회의(summit for democracy), D-10(ten leading democracies) 개최	2049년 중국 특색 사회주의 강대국 달성, 아시아 특색 민주 및 인민민주 강조, '민주: 전 인류의 공통가치' 국제포럼 개최
외교/안보	인도-태평양전략, 쿼드(Quad), 오커스(AUKUS) 추진 나토(NATO) 연대모색	상하이 협력기구(SCO), 중러군사안보협력 본격화, 이란-파키스탄-중앙아시아, 북한 등 국가들과 외교, 군사, 안보협력 강화
경제/기술	인도-태평양 경제프레임 워크((Indo-Pacific Economic Framework) 경제번영네트워크(Economic Prosperity Network), 클린 네트워크(Clean Network), 더 나은 세계재건(B3W) 추진 반도체4동맹(한국, 미국, 대만, 일본)구축	일대일로(一帶一路) 한중일 FTA추진과 역내밸류체인(RVC) 구축 RECP 주도와 글로벌 데이터 안보 구축
북핵문제	조건 없이 북핵 협상 촉구 先 비핵화 後 보상	대북제재 완화를 통한 협상 재개 촉구 단계적-동시적 주고 받기식 쌍궤병행
대만문제	작금의 대만해협 현상 변경 시 강력한 대응 시사 대만과의 자유, 민주주의 가치 수호 천명	대만은 중국의 일부이자 핵심이익으로 향후 대만 독립-분열세력이 도발하고 레드라인을 넘을 경우 단호한 조치(군사적 대응) 불가피 경고

이처럼 20차 당 대회 이후 시진핑 1인 지도부는 더 이상 미국이 만들어 놓은 기존 자유주의 국제질서가 아닌 중국이 주도하는 사회주의 제도와 가치를 강조하며 신형국제관계(新型國際關系), 인류문명공동체(人類命運共同體), 일대일로 등과 같이 중국과 러시아 등과 같은 다극화된 국제질서 공유하는 국가들과 연합하고 주도하는 모습으로 미국 중심의 국제질서 변화를 더욱 가속화 시켜 나갈 것으로 예상된다.33) 특히 왕이 외교부장이 20기 중앙위원으로 재선출되어 양제츠 외교담당 국무위원을 이어 중국의 대외업무를 총괄하게 될 것으로 보여지며 차기 외교부장으로 예상되는 전랑외교(戰狼外交)의 대표주자인 친강(秦刚) 주미대사는 "줄곧 중국의 외교관들은 주권과 국가 안보를 놓고 전투에 선제적으로 대

33) 시진핑 지도부는 기존 미국 중심의 글로벌 거버넌스을 변화시켜 나가기 위해 인류운명공동체와 일대일로 등을 통해 기존 참여자에서 기획 주도자(策劃者)로 전환시키고 있으며, 미국과의 관계에 있어서도 더 이상 수동적인 자세에서 벗어나 보다 주동적인 자세와 자기 목소리를 취하며 미국과도 수평적 관계로 전환을 모색하는 중이다.

응했으며 중국의 대외정책 추진은 가시덤불을 헤치고 용감하게 싸워 나가야 된다면서" 적극적인 의지와 기존 정책 유지를 강조하고 있다. 아울러 시진핑 지도부는 미국과의 전략적 경쟁에 맞서고 다극화된 국제질서 구축을 위해 중국의 대외전략 기조인 '친(親)-성(誠)-혜(惠)-용(容)식 주변국 외교정책, 신형국제관계와 인류운명공동체, 일대일로를 확대시켜 나간다'는 구상을 밝히고 있으며 이미 중국식 사회주의 제도와 사상 가치 고수, 핵심이익(核心利益) 수호, 외교안보 라인 강화, 강군(強軍)육성 등을 본격화하는 중이다.

더욱이 20차 당 대회 이후 중국과 가장 긴밀한 관계를 맺고 있는 러시아 푸틴 대통령과 북한의 김정은 위원장이 가장 먼저 축전을 보내 중러, 북중관계 보다 긴밀한 협력을 강화해 나갈 것을 강조하였다. 먼저 푸틴 대통령은 축전을 통해 20차 당 대회를 통해 시진핑 주석의 강력한 내부 정치적 위상과 중국 공산당의 강한 통합을 보여준다면 양국의 지속적이고 포괄적인 파트너십을 유지하길 희망하며 긴밀한 협력을 지속해 나갈 것을 밝혔다. 이어 김정은 위원장도 축전을 통해 새롭게 변화되는 시대에 부합되게 북중관계 아름다운 미래를 위해 사회주의를 핵심으로 양국관계의 발전을 보다 지속 발전시켜 나갈 것이라 밝히고 있어 한반도를 중심으로 북중러 3국 관계가 더욱 공고화될 것으로 보여 진다.

현재 시진핑 지도부는 지난 싱가포르-하노이 북미정상회담 이후 한반도의 지속적인 평화 분위기 마련을 위해 한국과의 긴밀한 협력을 통해 새로운 차원의 4자 혹은 6자회담 재개를 희망하고 있다. 한국으로서는 원만하고 안정적 한반도 비핵화 프로세스 추진과 평화체제 구축차원에서 4자 혹은 6자회의를 중국과의 실질적 소통과 협력을 통해 모색해 나가야 할 필요가 있다. 특히 그동안 중국이 줄곧 제시한 북핵문제 해결방안인 쌍중단(雙中斷)과 쌍궤병행((雙軌並行)해결방안에 대해 진지한 접근이 필요하며, 한반도 비핵-평화체제 구축을 위해 남북과 북미관계의 획기적인 전환점을 마련할 수 있는 과감한 정책적 변화가 필요한 시점이다.

예컨대 향후 한국의 정책적 노력을 통해 한반도 비핵-평화 프로세스가 원활하게 진행된다면 유엔(UN)사 해체와 동시에 평화협정 이행과 한반도 평화관리를 위한 새로운 차원의 관리기구인 '한반도 평화관리위원회(가칭)' 설립도 가능하다. 또한 동 기구 설립과 함께 한반도 평화협정 이행을 감독하고 남-북-미-중 4자간 입장과 의견을 조정하기 위한 '한반도 평화관리를 위한 국제위원회(가칭)' 설치하여 유엔 안보리 상임 이사국 대표들과 유엔 사무총장이 추천하는 인사들이 함께 참여하는 새로운 한반도 평화체제 구축도 모색해 볼 수 있다.[34] 줄곧 한반도 비핵화 프로세스 추진과 평화체제 구축에 대한 서로 보이지 않는 인식차이로 인해 한중관계는 일정부분 딜레마도 존재하고 있어 상호간 신뢰 구축을 더욱 강화해 나가고 상호이익을 바탕으로 경제·사회·문화까지 협력영역을 더욱 확대시켜 나갈 필요가 있다.[35]

이와 같이 새로운 한반도 질서 구축을 위해서는 한국은 중국과의 긴밀한 대북 공조가 필요한 상황이나 유엔과 미일 주도의 강력한 대북제재 촉구 등에 있어서 중국은 6자회담 재개 및 한반도 비핵화와 평화협정 이행, 대화와 협상을 통한 비핵화 문제 해결을 주장하고 있어 한반도 문제 공조의 어려움을 보여주고 있다. 특히 북중관계 70주년을 계기로 시진핑 지도부는 쌍중단과 쌍궤병행의 투트랙(two track)식 접근 방식을 토대로 대화와 협상에 방점을 두며 한반도 비핵화 프로세스를 주도해 나간다는 입장이다. 예컨대 다시금 북미-남북정상회담 개최에 이어 한반도 비핵화 프로세스와 종전선언이 이루어지고 평화협정 협상이 시작된다면 한국은 무엇보다 한반도 평화협정 협상의 당사자로서 한반도의 항구적인 평화정착을 가능하도록 하면서 남-북-미-중 4자간 합의가 가능할 수 있는 평화협정의 초안에 합의를 이끌고 준비해야 할 것이다.

한편 한반도 평화협정의 협상을 위한 논의 주체 혹은 기구를 구성하고 평화협정 협상에 새롭게 논의될 각종 의제에 대해 논의하고 본격적인 협상에 착수해야 할 것이다. 즉 기존의 북미간 비핵화 협상과 새롭게 추진되는 평화협정 협상의 관계설정을 구체화시킬 필요가 있으며 북미 양자 및 남-북-미-중 4자간 이원적 협상 구조로 추진하되 4자간 평화협정 협상에서 합의가 북미간 비핵화 협상 합

34) 한반도 평화관리위원회(가칭)는 평화협정 체결 당사국인 남북미중 4자 대표들로 구성하고 판문점 공동경비구역에 설치하되 한반도 평화체제가 공고화될 때 임무를 종료시킨다. 김상기 외, 「한반도 평화협정문 구상과 제안」, (서울: 통일연구원, 2019) 참조.

35) 정재흥, "2021년중국정세와 한중관계 평가: 2022년 전망," 「정세와 정책」 2021년18호(2021), pp.5-6.

의 내용을 반영하고 포함되도록 할 필요가 있다. 즉 북미간 비핵화 협상결과가 자연스럽게 남-북-미-중 4자간 평화협정 협상으로 이어지도록 준비할 필요가 있으며 궁극적으로는 동북아 다자평화안보체제 구축을 위한 6자회담까지 발전하는 확대 방안까지 추진할 필요가 있다. 이는 한반도 평화체제가 궁극적으로 동북아 다자평화안보체제로 확장될 때 한반도의 평화와 안정은 확실하게 보장될 수 있기 때문이다. 결국 한반도 비핵화 프로세스 이후 평화체제 수립을 위해 필수적인 남-북-미-중 4자간 협상이 한반도 평화협정 체결 이후에는 남-북-미-중-러-일 6자회담으로 이어지고 최종적으로 6자회담을 통해 동북아 다자평화안보체제까지 이어질 수 있도록 노력해 나가야 할 것이다.36)

더욱이 미중 전략적 경쟁으로 인해 시진핑 지도부는 자국의 핵심이익(core interest)은 절대 포기할 수 없는 가치로 강조하고 있어 미중 전략경쟁 격화로 역내 안보적 갈등(북핵문제, 대만 이슈 등) 야기되는 안보 딜레마 상황이 나타날 가능성도 높아 보인다. 이러한 역내 안보적 딜레마 해결을 위해 한국은 보다 객관적인 정세분석을 바탕으로 자기 주도적인 대중-대북 전략을 추진할 필요가 있다. 앞으로 미중 전략적 경쟁이 악화될 경우 한중관계에서도 직접적인 영향을 미칠 수밖에 없는 상황으로 미국 주도의 인도-태평양 전략 차원에서 추진 중인 인도-태평양 프레임워크(IPEF), 쿼드와 오커스(AUKUS), 미군 첨단전략무기의 한반도 배치 가능성 등에 있어 심각한 군사안보적 우려를 보여주고 있다. 우크라이나 사태 이후 국제질서 대변화로 인한 미중 전략경쟁 격화가 북핵 문제에도 직접적인 영향을 끼치기 시작하면서 한중관계에 직접적인 갈등 요인으로 자리매김하는 중이다.

더욱이 새롭게 출범한 윤석열 정부가 급격히 변화되는 국제 질서에 따라 한미동맹 강화와 한미일 3국 안보협력 등에 맞춰 대중정책을 펼쳐 나간다면 한중관계에 직접적인 변화가 예상된다. 이미 한중관계에서 각종 역내 안보 사안을 놓고 의견 갈등이 나타나기 시작하였으며 구체적으로 △ 한중 상호평등과 존중 개념

36) 한반도 평화체제 이후 동북아 다자평화안보체제는 안보적 측면의 다자협력만 의미하는 것이 아닌 안보와 경제가 밀접하게 연관된다는 새로운 인식을 갖고 철도, 에너지, 기타 다양한 산업에서의 동북아 다자협력을 추진해 나간다는 구상이다. 김상기, "「한반도 평화체제 구축과 한미관계」," (서울: 통일연구원, 2018), pp. 35-38.

해석 차이, △북핵문제 해법차이와 한반도 안보딜레마 심화, △북한 추가 핵실험과 ICBM 문제로 인한 사드추가 배치, 한미일 3국안보협력 강화 등이 나타날 가능성이 매우 높아 보인다. 이미 5월 10일 윤석열 대통령 취임식에 맞추어 중국의 주요 매체들은 향후 한중관계를 더욱 높은 수준으로 발전시켜 나가는데 동의하나 주요 이해관계가 걸린 핵심 안보사안 등에서 중국은 어떠한 변화와 양보도 없을 것이며 미국의 대중포위망에 동참하지 말 것을 직접 경고하고 있어 역내질서 변화 과정에서 미중전략경쟁 격화에 따른 한중관계에 상당한 도전이 예상된다.[37] 이러한 도전 속에서 역내 긴장 완화를 모색하고 남북, 한중관계 개선을 위해 한반도 평화체제 모색을 좀 더 구체적으로 추진해 나가는 노력이 요구된다.

물론 중국은 한중간 긴밀한 전략적 소통을 통해 역내 안보적 도전과 갈등 해결을 바라고 있으나 사드 배치 이후 한중간 전략적 소통이 원활하게 이루어지고 있지 않다. 특히 시진핑 지도부의 새로운 대북정책 인식은 미중 전략적 경쟁에 따라 매우 복합적으로 접근하고 있으며 가장 중요한 요인은 북한의 지정학적 중요성을 절대 포기할 수 없으며 과거의 비해 북중관계를 더욱 강화해 나가면서 다극화된 국제질서 구축과 미중 전략경쟁에서 북중관계를 확실한 우군으로 삼아 대응해 나간다는 구상이다. 아울러 20차 당 대회 이후 시진핑 1인 지도체제를 확립하고 다극화된 국제질서 추진과 중국 중심의 새로운 역내 질서 변화를 적극 모색하기 시작하면서 한중관계도 과거와 달리 한미동맹이 기존 한반도에서 벗어나 중국의 핵심이익인 대만 문제 등에 직간접적인 위협을 미친다면 북중관계를 새롭게 조정해 나가면서 미국과의 역내 경쟁을 대응해 나간다는 구상을 보여주고 있다.[38]

따라서 한국 역시 중국이 제시한 새로운 북핵문제 해법인 쌍궤병행인 '행동對행동' 기본 원칙으로 접근하여 북핵문제 해결과 한반도 평화체제를 접근할 필요가 있다. 이를 위해 한중 전략적 소통을 강화하여 중국을 지렛대로 삼아 한반도 비핵화와 평화체제를 병행하는 차원에서 북한의 핵/미사일 활동 중단→한미군사

37) 예컨대 사드문제를 놓고 중국은 한국의 정당한 안보우려를 존중하나 한국도 중국의 전략적 안보이익을 존중해야 되며 사드배치는 한국의 안보 수요를 초과했고 중국의 전략적 안보이익을 심하게 훼손한 것이라고 주장하였다.

38) 정재흥, "2021년 중국 정세와 한중관계 평가 및 2022년 전망," 「정세와정책」 제19호,(2022), pp.3-5.

훈련 중단→상호 호혜적 대화개시→상호 무력불사용, 불가침, 평화공존 기본원칙 확정→대북제재 해결과 북미관계정상화→북핵문제를 포함한 모든 한반도 안보 문제를 일괄타결로 해결하고 최종적으로 한반도 평화체제뿐만 아니라 동북아 다자평화안보체제 구축을 추진해 나가는 과감한 정책적 대전환이 요망된다. 물론 단 기간 안에 추진이 어려울 수 있으나 적어도 정책적 방향성을 갖고 지향하는 노력이 필요한 시기이다.

〈표 2〉 한반도 비핵-평화체제 로드맵 개념도 구상[39)]

평화체제 단계	비핵-평화체제 기반조성: 북핵 동결		비핵-평화체제 완성: 북핵 폐기	
비핵화 단계	핵동결 입구	핵동결 출구	핵불능화	완전 핵폐기
비핵화 조치	핵-미사일시험중단 선언	9.19 공동성명 확인, 핵물질 생산 중단과 감시(미래핵 중단) ICBM 생산중단-폐기	북핵시설신고폐쇄 및 불능화, 핵무기 생산중단(현재핵 중단), IAEA 감시	북핵완전폐기(과거핵 제거), NPT 복귀(AP 사찰)
평화협정 평화체제	남북미중 4자포럼 개시	4자평화포럼 가동(4자 정상회담)-한반도 비핵평화 선언	4자정상회담 개최,평화체제잠정 조치-예비협정 체결	2+2한반도평화협정 체결
북미관계	북미정상/외상회담 북미공동성명을 통한 북한불가침,체제 안전보장, 수교협상 개시선언	북미군사회담-핫라인 설치, 북미상호연락대표부 개설, 한미연합훈련 조정	대북제재 완화, 북미수교 논의 개시 및 진전	북미수교, 대북제재 철폐, 유엔사 해체, 주한미군 재논의
남북관계 군비통제	남북정상회담 개최, 남북군사회담 개최, 군사신뢰구축 조치	남북기본협정 체결, 상호연락사무소설치, 남북군비통제회담, 운용적 군비통제	정상회담 정례화, 민간교류 개시	남북경제공동체 가동, 구조적 군비 통제, 주한미군역할 재조정
동북아 안보협력	6자회담개최,동북아 평화안보협력체제플랫폼 본격화	6자 장관회담,동북아 다자/공동안보협의문 발표	6자 정상회담개최, 동북아 다자/공동안보협력선언	동북아 다자/공동 안보협력체제 가동

39) 보다 구체적이고 자세한 한반도 비핵화-평화체제 로드맵 설명은 전봉근 외, 『북미정상회담 평가와 한반도 비핵화-평화체제 추진전략』, (경기: 세종연구소, 2019), pp. 70-72.

평화체제 단계	비핵-평화체제 기반조성: 북핵 동결		비핵-평화체제 완성: 북핵 폐기	
경제 및 에너지 지원	민간구호지원, 남북중 및 남북러 3자 에너지철도수송망 회의 개최	상응경제제재 완화, 정부구호지원 재개, 남북경협 일부재개, 경수로제공의사표명,	남북러, 남북중 3자 에너지 철도 수송망 연결사업 개시, 경수로 제공 논의	국제금융-경제기구 가입, 대북제재전면 해제, 경수로 제공

Ⅳ. 맺음말

이번 20차 당 대회 이후 시진핑 지도부는 미중 전략적 갈등대비뿐만 아니라 2049년까지 중국의 꿈 달성과 다극화된 세계질서 구축차원에서 시진핑 주석 1인 중심 강력한 리더십을 중심으로 지속적인 경제-군사력 강화 의지를 보여주고 있어 과거와 달리 매우 주도적이고 적극적인 자세로 대응해 나갈 것으로 보인다. 이미 시진핑 지도부는 우크라이나 사태와 코로나19 이후 100년만의 대격변(百年大變局)시대에 맞춰 더 이상 중국의 역할을 참여자가 아닌 주도자(策劃者)로 자신의 위치와 역할을 변화시켜 나가는 중이다. 이를 통해 과거 수동적인 자세에서 벗어나 보다 적극적이고 자기 주도적인 입장과 태도의 대미전략을 펼쳐나가기 시작하였다. 특히 중국의 안보 전문가들도 미중관계의 우호적이고 안정적인 발전을 바라고 있으나 미국이 대중 포위압박 차원에서 추진 중인 인도-태평양 전략을 통해 중국의 핵심이익이자 주권사안인 대만 문제 등과 같은 핵심 이익 등을 존중하지 않고 지속적인 협과 도전을 야기하거나 직접 개입할 경우 미중간 심각한 갈등으로 확대될 수 있다면서 강경한 입장을 밝히고 있다.[40)]

결국 시진핑 지도부는 두 개의 100년(兩個百年)목표에서 첫 100년 목표인 2021년 샤오캉 사회 달성되었고 2035년 사회주의 현대화와 건국 100주년이 되는 2049년 중국 특색 사회주의 강대국 실현을 위해 핵심이익 문제에 대해서는 어떠한 비용을 감수하더라도 전혀 양보할 가능성은 없어 보인다. 이미 2020년

40) 중국의 주요 안보전문가들은 미국의 대중강경정책과 핵심이익 위협에 맞서 중국 역시 강경한 맞대응이 불가피한다는 주장을 강하게 피력하고 있다. 정재흥, "역내 주요 안보 현안에 대한 중국의 시각: 중국 內 주요 전문가들의 인식과 견해를 중심으로,"『세종정책브리프』 No. 2022-16(2022), pp. 4-5.

5월 10일 중국은 반외국제재법(反外國制裁法)을 통과시키면서 핵심이익문제에 대해 강경한 조치(외국 기업과 개인의 자산몰수, 거래금지, 강제 추방 등)을 시사하고 있어 미국과의 관계를 '눈에는 눈, 이에는 이(強대強, 善대善)'이라는 철저한 주고 받기식 상호주의에 입각해 처리해 나간다는 방침을 세웠다.

더욱이 지난해 미중 앵커리지 고위급 회담 이후 시진핑 지도부는 더 이상 100년 전의 나약한 중국이 아님을 대외적으로 확인하는 첫 회담이었다고 평가하면서 중국 특색 사회주의 강대국 추진 차원에서 러시아, 북한, 이란, 파키스탄 등 사회주의 및 우방국가들과의 전략적 협력관계를 더욱 강화해 나가기 시작하였다. 특히 중국은 러시아, 북한과의 3자 전략협력, 이란, 파키스탄 관계강화, 북중관계 강화, 상하이협력기구(SCO)회원국 확대 등을 적극 추진하며 미국 주도의 인도-태평양 전략과 NATO연계, 한미일 3자 안보협력 구상에 적극 대응해 나간다는 구상이다. 물론 중국 역시 우호적이고 안정적인 미중관계를 바라고 있으나 미국이 인도-태평양 전략과 쿼드, 오커스, NATO 등을 통해 자국의 핵심 이익(대만, 홍콩, 동/남중국해, 신장/시짱 등)을 개입하거나 역내 세력 균형 변화를 추진할 경우 강한 맞대응은 불가피할 수밖에 없다는 강경한 자세와 입장이다.

이처럼 우크라이나 사태와 20차 당 대회 이후 미중간 전략적 경쟁은 더욱 치열하게 전개될 가능성이 매우 높아 보인다. 미중간 대립과 경쟁이 체제 이념 경쟁의 외형을 보여주고는 있으나 엄격한 의미 이데올로기 경쟁으로 규정하기 어려울 정도로 복잡하고 다원적 차원에서 경쟁이 진행되고 있다. 특히 국제사회도 과거와 달리 이데올로기를 토대로 하는 대결적 양상을 보여주고 있으며 강대국 리더십 약화에 따른 새로운 국제질서가 보여지고 있다. 미중 모두 기본적으로 미국우선주의(America First)와 중국의 꿈(中國夢)이라는 국익을 내세우며 노골적인 자국 우선주의에 기반한 치열한 경쟁을 하고 있으며 자기편에 줄 서도록 동맹국과 동반자 국가들에게 압박과 회유를 하는 중이다. 미중 양국간 경쟁에 틈바구니에 끼여 있는 상당수 국가들은 미중 모두 어느 한편에 명확하게 줄서기를 주저하고 있으며 한쪽을 선택해서 다른 한쪽을 적으로 만들기를 원하고 있지 않다.[41]

41) 2020년 리센룽 싱가포르 총리는 포린 어페어(Foreign Affairs) 기고문에서 "아시아 국가들은 미중 사이에서

향후 시진핑 지도부의 강경 대응방침 노선에 변화가 없는 이상 핵심이익 문제를 놓고 다시금 미중관계가 급격히 악화될 경우 한중관계에도 직접적인 영향이 불가피할 것으로 보인다. 특히 중국은 미국의 인도-태평양 경제프레임워크와 쿼드, 오커스, 한미일 3국 안보협력 등에 있어 한국의 참여 및 정책적 변화 가능성을 예의 주시하고 있어 한국은 한중 관계뿐만 아니라 한반도 평화와 안정을 위해 어느 특정 국가가 포함될 수 없는 배타적 다자주의가 확대되지 않도록 4자, 6자회담과 같은 포용적인 다자주의를 모색해 나가는 노력이 요구된다.

더욱이 코로나19 팬데믹 지속적인 확산에 따른 중국의 제로 코로나(清零)정책 등과 같은 복합적인 요인으로 인해 물적-인적 교류 중단뿐만 아니라 미중 전략경쟁 격화에 따른 한반도 정세 불안정성도 점차 높아지고 있어 정경분리(政經分利)정책 가능성도 쉽지 않은 상황이다. 따라서 지난 30년간 한중관계 발전의 핵심 원동력이었던 경제-통상협력 분야를 4차 산업시대에 맞춰 새롭게 발굴해 나가고 RCEP에도 적극 참여할 필요가 있다. 이어 북핵문제 해결을 위해서는 그 어느 때 보다 한중협력이 중요한 만큼 더 이상 자의적 해석에서 벗어나 냉철한 현실 인식과 상호 신뢰 구축차원에서 행동 對 행동의 주고받기 해결 방안 모색이 필요하다.

올해로 30주년인 한중관계는 전략적 협력 동반자 관계에 부합되는 공통협력 분모를 찾는 노력을 확대시켜 나가며 우크라이나 사태 이후 미중전략 경쟁에 따른 국제질서 대변화가 한반도까지 확대 전이되지 않도록 신중한 대중정책을 수립하고 중국의 핵심 이익과 관련된 민감한 외교-안보 주요 사안들에 있어서는 가능한 전략적 유연성을 유지해 나가는 노력이 필요하다. 아울러 우리 정부는 대중정책 수립에 있어서 전략적 경쟁자 시각에서 벗어나 30주년을 맞이한 한중관계를 전략적 동반자 관계에 부합되도록 보다 실질적이고 내실 있는 대중정책 추진에 이어 지속적인 협력과 끊임없는 소통이 요망된다.

선택을 강요받는 것을 원치 않는다. 양국이 선택을 강요할 경우아시아의 세기는 위기에 빠질 것이라고 현재의 어려운 상황을 역설하고 있다. 실제로 다수의 국가들은 리센룽의 주장처럼 미국과 중국 양 강대국 모두와 일정한 협력관계를 유지하기를 기대하고 있다. Lee Hsien Loong, "*The Endangered Asian Century- America, China, and the Perils of Confrontation*," (Foreign Affairs, July/August 2020).

참고문헌

1. 단행본, 논문, 보고서

김재철,『중국과 세계: 국제주의, 민족주의, 외교정책』, (서울: 한울, 2017).

김흥규,『시진핑 시기 중국 외교안보전략: 그 패러다임의 변화』, (서울: 동아시아재단, 2015).

김상기 외,「한반도 평화협정문 구상과 제안」, (서울: 통일연구원, 2019)

김상기, "「한반도 평화체제 구축과 한미관계」," (서울: 통일연구원, 2018).

이상현. "미국의 대중국 전략: '경쟁적 접근' 함의와 파장."『정세와정책』제328호(2020).

유동원, "시진핑 시기 중국외교정책 분석: 역할이론(Role Theory)을 중심으로", (대한정치학회보 25집 4호, 2020).

신종호 외,『미중 전략경쟁과 한국의 선택: 역사적 사례와 시사점』. (서울: 통일연구원, 2020).

전봉근 외,『북미정상회담 평가와 한반도 비핵화-평화체제 추진전략』, (경기: 세종연구소, 2019).

정재흥 편,『시진핑 집권 2기의 이슈와 전망』(경기: 세종연구소, 2018).

정재흥, "역내 주요안보현안에 대한 중국의 시각: 중국내 주요 전문가들의 인식과 견해를 중심으로,"『세종정책브리프』No. 2020-16(2020.10.29.)

정재흥, "2021년중국정세와 한중관계 평가: 2022년 전망,"「정세와 정책」2021년18호(2021).

정재흥,"2021년 중국 정세와 한중관계 평가 및 2022년 전망,"「정세와 정책」제19호,(2022).

Alan Dupont, "New Cold War: De-Risking U.S-China Conflict," Henrico Foundation Report, (June 24, 2020).

Ashley Townshend and others, Averting Crisis: US Defense Spending, Deterrence and Indo-Pacific (Sydney, Australia: University of Sydney, 2019).

David Schambaugh, "As the U.S. and China Wage a New Cold War, They

Should Learn From the Last One," The Wall Street Journal, (July31, 2020).

Lee Hsien Loong, "The Endangered Asian Century- America, China, and the Perils of Confrontation," (Foreign Affairs, July/August 2020).

The Administration's Approach to the People's Republic of China, A Speech by ANTONY J. BLINKEN, SECRETARY OF STATE at THE GEORGE WASHINGTON UNIVERSITY(WASHINGTON, D.C. MAY 26, 2022).

Sebastian Harish, "Role Theory and the study of Chinese foreign policy," In Sebastian Harish, S. Berstick & J. Gottwaldov, China's international roles. (New York: Routledge, 2016).

U.S. Department of Defense. 2019. "*Indo-Pacific Strategy Report: Preparedness, Partnerships, and Promoting a Networked Region* (2019.6.1.)

The White House. 2020."*United States Strategic Approach to the People's Republic of China*(2020.5.20.).

The White House. 2021. "*Interim National Security Strategic Guidance* (2021.3.3.).

The White House. 2022. "*Indo-Pacific Strategy of the United States* (2022.2.1.).

2. 언론 보도

"사회주의 한길에서 더욱 굳게 다져지는 조중친선,"『로동신문』,2021년 6월20일.

"중국 강군의 꿈 본격화,"『중앙일보』2020년 9월13일.

왕이 외교부장 "우크라 정세 원인 매우 복잡해…냉정과 이성 필요"『연합뉴스』, 2022년 3월 7일.

"베일 벗은 美 대중정책…中 주변 전략적 환경조성,"『뉴시스』 2022년 05월27일.

美 "가장 큰 도전자 중국, 변화도록 전략환경 바꾸겠다,"『국민일보』 2022년 05월 28일.

中, "美 탄압과 견제에 굴복 안할 것,"『파이낸셜 뉴스』 2022년 05월 29일.

시진핑 中지도부 '北 9·9절 파격축하', 북중우호 강조,『연합뉴스』 2022년9월10일

"2018年人大常委會工作報告,"『人民網』, 2019年 3月 15日.

十九大將國防和軍隊現代化"三步走"目標也提前了15年,『觀察者』,2019年11月14日.

"習近平, 走中國特色強軍之路,"『新華網』2019年12月11日.

連續三年發布開訓動員令,中國軍隊爲何重視實戰化訓練?『中國新聞』2020年01月03日

"外交部發言人耿爽主持例行記者會,"『中國外交部網』, 2020年 4月 27日.

爲什麼說此刻提出"雙循環"格外重要?『天眼新聞』2020年08月05日.

中方正在參加俄"高加索-2020"戰略演習實兵行動演練,『國防部網』2020年09月24日

社評:兩大沖擊疊加, 五中全會爲中國作答,『環球時報』2020年10月29日.

"習近平在中共中央政治局第三十二次集體學習時強調 堅定決心意志 埋頭苦幹實幹 確保如期實現建軍一百年奮鬥目標,"『新華網』2021年 07月 31日.

"中俄"新春之會"加碼能源合作, "多點開花"貿易新格局正形成,"『第一財政網』2022年 02月 06日.

"《求是》雜志發表習近平總書記重要文章《堅持走中國特色社會主義法治道路, 更好推進中國特色社會主義法治體系建設》,"『人民網』2022年 02月 16日.

國務委員兼外交部長王毅就中國外交政策和對外關系回答中外記者提問,『中央人民政府網』2022年03月08日.

"2022年全國兩會王毅答中外記者問,"『新華社』, 2022年03月08日.

"習近平同法國德國領導人舉行視頻峰會,"『人民網』2022年 03月 09日.

"楊潔篪同美國總統國家安全事務助理沙利文舉行會晤,"『新華網』2022年 03月15日.

美稱俄烏沖突破壞了"大國不能欺負小國"的國際秩序, 外交部回應,『人民網』2022年03月16日.

崔洪建, "重塑安全架構才能實現歐洲持久和平,"『人民日報』, 2022年 04月 20日.

布林肯演說遭屏蔽 王毅批美「三觀」嚴重偏差,『中國新聞網』2022年05月29日.

제 9 장

러시아-우크라이나 전쟁과 한반도

9장 러시아-우크라이나 전쟁과 한반도

제성훈

Ⅰ. 서론

2022년 2월 24일 오전 6시 푸틴 대통령은 '대국민담화'[1]를 통해 개별 또는 집단 자위권(right of individual or collective self-defence)을 규정한 UN 헌장 7장 51조[2], 2월 22일 러시아 영토 밖에서 군사력 사용에 대한 상원의 동의[3]와 상·하원에 의해 비준된 '러시아와 도네츠크 인민공화국 간 우호·협력·상호원조조약'[4] 및 '러시아와 루간스크 인민공화국 간 우호·협력·상호원조조약'[5]의 이행에 따라 특별 군사 작전 수행을 결정했다고 발표했다. 또한, 이와 관련해 "그 목적은 8년간 키예프 정권 측의 모욕과 집단학살(genocide)에 노출된 사람들의 보호이다. 그리고 이를 위해 우리는 우크라이나의 비군사화(demilitarization)와 비나치화(denazification), 그리고 러시아 국민을 포함한 민간인을 대상으로 수많은 유혈 범죄를 저지른 자들을 법정에 세우기 위해 노력할 것이다. 여기서 우리의 계획에 우크라이나 영토의 점령은 포함되지 않는다."라고 설명했다.

러시아의 우크라이나 침공 직전까지 이를 예측한 전문가는 많지 않았다. 침공 이후 전문가들은 예측 실패를 인정하면서 이러한 정책 결정을 합리성의 결과로

1) "Обращение Президента Российской Федерации. 24 февраля 2022 года," http://kremlin.ru/events/president/news/67843
2) "United Nations Charter, Chapter VII: Action with Respect to Threats to the Peace, Breaches of the Peace, and Acts of Aggression," https://www.un.org/en/about-us/un-charter/chapter-7
3) "Совет Федерации дал согласие на использование Вооруженных Сил РФ за пределами территории Российской Федерации," http://council.gov.ru/events/news/133443/
4) "Федеральный закон от 22.02.2022 г. № 15-ФЗ," http://kremlin.ru/acts/bank/47571
5) "Федеральный закон от 22.02.2022 г. № 16-ФЗ," http://kremlin.ru/acts/bank/47570

받아들이거나, 예측 실패를 변명하면서 비합리성의 결과로 규정했다. 칸시안(Mark F. Cancian) CSIS 국제 안보 프로그램 선임고문은 러시아의 침공 배후에 있는 핵심 가정들은 잘못된 것으로 판명되었지만 확실한 전쟁 전 데이터에 기반한 것이었다고 주장했다. 그는 "실제 침공 직전까지 러시아가 우크라이나를 침공할 것으로 예측한 전문가는 없었다. … 푸틴을 고립된, 망상에 빠진, 또는 병든 자로 묘사하는 것은 어리석음과 비합리성의 이러한 내러티브를 발전시킨다. 이러한 묘사는 결함이 있고 비합리적인 것을 예측하는 것은 어렵고 심지어 불가능하다는, 침공을 예측하는 데 실패한 것에 대한 변명을 제공하기 때문에 위안이 되고 있다."라고 언급하면서, "푸틴의 침공은 비도덕적이었지만 비합리적이지는 않았다."라고 강조했다. 이 연구는 푸틴 대통령과 러시아 지도부의 우크라이나 침공 결정을 제한적 합리성의 세계에서 신념체계에 따라 '확실한 데이터'를 다르게 해석한 선택적 인지의 결과로 전제하고자 한다.

이러한 전제하에서 이 연구의 목적은 러시아-우크라이나 전쟁의 배경, 전개와 전망을 분석하고, 이에 기초하여 그것이 세계질서의 변화와 한반도 정세에 미치는 영향을 검토하는 데 있다.

〈그림 1〉 러시아와 우크라이나[6)]

6) "Russia-Ukraine war by the numbers: Live Tracker," https://www.aljazeera.com/news/2022/2/28/russia-ukraine-crisis-in-maps-and-charts-live-news-interactive

Ⅱ. 러시아-우크라이나 전쟁의 배경

1. 미·러 갈등과 세계질서 주도권 경쟁

1) '얄타 트라우마'와 '몰타 트라우마'

1989년 12월 지중해의 몰타에서 미·소 정상은 2차 세계대전 이후 유럽을 미국과 소련의 양대 영향권으로 나눈 얄타 체제의 해체, 이른바 '냉전의 종언'을 선언했다. 하지만 냉전 이후의 세계질서에 대한 워싱턴과 모스크바의 구상은 전혀 달랐다. 모스크바는 고르바초프의 '신사고(New Thinking)'에 따라 '냉전의 종언'을 선언한 주체로서 미국과 함께 세계질서를 주도하는 건설적 파트너십 실현을 꿈꾸었다. 따라서 몰타회담 이후 소련은 독일 통일을 인정하고, 사회주의권의 군사동맹인 바르샤바조약기구를 해체했으며, 사회주의권 국가들의 체제 전환에도 간섭하지 않았다. 하지만 워싱턴의 생각은 달랐다. 소련의 패배로 냉전이 끝났다고 보는 미국은 탈냉전기 세계질서의 주도권을 소련과 공유해야 할 어떠한 이유도 찾지 못했다. 따라서 미국은 베를린 장벽 너머로 자신의 가치와 제도의 확산을 시도하면서, 자신 외에 그 어떠한 다른 패권국도 존재하지 않는 새로운 세계질서를 구축하기 시작했다.7) 따라서 미국 주도의 북대서양조약기구(NATO)는 해체가 아닌 확대의 길을 선택했고, 과거 사회주의권에 속했던 국가들, 심지어 과거 소련의 구성 공화국이었던 발트 3국까지 NATO의 새로운 회원국이 되었다. 또한, NATO의 새로운 회원국이 차례로 유럽연합(EU)에 가입하면서 미국을 비롯한 서방의 영향권은 계속해서 러시아의 동쪽 국경까지 확대되었다. 하지만 러시아는 서방의 가치와 제도를 수용하면서 이러한 통합과정에 포함될 수도 없었고, 자신의 영향권을 유지하면서 통합과정을 저지할 수도 없었다. 결국 자신이 미국과 동등한 지위에서 탈냉전기 세계질서를 주도할 수 없고, 미국을 비롯한 서방의 통합과정에서 참여할 수 없다는 사실이 명백해지면서, 러시아는 탈소비에트 지역통합을 가속화하기 시작했다.8)

---

7) 제성훈, "탈냉전기 미·러 관계의 변화와 '우크라이나 위기'," 『국제지역연구』 20권 1호(2016), 32쪽.
8) 제성훈, "탈냉전기 미·러 관계의 변화와 '우크라이나 위기'," 『국제지역연구』 20권 1호(2016), 32쪽.

워싱턴의 전략가들은 1945년 2월 얄타회담에서 소련에 너무 많은 양보를 하면서 냉전이 시작되었다고 보고, 탈냉전기 러시아에 어떠한 양보도 해서는 안 된다는 '얄타 트라우마'를 가지고 있다. 반면 모스크바의 전략가들은 1989년 12월 몰타회담 이후 진행된 탈냉전의 결과가 결코 공정하지 못했다고 보는 '몰타 트라우마'를 가지고 있다. 이들에게 양보는 미국이 '강요하는' 세계질서에 대한 순응을 의미한다. 이러한 '몰타 트라우마'는 2012년 5월 푸틴의 대통령직 복귀 이후 이른바 '신수정주의(Neo-Revisionism)'로 구체화했다. 그 결과 탈냉전기 30여 년간 몇 차례의 화해에도 불구하고 미국과 러시아는 거의 항상 갈등 관계를 유지했다. 1980년대 말에는 소련, 2000년 9·11 사태 직후에는 러시아, 그리고 2009년에는 '재설정' 정책을 통해 미국이 먼저 화해의 손길을 내밀었지만, 협력은 번번이 오래 지속되지 못하고 갈등만 고조되었다. 따라서 이러한 미·러 갈등의 근본 원인은 '냉전의 종언'을 선언하던 바로 그 순간, 미국과 소련이 가지고 있던 냉전 이후 자신의 역할과 협력의 방식에 대한 다른 이해, 다시 말해 세계질서에 대한 서로 다른 구상에서 찾을 수 있다.

2) NATO 확대

미국은 1949년 4월 북미 및 서유럽 국가들과 NATO, 1955년 5월 소련은 동유럽 국가들과 바르샤바조약기구라는 군사동맹을 결성했고, 이 두 군사동맹은 과거 냉전기 대결 구도의 상징처럼 여겨졌다. 1990년 7월 바르샤바조약기구는 해체되었지만, NATO는 1990년대 후반 체코, 헝가리, 폴란드, 2000년대 중반 불가리아, 루마니아, 슬로바키아, 슬로베니아는 물론, 과거 소련의 구성 공화국이었던 에스토니아, 라트비아, 리투아니아, 2000년대 후반 알바니아, 크로아티아, 이어서 2017년 몬테네그로, 2020년 북 마케도니아를 새로운 회원국으로 받아들이며 확대되었다. 2008년 4월 부쿠레슈티 NATO 정상회의에서는 향후 조지아와 우크라이나의 가입이 합의되었고,[9] 같은 해 12월 NATO 외무장관들은

9) "Bucharest Summit Declaration Issued by the Heads of State and Government participating in the meeting of the North Atlantic Council in Bucharest on 3 April 2008," https://www.nato.int/cps/en/natolive/official_texts_8443.htm

두 나라의 회원자격 조건 충족 노력을 지원하기로 했다. 이와 관련해 NATO는 북대서양조약 10조[10]에 입각한 '문호개방정책(Open Door Policy)'을 표방하면서, 회원국 확대가 어떤 국가에도 위협이 되지 않으며 오히려 유럽의 안정과 협력을 촉진하면서 평화, 민주주의, 공동가치로 통합되고 자유로운 유럽을 만드는 데 그 목적이 있다고 주장했다.[11]

NATO 확대와 함께 탄도미사일 방어(BMD) 능력 개발도 본격화되었다. 2010년 11월 리스본 NATO 정상회의에서 집단방위라는 NATO의 핵심 임무를 수행하기 위한 BMD 능력 개발이 결정되었고, 2012년 5월 시카고 NATO 정상회의에서 운용상 중요한 첫 단계인 잠정적 NATO BMD 능력 확보가 선언되었다.[12] 또한, 루마니아와 폴란드가 핵심 시설 배치에 동의하면서 러시아의 국경 인근까지 NATO 군사 인프라의 전진 배치가 기정사실이 되었다.[13] 이어서 2016년 7월 바르샤바 NATO 정상회의에서는 잠재적인 탄도미사일 공격으로부터 NATO 동남부의 인구, 영토, 군사력을 방어하기 위한 더 강한 능력을 제공하는 NATO BMD 기본 운용 능력(Initial Operational Capability) 확보가 선언되었다.[14]

러시아는 1990년대부터 NATO 확대에 반대했지만, 당시에는 러시아의 국력, 특히 군사력과 경제력이 회복 단계에 있었기 때문에 이를 저지할 수 있는 능력도, 수단도 없었다. NATO는 1997년 5월 '러시아-NATO 상호관계·협력·안보 기본 협약'[15] 체결, 2002년 5월 NATO-러시아 이사회[16] 설치 등을 통해 러시아의 반대를 무마하면서 NATO 확대와 BMD 능력 개발을 강행했고 이로 인해 러시아의 안보 우려는 점점 더 커졌다.

---

10) "The North Atlantic Treaty," https://www.nato.int/cps/en/natolive/official_texts_17120.htm
11) "Enlargement and Article 10," https://www.nato.int/cps/en/natolive/topics_49212.htm
12) "Ballistic missile defence," https://www.nato.int/cps/en/natohq/topics_49635.htm
13) 제성훈, "탈냉전기 미·러 관계의 변화와 '우크라이나 위기'," 『국제지역연구』 20권 1호(2016), 44쪽.
14) "Ballistic missile defence," https://www.nato.int/cps/en/natohq/topics_49635.htm
15) "Founding Act on Mutual Relations, Cooperation and Security between NATO and the Russian Federation signed in Paris, France," https://www.nato.int/cps/su/natohq/official_texts_25468.htm
16) "NATO-Russia Council," https://www.nato.int/cps/en/natohq/topics_50091.htm

〈그림 2〉 NATO 확대[17)]

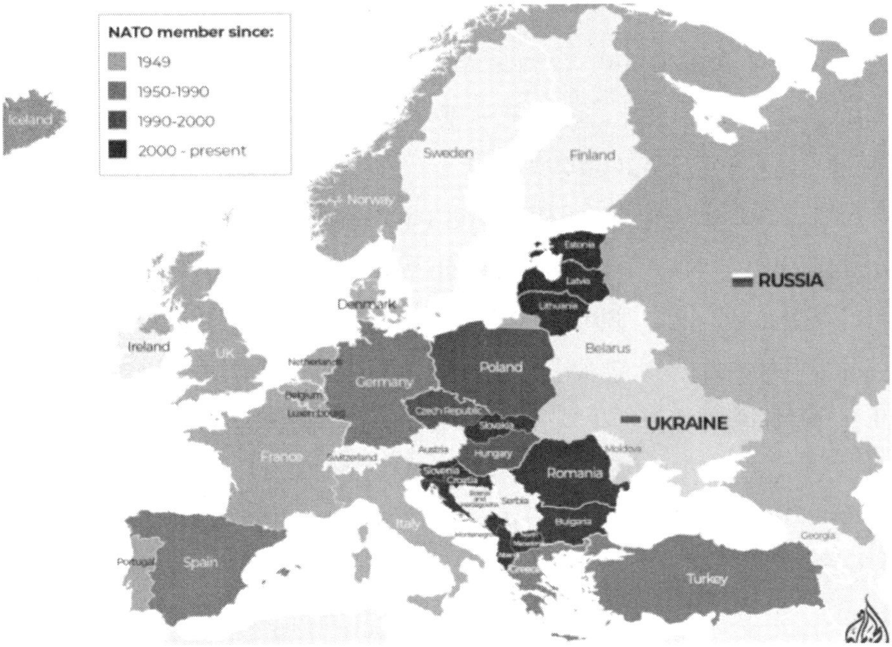

3) 탈소비에트 지역통합

2000년대부터 푸틴 정부는 러시아의 강대국 지위 회복과 다극체제(multipolar system) 형성을 목표로 하는 세계전략을 수행하기 시작했다. 사실 이 두 가지 목표는 서로 분리된 것이 아니라, 오히려 긴밀하게 연관되어 있었다. 러시아의 강대국 지위 회복을 위해서는 미국 중심의 단극체제 약화와 다극체제 이행이 필수적이고, 다극체제 형성을 위해서는 경제력, 군사력 등 종합 국력 증대를 통한 강대국 지위 확보가 전제되어야 했다.[18)] 푸틴 대통령이 임기를 시작한 지 약 50일 만인 2000년 6월 28일 승인된 '대외정책개념(Foreign Policy Concept)'은 '오늘날 세계의 영향력 있는 중심 중 하나이자 강대국으로서 러시

17) "Russia-Ukraine war by the numbers: Live Tracker," https://www.aljazeera.com/news/2022/2/28/russia-ukraine-crisis-in-maps-and-charts-live-news-interactive
18) 제성훈, "푸틴주의와 한반도 - 2000년 이후 러시아의 한반도 정책 변화," 『슬라브학보』 35권 1호(2020), 54쪽.

아의 이익에 최대한 부합하며, 그것의 정치적·경제적·지적·정신적 잠재력의 성장에 필수적인 세계공동체에서 확고하고 권위 있는 지위 보장'을 대외정책의 기본목표 중 하나로 제시했다.[19] 이러한 목표는 메드베데프 정부 시기 2008년 7월 15일 승인된 '대외정책개념'과 푸틴이 대통령직에 복귀한 이후 2013년 2월 12일 승인된 '대외정책개념'에도 거의 그대로 명시되었다. 나아가, 푸틴 대통령이 네 번째 임기를 시작한 이후 2016년 11월 30일 승인된 '대외정책개념'은 '오늘날 세계의 영향력 있는 중심 중 하나로서 러시아의 지위 공고화'를 대외정책의 기본과제 중 하나로 규정했다.[20]

오늘날 강대국 지위 공고화를 목표로 하는 러시아 세계전략의 핵심과제 중 하나는 탈소비에트 지역통합, 현 단계에서는 경제통합의 심화·확대이다. 2000년 10월 러시아, 벨라루스, 카자흐스탄, 키르기스스탄, 타지키스탄이 참여한 유라시아경제공동체(EAEC) 설립, 2010년 7월 러시아·벨라루스·카자흐스탄 관세동맹 출범, 2012년 1월 러시아·벨라루스·카자흐스탄 단일경제공간 출범과 이를 관리하는 상설기관으로서 2012년 2월 유라시아 경제위원회 설립 등을 통해 러시아는 경제통합을 중심으로 하는 탈 소비에트 지역통합을 적극적으로 추진했다.

이를 기반으로 하여 2015년 1월 1일 러시아, 벨라루스, 카자흐스탄의 참여로 회원국 영토에서 상품·서비스·자본·노동력의 자유로운 이동이 보장되고, 에너지·산업·농업·교통 분야 등에서 회원국 간 조정된 정책이 실현되는 유라시아 경제연합(EAEU)이 출범했다. 이어서 1월 2일 아르메니아, 8월 12일 키르기스스탄이 가입 절차를 완료하면서 회원국도 5개로 늘어났다. 이후 EAEU는 경제통합체로서 제도적 기반을 조성하고, 새로운 관세법을 제정했으며, 금융, 전력, 석유·석유제품, 가스, 교통 서비스 분야에서 공동시장을 조성하기 위한 기반도 마련했다. 그 결과 2017년부터 GDP 및 무역액이 증가하면서 통합의 효과가 서서히 나타나기 시작했고, 역외 무역 확대를 위해 다수의 비회원국과 자유무역협정

19) "Концепция внешней политики Российской Федерации (2000.06.28)," https://www.ng.ru/world/2000-07-11/1_concept.html
20) "Концепция внешней политики Российской Федерации (2016.11.30)," https://www.mid.ru/ru/foreign_policy/official_documents/1538901/

또는 무역·경제협정도 체결되었다.[21]

그런데 이러한 탈소비에트 지역통합의 성공을 위해서는 우크라이나의 참여가 필수적이었다. 첫째, 문명적 차원에서 오늘날 우크라이나의 수도인 키예프는 러시아 최초의 국가인 키예프 공국의 중심지로서 러시아, 벨라루스, 우크라이나 공동의 민족적 근원지이고, 특히 크림반도는 서기 988년 키예프 공국의 블라디미르 대공이 정교(Orthodox) 세례를 받은 성지(聖地)로 종교적 근원지이다. 둘째, 경제적 차원에서 탈소비에트 국가 중 두 번째로 인구가 많고 세 번째로 경제 규모가 큰 우크라이나는 러시아와 통합된 산업·교통·에너지 인프라를 가지고 있다. 셋째, 안보적 차원에서 우크라이나가 NATO에 가입할 경우, 이는 러시아와 NATO 간 완충지대 상실은 물론, 우크라이나가 러시아와 탈소비에트 지역통합을 위협하는 미국과 NATO의 '교두보'가 될 수 있다는 것을 의미한다.

〈그림 3〉 EAEU 회원국, 옵서버, 파트너[22]

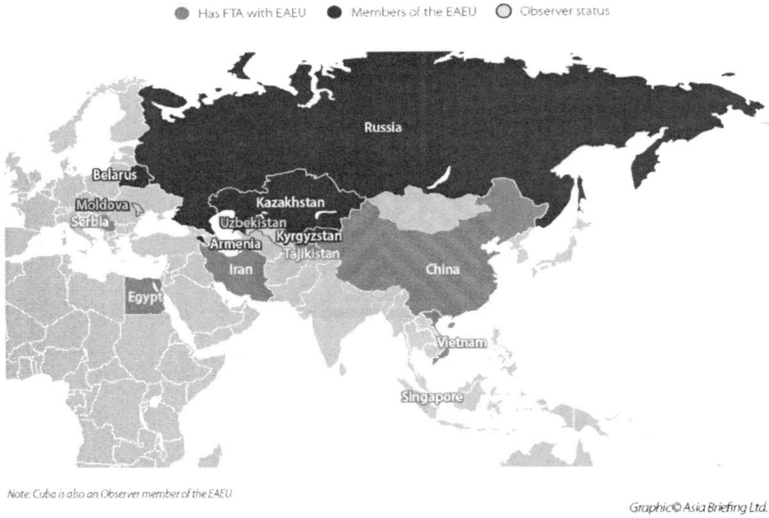

21) 이창수·제성훈 외, 『유라시아경제연합(EAEU) 통합과정 평가와 한국의 협력전략』 (세종: 대외경제정책연구원, 2021), 77-78쪽.

22) "Uzbekistan and Cuba Become Observer States Of The Eurasian Economic Union," https://www.russia-briefing.com/news/uzbekistan-and-cuba-become-observer-states-of-the-eurasian-economic-union.html/

2. 돈바스 내전

1) 분열된 국가로서 우크라이나

9세기 후반~13세기 중반 키예프 공국은 흑해에서 발트해에 이루는 광활한 지역을 차지하고 있었다. 러시아, 벨라루스, 우크라이나는 키예프 공국을 공동의 국가적 기원으로 인정하고 있다. 이 때문에 2022년 2월 24일 루카셴코 벨라루스 대통령은 "우리는 슬라브인, 세 슬라브 민족이다. 자, 앉아서 미래의 운명을 영원히 결정하자"라고 언급하면서 러시아와 우크라이나 간 협상 개최를 제안한 바 있다.[23] 13세기 중반 몽골-타타르의 침입으로 인해 키예프 공국이 붕괴하면서, 이 지역은 킵차크 칸국의 지배를 받게 되었다. 15세기 후반 킵차크 칸국에 맞서 싸우면서 모스크바를 기반으로 하는 모스크바 공국은 영토 확장을 거듭하며 러시아 제국으로 발전했지만, 오늘날 우크라이나 지역은 다른 운명을 맞이했다.

오늘날 우크라이나 동남부는 17~18세기에 이미 러시아 제국에 편입되었지만, 서부는 오랜 기간 폴란드-리투아니아 연합, 오스트리아-헝가리 제국과 러시아 제국, 폴란드, 루마니아 등의 일부로 존재했다. 1686년 '영구평화조약'에 따라 키예프와 드네프르 강 좌안은 러시아 제국, 우안은 폴란드-리투아니아 연합의 영토로 나누어졌고, 이어서 러시아 제국과 오스만 제국의 전쟁 후 18세기 후반 크림반도와 흑해 연안이 러시아 제국의 영토에 편입되었다. 그 결과 동남부는 러시아 제국의 일부가 되었지만, 서부는 18세기 후반 폴란드-리투아니아 연합의 분할에 따라 오스트리아-헝가리 제국과 러시아 제국의 영토로 나누어졌고, 소련-폴란드 전쟁 후 1921년 '리가 조약'에 따라 다시 폴란드에 넘어갔다. 1939년 8월 '독·소 불가침조약'에 따라 해당 지역이 소련에 반환되면서, 그 상당 부분이 볼셰비키 혁명 이후인 1919년 3월 독립을 선언하고 1922년 12월 소련 창설에 참여한 우크라이나 소비에트 사회주의 공화국에 편입되었다. 1940년에는 1918년 루마니아가 점령한 베사라비아(Bessarabia) 일부와 북 부코비나(Northern

---

23) 윤성욱·제성훈 외, 『러시아의 우크라이나 침공과 엇갈리는 세계』 (서울: 코리아컨센서스연구원, 2022), 7쪽.

Bukovina), 1948년에는 역시 루마니아가 차지한 흑해의 즈메이니 섬(Zmiinyi Island)이 우크라이나 소비에트 사회주의 공화국에 편입되었다. 따라서 1954년 2월 러시아 소비에트 연방 사회주의 공화국에서 우크라이나 소비에트 사회주의 공화국에 양도된 크림반도를 제외하면, 오늘날 우크라이나의 서부 국경은 2차 세계대전 이후에야 확정되었다고 할 수 있다.

일찌감치 러시아에 편입되었던 동남부와 오랜 기간 다른 강대국의 지배하에 놓였던 서부는 서로 다른 정체성을 가지고 있었지만, 소련공산당의 지도적 역할 하에 작게는 소련의 구성 공화국인 우크라이나 소비에트 사회주의 공화국, 크게는 소련이라는 하나의 단위로 통합되었다. 하지만 1991년 8월 우크라이나의 독립 선언과 12월 소련 해체로 인해 강력한 구심력이 사라지자 잠재되어있던 지역 간 정체성 갈등이 표면화되었다.[24] 우크라이나 동남부는 지리적 근접성에 따라 러시아와 경제적, 문화적으로 긴밀한 관계를 유지하고 있고, 러시아어 사용 인구가 압도적으로 많으며, 정교의 영향권에 속한다. 반면, 우크라이나 서부는 다른 강대국들의 지배를 받으면서 성장한 민족주의가 뿌리를 내리고 있고, 우크라이나어를 쓰는 우크라이나인이 압도적으로 많으며, 로마 교황을 수장으로 인정하면서 정교 예식을 따르는 이른바 '우니아트(Uniate)'의 영향권에 속한다.[25] 이 때문에 동남부는 러시아와 관계 강화를 우선시하고, 서부는 NATO 및 EU 가입을 국가적 과제로 인식하는 경향이 나타났다. 특히, 크림반도는 러시아계 주민이 다수를 차지하여 우크라이나에서 가장 친러 성향이 강한 지역이었다. 결국 이러한 지역 간 정체성 갈등은 2013년 말부터 시작된 '우크라이나 위기'의 주요 원인 중 하나가 되었다.

---

24) 현승수·제성훈 외, 『주변국 국경안보: 사례와 검증』 (서울: 통일연구원), 75쪽.

25) 제성훈, "'오렌지 혁명' 주도세력, 국민 지지 못 받아," http://www.ohmynews.com/NWS_Web/View/at_pg.aspx?CNTN_CD=A0000320838

〈그림 4〉 우크라이나 영토: 20세기의 국경 변화[26)]

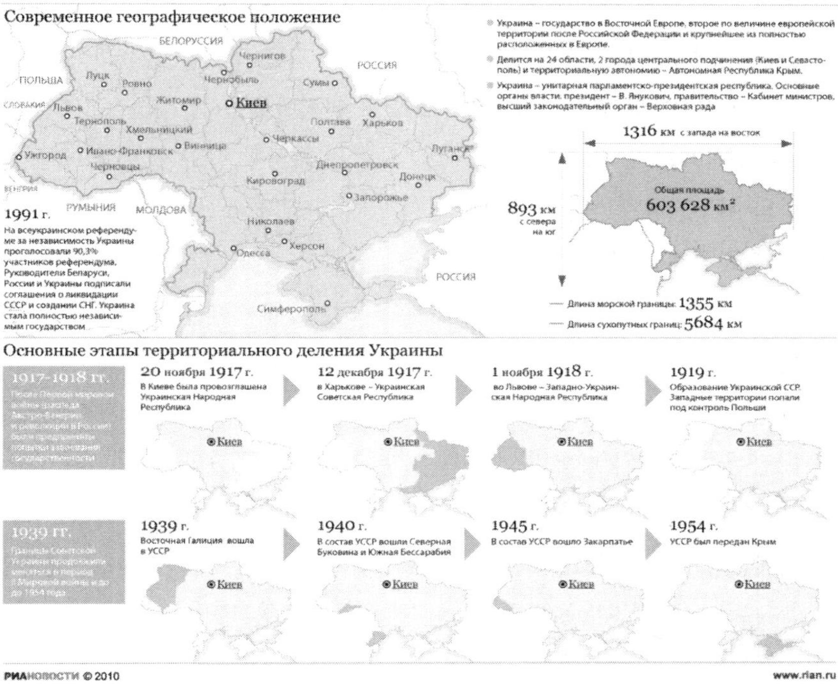

2) '우크라이나 위기'

2000년 10월 EAEC 설립과 동시에 단일경제공간의 법적 기반 형성에 관한 작업이 활성화되자 2003년 초부터 그동안 유라시아 경제통합에 소극적이었던 우크라이나도 참여 의지를 표명했다. 그 결과 2003년 9월 러시아, 벨라루스, 카자흐스탄, 우크라이나가 참여한 '단일경제공간 형성에 대한 협정'이 서명되었다. 하지만 2005년 1월 출범한 친서방 성향의 유셴코 정부가 자국의 EU 가입을 추진하면서 상황이 복잡해졌다. 우크라이나는 2007년부터 EU와 제휴 협정(Association Agreement) 체결 협상을 시작했고, 2008년 2월 WTO에 가입했으며, 2009년 5월 EU 국가들과의 경제통합 발전을 위한 '동방 파트너십(Eastern

---

26) "Западная и Восточная Украина: от раскола к геноциду," https://ria.ru/20220323/raskol-1779673179.html

Partnership)' 참여국이 되었다. 그 결과 우크라이나의 유라시아 경제통합 참여는 사실상 어려워졌다.[27] 또한, 유센코 정부가 러시아 흑해함대의 크림반도 주둔 기간 연장 불가 방침과 우크라이나의 NATO 가입 추진을 공식화하자, 러시아와 우크라이나의 관계는 급격하게 악화했고 크림반도에서는 NATO 가입에 반대하는 시위가 확산했다. 결국 동남부의 강력한 지지에 힘입어 2010년 2월 친러 성향의 야누코비치 정부가 출범하면서 양국 관계가 개선될 수 있었다. 2010년 4월 양국 정상은 러시아가 우크라이나에 공급하는 가스를 할인가격으로 제공해주는 대신, 우크라이나가 러시아 흑해함대의 주둔 기간을 기존 2017년에서 2042년까지 연장해주는 데 합의했다. 하지만 이 합의로 인해 우크라이나 내 친서방 세력과 친러 세력, 서부와 동남부 간 대립 구도가 심화하기 시작했다.[28]

2012년 5월 푸틴의 대통령직 복귀 이후 러시아는 우크라이나의 탈소비에트 지역통합 참여를 더 적극적으로 요구했다. 2013년 5월 우크라이나는 러시아 주도의 관세동맹에 옵서버로 참여하기로 했으나, 동시에 '동방 파트너십' 차원에서 사실상 자유무역협정(FTA)에 해당하는 '제휴 협정' 체결도 추진했다.[29] 그러나 협정 체결을 앞둔 상황에서 두 차례의 러시아 방문을 통해 파격적인 경제지원을 약속받은 야누코비치 대통령이 이를 잠정 중단하기로 하면서, 2013년 11월 이에 반대하는 대규모 반정부시위가 시작되었다. 2014년 2월 21일 야누코비치 대통령과 야권의 합의에도 불구하고 반정부시위가 더 격화되자, 2월 22~23일 밤사이에 푸틴 대통령의 명령에 따라 야누코비치 대통령과 그 가족을 크림반도로 탈출시키는 비밀작전이 수행되었다.[30] 야누코비치 대통령이 축출되고 친서방 성향의 과도정부가 수립되자, 우크라이나 동남부를 중심으로 이를 쿠데타로 규정하고 과도정부에 반대하는 시위가 확산했다. 이러한 배경에서 러시아는 2014

27) 이창수·제성훈 외, 『유라시아경제연합(EAEU) 통합과정 평가와 한국의 협력전략』 (세종: 대외경제정책연구원, 2021), 31-32쪽.

28) 현승수·제성훈 외, 『주변국 국경안보: 사례와 검증』 (서울: 통일연구원), 78-79쪽.

29) 제성훈, 『3기 푸틴 정부의 '대외정책개념'과 정책적 시사점』 (서울: 대외경제정책연구원, 2013), 62-63쪽.

30) "Путин: Россия вернула Крым, чтобы не бросать население полуострова «под каток националистов»," https://www.vedomosti.ru/politics/news/2015/03/10/putin-rossiya-vernula-krim-chtobi-ne-brosat-naselenie-poluostrova-pod-katok-natsionalistov

년 3월 주민투표를 거쳐 독립을 선언한 크림 공화국(크림 자치공화국과 세바스토폴)을 병합하고, 2014년 4월부터 우크라이나 정부와 내전을 시작한 루간스크 인민공화국과 도네츠크 인민공화국을 지원했다.

3) 돈바스 내전의 전개

내전이 격화되자 이를 해결하기 위해 러시아, 우크라이나, 유럽안보협력기구(OSCE)로 구성된 3자 접촉그룹 대표들과 돈바스의 두 공화국 대표들이 2014년 9월 5일 '3자 접촉그룹 협의 결과에 관한 의정서(민스크협정-1)'[31]에 서명하고, 이어서 2014년 9월 19일 '3자 접촉그룹 협의 결과에 관한 의정서 조항 이행에 대한 각서'[32]에 서명했다. 이러한 합의가 휴전으로 이어지지 않자, 다시 2015년 2월 12일 러시아, 우크라이나, 독일, 프랑스로 구성된 이른바 '노르망디 4국'이 '민스크협정 이행에 관한 복합 조치(민스크협정-2)'[33]에 합의하고, 3자 접촉그룹 대표들과 돈바스의 두 공화국 대표들이 이에 서명했다. 이러한 '민스크협정'의 골자는 첫째, 휴전 및 중화기 철수와 이에 대한 OSCE의 모니터링·검증, 둘째, 지방선거 시행 방식과 함께 루간스크주와 도네츠크주의 향후 체제에 관한 대화 시작, 셋째, 분쟁에 참여한 인사의 기소·처벌을 금지하는 입법 및 시행과 모든 인질·불법 구금 인사의 석방 및 교환, 넷째, 포괄적인 정치적 해결 이후 분쟁지역 전체에서 우크라이나 정부의 국경에 대한 완전한 통제 회복, 다섯째, 루간스크주와 도네츠크주의 특성을 고려한 분권화를 핵심 요소로 규정하는 우크라이나 헌법 개정과 이들의 특별지위에 대한 입법 등이었다.

하지만 지난 8년간 '민스크협정'은 단 하나도 이행되지 않았다. 러시아와 돈바스의 두 공화국은 우크라이나 정부가 루간스크주와 도네츠크주의 특별지위 보

---

31) "Протокол о результатах консультаций Трехсторонней контактной группы, Минск, 5 сентября 2014 г.," https://www.osce.org/ru/home/123258

32) "Меморандум об исполнении положений Протокола по итогам консультаций Трехстороонней контактной группы относительно шагов, направленных на имплементацию Мирного плана Президента Украины П.Порошенко и инициатив Президента России В.Путина," https://www.osce.org/ru/home/123807

33) "Комплекс мер по выполнению Минских соглашений," https://www.osce.org/ru/cio/140221

장, 사면, 지방선거 조직 등을 이행하지 않는다고 비난하면서, 이러한 조항이 이행된 후에 국경에 대한 우크라이나 정부의 통제가 회복될 수 있다고 주장했다. 반면, 우크라이나는 지방선거 시행과 함께 루간스크주와 도네츠크주의 우크라이나로 복귀를 위한 핵심 조건으로서 국경에 대한 통제 회복, 우크라이나 언론 및 정당의 자유로운 접근 보장 등이 우선되어야 한다고 맞섰다. 휴전 합의 위반이 반복되는 가운데 러시아는 돈바스의 두 공화국을 지원하면서 우크라이나 국경 인근에서 군사훈련을 명분으로 '무력 시위'를 계속하고, 우크라이나는 미국을 비롯한 서방의 지원을 받으면서 NATO와 군사훈련을 이어갔다. 그 결과 러시아-우크라이나 국경 그리고 돈바스에서는 수시로 긴장이 고조되었고, 교전 격화로 인해 지난 8년간 13,000명 이상이 사망했다.

〈그림 5〉 돈바스 내전[34)]

34) "Ситуація в зоні бойових дій на Донбасі 24 липня - карта," https://www.radiosvoboda.org/a/30744993.html

Ⅲ. 러시아-우크라이나 전쟁의 전개와 전망

1. 러시아는 왜 침공을 결정했는가?

1) '군사적 시위'의 목표와 한계

러시아의 우크라이나 침공은 전문가들에게 충격으로 받아들여졌다. 2014년 3월 크림반도 병합에도 불구하고, 그동안 러시아가 자국의 대외정책이 국제법의 원칙에 기초하고 있다고 주장했으며, UN 안보리의 결의 없이 다른 국가의 주권을 침해하고 영토적 통합성을 위협하는 군사적 개입, 특히 이른바 '보호책임(R2P: Responsibility to Protect)' 개념의 실현을 구실로 국제법의 규범을 위반하는 군사적 간섭 및 기타 일방적 개입의 불용을 강조했기 때문이었다.[35] 2021년 12월 중순 러시아가 '안전보장에 대한 러시아와 미국 간 조약' 초안[36], NATO에 '러시아와 NATO 회원국들의 안전보장 조치에 대한 협정'[37] 초안을 제시하고 이후 이들과 협상을 시작했을 뿐만 아니라, 마크롱 프랑스 대통령과 숄츠 독일 총리가 연이어 푸틴 대통령을 면담하면서 외교적 해결도 가능해 보였다. 더구나 미국 및 영국 언론은 물론, 바이든 대통령까지 러시아의 침공 예상일로 지목한 2022년 2월 16일 자하로바 외무부 대변인은 "우리의 내년 '침공' 일정을 알려달라. 휴가를 계획했으면 한다."라고 언급하며 비아냥거리기까지 했다.[38] 이미 우크라이나의 NATO 가입을 저지하려는 러시아의 단호한 의지가 전달되었기 때문에 2월 20일로 예정된 벨라루스와의 군사훈련 종료일에 국경에 배치된 군사력을 철수할 수 있는 명분도 있었다. 하지만 푸틴 대통령은 2월 21일 도네츠크 인민공화국과 루간스크 인민공화국을 승인하고, 2월 24일 오전 6

---

35) 제성훈·이혜정·김재관, 『신한반도체제 실현을 위한 미·중·러의 세계전략 연구』 (세종: 대외경제정책연구원, 2019), 170-171쪽.

36) "Договор между Российской Федерацией и Соединенными Штатами Америки о гаранти ях безопасности," https://mid.ru/ru/foreign_policy/rso/nato/1790818/

37) "Соглашение о мерах обеспечения безопасности Российской Федерации и государств-членов Организации Североатлантического договора," https://mid.ru/ru/foreign_policy/rso/nato/1790803/

38) "Захарова предложила СМИ США и Британии огласить график "вторжений" России," https://n.tass.ru/politika/13722645

시 이들 지역 주민을 보호한다는 명분으로 '특별 군사 작전' 수행을 선언했다.

애초 '군사적 시위'로 달성하고자 하는 목표는 명확해 보였다. 첫째, 우크라이나의 NATO 가입을 저지하고, 더 나아가 안보적 위협인 NATO와 적대관계 청산하는 것이었다. 둘째, '민스크협정' 이행으로 우크라이나 내 친러 지역의 특별 지위를 보장하고, 이를 기반으로 하여 우크라이나에 대한 영향력을 유지하는 것이었다. 하지만 이러한 목표는 시간이 갈수록 달성되기 어려워졌다. 첫째, NATO는 '문호개방정책'을 고수했고, 미국은 러시아의 핵심 요구사항을 거부했다. 오히려 미국은 침공 예상일을 거듭 지목하면서 러시아의 침공을 기정사실로 했다. 둘째, 우크라이나도 NATO 가입 의사를 철회하지 않았다. 마크롱 대통령이 '중립화'를 타협안으로 제시했지만, 침공 시 파병을 하지 않는다는 미국 및 NATO의 확언에도 불구하고 우크라이나의 입장은 바뀌지 않았다. 오히려 2월 19일 젤렌스키 대통령은 '뮌헨 안보 회의'에 참석해 침공 이전에 러시아에 대한 고강도 경제제재를 요청하면서 1994년 12월 핵무기 포기에 대한 대가로 우크라이나에 대한 러시아, 영국, 미국의 안전보장을 명시한 부다페스트 각서에 따른 안전보장이 이루어지지 않는다면 "우크라이나는 1994년의 모든 패키지 결정이 의심된다고 간주할 완전한 권리를 가질 것이다."라고 언급하면서 핵무기 포기 재고 가능성까지 언급했다.[39] 셋째, 2월 16일부터 돈바스에서 교전이 격화되었지만, 우크라이나는 '민스크협정' 이행에 대한 어떠한 의지도 표명하지 않았다. 러시아의 관점에서 이는 친러 지역에 거주하는 약 370만 명의 주민을 여전히 내전 상태에 남겨두고 철군해야 한다는 것을 의미했다.

2) 우크라이나 침공 결정 과정

2022년 2월 21일 도네츠크 인민공화국과 루간스크 인민공화국 승인과 관련한 '러시아연방 안보 회의'[40]가 진행되었다. 라브로프(Sergey V. Lavrov) 외무

---

39) "Выступление Президента Украины на 58-й Мюнхенской конференции по вопросам безопасности," https://www.president.gov.ua/ru/news/vistup-prezidenta-ukrayini-na-58-j-myunhenskij-konferenciyi-72997(검색일: 2022.5.25)

40) "Заседание Совета Безопасности. 21 февраля 2022 года," http://kremlin.ru/events/

장관이 미국 및 NATO와의 안전보장 협상 경과를 보고하자, 푸틴 대통령은 우크라이나를 포함한 다른 국가의 NATO 가입과 관련한 근본적인 문제에 관한 어떠한 진전도 없다고 지적했다. 또한, 코작(Dmitry N. Kozak) 대통령행정실 부실장은 '민스크협정' 이행에 대한 평가를 보고하면서, 합의사항이 단 하나도 이행되지 않았다고 언급했다. 게다가 쇼이구(Sergei K. Shoigu) 국방장관은 도네츠크 주와 루간스크 주 경계에 우크라이나군 병력 5만 9,300명이 배치되어 있을 뿐만 아니라, 젤렌스키 대통령의 핵보유국 지위 회복 언급으로 인해 이미 존재하는 운반 수단인 'Tochka-U'에 탑재한 전술 핵무기가 출현할 가능성이 있다고 주장했다.

회의 내용에 따르면, 푸틴 대통령과 러시아 지도부는 다음과 같은 결론에 도달한 것으로 보인다. 첫째, 미국 및 NATO와의 협상에서 진전을 기대할 수 없고, 우크라이나도 NATO 가입을 포기하지 않는다면, 우크라이나의 NATO 가입은 언젠가는 이루어질 것이다. 둘째, 우크라이나가 '민스크협정'을 이행할 생각이 없다면 돈바스를 탈환하기 위한 군사적 공세 역시 계속될 것이고, 향후 크림반도 탈환까지도 시도할 것이다. 셋째, 시간이 흐를수록 우크라이나의 군사력은 강력해지고 급진적 민족주의도 공고해질 것이다.

따라서 이들에게는 두 가지 선택지가 있었다. 첫째, 미국 및 NATO와 협상을 계속하여 외교적 해결에 기대를 거는 것이다. 이는 성공 가능성은 작지만, 실패로 인한 리스크도 작은 방안이었다. 둘째, 우크라이나를 신속하게 군사적으로 제압하고 서방과 협상을 하는 것이다. 당시의 판단에 근거하면 이는 성공 가능성은 크지만, 실패로 인한 리스크도 큰 방안이었다. 물론, 이 선택지에서도 평화유지군 명목을 내세운 돈바스에 대한 제한적 개입 또는 우크라이나에 대한 전면적 침공이라는 두 가지 선택지가 있었다. 하지만 불행히도 결국 러시아는 사실상 전면적 침공을 선택했다.

칸시안(Mark F. Cancian) CSIS 국제 안보 프로그램 선임고문에 따르면, 러시아의 우크라이나 침공 배후에는 확실한 전쟁 전 데이터를 기반으로 했지만 틀

---

president/news/67825(검색일: 2022.5.25)

린 것으로 판명된 다섯 가지 주요 가정이 있었다.41) 첫째, 우크라이나는 심하게 분열되어 있어서 통합되거나 효과적인 대응을 하지 못할 것이다. 둘째, 젤렌스키는 약한 지도자이다. 셋째, 러시아의 군사력은 매우 효과적이다. 넷째, 우크라이나군은 약하다. 다섯째, 미국과 NATO는 우크라이나에 무기를 공급하는 데 느리고 제한적일 것이다. 이러한 가정에 따라 푸틴 대통령과 러시아 지도부는 우크라이나를 신속하게 군사적으로 제압할 수 있다고 판단한 것으로 보인다.

하지만 막상 전쟁이 시작되자 러시아의 판단 오류가 명백히 드러났다. 첫째, 우크라이나 국민의 저항 의식을 오판했다. 2014년 초 동남부 지역에서 과도정부에 반대하는 시위가 광범위하게 전개된 것처럼 침공이 적어도 일부 국민의 지지는 확보할 수 있다고 착각했다. 둘째, 우크라이나군의 군사력은 과소평가하고, 러시아군의 군사력은 과대평가했다. 지난 8년간 미국을 비롯한 서방의 군사적 지원을 받으면서 영토 수복을 준비한 우크라이나군의 군사력을 과소평가한 반면, 2008년 8월 러시아-조지아 전쟁, 2014년 3월 크림반도 병합, 2015년 시리아 내전 개입 등에서 승리를 거둔 러시아군의 능력과 전술을 과대평가했다. 셋째, 주권 국가에 대한 침공으로 인해 러시아가 그동안 NATO 확대의 부당성을 지적하면서 확보한 대응조치의 정당성 자체를 무너뜨렸다. 그 결과 미국을 비롯한 서방의 고강도 경제제재와 우크라이나에 대한 국제사회의 군사적, 비군사적 지원이 가능해졌다.

2. 러시아의 목표와 전쟁의 전개

1) 러시아의 목표

이른바 '특별 군사 작전'의 공식적 목표는 돈바스 주민을 보호하기 위한 우크라이나의 '비군사화(demilitarization)'와 '비나치화(denazification)'이다. 2022년 2월 21일 도네츠크 인민공화국과 루간스크 인민공화국 승인과 관련한

41) Mark F. Cancian, "Putin's Invasion Was Immoral but Not Irrational," https://www.csis.org/analysis/putins-invasion-was-immoral-not-irrational(검색일: 2022.5.25)

'러시아연방 안보 회의' 속기록과 푸틴 대통령의 '대국민담화', 2월 22일 이와 관련한 푸틴 대통령의 기자회견 발언, 2월 24일 '특별 군사 작전' 수행을 선언한 푸틴 대통령의 '대국민담화' 등에 기초할 때,[42] 여기서 '비군사화'는 군사적 수단을 통한 크림반도 탈환과 돈바스 내전 해결이 불가능하도록 우크라이나군의 시설 및 장비 파괴와 병력의 무장해제, 러시아 공격을 위한 미국과 NATO의 '교두보' 역할 중단을 위한 우크라이나의 NATO 가입 포기를 의미한다. 또한, 2021년 7월 12일 푸틴 대통령이 크렘린 홈페이지를 통해 발표한 기고 '러시아인과 우크라이나인의 역사적 통합에 대하여', 2022년 2월 24일 '특별 군사 작전' 수행을 선언한 푸틴 대통령의 '대국민담화' 등에 기초할 때,[43] '비나치화'는 러시아인의 권리를 침해하는 파시즘적 정책 중단, 나치 전범에 대한 미화와 네오나치 활동 금지, 권력을 장악한 극우 민족주의자 제거를 의미한다.

하지만 실질적 목표는 다음과 같다. 첫째, 우크라이나의 비무장 중립화와 지도부 교체이다. 우크라이나의 비무장 중립화를 위해서는 우크라이나의 NATO 가입 포기가 선행되어야 한다. 지도부 교체는 침공 초기에는 목표가 될 수 있었지만, 키예프 점령을 사실상 포기하고 평화협상을 통한 종전을 시도하는 경우 실현되기 어려운 목표로 보인다.

둘째, 크림반도 병합과 돈바스의 두 공화국 주권 인정이다. 2014년 3월 연방 구성 주체를 명시한 기존 헌법의 65조 1항에 크림 공화국과 세바스토폴 연방시가 포함되었고, 2020년 7월 개정된 헌법의 67조 2.1항에는 "영토 일부의 양도를 지향하는 행위(인접국들과 러시아연방의 국경 확정(delimitation), 설정(demarcation), 재설정 제외)와 그러한 행위에 대한 호소는 허용되지 않는다

---

42) "Заседание Совета Безопасности. 21 февраля 2022 года," http://kremlin.ru/events/president/news/67825; "Обращение Президента Российской Федерации. 21 февраля 2022 года," http://kremlin.ru/events/president/news/67828; "Владимир Путин ответил на вопросы журналистов," http://kremlin.ru/events/president/news/67838; "Обращение Президента Российской Федерации. 24 февраля 2022 года," http://kremlin.ru/events/president/news/67843

43) "Статья Владимира Путина ≪Об историческом единстве русских и украинцев≫. 12 июля 2021 года," http://kremlin.ru/events/president/news/66181; "Обращение Президента Российской Федерации. 24 февраля 2022 года," http://kremlin.ru/events/president/news/67843

."[44]라고 명시되었다. 또한, 2022년 2월 21일 푸틴 대통령은 도네츠크 인민공화국과 루간스크 인민공화국을 승인하는 대통령령에 서명했고, 2월 22일 러시아 상·하원은 두 공화국과의 우호·협력·상호원조조약을 비준했다.

셋째, 우크라이나 내 동남부 지역 친러 벨트 복원이다. 여기에는 지리적으로 크림반도와 돈바스 사이에 있는 헤르손 주와 자포로지예 주가 우선 포함되고, 돈바스와 서쪽으로 인접한 하리코프 주와 드네프르페트롭스크 주, 그리고 크림반도와 몰도바 내 친러 지역인 트란스니스트리아 사이에 있는 니콜라예프 주와 오데사 주까지 포함될 수 있다. 이들은 2000년대부터 대선 및 총선에서 이른바 '친러' 후보를 지지했을 뿐만 아니라, 2014년 초 과도정부에 반대하는 시위가 광범위하게 전개되었던 지역이다.

〈그림 6〉 우크라이나의 지방[45]

44) "Конституция Российской Федерации," http://www.kremlin.ru/acts/constitution
45) "File:Ukraine Political Regions.png," https://commons.wikimedia.org/wiki/File:Ukraine_Political_Regions.png

2) 전쟁의 전개

2022년 3월 25일 러시아 국방부는 '특별 군사 작전' 1단계 주요 임무가 완료되었고, 우크라이나의 전투 잠재력이 근본적으로 감소했다고 보고했다.[46] 이에 따르면, 우크라이나의 공군과 방공 체계는 실질적으로 완전히 파괴되었고, 해군은 사라졌다. 우크라이나 군사 장비 비축분의 70%가 보관되어있던 무기고들이 파괴되었고, 우크라이나군에는 조직된 예비군이 남아 있지 않으며, 우크라이나군의 장비를 수리하던 방위산업체 30곳이 공격을 받았다. 또한, 루간스크 인민공화국 영토의 거의 전체와 도네츠크 인민공화국 영토의 절반 이상이 해방되었고, 키예프, 하리코프, 체르니고프, 수미, 니콜라예프가 봉쇄되었으며, 헤르손 주와 자포로지예 주의 대부분이 러시아군의 통제하에 있다.

이어서 3월 29일 러시아 국방부는 키예프 방면과 체르니고프 방면에서 군사 활동을 근본적으로 축소하기로 했다. 국방차관인 포민(Alexander V. Fomin) 중장이 발표한 이스탄불 평화회담 결과에 관한 국방부 성명에는 "우크라이나의 중립 및 비핵지위와 우크라이나에 대한 안전보장 제공 조약 준비에 관한 협상이 실무 수준으로 전환되고 있다는 점과 관련하여, 오늘 회담 과정에서 논의된 원칙들을 고려하여 러시아 국방부에 의해 상호 신뢰 제고와 향후 협상 수행 및 궁극적 목표 달성, 위에서 언급한 조약의 합의 및 서명을 위한 필수적인 조건 조성의 목적에서 키예프 방면과 체르니고프 방면에서 군사 활동의 여러 배 축소라는 근본적 결정이 채택되었다."라고 명시되었다.[47] 그 결과 북쪽 방면에서 러시아군 철수가 이루어졌고, 러시아군의 군사 활동이 돈바스로 집중되었다.

4월 22일 러시아 중부 군관구(Central Military District) 부사령관인 민네카예프(Rustam Minnekaev) 소장은 '특별 군사 작전' 2단계가 이틀 전에 시작되었다고 언급하면서, 2단계 주요 과제 중 하나가 돈바스와 우크라이나 남부에 대한 완전한 통제 확립이며, 이것은 돈바스에서 크림반도를 향한 육지 회랑과 트란

46) "День 30-й: задачи первого этапа операции выполнены, переговоры затягиваются," https://ria.ru/20220325/spetsoperatsiya-1780174839.html

47) "МО РФ решило в разы сократить военную активность на киевском и черниговском направлениях," https://n.tass.ru/armiya-i-opk/14216235

스니스트리아를 향한 또 하나의 출구 조성을 가능하게 한다고 덧붙였다.[48] '특별 군사 작전' 2단계에 접어들면서, 러시아군이 병력 손실과 민간인 희생을 최소화하는 방식으로 전투를 수행하고 있는 것으로 보인다. 이는 마리우폴의 '아조프스탈' 전투에서 병력 투입을 통한 신속한 장악을 포기하고 투항을 종용하면서 봉쇄와 폭격을 병행한 것에서 잘 드러난다. 또한, 이는 돈바스 방면에서 러시아군의 느린 진격 속도에 대한 설득력 있는 설명도 될 수 있다.

2022년 6월 1일 기준 러시아군과 돈바스의 두 공화국군은 돈바스 방면에서 루간스크 주의 거의 전체, 도네츠크 주의 약 60%, 남쪽 방면에서 헤르손 주의 거의 전체, 자포로지예 주의 약 70%, 니콜라예프 주의 일부, 동쪽 방면에서 하리코프 주의 약 30%를 점령했다. 이들 지역의 상황을 보면, 먼저 돈바스 방면에서 2월 21일 도네츠크 인민공화국과 루간스크 인민공화국을 승인하고 2월 22일 상·하원이 이들과의 우호·협력·상호원조 조약을 비준한 바 있다. 따라서 돈바스는 우크라이나와의 평화협상 대상에서 제외될 수밖에 없다. 다음으로 남쪽 방면에서는 헤르손 주와 자포로지예 주에서 러시아 통화인 루블이 통용되고 있고, 러시아의 연금 및 사회적 보조금이 지급되고 있으며, 러시아 TV·라디오 방송이 송출되고 있고, 러시아 인터넷 및 통신이 연결되었다. 또한, 러시아는 이들 지역 주민을 대상으로 국적 취득 간소화 조치를 시행하고 있고, 민·군 합동 정부는 이미 주민투표를 거치지 않고 러시아에 병합을 요청할 것이라고 공언한 바 있다. 따라서 이들 지역 역시 종전 이후에도 우크라이나에 반환될 가능성이 매우 작다.

3) 평화협상 진행

러시아와 우크라이나는 지금까지 1차(2월 28일), 2차(3월 3일), 3차(3월 7일), 외무장관급(3월 10일), 비대면, 4차(3월 29일), 대표단장급(4월 22일) 평화협상을 진행했다. 그중 3월 29일 이스탄불에서 개최된 평화협상이 가장 구체적인 성과를 도출했다고 할 수 있다. 이 때문에 이틀간 계속될 예정이었던 회담이

48) "В Минобороны назвали задачи второго этапа спецоперации на Украине," https://n.tass.ru/armiya-i-opk/14446141?utm_source=google.com&utm_medium=organic&utm_campaign=google.com&utm_referrer=google.com

이미 상당한 진전이 있었다는 언급과 함께 첫날에 바로 종료되었다. 대통령 보좌관인 메딘스키(Vladimir R. Medinsky) 러시아 측 대표단장은 "우리는, 우리가 이해하기로, 우크라이나 지도부가 동의한 우크라이나 측의 서면 제안을 받았다." 라고 주장했다.[49] 이에 따르면, 우크라이나 측의 제안은 다음과 같다. 첫째, 우크라이나는 군사적 수단에 의해 크림반도와 돈바스를 돌려받으려는 열망을 포기한다. 둘째, 우크라이나가 받을 안전보장은 크림반도와 돈바스 지역에 적용되지 않는다. 셋째, 우크라이나는 국제법적 보장 하에 영세중립국을 선언한다. 넷째, 우크라이나는 러시아가 우크라이나의 유럽연합 가입에 반대하지 않기를 희망한다.

이와 관련하여, 우크라이나 대표단은 키예프가 희망하는 다음과 같은 사항을 더 자세하게 언급했다.[50] 첫째, 크림반도와 돈바스 문제를 별도로 논의하고 평화조약에 크림반도에 관한 우크라이나와 러시아의 입장을 명시하며, 크림과 세바스토폴의 지위에 대한 양자 협상을 15년간 진행한다. 돈바스 공화국들의 문제는 러시아와 우크라이나 정상 수준에서 결정되어야 한다. 둘째, 양국이 이 15년간 크림반도 문제 해결을 위해 군사력을 이용하지 않을 것을 조약에 명시한다(키예프는 여기서 여전히 크림반도에 대한 러시아의 주권을 인정하지 않는다). 셋째, 우크라이나는 일련의 국가로부터 명확하고 엄격한 보장의 존재 하에 비동맹 및 비핵지위에 동의할 준비가 되어 있다. 우크라이나는 어떠한 군사·정치적 동맹에도 가입하지 않을 것을 약속한다. 우크라이나 영토에서 국제군사훈련은 보장국들의 동의 하에만 수행될 수 있다. 넷째, 보장 조약에 관한 결정은 우크라이나 국민투표에서 채택되어야 한다. 다섯째, 영국, 중국, 미국, 터키, 프랑스, 캐나다, 이탈리아, 폴란드, 이스라엘이 보장국이 될 수 있다. 일부 국가는 이에 대한 사전 동의를 이미 제공했다.

하지만 이스탄불 평화협상 이후 우크라이나 측의 입장은 변화했고, 협상은 더

49) "К чему пришли Москва и Киев на переговорах во дворце османских султанов," https://news.mail.ru/card/340/

50) "К чему пришли Москва и Киев на переговорах во дворце османских султанов," https://news.mail.ru/card/340/

진전되지 않았다. 5월 6일 젤렌스키 대통령은 채텀하우스(Chatham House)가 주최한 온라인 포럼에서 종전 협상의 첫 번째 단계는 2월 24일부터 점령한 우크라이나 영토에서 러시아군의 철수라고 언급했다. 또한, '우크라이나의 승리' 개념과 관련하여, "나에게 승리는 우리 영토를 보존하고 우리 사람들을 최대한 구하는 것이다. 1,100만 명을 잃지 않는 것이 승리가 될 것이다. 국경 너머로 떠난 그 500만 명의 귀환이 승리가 될 것이다. 시작을 위해서라도 이 끔찍한 전쟁 이전의 경제 상황으로 나라를 되돌리는 것이 승리가 될 것이다."라고 덧붙였다.[51)]

3. 전망

1) 시나리오 1: 러시아의 돈바스 완전 점령 / 우크라이나의 평화협상 거부

시나리오 1은 러시아가 돈바스를 완전히 점령했지만, 우크라이나가 평화협상을 거부하는 경우이다. 이 시나리오에서 첫째, 러시아는 우크라이나를 평화협상으로 끌어내기 위해 추가 영토 점령을 시도할 것이다. 동쪽 방면에서는 하리코프를 포함한 하리코프 주, 남쪽 방면에서는 우선 자포로지예를 포함한 자포로지예 주, 이어서 니콜라예프 주와 오데사 주로 진출할 가능성이 크다. 러시아가 오데사 주까지 점령하면 돈바스~크림반도~트란스니스트리아 육지 회랑이 건설되고 우크라이나는 흑해에서 완전히 차단된다. 돈바스 방면에서도 인접한 드네프르페트롭스크 주로 진출할 가능성이 있다. 이들 지역을 점령할 경우, 우크라이나 동남부 '친러 벨트'가 완성된다. 이 경우 평화협상이 재개되면 러시아가 우위에 서서 협상을 주도할 수 있을 것으로 보인다. 우크라이나 정부를 더 압박하기 위해 '특별 군사 작전' 2단계로 전환하면서 철수한 북쪽 방면에서 키예프, 체르니고프, 수미에 대한 재공세를 시작할 수도 있다. 우크라이나는 러시아의 추가 영토 점령 시도에 맞서 동쪽 방면에서 하리코프, 남쪽 방면에서 니콜라예프와 오데사,

51) "Зеленский: первым шагом к остановке войны будет отход России на позиции до 24 февраля," https://www.golosameriki.com/a/zelensky-chatham-house/6560833.html

북쪽 방면에서 키예프, 체르니고프, 수미 방어에 나설 것이고, 러시아의 접경지역인 벨고로드 주와 쿠르스크 주에 대한 공격도 더 강화할 것이다. 그리고 우크라이나가 방어가 효과를 거둔다면, 전쟁이 장기화할 것으로 보인다.

많은 병력 손실과 민간인 희생을 감수해야 하기 때문에 키예프 점령을 시도할 가능성은 적지만, 만일 성공한다면 우크라이나 지도부는 구금되거나, 서부로 이동할 수밖에 없다. 이 경우 서방의 지원을 받아 서부를 중심으로 군사적 저항이 조직되고 러시아의 점령지역에서 사보타주 활동이 계속될 것이다. 키예프를 점령한 러시아는 친러 과도정부를 조직하고 협상을 통해 비무장 중립화 개헌, 영토 포기, 러시아군의 점령지역 장기 주둔 등을 보장하는 조약에 서명하려 할 것이다. 하지만 서방은 협상 결과를 최소한 공식적으로 인정하지 않을 공산이 크고, 대러 경제제재를 철회할 명분도 찾지 못할 것이다. 만일 키예프 점령에 실패한다면, 역시 전쟁이 장기화할 것이다.

2) 시나리오 2: 러시아의 돈바스 완전 점령 실패

시나리오 2는 러시아가 돈바스를 완전히 점령하는 데 실패하고 전선이 고착화하는 경우이다. 이 경우 우크라이나는 동쪽 방면에서 하리코프 주, 돈바스 방면에서 반격의 기회를 확보하게 될 것이고, 남쪽 방면에서는 러시아의 추가 영토 점령 저지에 나설 것이다. 또한, 러시아의 접경지역인 벨고로드 주와 쿠르스크 주에 대한 공격도 이어질 것이다. 하지만 서방의 지원에도 불구하고 파병이 이루어지지 않는 한, 전쟁은 장기화에 접어들 것이다. 평화협상이 재개되더라도 우크라이나가 상대적 우위에 서서 협상을 주도할 수 있다.

3) 시나리오 3: 평화협상 타결

시나리오 3은 시나리오 1 또는 시나리오 2에 따라 전쟁이 장기화하지 않고 어느 시점에서 평화협상이 타결되는 경우이다. 러시아에 유리한 합의가 이루어진다면, 평화조약에 첫째, 우크라이나의 비무장 중립화 개헌과 러시아가 참여하는 강대국 안전보장, 둘째, 크림반도 병합과 도네츠크 인민공화국 및 루간스크 인민공화국의 독립 인정, 헤르손 주 및 자포로지예 주 병합 인정 등 영토 포기, 셋째, 러시아군의 점령지역 장기 주둔, 넷째, 서방의 대러 경제제재 철회 요청 등이 포함될 것으로 보인다. 우크라이나에 유리한 합의가 이루어진다면, 평화조약에 첫째, 우크라이나의 무장 중립화 개헌과 러시아를 배제한 강대국 안전보장, 둘째, 크림반도 병합과 도네츠크 인민공화국 및 루간스크 인민공화국의 독립 묵인 등 사실상의 주권 상실 인정, 셋째, 러시아군의 기타 점령지역 반환 및 철수 등이 포함될 것으로 보인다.

4) 시나리오 4: 확전

시나리오 4는 시나리오 1 또는 시나리오 2에 따라 전쟁이 장기화하면서 다른 국가가 공식적으로 전쟁에 참여하는 경우이다. 이는 서방의 무기 수송 수단 또는 서방의 영토에 대한 러시아의 공격으로 시작될 수 있고, 이에 대해 NATO가 공동 대응에 나서면 러시아의 2차 대응으로 이어질 것이다. 이는 70여 년 만에 세계대전이 다시 발발하는 것을 의미한다.

5) 시나리오 5: 전쟁의 장기화

시나리오 5는 시나리오 1 또는 시나리오 2가 시나리오 3 또는 시나리오 4로 이어지지 않고 전쟁이 장기화하는 경우이다. 이 경우 러시아는 중대한 위기에 직면할 가능성이 크다. 전선에서는 병력 손실이 증가하고, 보급이 지체될 수밖에 없다. 국내에서는 전비 부담 증가와 대러 경제제재 장기화로 인한 경제적 타격이 더 명확하게 드러날 것이고, 이는 반전 여론 확산과 푸틴 대통령에 대한 지지도 하락으로 이어질 수 있다. 따라서 러시아가 전쟁의 장기화를 중단하고 우크라이나를 평화협상으로 끌어내기 위해 더 강력한 무기를 사용하거나 많은 병력 손실과 민간인 희생을 감수하는 극단적 전술을 구사할 가능성도 있다.

Ⅳ. 러시아-우크라이나 전쟁이 세계질서와 한반도 정세에 미치는 영향

1. 세계질서에 미치는 영향

1) '신냉전' 구조의 형성

푸틴 대통령은 2012년 1월 16일 '이즈베스티야'에 게재한 기고 '러시아는 집중하고 있다 – 우리가 대응해야 할 도전들'52)에서 "'단극성' 현상을 포함하여, 소련 붕괴 이후 20년 동안 성립되었던 체제의 종언이 명백해졌다."라고 선언하면서, 지금의 세계를 "이전의 단일한 '힘의 극'은 이미 글로벌 차원의 안정을 유지할 능력이 없지만, 새로운 영향력의 중심들은 아직 이것을 할 준비가 되어 있지 않다."라고 주장했다. 이는 세계질서가 단극체제에서 다극체제로 전환되는 이행기에 진입했다는 러시아 지도부의 인식을 대변하는 것이었다.

실제로 탈냉전기 30여 년간 세계질서가 미국 주도의 단극체제에서 주요 강대국 주도의 다극체제로 이행하고 있었다면, 러시아의 우크라이나 침공은 미국의 단일 패권체제에 맞서 주요 강대국이 수행한 최초의 군사적 도전이자 그러한 세계질서의 변화를 상징하는 사건이라 할 수 있다. 그 결과 미국과 다른 서방 국가들을 한 축으로 하고, 러시아와 중국을 한 축으로 하는 이른바 '신냉전' 구도가 본격적으로 나타났다.

2) 국제규범의 혼란

2016년 11월 30일 승인된 러시아의 '대외정책개념'53)은 '국제관계에서 법의 우위'와 관련해 "러시아는 일관되게 국제관계의 법적 기초 강화를 지지하고, 국제법적 의무를 성실히 준수하고 있다."라면서, '개별 국가의 정치적 상황 및 이익을 위해 실현되는, 무력 또는 무력에 의한 위협의 불사용, 국제적 논쟁의 평화

---

52) "Россия сосредотачивается — вызовы, на которые мы должны ответить," https://iz.ru/news/511884

53) "Концепция внешней политики Российской Федерации (2016.11.30)," https://www.mid.ru/ru/foreign_policy/official_documents/1538901/

적 해결, 국가의 주권 및 영토적 통합성의 존중, 민족자결권과 같은 매우 중요한 국제법적 규범 및 원칙에 대한 자의적 해석 시도' 등에 대항할 것이라고 언급하고 있다.

탈냉전기 30여 년간 국제규범은 비록 미국을 비롯한 주요 강대국의 잦은 위반에도 불구하고 군사적 수단에 의한 갈등 해결을 허용하지 않았다. 또한, 적어도 주요 강대국 간에는 군사적 긴장이 고조되더라도 외교적 수단에 의한 해결이 우선시되었다. 하지만 이번 전쟁의 본질이 미·러 갈등과 패권 전략의 충돌에 있다는 점을 고려할 때, 러시아가 우크라이나 침공이라는 군사적 수단을 통해 그러한 갈등과 충돌의 해결을 시도했다고 볼 수 있다. 따라서 이는 향후 갈등 해결을 위해 더 많은 국가가 노골적으로 군사력을 사용하는 이른바 '야만의 시대'의 부활을 예고하는 것일지도 모른다.

3) 미국의 정치·경제적 패권 기반 약화 가속화

전문가 다수는 러시아의 우크라이나 침공이 트럼프 정부 시기 이완되었던 미국 주도의 동맹, 특히 NATO를 강화하고 있다고 단언한다. 또한, 미국이 유럽 국가들에 무기와 에너지 자원을 수출하여 경제적 이익을 확보하는 기회를 제공하고 있다고 주장한다. 하지만 장기적 차원에서 러시아의 우크라이나 침공은 오히려 미국의 정치·경제적 패권 기반 약화를 가속화하고 있다. 먼저, 전쟁을 방지하기 위한 어떠한 노력도 하지 않은 결과, 세계질서의 주도국으로서 미국의 정치적 패권 기반이 흔들리고 있다. 미국은 우크라이나에 대한 확실한 안보 공약을 제시하지도 않았고, 러시아와 최소한의 타협도 시도하지 않았다. 러시아를 전쟁의 늪에 빠뜨리기 위해 우크라이나를 희생한 것이 명백해지면서, 미국의 리더십에 대한 의심도 커지고 있다. 하지만 오히려 미국은 대러 경제제재 참여와 우크라이나에 대한 군사적 지원을 강요하고, '국제정치의 이념화'를 통해 다른 국가들을 줄 세우기 바빴다. 그리고 이는 유럽 국가들의 분열과 독일, 일본 등 2차 세계대전 전범국의 재무장 시도로 이어지고 있다. 다음으로, 달러 표시 자산의 신뢰성에 대한 우려가 커지면서, 미국의 경제적 패권 기반이 침식하고 있다. 미국은 일시적으로 경제적 이익을 확보할 수 있겠지만, 미국의 대러 경제제재는 미국이 마음먹기에 따라 달러 표시 자산의 이용이 얼마든지 제한될 수 있다는 것을 여실히 보여주었다. 그 결과 많은 국가가 외환보유고에서 달러의 비중을 높이는 것이 위험하다는 것을 알게 되었고, 무역대금 결제에서 달러에 대한 의존에서 벗어나려는 시도가 본격화되었으며, 대안적인 은행 간 국제금융거래 결제망이 활성화될 가능성도 커졌다. 이는 미국이 주도하는 자유주의 경제질서의 독점적 영향력이 약화하고 세계 경제의 블록화가 가속화되는 계기가 될 수 있다.

2. 한반도 정세에 미치는 영향

1) 한반도 정세의 변화

러시아의 우크라이나 침공으로 인해, 첫째, 동북아에서 미국과 일본 대 중국과 러시아의 대립 구도가 명확해지면서 한국의 외교적 자율성이 줄어들고 있다. 지난 30여 년간 한국은 정권교체와 무관하게 북방 삼각(북·중·러)과 남방 삼각(한·미·일) 간 대립 구도의 약화를 추구했는데, 이것이 수포가 될 위기에 놓였다. 한국이 러시아와의 관계를 너무 쉽게 포기하면 이 대립 구도는 더 심화할 것이고 한국의 외교적 자율성은 더 줄어들 것이다. 둘째, 북한의 핵무기 포기 가능성이 거의 사라졌다. 러시아와 중국이 한반도 비핵화에 신경을 쓸 여력도 당분간은 없을 것으로 보이고, 북한도 북방 삼각과 남방 삼각의 대립 구도 하에서 핵무기와 미사일 개발을 계속할 수밖에 없을 것이다. 따라서 북한의 핵무기 보유를 '사실상' 전제로 하면서 한반도 평화 프로세스의 대안을 모색해야 할지도 모른다. 셋째, 이른바 '야만의 시대'가 도래하면서, 한국 사회에서 '균형외교론'이 힘을 잃고 '동맹강화론'이 압도적인 영향력을 가질 가능성이 커졌다. 남북 모두가 패배자가 되는 전쟁을 방지하기 위해서는 두 논리 간 균형이 중요한데, '동맹강화론'에 지나치게 힘이 실리면 안보 딜레마로 인해 전쟁의 가능성이 역설적으로 더 커질 수 있다.

2) 대 우크라이나 무기 지원 문제

러시아와 육지국경을 접한 나라는 총 14개국인데, 그중 이번 전쟁과 관련해 대러 제재에 참여하고 있는 나라는 노르웨이, 핀란드, 에스토니아, 라트비아, 리투아니아, 폴란드, 우크라이나, 한국으로 총 8개국이며, 아시아에서는 한국이 유일하다. 또한, 당사국인 우크라이나, EU 회원국이자 최근 NATO 가입을 신청한 핀란드, 그리고 한국을 제외하면 모두 NATO 회원국이다. 따라서 한국은 러시아와 육지국경을 접하고 있음에도 불구하고, 국제사회에서 어느 정도 책임 있는 역할을 하고 있다고 할 수 있다. 그런데 우크라이나에 무기 지원까지 하는 것은 정말 위험한 시도가 될 것이다. 한국이 캐나다나 호주처럼 지리적으로 러시아와 멀리 떨어진 위치에 있다면 무기 지원을 하더라도 큰 문제가 없을 수 있다. 하지만 한국의 입장에서 러시아는 지리적으로 인접국일 뿐만 아니라, 비핵화와 통일이라는 한반도 문제 해결에 영향력을 미칠 수 있는 유관국이라는 점을 잊어서는 안 된다.

우크라이나의 처지가 안타깝기는 하지만, 현재 상황이 우리에게 기회가 될 여지도 있다. 전통적으로 러시아는 유럽에서 압박이 심해지면 아시아로 눈을 돌렸기 때문에 향후 더 적극적으로 아태지역 국가들과 경제협력 확대를 추진할 것이다. 미국과 강한 동맹관계에 있는 일본과의 관계는 이미 파탄에 이르렀고, 중국에 대한 지나친 의존은 장기적으로 근심거리가 될 수 있기 때문에 러시아에는 한국과의 경제협력 확대가 더욱 필요하다. 러시아가 대러 제재 참여국을 모두 '비우호국가'로 규정하고 비자 간소화 조치를 중단하면서도 한국을 예외로 둔 것에 주목할 필요가 있다. 현재는 다른 국가들과의 관계로 인해 섣불리 움직이기 어렵지만, 다양한 차원에서 러시아와의 관계를 발전시킬 준비를 하고 있어야 한다. 지금은 그 어느 때보다도 신중한 외교가 필요한 시점이다.

3) 남북관계에 주는 시사점

전쟁 전 러시아와 유럽 국가들은 에너지 협력을 통해 상호 막대한 경제적 이익을 누렸고, 탈소비에트 국가들 역시 러시아로부터 이른바 '우호 가격'으로 에너지를 공급받을 수 있었다. 특히, 2013년 말 시작된 '우크라이나 위기' 이전까지 러시아와 우크라이나는 무역, 투자 등 모든 부문에 걸쳐 긴밀한 협력관계를 유지하고 있었다. 이처럼 높은 경제적 상호의존성에도 불구하고, 결국 전쟁은 일어났다. 이번 경우에는 물론 러시아와 경제협력 수준이 낮은 미국이 변수로 작용했다고 할 수 있지만, 협력을 통한 경제적 이익이 아무리 크더라도 안보 딜레마 상황에서는 얼마든지 전쟁이 일어날 수 있다는 것이 확인되었다. 이는 경제적 상호의존이 평화의 필요조건일 뿐, 충분조건은 아니라는 것을 말해준다. 이러한 논리를 남북관계에 적용해보면, 남북 간 경제협력을 통해 경제적 상호의존성이 아무리 높아져도 안보 딜레마 상황이 해소되지 않으면 어느 순간 전쟁이 날 수도 있다는 것을 의미한다. 따라서 국내정치적 이익을 위해 남북관계에서 과장된 수사를 사용하면서 긴장을 고조시키는 것이 상대에게 잘못된 신호로 해석되어 매우 위험한 상황을 초래할 수 있다는 점을 정치 지도자는 항상 인식해야 한다.

부록

한반도미래전략연구원 전문가 정책포럼 참석자 명단

(직책은 정책포럼개최 당시)

부록 한반도미래전략연구원 전문가 정책포럼 참석자 명단

제1회 전문가 정책포럼 (2013년 7월 6일)

발제자: 정욱식 (평화네트워크대표)
한반도 평화체제의 새로운 구상

토론자: 곽태환 (한반도 미래전략연구원 이사장)
곽승지 (연합뉴스 영문북한팀장)
서보혁 (서울대 통일평화연구원 연구교수)
정성장 (세종연구소 통일전략연구실 수석연구위원)
강종일 (한반도중립화통일협의회 회장)
김동현 (고대 일민국제관계연구소 방문교수)
주승호 (Univ of Minnesota, Morris 정치학 교수)
배정호 (통일연구원 통일정책연구센터 소장)
이춘복 (성균관대학교 성균중국연구소 책임연구원)
홍익표 (민주당 국회의원)
유경의 (한국글로벌 피스재단 이사장)

제2회 전문가 정책포럼 (2013년 10월 5일)

발제자: 정성장 박사 (세종연구소 통일전략연구실 수석연구위원)
통일한반도의 미래상: 새로운 통일방안의 모색

토론자: 곽태환 (한반도 미래전략연구원 이사장)
안태형 (통일전략연구협의회 선임연구위원)

신창민 (사)한우리 통일연구원 이사장)
성기영 (연세대 북한연구원 연구교수)
조성렬 (국가안보전략연구소 책임연구위원)
강종일 (한반도중립화통일협의회 회장)
곽승지 (연합뉴스 영문북한팀장)
홍현익 (세종연구소 수석연구위원)
박영호 (통일연구원 선임연구위원)
김흥규 (성신여대 정외과 교수)
유경의 (한국글로벌피스재단 이사장)

제3회 전문가 정책포럼 (2013년 10월 26일)

발제자: 곽승지 박사 (연합뉴스 영문북한팀장)
김정은시대 북한의 국가전략: 변화양상과 전략적 함의
토론자: 곽태환 (한반도 미래전략연구원 이사장)
강동완 (동아대 정외과 교수)
김동엽 (경남대 극동문제연구소 연구교수)
서재진 (전 통일연구원 원장; (재)미래인력연국원 원장)
염돈재 (성균관대 국가전략대학원장)
이관세 (경남대 북한대학원 대학교 석좌교수; 전 통일부 차관)
이윤걸 ((사)북한전략정보서비스센터 대표이사)
전경만 (전 통일교육원장 / 한국전략문제연구소 석좌연구위원)
정창현 (㈜이제이컨설팅 대표 / 국민대 겸임교수)
차두현 (한국국제교류재단 이사)
유경의 (한국글로벌피스재단 이사장)

제4회 전문가 정책포럼 (2014년 2월 14일)

발제자: 조성렬 박사 (국가안보전략연구소 책임연구위원)

안보-안보 교환의 새로운 모색, 동북아 비핵지대화의 창조적 재구성

토론자: 곽태환 (한반도 미래전략연구원 이사장)

함형필 (한국국방연구원 안보전략연구센터 북한군사연구실장)

이상현 (세종연구소 안보전략연구실장 / 전 외교부 정책기획관)

문성묵 (한국전략문제연구소 전문연구위원)

김치관 (통일뉴스 편집국장)

김정봉 (한중대 석좌교수; 전 국가안보전략연구소장)

김준형 (한동대학교 국제지역학과 교수)

이 근 (서울대 국제대학원 교수)

정욱식 (평화네트워크 대표)

김동현 (고려대 방문교수)

이춘복 (성균중국연구소 책임연구원)

유경의 (한국글로벌피스재단 이사장)

제5회 전문가 정책포럼 (2014년 5월 24일)

발제자: 이윤걸 박사 ((사)북한전략정보서비스센터 대표이사)

한반도 비핵화와 6자회담: 북한은 핵을 포기할 것인가?

토론자: 곽태환 (한반도 미래전략연구원 이사장)

김영윤 ((사)남북물류포럼 회장)

김준형 (한동대학교 국제지역학과 교수)

김진호 (경향신문 선임기자)

신상진 (광운대학교 국제협력학부 교수)

양무진 (북한대학원대학교 교수, 현 통일부 정책자문위원)

정창현 ((주)이제이컨설팅 대표, 국민대 겸임교수)

조성렬 (국가안보전략연구소 책임연구위원)
한용섭 (국방대 안보대학원 교수)
홍현익 (세종연구소 수석연구위원)

참석자: 강종일 (한반도중립화통일협의회 회장)
김동현 (고려대 방문교수)
황동식 (통일을 실천하는 사람들 공동대표)

제6회 전문가 정책포럼 (2014년 10월 11일)

발제자: 김현욱 박사 (국립외교원 부교수, 미주연구부장)
한반도 통일과 미국

토론자: 곽태환 (한반도 미래전략연구원 이사장)
강종일 (한반도중립화 통일협의회 회장)
김동현 (고려대 방문교수)
김준형 (한동 대학교 국제지역학과 교수)
문성묵 (한국전략문제연구소 전문연구위원)
서주석 (한국국방연구원 책임연구위원)
장용석 (서울대학교 통일평화연구원 선임연구원)
조성렬 (국가안보전략연구소 책임연구위원)
홍현익 (세종연구소 수석연구위원)

제7회 전문가 정책포럼 (2014년 11월 15일)

발제자: 김동수 박사 (부경 대학교 국제지역학부 조교수)
한반도 신뢰프로세스와 평화정착

토론자: 곽태환 박사 (한반도 미래전략연구원 이사장)
김구섭 (전 한국국방연구원장/현 경남대 초빙교수)
김동현 (고려대 일민 국제관계 연구원 방문학자)

김창수 (한국국방연구원 책임연구위원)
이춘복 (성균관대 성균 중국연구소 책임연구원)
장용석 (서울대 통일평화연구원 선임연구원)
제성호 (중앙대학교 법학전문대학원 교수)
조성렬 (국가안보전략연구원 책임연구위원)
차두현 (한국국제교류재단 이사)
홍현익 (세종연구소 수석 연구위원)

제8회 전문가 정책포럼 (2014년 12월 11일)

발제자: 김흥규 박사 (아주대 정치외교학과 교수/중국정책연구소 소장)
중국과 한반도 통일
토론자: 곽태환 박사 (한반도 미래전략연구원 이사장)
강종일 박사 (한반도 중립화연구소장)
신상진 박사 (광운대 교수)
유상철 박사 (중앙일보 중국전문기자)
이삼성 박사 (한림대 교수)
이종국 박사 (동북아연구재단 연구위원)
이희옥 박사 (성균중국문제연구소장)
장용석 박사 (서울대 통일평화연구원 선임연구위원)
전병곤 박사 (통일연구원 기조실장)
정욱식 대표 (평화네트워크 대표/프레시안 편집위원)
정재흥 박사 (경남대 정외과 교수)

제9회 전문가 정책포럼 (2015년 5월 9일)

발제자: 이 근 교수 (서울대학교 국제대학원)
21세기 동북아 국제체제와 한반도통일비전

토론자: 곽태환 (미국 이스턴 켄터키대 명예교수)
김열수 박사 (성신여자대학교 국제정치학 교수)
김재한 박사 (한림대 교수)
박인휘 박사 (이화여자대학교 국제학부 교수)
서주석 박사 (한국국방연구원 안보전략연구센터 책임연구위원)
엄상윤박사 (세종연구소 연구위원)
장용석 박사 (서울대학교 통일평화연구원 선임연구원)
정경영 박사 (동아시아외교안보정책연구소 소장)
정재흥 박사 (경남대학교 정치외교학과 조교수)
조성렬 박사 (국가안보전략연구소 책임연구위원)
최아진 박사 (연세대학교 국제학대학원 교수)

제10회 전문가 정책포럼 (2015년 7월 4일)

발제자: 주승호 교수 (미국 미네소타 주립대-모리스)
러시아와 한반도 평화와 통일프로세스
토론자: 곽태환 박사 (미국 이스턴 켄터키대 명예교수)
김의곤 박사 (인하대 국제정치학 교수)
김준형 박사 (한동대 교수)
김창수 원장 (코리아 연구원 원장)
박병인 박사 (경남대 극동문제연구소 조교수)
박종수 박사 (중원대 초빙교수/전 주러시아 공사)
신범식 박사 (서울대 교수)
제성훈 박사 (대외경제정책연구원 러시아-유라시아팀장)
최태강 박사 (한림대 교수)
홍완석 박사 (한국외국어 대 교수)
홍성표 박사 (아주대 교수)

제11회 전문가 정책포럼 (2015년 10월 31일)

발제자: 고유환 교수 (동국대학교 북한학과 교수)

8·25합의 이후 남북관계 전망과 통일프로세스

토론자: 곽태환 박사 (미국 이스턴 켄터키대 명예교수)

김창수 원장 (코리아 연구원 원장)

박영호 박사 (강원대학교 초빙교수)

성기영 박사 (통일연구원 연구위원)

이영종 부소장 (중앙일보 통일전문기자 겸 통일문화연구소 부소장)

장용석 박사 (서울대 통일평화연구원 선임연구위원)

정경영 박사 (동아시아 외교안보정책 연구소 소장)

조성렬 박사 (북한연구학회 회장)

홍순직 박사 (현대경제연구원 수석연구위원)

홍현익 박사 (세종연구소 안보전략연구실장)

제12회 전문가 정책포럼 (2015년 11월 21일)

발제자: 배진수 박사 (동북아 역사재단 수석연구위원)

동아시아 영토문제와 한반도 미래

토론자: 곽태환 박사 (한반도 미래전략연구원 이사장)

김동욱 박사 (한반도국제법 연구소 소장)

김한권 박사 (국립외교원 교수)

이명찬 박사 (동북아 역사재단 연구위원)

장용석 박사 (서울대 통일평화연구원 선임연구위원)

정경영 박사 (동아시아 외교안보정책 연구소 소장)

정재흥 박사 (경남대 극동문제연구소 교수

조성렬 박사 (북한연구학회 회장)

최태강 박사 (한림대학교 교수)

第13회 전문가 정책포럼 (2016년 6월 5일)

발제자: 정경영 박사 (한양대 국제대학원 겸임교수)

전략환경 변화에 따른 통일외교안보전략

토론자: 곽태환 박사 (한반도 미래전략연구원 이사장)

김동현 교수 (Korea Times Washington Correspondent/Columnist)

김한권 박사 (국립외교원 교수)

장용석 박사 (서울대 통일평화연구원 책임연구원)

제성훈 박사 (한국외국어 대학교 교수)

차두현 박사 (통일연구원 초청 연구위원)

홍성표 박사 (아주대 교수)

권영태 박사 (지구촌 평화연구소 선임연구원)

第14회 전문가 정책포럼 (2016년 6월 11일)

발제자: 박홍서 (朴鴻緖) 박사 (코리아 연구원 연구위원)

동북아질서의 구조적 변화와 한반도 미래

: 마중관계와 한반도 문제를 중심으로

토론자: 곽태환 박사 (한반도 미래전략연구원 이사장)

구양모 박사 (미국 Norwich 대학 정치학 조교수)

김동엽 박사 (경남대 극동문제연구소 조교수)

김준형 박사 (한동대학교 국제지역학과 교수)

김태완 (金泰完) 박사 (동의대학교 정치외교학과 교수).

문돈 (文 燉) 박사 (경희대학교 국제대학 교수)

이성우 (李成宇) 박사 (제주평화연구원 분쟁해결연구부장/연구위원)

이성현 (李成賢) 박사 (세종연구소 상임연구위원)

장용석 (張容碩) 박사 (서울대 통일평화연구원 책임연구원)

제15회 전문가 정책포럼 (2016년 10월 8일)

발제자: 정일영 박사 (서강대 사회과학연구소 책임연구원)

한반도 비핵화의 실패요인과 대안의 모색

토론자: 곽태환 박사 (미국 이스턴 켄터키 대 명예교수)

강종일 박사 (한반도 중립화 연구소장)

남문희 전문기자 (시사IN 한반도 전문기자)

신상진 박사 (광운대 국제협력학부 교수)

이성우 박사 (제주 평화연구원 연구위원)

이정철 박사 (숭실대 정외과 교수)

제성훈 박사 (한국외국어 대 노어과 교수)

홍우택 박사 (통일연구원 연구위원)

제16회 전문가 정책포럼 (2016년 11월 5일)

발제자: 이창주 박사 (남북물류포럼 연구위원)

중국의 일대일로 구상과 한반도 미래

토론자: 곽태환 박사 (한반도 미래전략연구원 이사장)

김태완 박사 (동의대 정외과 교수)

이동규 박사 (한국외대 글로벌안보협력센터 연구위원/ 한국외대 강사)

양철 박사 (성균관 대학교 성균중국연구소 책임연구원)

조성렬 박사 (국가안보전략연구원 책임연구위원)

주재우 박사 (경희대학교 중국학과 교수)

최재선 박사 (한국해양수산개발원 (KMI) 선임연구위원)

최춘흠 박사 (한반도평화통일연구원 부원장/전 상해 외국어 대 교수)

제17회 전문가 정책포럼 (2016년 11월 26일)

발제자: 김동엽 박사 (경남대 극동문제연구소 조교수)

사드의 배치 논란과 한반도의 미래

토론자: 곽태환 박사 (한반도 미래전략연구원 이사장)

김보근 박사 (한겨레 평화연구소장)

김한권 박사 (국립외교원 교수)

엄태암 박사 (한국국방연구원 책임연구위원)

전경만 박사 (남북사회통합연구원장)

정경영 박사 (한양대 국제대학원 겸임교수)

정한범 박사 (국방대학교 교수)

조성렬 박사 (국가안보전략연구원 책임연구위원)

최영미 박사 (전남대학교 정외과 교수)

제18회 전문가 정책포럼 (2017년 4월 29일)

발제자: 정경영 박사 (한양대 국제대학원 겸임교수)

트럼프 시대와 한반도미래

토론자: 곽태환 박사 (한반도 미래전략연구원 이사장)

김창수 박사 (한국국방연구원 책임연구위원)

서주석 박사 (한국국방연구원 책임연구위원)

전현준 박사 (동북아 평화협력연구원장/우석대 초빙교수)

정계영 박사 (중국 복단 대 한국문제연구소 소장/부교수)

정한범 박사 (국방대학교 교수)

홍현익 박사 (세종연구소 선임연구위원)

제19회 전문가 정책포럼 (2017년 6월 3일)

발제자: 조성렬박사 (국가안보전략연구원 책임연구위원)

미·중 정상회담 이후 안보환경의 변화와 문재인 정부의 대북정책

토론자: 곽태환 박사 (한반도 미래전략연구원 이사장)

권영태 박사 (지구촌 평화연구소 선임연구원)

김갑식 박사 (통일연구원 연구위원 /연구관리본부장)

박종철 박사 (경상대 교수/통일평화연구센터 소장)

이영종 박사 (중앙일보 통일전문기자/통일문화연구소 소장)

이윤걸 박사 (북한전략정보서비스센터 대표이사)

추원서 박사 (강남대 교수/남북물류포럼 수석부회장)

Special guest: 안몽필 (일본명: 나가노 신이치로) 박사 (다이토분카-대동문화 대학 명예교수/NPO 법인 동아시아정경아카데미대표)

제20회 전문가 정책포럼 (2017년 10월 21일)

발제자: 정은이 박사 (한국수출입은행 북한. 동북연구센터 책임연구원)

김정은 시대의 북한경제현황과 전망: '부의 원천'을 중심으로

토론자: 곽태환 박사 (한반도 미래전략연구원 이사장)

동용승 박사 (굿파머스 연구소 소장)

배종렬 박사 (통일경제연구협회 사무총장)

이창주 박사 (남북물류포럼 연구위원)

임을출 박사 (경남대 극동문제연구소 교수)

조봉현 박사 (IBK 경제연구소 부연구소장)

홍순직 박사 (국민대 한반도미래연구원 수석연구위원)

제21회 전문가 정책포럼 (2017년 11월 18일)

발제자: 서보혁 박사 (서울대 통일평화연구원 연구교수)

문재인 정부의 대북정책과 남북관계 전망

토론자: 곽태환 박사 (한반도 미래전략연구원 이사장)

박영호 박사 (강원대 교수)

성기영 박사 (통일연구원 연구위원)

정재흥 박사 (세종연구소 연구위원)

제성훈 박사 (한국외국어대학교 노어과 교수)

조성렬 박사 (국가안보전략연구원 수석연구위원)

제22회 전문가 정책포럼 (2018년 5월 19일)

발제자: 이상수 박사 (국방대 안보문제연구소 연구위원)

남북-미북 정상회담 이후 한반도 어디로 가는가?

토론자: 곽태환 박사 (한반도 미래전략연구원 이사장)

김동엽 박사 (경남대 극동문제연구소 교수/ 연구실장)

김진호 박사 (경향신문 선임전문기자)

박원곤 박사 (한동대 국제지역학과 교수/국제처장)

정경영 박사 (한양대 국제 대학원 교수)

정재흥 박사 (세종연구소 안보연구실 연구위원)

특별 토론자: 서인택 회장 (Global Peace Foundation Korea)

Special guest: 이병상 박사 (LA 재미동포)

제23회 전문가 정책포럼 (2018년 6월 16일)

발제자: 이상숙 박사 (국립외교원 외교안보연구소 연구교수)

김정은 북한의 대외정책: 전략적 변화와 지속성

토론자: 곽태환 박사 (한반도 미래전략연구원 이사장)

김동현 교수 (시사 평론가/전 미 국무부 수석통역관)

남문희 기자 (시사인 전문기자)

박종철 박사 (경상대 교수/ 통일평화연구센터 소장)

장세화 교수 (중국 길림대 명예교수)

정옥임 박사 (한반도미래포럼 이사/제18대 국회의원)

진희관 박사 (인제대 교수/ 통일학 연구소 소장)

제24회 전문가 정책포럼 (2018년 10월 18일)

발제자: 김예경 박사 (국회입법조사처 외교안보팀 입법조사관)

한반도 비핵화 과정에서 중국의 역할과 한국의 대응방향

토론자: 곽태환 박사 (한반도 미래전략연구원 이사장)

김한권 박사 (국립외교원 교수)

이상만 박사 (경남대 극동문제연구소 교수 (중국담당)

전가림 박사 (호서대학교 교양학부 교수)

하도형 박사 (국방대학교 안보정책학과 교수)

황재호 박사 (한국외국어대학교 교수)

제25회 전문가 정책포럼 (2018년 11월 10일)

발제자: 조성렬 박사 (국가안보전략연구원 수석연구위원)

한반도비핵화-평화체제구축을 위한 새로운 로드맵

토론자: 곽태환 박사 (한반도 미래전략연구원 이사장)

김동수 박사 (부경대 국제지역학부 교수)

김영준 박사 (국방대 안전보장대학원 교수)
구갑우 박사 (북한 대학원 대학교 교수)
성기영 박사 (통일연구원 연구위원)
정경영 박사 (한양대학교 국제대학원 교수)
황수환 박사 (강원대 통일강원연구원 연구교수)

제26회 전문가 정책포럼 (2019년 5월 18일)

발제자: 정경영 박사 (한양대학교 국제대학원 겸임교수)
하노이 제2차 북미정상회담이후 한반도 미래는?
토론자: 곽태환 박사 (경남대 석좌교수/한반도 미래전략연구원 이사장)
고수석 박사 (JTBC 남북교류추진단 사무국장)
박상중 박사 (국민대 정치대학원 겸임교수/국방대학교 교수 임용(2019.7월))
박종수 박사 (서강대 겸임 교수)
이상수 박사 (국방대 안보문제연구소 연구위원)
전봉근 박사 (국립외교원 교수)
정낙근 박사 (남북경제협력연구소 소장)

제27회 전문가 정책포럼 (2019년 6월 15일)

발제자: 신종대 박사 (북한대학원 대학교 교수)
비핵-평화의 국내정치와 남북관계
토론자: 곽태환 박사 (경남대 석좌교수/한반도 미래전략연구원 이사장)
강종일 박사 (한반도 중립화통일협의회 회장)
김갑식 박사 (통일연구원 연구위원)
이대근 박사 (경향신문 논설고문)
임혁백 박사 (광주과학기술원 석좌교수/고려대 명예교수)

서인택 회장 (한국글로벌 피스재단 President, Global Peace Foundation Korea)

손광주 이사장 (사)한반도선진화연대 이사장

정낙근 박사 (남북경제협력연구소 소장)

Special guest: 이상수 박사 (국방대학교 안보문제연구소 연구위원)

제28회 전문가 정책포럼 (2019년 10월 12일)

발제자: 김은종 박사 (북한도시연구소 대표)

개성공단의 재개, 핵심 이슈와 향후 전망

토론자: 곽태환 박사 (경남대 석좌교수/한반도 미래전략연구원 이사장)

곽인옥 박사 (숙명여자대학교 ICT 융합연구소 교수)

박종철 박사 (경상대학교 교수)

배종렬 박사 (통일경제연구협회 사무총장)

성기영 박사 (극기안보전략연구원 책임연구위원)

이상수 박사 (국방대 안보문제연구소 연구위원)

전현준 박사 (국민대 겸임교수)

정낙근 박사 (남북경제협력연구소 소장)

제29회 전문가 정책포럼 (2019년 11월 19일)

발제자: 장철운 박사 (경남대 극동문제연구소 교수)

한반도 비핵-평화프로세스에 있어 한국의 역할

토론자: 곽태환 박사 (미국이스턴 켄터키대 명예교수/한반도 미래전략연구원 이사장)

강석승 박사 (사단법인, 21세기안보전략연구원 원장)

김영준 박사 (국방대학교 안전보장대학원교수)

이상근 박사 (국가안보전략연구원 연구위원)

이호령 박사 (국방연구원 연구위원/민주 평통 상임위원)

왕선택 박사 (YTN 통일외교 전문기자)

홍현익 박사 (세종연구소 수석연구위원)

제30회 전문가 정책포럼 (2020년 5월 16일)

발제자: 이상근 박사 (국가안보전략연구원 연구위원)

남북한 군비경쟁 및 군비통제와 한반도 평화프로세스

토론자: 곽태환 박사 (미국 이스턴 켄터키대 명예교수/한반도 미래전략연구원 이사장/전 통일연구원 원장)

강석승 박사 (사단법인, 21세기안보전략연구원 원장)

이상수 박사 (국방대학교 안보문제연구소 연구위원)

왕선택 박사 (YTN 통일외교 전문기자)

정경영 박사 (한양대 국제 대학원 교수)

천명국 박사 (국방연구원 현역 연구위원)

홍현익 박사 (세종연구소 수석연구위원)

제31회 전문가 정책포럼 (2020년 6월 20일)

발제자: 곽인옥 박사 (숙명여자 대학교 연구교수)

남북경협 돌파구를 어떻게 찾을 것인가?

토론자: 곽태환 박사 (미국 이스턴 켄터키대 명예교수/한반도 미래전략연구원 이사장/전 통일연구원 원장)

김한권 박사 (국립외교원 교수)

왕선택 박사 (YTN 통일외교 전문기자)

장철운 박사 (통일연구원 연구위원)

정낙근 박사 (남북경제협력연구소 소장)

조봉현 박사 (IBK 경제연구소 연구소장)

추원서 박사 (동북아평화협력연구원 원장)

제32회 전문가 정책포럼 (2020년 10월 17일)

발제자: 김한권 박사 (국립외교원 교수)

미. 중 갈등 시대와 한반도 미래는?

토론자: 곽태환 박사 (미국 이스턴 켄터키대 명예교수/한반도 미래전략연구원 이사장/전 통일연구원 원장)

강석승 박사 (21세기 안보전략연구원 원장)

김흥규 박사 (아주대 정외과 교수/ 미중정책연구소 소장)

이상수 박사 (국방대 안보문제연구소 연구위원)

이성현 박사 (세종연구소 연구위원/중국연구센터장)

이수형 박사 (국가안보전략연구원 책임연구위원/학술협력실장)

정경영 박사 (한양대학교 국제 대학원 교수)

제33회 전문가 정책포럼 (2020년 11월 21일)

발제자: 정욱식 대표 (평화네트워크 대표)

새로운 길, 한반도 비핵지대

토론자: 곽태환 박사 (미국 이스턴 켄터키대 명예교수/한반도 미래전략연구원 이사장/전 통일연구원 원장)

김동엽 박사 (경남대 극동문제연구소 교수)

서보혁 박사 (통일연구원 연구위원)

전봉근 박사 (국립외교원 교수)

정경영 박사 (한양대학교 국제 대학원 교수)

조성렬 박사 (국가안보전략연구원 연구위원)

왕선택 박사 (여시재 정책위

第34회 전문가 정책포럼 (2021년 5월22일)

발제자: 왕선택 박사 (여시재 정책위원/북한학박사)

북-미 핵 협상 국면 전환 요인 분석 -한국 정부 역할을 중심으로-

토론자: 곽태환 박사 (미국 이스턴 켄터키대 명예교수/한반도 미래전략연구원 이사장/전 통일연구원 원장)

곽승지 박사 (전 연변과학기술대학 교수)

김보미 박사 (국가안보전략연구원 연구위원)

김영준 박사 (국방대 안전보장대학원 교수)

문관현 박사 (연합뉴스 편집국 다국어 뉴스부장)

이병철 박사 (경남대 극동문제연구소 교수)

정욱식 대표 (평화네트워크 대표)

第35회 전문가 정책포럼 (2021년 6월26일)

발제자: 정경영 박사 (한양대 국제대학원 교수)

토론자: 곽태환 박사 (미국 이스턴 켄터키대 명예교수/한반도미래전략연구원 이사장/전 통일연구원 원장)

김동엽 박사 (북한대학원 대학교 교수)

신범철 박사 (경제사회연구원 외교안보센터장)

이상수 박사 (국방대 안보문제연구소 책임연구원)_

이호령 박사 (국방연구원 연구위원)

추원서 박사 (동북아평화협력연구원 원장)

홍현익 박사 (세종연구소 수석연구위원)

Guest: 이기후 박사 (AKU 통일실천교수협회 상임고문)

第36회 전문가 정책포럼 (2021년 10월23일)

발제자: 김진향 박사 (전 개성공업지구 지원재단 이사장)

한반도 평화의 새로운 모색: 평화전략과 종전

토론자: 곽태환 박사 (미국 이스턴 켄터키대 명예교수/한반도 미래전략연구원 이사장/전 통일연구원 원장)

김광수 박사 (사)부산평화통일센터 하나 이사장)

김영준 박사 (국방대 안전보장대학원교수/청와대 국가안보실 정책자문위원)

이기동 박사 (국가안보전략연구원 전 부원장/수석연구위원)

이정우 박사 (21세기안보전략연구원 안보연구실장/성균관대 글로벌 창업대학원 특임교수)

조찬현 박사 (경남대 극동문제연구소 초빙연구위원)

왕선택 박사 (한평정책연구소 글로벌 외교센터장)

라인길 사무총장 (한국글로벌피스재단 사무총장)

第37회 전문가 정책포럼 (2021년 11월20일)

발제자: 조성렬 박사 (주 오사카 대한민국 총영사)

새로운 한일관계의 모색: 한일관계의 뉴노멀을 향한 병행론 및 단계별 출구전략

토론자: 곽태환 박사 (미국 이스턴 켄터키대 명예교수/한반도 미래전략연구원 이사장/전 통일연구원 원장)

길윤형 부장 (한겨레 국제부장)

남기정 박사 (서울대 일본연구소 교수)

이장희 박사 (한국외국어 대학교 명예교수)_

호소카 유지 박사 (세종대 대우교수)

제 38회 전문가 정책포럼 (2022년 5월 21일)

발제자: 이기동 박사 (국가안보전략연구원 수석연구위원)

윤석열 정부의 한반도 평화전략 방향 모색

토론자: 곽태환 박사 (미국 이스턴 켄터키대 명예교수/한반도 미래전략연구원 이사장/전 통일연구원 원장)

곽승지 박사 (전 연변과기대 교수)

왕선택 박사 (한평정책연구소 글로벌외교센터장)

이상수 박사 (국방대 안보문제연구소 책임연구위원)

이상환 박사 (한국외국어 대학교 정외과 교수)

이호령 박사 (한국 국방연구원 책임 연구위원)

추원서 박사 (동북아평화협력연구원 원장)

第39회 전문가 정책포럼 (2022년 6월18일)

발제자: 제성훈 박사 (한국외국어 대학교 노어과 교수)

러시아-우크라이나 전쟁과 한반도

토론자: 곽태환 박사 (미국 이스턴 켄터키대 명예교수/한반도 미래전략연구원 이사장/전 통일연구원 원장)

강윤희 박사 (국민대 유라시아학과 교수)

박종수 박사 (대통령직속 북방경제협력위원회 위원장)

엄구호 박사 (한양대 국제학대학원 러시아학과 교수/아태지역연구센터소장)

장세호 박사 (국가안보전략연구원 연구위원)

정재흥 박사 (세종연구소 연구위원)

주장환 교수 (한신대 중국학과 교수/한신대 유라시아 연구소 소장)

Special guest: 이상수 박사 (국방대학교 안보문제연구소 책임연구위원)

제40회 전문가 정책포럼 (2022년 10월22일)

발제자: 임을출 박사 (경남대 극동문제연구소 부교수 겸 북한센터장)

북한의 대외정세 인식과 대남, 대미 대응전략의 변화

토론자: 곽태환 박사 (미국 이스턴 켄터키대 명예교수/한반도 미래전략연구원 이사장/전 통일연구원 원장)

강석승 박사 (21세기 안보전략연구원 원장)

김예경 박사 (국회입법조사처 외교안보팀 입법조사관)

김종수 박사 (동국대 북한학과 겸임교수)

윤영오 박사 (국민대학교 명예교수)

정성장 박사 (세종연구소 북한연구센터장)

정욱식 소장 (한겨레 평화연구소 소장)

홍민 박사 (통일연구원 북한연구실장)

Special guest: 이상수 박사 (국방대학교 안보문제연구소 책임연구위원)

제41회 전문가 정책포럼 (2022년 11월19일)

발제자: 정재흥 박사 (세종연구소 연구위원)

미중전략경쟁 격화와 한반도 평화체제 구축의 필요성

토론자: 곽태환 박사 (미국 이스턴 켄터키대 명예교수/한반도 미래전략연구원 이사장/전 통일연구원 원장)

곽승지 박사 (전 연변과기대 교수)

김현욱 박사 (국립외교원 교수)

이상수 박사 (국방대 안보문제연구소 책임연구위원)

이창주 박사 (아주대 교수)

조성렬 박사 (전 오사카 총영사)

홍현익 박사 (국립외교원 원장)

제42회 전문가 정책포럼 (2023년 5월20일)

발제자: 신종대 박사 (북한대학원대학교 교수)

남북관계 개선 방안

토론자: 곽태환 박사 (미국 이스턴 켄터키대 명예교수/한반도 미래전략연구원 이사장/전 통일연구원 원장)

고유환 박사 (통일연구원 원장)

김진향 박사 (한반도평화경제회의 상임의장/전 개성공단 이사장)

김형석 박사 (남북사회통합연구원 이사장/前 통일부 차관)

왕선택 박사 (한평정책연구소 글로벌외교센터장)

이상수 박사 (국방대 안보문제연구소 책임연구위원)

홍현익 박사 (세종연구소 수석연구위원/전 국립외교원 원장)

제43회 전문가 정책포럼 (2023년 6월17일)

발제자: 조성렬 박사 (북한대학원대학교 초빙교수/전 오사카 총영사)

북한 핵·미사일 위협과 한국의 대응방안

토론자: 곽태환 박사 (미국 이스턴 켄터키대 명예교수/한반도미래전략연구원 이사장/전 통일연구원 원장)

박종수 박사 (전 대통령직속 북방경제협력위원회 위원장)

배기찬 처장 (전 민주평화통일자문회의 사무처장)

정성장 박사 (세종연구소 통일정책연구실장)

정욱식 소장 (한겨레평화연구소 소장/평화네트워크 대표)

최용환 박사 (국가안보전략연구원 책임연구위원)

홍민 박사 (통일연구원 북한연구실장)